重庆市教委人文社科项目"规范垂直管理体制和地方分级管理体制——条块关系的视角"（20SKGH009）

当代中国政府
"条块关系"研究 第二版

周振超 ◎ 著

天津出版传媒集团

天津人民出版社

图书在版编目（CIP）数据

当代中国政府"条块关系"研究 / 周振超著.
2 版. -- 天津 ：天津人民出版社，2024. 11. --（中国
政府与政治研究系列）. -- ISBN 978-7-201-20782-7

Ⅰ. D63

中国国家版本馆 CIP 数据核字第 2024AD3193 号

当代中国政府"条块关系"研究（第二版）
DANGDAI ZHONGGUO ZHENGFU "TIAOKUAI GUANXI" YANJIU（DI ER BAN）

出　　　版	天津人民出版社	
出 版 人	刘锦泉	
地　　　址	天津市和平区西康路35号康岳大厦	
邮政编码	300051	
邮购电话	（022）23332469	
电子信箱	reader@tjrmcbs.com	
策划编辑	郑　玥	
责任编辑	郭雨莹	
装帧设计	明轩文化·李晶晶	
印　　　刷	天津新华印务有限公司	
经　　　销	新华书店	
开　　　本	710毫米×1000毫米　1/16	
印　　　张	25	
插　　　页	2	
字　　　数	350千字	
版次印次	2024年11月第1版　2024年11月第1次印刷	
定　　　价	89.00元	

总　序

朱光磊

　　呈现在读者面前的"中国政府与政治研究系列",是我们教研团从事中国政府与政治研究的一些心得、一些阶段性研究成果。

　　中国正经历着历史上最大规模的制度创新。如何在这样一个历经坎坷、内部差异比较大的大国,通过改革来实现根本性的社会变革,是一个世界级的难题。从某种意义上讲,这也是对人类社会发展新道路的积极探索。政治发展,是这一全面发展、进步中的最基本方面之一。留给中国的机遇并不多,中国必须不断前进,在求解难题中寻求突破,不能再有"闪失"。抓住历史机遇期,实现民族复兴的伟大理想,需要高超的政治智慧、开阔的视野、坚韧不拔的进取精神和高超的策略性行动,但更为重要的是要有一个合理的政治统治和管理模式。

　　100年来、60年来,特别是30年来,一代代仁人志士的艰苦探索,包括成功,也包括失败,已经为中国未来的政治发展提供了坚实的实践和思想平台。但是,国内外社会发展格局的剧变,也对我们所期待的那个"合理的政治统治和管理模式"提出了更高的要求。如何在唯物史观的指导下,本着"实践是检验真理的唯一标准"的原则,将马克思主义国家学说、现代西方政治思想中适宜"为我所用"的部分和中国传统政治文化中的积极成分有机地结合起来,逐步凝练出一个适应时代的现代社会生产方式和社会进步潮流,符合中国实际情况、符合中国大多数人民利益和具有中华文明特点的政治思想,是中国政治学界的任务。完成这一历史使命,首先要做的基础性工作,就是科学地分析中国的国情、社情、民情和政情,分析实现中国政治发展所必需的主观条件和客观条件。

正是基于以上认识,从1990年前后,我开始在中国政府过程与阶层分化两个方向上进行持续、系统的研究工作。20世纪90年代中期,我与一部分从事政治学理论、区域政治、农村政治等研究方向的年轻同事组成了非正式的研究小组。2001年,开始形成团队。团队成员是南开大学政治学、行政学方面的部分年轻教师和我的博士生、硕士生(包括已经毕业的)。除以上成员外,还有部分成员在厦门大学、西南政法大学、云南大学、内蒙古大学等单位从事教学、科研工作。

成功的科学研究,其工作的重要基础是善于选择关键性的研究课题。一个成熟的、有作为的学科,总是能够发现和驾驭自己所处时代、所处社会中的最有代表性、最需要人们去回答的话题。经过多年的读书、学习、积累和体会,我认为,21世纪初中国政治发展有四个方面的课题特别重要和紧迫。①

第一,要强化对一系列重要结构性问题的研究。持续的体制改革和产业调整,必然带来社会成员结构的变化。这些变化构成了中国政治发展的社会基础。"二元社会结构"正在趋于解体,工人阶级一体化和农民阶级分化的过程在继续,"新阶层"已经出现,城市化提速在即。今后,在社会成员构成的分化和重组、收入方式和差距等方面还会继续向着多样化的方向演进。这些发生在社会生活基本层面上的变化,无疑会对整个上层建筑产生巨大影响。对这个问题的科学认识,是正确提炼时代政治生活主题的基础。毛泽东对20世纪前期政治生活主题的正确把握,就是以他对"中国社会各阶级

---

① 这一部分是在我的《着力研究实践提出的新课题》一文(《人民日报》,2004年12月21日)的基础上扩展而成的。

的分析"为基础的。在21世纪初,我们对各种重要政治问题和意识形态问题的把握和处理,同样需要以深入研究各阶级阶层的实际状况及其相互关系为基础。正在进行中的社会阶层分化与组合,是一场"从身份到契约"的进步性社会运动,但是也必然伴生一些"副产品",比如某些掌握权力、金钱和知识的人,就有可能通过形成所谓的"强势集团"攫取非法利益,可能出现有的阶层的人试图利用自己的经济优势获取非正常的政治地位、政治权力,甚至搞"金钱政治"。面对这些问题,我们并没有经验,都需要政治学理论工作者给予理论支持。

第二,要强化对一系列重要的体制性问题的研究。中国的政治体制改革不是另搞一套,而是要正确调整国家各主要政治要素之间的关系,特别是"党政关系",使制度、体制和组织能够最大限度地满足提高工作效率、加快经济发展和扩大公共服务的需要,最大限度地调动各方面的积极性。在这方面,核心是坚持和改善党的领导,是把党的执政工作、人民当家作主、依法治国与"行政主导"等基本因素,以适当的体制和方式结合起来。这是中国政治发展的内在逻辑所决定的,也是进一步加强执政能力建设,积极而稳健地推进政治体制改革和建设社会主义民主和法制的基础。政治学界要重点研究如何处理领导与执政的关系,研究如何进一步完善"两会机制",研究实现"党政关系规范化"的具体途径,研究宪法监督的实现形式等一系列关键性问题,并通过把对这些问题的探讨逐步上升到基本理论的高度,提高中国政治学的学科层次和学术魅力,以及对干部、青年学生的吸引力。

第三,要强化对一系列重要的过程性或者说功能性问题的研究。政治发展不仅包括体制改革,而且应当包括政治过程的改善。相对于体制改革,我们对政治过程的问题以往关注得更少一点。这与我国政治学长期不发达有直接关系。比如,在美国,系统地研究政府过程的问题,从1908年就开始了。从民族特点来说,中国人不缺"大气"、勤劳、勇敢、灵活,但是应当承认,我们办事情不够精细,对过程设计、情报、档案、绩效评估、分工、应急管理等政治与公共管理环节,缺乏足够的注意,历史上积累下来的东西不多,需要"补课"。在经济发展达到一定水平以后,政治与政府管理流程设计安排粗放的问题就会逐步暴露出来,从而制约社会管理和社会服务水平的提高。例如,我国人口多,地方大,政府的纵向间层次不可能太少,对于怎么处理它们之间的关系,研究得就不够,多年困扰我们的以"条块矛盾"为代表的许多深层次问题一直没有得到解决,"每一级都管所有的事情",权力的交叉点过多,责任不清。以何种机制来处理必要的中央集权与适当的行政性分权、政治性分权、地方自治的关系的研究应当提上日程。对这些课题的研究,已超出了通常所说"中央与地方的关系"的范畴,超出了初期体制改革和传统政治学的范围,需要通过施政创新和理论创新来推动,需要开发和建设一批新的政治学分支学科和交叉学科。

第四,要强化对一系列重要的过渡性问题的研究。中国如果不经历改革开放,现在的许多问题,就不存在;中国如果不继续深化改革和扩大开放,这些问题也就解决不了。前面谈到的结构性问题和体制性问题,实际多数也同时是过渡性的问题。现在,三个时间起点不同的"过渡"都在21世纪的前20年进入了"总结期":从1840年开始的由"传统社会"向"现代社会"的过渡,从1921年开始的对社会主义事业的探索所引发的向中国特色社会主义的过渡,从1978年开始的由计划经济体制向市场经济体制的过渡。然而复杂的是,这个历史过渡的"总结期",同时也恰好是中国历史上难得的"战略机遇期"。面对这些重要而复杂的课题,当代中国的政治学,应当成为"过渡政治学""发展政治学",并且在研究这些过渡性问题和发展中问题的过程中,使学科成熟和壮大起来。

每个国家都有自己的问题。在社会转型和政治发展中,不断冒出来问题是正常的。对复杂的政治现象,不能采取简单化的态度和思维方式。不要抓住一点,不及其余;不能让错觉和偏见妨碍了对政治变革的认识;不要动辄就把问题产生的原因归结为体制,也不能笼统和大而化之地批评"政治改革滞后"。其实,很多问题往往出在运作过程和运行机制上。任何实际运行中的政府,都不仅是一种体制,一个体系,更是一个过程。因此,关于政府与政治问题的研究,除了坚持传统的体制研究和要素分析的研究方法外,还需要走向一个重要的领域——过程研究。1997年,在拙著《当代中国政府过程》中,我首次将"政治过程"研究方法应用于分析中国政府活动,力图将对中国政府的研究从"体制"层面较为系统地提高到"过程"层面。

在研究中,我们这个以"政府过程研究"为核心的学术团队,形成了一些对于中国政府与政治研究有特色的理论共识和思维方式。我们把研究重点放在中国政府与政治实际运作情况和工作程序上,旨在从动态的角度考察和研究当代中国政府是如何治理的,在此基础上试图探讨其中的规律性。

中国政府与政治的研究必须能够回应"中国问题"。中国渐进地推进改革,在运作政府等方面,确有自己一套独创性的东西,有自己的发展逻辑,需要系统地挖掘;面对中国社会的急剧变化和快速转型,以及随之而来的新问题、新现象和新矛盾,更要提出自己的解释和指导方案,不能仅仅用欧美的语言系统和评价标准解释中国政治。来源于西方的理论能够启发我们的思维,但不能简单借用在西方经验基础上形成的理论来解释和指导中国的政治发展。中国应该有基于自己实际成长起来的具有中国风格、中国气派的政治学,需要创造和使用自己的核心概念、基本范畴、理论体系和分析框架的学科。中国到了以理论回馈时代的时候了。

在上述思维方式和学术追求的基础上,我对自己及研究团队的定位和要求是:从中国政府与政治运作的实际和经验中提炼有价值的问题和概念,了解现实制度安排和政治现象背后的主要制约因素,进而去揭示中国政治的内在机制,形成自己的理论体系。在研究中尽可能秉持一种平和的心态和建设性的态度,理性而务实地探讨问题,对重大问题进行具体研究。我们的能力有限,这一目标或许很难实现,但我们一直在努力。"当代中国政府与政治研究系列",就是我们向这个方向努力的一个个阶段性产物。

　　在研究工作中,我们注意发挥团队力量。团队成员之间有分工、有合作,相互配合、相互支持。在中国政府与政治这个大课题下,该系列的每本书都有特定的研究主题和所要回答的基本问题,有自己的"一家之言"。比如,《当代中国政府过程》对中国政府的行为、运作、程序及各构成要素,特别是各社会利益群体之间,以及它们与政府之间的交互关系进行实证性的分析、研究。《当代中国政府间纵向关系研究》以"职责同构"为理论研究的切入点,通过比较研究和历史研究,对当代中国政府间纵向关系发展作了较为深入的分析。在《"以社会制约权力"——民主的一种解析视角》一书中,提出了"以社会制约权力"条件下的民主模式,即参与—治理型民主。该书将"以社会制约权力"与"以权力制约权力""以权利制约权力"联系起来,共同构成一个权力制约理论体系。《当代中国县政改革研究》力图从财政的角度破解县的"长寿密码"。《当代中国政府"条块关系"研究》一书,在对中国政府"条块关系"问题进行较为全面和系统研究的基础上,着重探讨了职责同构的政府管理模式在中国长期存在的原因。该书提出的"轴心辐射模式"的理论分析框架有较强的解释力。

　　令我感到高兴的是,我们的工作得到了学术界的鼓励和认可。《当代中国政府过程》出版后,承蒙各界关爱,被许多国家和地区的多家大学用作研究生或本科生的教学参考书,多次被国内外的学者和博士论文所引用。早在1999年,《当代中国政府过程》的第一版,就获得了天津市社会科学优秀成果一等奖。2003年,经台湾大学社会科学院李炳南教授推荐,该书的姐妹篇——《中国政府与政治》在中国台湾出版。①2005年我主讲的"当代中国政府与政治"被评为国家级精品课程,而《当代中国政府过程》就是该课程的教材。1998年以来,我和团队成员已经有十余篇论文相继被《新华文摘》转载或摘登,涉及中国阶层分化、当代中国政治的主题、中国公务员规模、中国政

---

　　① 朱光磊:《中国政府与政治》,台湾扬智公司出版,2003年。

治学发展战略、中国纵向间政府关系、服务型政府建设、中国"条块关系"、大部门体制等多个领域。这给了我们很大的信心,也给予了我们前进的动力。

这是一个开放的学术著作系列,成熟一本,推出一本。随着研究的逐渐深化,还会在服务型政府建设、城市管理、"两会"机制、政府机构改革与编制管理、行政区划改革等领域,不断有新的作品加入系列中来。

改版之际,我们衷心感谢各位前辈、同人对团队工作的宝贵帮助和支持!作为团队负责人,感谢我的伙伴们!我深知,在我们之间的合作中,我是最大的受益者。感谢天津人民出版社对我们工作的关注和支持,感谢出版社各个工作环节上的朋友们的合作,特别要感谢盛家林、刘晓津、张献忠、王康、唐静等老师创造性的工作!真诚欢迎读者的批评与指正!

2008 年 7 月 28 日

目　录

导　论

　　有价值的研究对象,是学术研究的灵魂和意义之所在。任何一项严谨的研究都要有自己独特的研究对象和工作边界。"科学研究的区分,就是根据科学对象所具有的特殊的矛盾性。因此,对于某一现象的领域所特有的某一种矛盾的研究,就构成某一门科学的对象。"①本书的研究对象是中国政治发展和政府过程中一对举足轻重的关系——条块关系。②

第一节　问题的提出

　　条块关系是中国政府间关系模式的基础,在政治、经济、社会、文化和生态等各个层面深刻影响着国家治理体系和治理能力现代化的进程。相应地,"条条""块块""条块关系""条块矛盾""条块体制""条块分割"等词汇是中国政治话语体系、学术研究、新闻报道中的高频词。把条块关系纳入学术研究的视野是中国政治实践提出的一项具有现实紧迫性的课题。

---

　　① 《毛泽东选集》(第一卷),人民出版社,1991年,第309页。
　　② 朱光磊教授认为,在当代中国政府与政治研究领域,党政关系、中央—地方关系、条块关系是当代中国政治发展中三个最基本的政治关系。参见朱光磊:《当代中国政府间纵向关系研究评介》,《政治学研究》,2006年第1期。

一、主要概念

清楚地界定概念,是展开研究的前提和基础。本书所使用的主要概念,如"条条""块块""条块矛盾""条块关系"等,是一种形象化的说法。为提供一个相对连贯、清晰和规范的研究背景与思路,首先需要对几个基本概念作出较为明确的界定和说明。

"条条""块块"是对中国政府运作的经验性概括,其经典和权威说法出自毛泽东。这一形象化表述是在分析中央与地方的财政关系中提出来的。1956年,毛泽东在听取工作汇报时,五办负责同志指出,县向省要钱,省向中央要钱,中央—省—县—乡的四级财政,实质上只有中央一级是完全的,一定程度上影响了地方政府组织财政收入的积极性,很多该办的事情被长期搁置。针对此,毛泽东说:"我去年出去了一趟,跟地方同志谈话。他们流露不满,总觉得中央束缚了他们,地方同中央有些矛盾,若干事情不放手让他们管。他们是块块,你们是条条,你们无数条条往下达,而且规格不一。他们若干要求,你们也不批准,约束了他们。"①从上述谈话可以看出,毛泽东所称的"条条"是指中央部委,"块块"是指地方政府;条块矛盾在当时已经比较突出,并引起了中央领导人的高度重视,这一矛盾的实质是中央和地方的矛盾。

概念是认知的阶梯和支撑点。在毛泽东作出生动概括之后,"条条"和"块块"逐渐成为中央领导人、学术界和新闻媒体经常使用的词汇,以及中国政治生活中一个约定俗成的概念。在政治实践和学术研究中,"条条""条块关系""条块矛盾"等概念的内涵和外延不断扩展。"条条"不再局限于指中央部委,地方政府的职能部门也被称为"条条";"条块关系"从中央部委和地方

---

① 转引自林尚立:《国内政府间关系》,浙江人民出版社,1998年,第309页。

政府的关系,扩展为各级各类"条条"和"块块"①形成的多层面、多角度、立体交叉的权力结构网络。概念即方法,是分析问题的基本工具。本书在以下意义上使用与研究相关的几个基本概念。

条条,是指从中央政府延续到基层的各层级政府中职能相似或业务内容相同的职能部门。

块块,是指各个层级的地方政府。地方政府分为省、自治区、直辖市,自治州、县、自治县、市,乡、民族乡、镇。直辖市和较大的市分为区、县,自治州分为县、自治县、市。

条块关系,是指条条和块块在实际运作过程中形成的相互作用、相互影响的状态。条块关系既包括同一、合作和关联的一面,也包括矛盾和冲突的一面。

条块矛盾是条块关系中的一种类型,主要是指条条与块块之间既对立统一、相互排斥,又相互依存的关系。需要指出的是,这里的"既对立统一、相互排斥"是个哲学意义上的中性词,而不是贬义词。

条块体制,是指以层级制和职能制相结合为基础,按上下对口和"合并同类项"原则建立起来的从中央到地方各个层级政府大体上同构的政府组织和管理模式。

政府间关系,也称府际关系(intergovernmental relations,IGR)。所谓政府间关系,是指"政府之间在垂直和水平上的纵横交错的关系,以及不同地区政府之间的关系。它包括中央政府与地方政府之间、地方政府之间、政府部门之间、各地区政府之间的关系"②。

1.条条:一个线状的专业性概念

条条是一个线状概念,也是一个专业性概念,是起始于中央政府而终止

---

① 正文中使用"条条"和"块块"时,一般不再加引号。
② 谢庆奎:《中国政府的府际关系研究》,《北京大学学报》(哲学社会科学版),2000年第1期。

于乡镇(街道)政府层级的职能部门的序列化总称(合集)。一方面,条条的线状特征意味着它是以职能部门作为"点"串联形成的,包括纵向、横向和斜向三种形式。另一方面,条条的专业属性意味着具体职能部门是其构成的基本元素,每个职能部门有着明确的职责划归,条条这根线是由专业性较强的职能部门这些点串起来的,即"串点成线"。

条条多数集中在党的系统和行政系统内。在党群系统中,条条包括中国共产党的中央及地方部门。在行政系统中,条条包括国务院及各级地方政府的组成部门、直属特设机构、直属机构、办事机构、直属事业单位、部委管理的国家局等。在中国政治生活中,人民代表大会、人民政治协商会议、纪律检查委员会和监察委员会、法院、检察院等国家机关一般不称为条条,而是叫作"口"或者"系统"。因此,不宜对条条做过于宽泛的理解。狭义的条条是指某个具体的职能部门。广义的条条是指职能相似的不同政府层级的职能部门上下所联成的一条线,如教育、民政、公安等部门,所谓的"上面千条线"就是这个意思。所有国家的政府都设置了数量不等的职能部门,但多数国家没有类似于中国的条条这个说法,主要原因是其职能部门没有上下畅通,而中国的大多数职能部门都是上下对口的。

2.块块:一个面状的综合性概念

块块是一个面状概念,也是一个综合性概念。面状特征意味着它是由各职能部门相互并联形成的,各职能部门交织成线,最终"连线成面";综合属性表明块块是由多个职能部门构成的系统完备的统一体,是具有内在联系的共同体。

块块是一个正式层级,具有清晰固定的行政区域和系统完备的组织机构,作为中央和上级政府的代表在属地行使自己的职能。块块这张"面"由内部不同职能部门的多条"线"连接构成。从这个角度看,条条是块块的基础,而块块则是条条的有机结合。条条通过块块提供不同职能部门相互协作合作的平台,最大化发挥专业优势。块块统筹多个条条,使之有序组合起来以避免混乱。

　　相对条条而言,块块的概念较为明确。需要注意的是,不宜把城乡社区、村居等引申为块块。另外,从法律上看,街道办事处是派出机构。本书倾向于把街道办事处视作块块,理由是《中共中央国务院关于加强基层治理体系和治理能力现代化建设的意见》指出:基层治理是国家治理的基石,统筹推进乡镇(街道)和城乡社区治理,是实现国家治理体系和治理能力现代化的基础工程。可以看出,中央把乡镇和街道看作基层治理中并列的两个最重要主体。事实上,街道办事处基本上也在履行着一级政府的功能。

二、实践中的突出问题

　　条块体制是中国国家治理的重要架构,理顺和优化条块关系是完善国家治理体系、提升政府治理效能的重要举措。从实践来看,什么时候条块关系协调得好,就能形成中央决策科学、地方和部门执行坚决、上下贯通、部门协同、条块畅达的局面。反之,协调不好条块关系,就容易出现条条缺乏管理权威、地方政府缺乏活力、条块矛盾突出等现象。例如,1983年11月3日,在讨论滦河潘家口水库以后分水问题时,"天津说,天津与河北'各半'的原则,是水电部片面的决定"[①]。1984年4月,"席间谈起向香港出口保姆劳务问题,又遇到扯皮的事,外经贸部要垄断,广东省则要省劳动局办理"[②]。上述两个案例,第一个体现了块块对条条的不满,第二个反映出来的是条块矛盾。

(一)如何协调政府间关系:中国政治发展中的一个重要课题

　　如何协调和处理政府间关系[③],是古今中外任何一个政府都必须面对的

---

①　李鹏:《市场与调控——李鹏经济日记》(上),新华出版社、中国电力出版社,2007年,第61页。
②　同上。
③　政府间关系,从宏观上分为主权国家政府间关系和国内政府间关系两种类型。本书所使用的政府间关系的概念特指国内政府间关系。

基本问题之一。综观历史、横察现世，可以发现，国家的治乱兴衰与政府间关系的状况息息相关。没有合理的政府间关系模式，就很难有国家的长治久安。处理不好政府间关系，就可能备受政治、经济和社会危机的困扰，这是历史的警示。

对于中国而言，如何协调好政府间关系，既是一直存在的历史难题，又是改革中所面临的现实挑战。从某种意义上说，中华五千年的文明史同时也是一部探索协调政府间关系的历史。遗憾的是，历史上没有一个王朝能始终如一地真正解决好这一问题。历朝历代的政治家和研究者，殚精竭虑地设计和采取了诸如分封制、郡县制、推恩令、羁縻政策、怀柔政策、调整政区等一系列措施。但是，仍然没有避免诸如七国之乱、军阀逐鹿、八王之乱、藩镇割据等由于地方势力尾大不掉所导致的战争和带来的灾难。这使中华民族在历史发展进程中付出了沉重代价。

政府间关系也是新中国成立以来政治生活中至关重要的关系。中央历代领导集体都高度重视政府间关系，尤其是中央和地方关系的改善和协调。处理好中央与地方的关系，这对于我们这样的大国大党是一个十分重要的问题。1956年4月，毛泽东在《论十大关系》中指出："工业和农业，沿海和内地，中央和地方，国家、集体和个人，国防建设和经济建设，这五条是主要的。"①20世纪80年代，针对中央和地方关系中出现的问题，邓小平说："中央要有权威。改革要成功，就必须有领导有秩序地进行。没有这一条，就是乱哄哄，各行其是，怎么行呢？不能搞'你有政策我有对策'，不能搞违背中央政策的'对策'，这话讲了几年了。党中央、国务院没有权威，局势就控制不住……中央定了措施，各地各部门就要坚决执行，不但要迅速，而且要很有力。"②1995年，党的十四届五中全会闭幕时，江泽民发表了题为"正确处理社

---

① 中共中央文献研究室编：《毛泽东思想年编》（一九二一———一九七五），中央文献出版社，2011年，第852~853页。

② 《邓小平文选》（第三卷），人民出版社，1993年，第277页。

会主义现代化建设中的若干重大关系"的讲话,提出要处理好十二个带有全局性的重大关系。其中,第十个关系就是中央和地方的关系。1998年10月29日,"上午中央开会……江泽民同志拿出一份简报,说上有政策,下有对策,很难管住"①。胡锦涛强调,"各级领导干部要牢固树立全党服从中央、全国一盘棋思想,严格遵守党的纪律,确保党的理论和路线方针政策贯彻落实,确保党和国家工作部署贯彻落实,善于把中央精神同地方和部门实际结合起来创造性开展工作,决不能有令不行、有禁不止,更不能阳奉阴违、我行我素"②。习近平总书记指出:"党的历史、新中国发展的历史都告诉我们:要治理好我们这个大党、治理好我们这个大国,保证党的团结和集中统一至关重要,维护党中央权威至关重要。"③2018年,习近平总书记强调:"发挥好两个积极性,始终是我们在处理中央和地方关系时把握的根本原则。"④

政府间关系在不同时期有不同的表现形式。近年来,随着中央和地方关系中一些新情况、新现象的出现,理论界和社会公众的关切程度和关注深度又有了新的提高。目前,人们存在两种迥然有别的看法:一是中央部委管的事还是太多。许多本应该交给地方政府负责的事情,中央部委仍过多干预。所以,一些人呼吁缩小部委权力的范围,减少其所管的事情,把权力下放给地方政府。二是由于地方政府的实际权力过大,导致在许多中央权力应该发挥作用,中央部委需要出现的地方,却看不到中央部委的身影。因此,有学者建议中央部委的权力再大些,通过"选择性再集权"加大垂直管理的力度和幅度,切实把许多事情管起来并且管好。对同一种政府治理模式为什么会出现截然相反的看法?不论是正确解释中央和地方关系的一般状况,还是对那些有关具体实践和理论问题给出有说服力的回答,都必须建立

---

①　李鹏:《市场与调控——李鹏经济日记》(下),新华出版社、中国电力出版社,2007年,第1484页。

②　《胡锦涛文选》(第三卷),人民出版社,2016年,第15页。

③　《习近平谈治国理政》(第二卷),外文出版社,2017年,第188页。

④　《习近平谈治国理政》(第三卷),外文出版社,2020年,第174页。

在深入、全面地把握中央和地方关系总体特征和基本性质的基础之上，而不能就事论事。

回顾历史是为了认清现在，走向未来。如何协调政府间关系，是对国家治理体系和治理能力现代化的历史性考验。政府间关系，尤其是"中央与地方的关系，是中国进入改革开放中期阶段以后必将面临的一个重要问题。很少有一个研究中国未来前途的学者会忽视这个问题的重要性。许多海外的中国问题的战略分析家也正是以中央与地方之间的矛盾与冲突作为观察中国未来命运的基本出发点的"①。2019年，党的十九届四中全会审议通过的《中共中央关于坚持和完善中国特色社会主义制度 推进国家治理体系和治理能力现代化若干重大问题的决定》，把健全充分发挥中央和地方两个积极性体制机制作为坚持和完善中国特色社会主义行政体制的重要内容加以强调，并提出一系列明确要求。2021年，党的十九届六中全会审议通过的《中共中央关于党的百年奋斗重大成就和历史经验的决议》指出："治理好我们这个世界上最大的政党和人口最多的国家，必须坚持党的全面领导特别是党中央集中统一领导，坚持民主集中制，确保党始终总揽全局、协调各方。"党的二十大报告强调，要"完善党中央重大决策部署落实机制，确保全党在政治立场、政治方向、政治原则、政治道路上同党中央保持高度一致，确保党的团结统一"。

（二）条块关系失衡：政府间关系陷入循环怪圈的重要原因

人类政治生活面临着一些基本的问题。然而，由于历史、社会、文化及制度环境等因素的影响，体现和反映这些基本问题的政治现象有所不同。每一个国家的政府间关系都有属于它们自己的问题。在政府间关系上，新中国在承继历史上存在的基本问题的基础上，又增添了新的特色。这一特色表现在许多方面，复杂的条块关系、尖锐的条块矛盾便是其中之一。中国

---

① 萧功秦：《与政治浪漫主义告别》，湖北教育出版社，2001年，第153页。

由条条和块块组成的权力结构网络有别于大多数国家的政府间关系模式。

从历史的视野看,条块关系变动不居,可谓是"剪不断、理还乱",一直难以把条条属事责任和块块属地责任、条抓块统有机结合起来。新中国成立以来,围绕着条块关系进行过多次变革,但始终难以找到条条与块块关系的平衡点,未能真正摆脱条块矛盾的困扰,走出条条"一集就死——一死就叫——一叫就放——一放就乱——一乱就收"的循环。条块之间存在大量矛盾、摩擦和冲突。条块矛盾所带来的不是"条条专政"就是"地区分割",这使得政府间关系不停地在两个极点之间摆来摆去,无法达成基本恒定的状态。1983年,国家经济体制改革委员会的廖季立谈经济改革时指出:"当前最大弊端是条条块块分割。"①

在现实运作中,条块关系纷繁复杂,条块矛盾较为突出。条块关系中存在的问题突出表现为以下两个方面:一方面,部分条条过分集权却没有足够的管理权威。从表面上看,中国的条条数量多,权力也比较大,管了一些不该管的事情,在个别领域和方面制约了地方,影响地方政府职能的完整发挥。看似强大的条条在一些需要发挥作用的领域,未能表现出足够的支配力、体现其管理权威。中央领导和一些中央部委负责人经常抱怨其决策不能得以顺利实施,埋怨和指责地方政府利用各种方式对条条正常运作进行干涉。"中央工作会议上决定了反对分散主义,加强集中统一。这个政策决定以后有些效果,但是在许多方面还没有认真执行。比如商业方面的层层封锁、画地为牢,现在还有。"②另一方面,"地方无能"与"地方全能"并存。从理论上看,地方政府的所有权力都来自中央政府的转让、授予或委托。中央政府只要认为有必要,随时可以收回权力。地方政府在行使权力时要受到上级条条的制约和影响。事实上,地方政府的职能几乎无所不包。每一级

---

① 李鹏:《市场与调控——李鹏经济日记》(上),新华出版社、中国电力出版社,2007年,第82页。

② 《刘少奇选集》(下卷),人民出版社,1985年,第455~456页。

地方政府差不多都是一个"小中央",要管理本行政区域内几乎所有的事情,其职能涉及经济、科教文卫、交通、民政等各个领域。从比较的视野来看,中国地方政府属于强地方政府的行列,相对典型国家的地方政府而言,实际权力是非常大的。

条块关系失衡是中国政府间关系陷入循环怪圈与紧张状态的重要原因。政府权力要想有效行使,需要经过一系列精心设计的制度,在横向与纵向之间进行合理的配置。中央政府通过条条对全国事务及地方政府进行调控是必要和必须的,但关键是如何选择调控的内容与形式,寻求条条与块块之间的平衡点。否则,就容易导致条块关系在两种极端之间来回摇摆。一种极端是,条条过于强大,事无巨细皆决于条,即人们常说的"条条专政"。另一种极端是,条条软弱无力,管理权威不够。部分块块对上级条条的规定置若罔闻、敷衍塞责,存在着上有政策、下有对策、有令不行、有禁不止等大量非规范性的行为,导致中央部委无法在全国范围内进行有效的调控。或者只是在形式上行使着调控职能,但实际上是调而不控,即所谓"空调",其后果表现为块块各自为政的分散主义。

在目前的体制设计下,条条和块块之间不可避免地要出现各种形式的矛盾,而且双方各有各的道理。"应当肯定,他们一般都是尽职尽责,问题出在体制上。整个体制需要通过一种机制,达到一种统治结构上的平衡。高难度的课题在于,如何在转变政府职能和实行社会主义市场经济的条件下,寻找和建立新的'条''块'之间平衡点。"①这既是政治决策问题,也是理论探索问题。

(三)如何理顺条块关系:政府管理体系创新中的"困点"

中国"政府间关系模式是以条块关系为基础的"②。这一模式的要义是,

---

① 朱光磊:《当代中国政府过程》(第三版),天津人民出版社,2008年,第337页。

② 林尚立:《国内政府间关系》,浙江人民出版社,1998年,第313页。

在保持调控体制通贯性的前提下实现集分平衡。集分平衡的目标很美好，在运行中也在一定程度上实现了制度设计的初衷。比如，通过自上而下的几十个条条把表面上统一的地方政府"切开"，有力地遏制了地方政府的分散倾向。条条管理是"一竿子插到底"式的管理。每一个条条都是中央约束地方的有力手段。这种管理的正面作用是有效地制约地方在经济上力图自成一体和本位主义倾向，负面作用是影响地方政府过程的正常运转，也不利于中央政府和地方政府在发展市场经济的条件下转变职能。①

以条块关系为基础的政府间关系模式维护了政治秩序的稳定，促进了政治、经济和社会的发展。对此，需要充分肯定。世界上不存在完美无瑕的政府间关系模式。现存政府间关系模式都有其合理性，也都存在有待改进之处。改革开放以来，条块关系有了很大的改善，也面临着新的难题及诸多的矛盾和冲突。当前，政府职能转变难以完全到位，政府机构改革的成效没有充分彰显，政府间横向交流与合作受到阻隔，以及中央政策的"中梗阻"等问题的存在，一个基本的原因就是条块关系没有理顺，有关的理论研究没有突破。

在开启全面建设社会主义现代化国家新征程的历史关键时期，行政体制特别是国家治理体系被赋予更高期望，肩负更大责任。如何全面准确地认识条块体制，充分发挥该体制的功能效用是完善国家制度规范体系的重要内容。正如党的十九届六中全会强调的那样，坚定中国特色社会主义制度自信首先要坚定对中国特色社会主义政治制度的自信，建设社会主义民主政治，发展社会主义政治文明，必须使中国特色社会主义政治制度深深扎根于中国社会土壤，照抄照搬他国政治制度行不通，甚至会把国家前途命运葬送掉。②

---

① 朱光磊：《当代中国政府过程》(第三版)，天津人民出版社，2008年，第270页。
② 《中共中央关于党的百年奋斗重大成就和历史经验的决议》，人民出版社，2021年，第39页。

受问题复杂性、理论研究不足及历史经验主义等因素的影响,在协调条块关系的实践上,一直难以取得突破性进展。已有的原则和对策操作性不足,没有上升到现代政府理论的层面,与制度化和法治化的目标相比还有距离。条块关系几起几落,陷入集权—分权—再集权—再分权的循环之中,处在"一统就死,一放就乱"的两难境地。

存在问题并不足为惧,至关重要的是找到问题的症结所在和切实可行的解决路径。集权与分权的矛盾,"症结在于计划经济下的政企关系和行政管理体制上,并不在于权力的分配上,权力分配是这一矛盾的果,不是其因,每一次中央和地方权力关系的再分配和再调整都是为了缓和这对矛盾"①。原来认为实行社会主义市场经济之后,条块关系可能会变得比较容易协调。目前看来情况并非如此。时至今日,条块矛盾特别是基层治理中的条块矛盾仍未有效化解。正如朱光磊教授多次强调的那样,如何在条块之间,特别是在纵向间政府层级中对政府职责做合理划分与权力分配,理顺条块关系,是当代中国政府管理体系创新中的一个"困点"。

协调好条块关系是我们这样一个大国治理的基本经验。回顾过去,在维护中央权威和注重地方创新相结合的助推下,充分彰显集中力量办大事的优势,中国改革开放的历程波澜壮阔;展望未来,必须坚持和加强党中央集中统一领导,健全充分发挥中央和地方两个积极性体制机制,把制度优势更好转化为治理效能,为全面建成社会主义现代化强国提供有力保证。

每一个国家的政府间关系理论,都是基于解释本国政治的现实需要。条块关系的复杂性给研究条块关系带来了特别的难度,同时也为我们通过研究工作,丰富和深化这方面的一般理论概括提供了难得机遇和丰富的素材。

---

① 林尚立:《国内政府间关系》,浙江人民出版社,1998年,第307页。

三、学术上的重要课题

对条块关系进行学术上的探讨和研究是解决如上由实践所提出的问题的基础。为了给政府间关系调整的实践提供有益经验,有必要对条块关系进行深入、系统的理论研究。

(一)深化和细化政府间关系的研究

1.为什么要研究政府间关系

政府间关系是国家治理的重要制度架构,不同的政府间关系模式导致不同的国家治理绩效。对于大国治理而言,由于全国各地的经济、社会和文化差异较大,政府间关系的制度选择直接影响到国家的兴衰成败。[1]例如,钱颖一在比较中苏改革的不同结果后指出,中国改革之所以与众不同,在于东欧和苏联的组织结构是一种以职能和专业化"条条"原则为基础的单一经济(U型经济);相反,中国的层级制是一种自1958年以来就存在的以区域"块块"原则为基础的多层次、多地区的经济(M型经济)。[2]

在理论上,政府间关系就成了一个非常重要的研究领域和需要引起高度关注的重大课题。"重视并加强政府间关系的研究,不仅对于拓宽我国公共行政与公共政策的研究视野,丰富学科的理论体系,推动学科建设具有相当重要的理论意义,而且对于构建科学合理的政府间管理体系具有重大的实践价值。"[3]

相对于客观需要和其他国家对政府间关系研究的重视程度而言,学界对中央和地方关系以外的其他政府间关系研究的还不够,中央和地方关系

---

① 杨宏山:《府际关系论》,中国社会科学出版社,2005年,第262页。

② 钱颖一、许成钢等:《中国的经济改革为什么与众不同——M型的层级制和非国有部门的进入与扩张》,《经济社会体制比较》,1993年第1期。

③ 陈振明主编:《公共管理学—— 一种不同于传统行政学的研究途径》,中国人民大学出版社,2003年,第141页。

几乎成了政府间关系研究的全部。①中央和地方关系是政府间关系研究中最为重要的一个方面。然而,政府间关系不仅局限于中央和地方政府间的关系,除此之外,还包括地方政府之间的关系、政府部门之间的关系、条块关系等。自林尚立1998年在国内最早提出政府间关系的概念并开展研究以来,学界对政府间关系的研究不断深入。在研究对象上,从中央和地方关系的研究扩展为政府间纵向关系②研究,进而又发展为政府间横向关系③研究。在政府间关系的表现形式上,从权力关系、财政关系、公共行政关系④,深化为利益关系⑤。总的来说,在政府间关系的研究上有些工作已经做了,也取得了较大进展,但仍然缺乏从现代政治学角度的概括和提炼,在研究视角上需要进一步深化、细化和具体化。

2.为什么要从条块关系的角度研究政府间关系

条块关系是理解中国政府与政治必不可少的视角。脱离条块关系研究当代中国的政府间关系,几乎是难以想象的。"政府这个生命系统要维持自身的存续,就必须做好两件事:一是与自身所处的环境系统保持动态的生态平衡,不断地与环境系统进行物质循环和能量转换;二是要协调好政府内部的关系,对中国政府系统来说,就是要协调好'条条'与'块块'的关系。"⑥

垂直管理和地方分级管理是中国国家治理体系的重要特征。党的十九

---

① 比较有代表性的研究文献有:薄贵利:《中央和地方关系研究》,吉林大学出版社,1991年;魏礼群:《市场经济中的中央与地方经济关系》,中国经济出版社,1994年;辛向阳:《大国诸侯:中国中央和地方关系之结》,中国社会出版社,2008年;王绍光等:《中国国家能力报告》,辽宁人民出版社,1997年;寇铁军:《中央与地方财政关系研究》,经济管理出版社,2001年;周飞舟等:《当代中国的中央地方关系》,中国社会科学出版社,2014年;刘承礼:《以政府间分权看待政府间关系:理论阐释与中国实践》,中央编译出版社,2016年;朱光磊编著:《中国政府发展研究报告(第3辑)——地方政府发展与府际关系》,中国人民大学出版社,2013年;吕冰洋:《央地关系——寓活力于秩序》,商务印书馆,2022年。

② 张志红:《当代中国政府间纵向关系研究》,天津人民出版社,2005年。

③ 张紧跟:《当代中国地方政府间横向关系协调研究》,中国社会科学出版社,2005年。

④ 林尚立:《国内政府间关系》,浙江人民出版社,1998年,第70~71页。

⑤ 谢庆奎:《中国政府的府际关系研究》,《北京大学学报》(哲学社会科学版),2000年第1期。

⑥ 杨小云:《新中国国家结构形式研究》,中国社会科学出版社,2004年,第102页。

届三中全会审议通过的《中共中央关于深化党和国家机构改革的决定》强调,要"规范垂直管理体制和地方分级管理体制"。规范垂直管理体制和地方分级管理体制实际上是指理顺和优化条块关系。这主要包括两个层面:其一,垂直管理的条条与地方政府之间的协助、协作和配合关系;其二,其他类型的条条与地方政府之间多层面、多角度的关系。党的十九届四中全会进一步突出了理顺条块关系在国家治理中的重要地位,明确了理顺条块关系的要点,即"按照权责一致原则,规范垂直管理体制和地方分级管理体制"。

问题是创新的起点,也是创新的动力源。早在1983年,邓小平就专门作出批示,要求研究条块关系。1983年1月3日,针对"来信反映一九八二年以来,广东的上缴任务一再加码,'条条'限制日益增多,特殊、灵活政策措施的余地越来越小",邓小平作出批示:"这个情况应该引起重视,请国务院、财经小组一议。"①相对于已经开展的政府间纵向关系和横向关系研究来说,现在有必要,也应该对条块关系问题给予更多的关注,进行系统的研究。研究条块关系,不仅对认识中国政府间关系的过去和现在,而且对中国政府间关系的未来发展,都是不可或缺的。通过对条块关系的研究,可以深化和扩展政府间关系的研究,为国家治理体系和治理能力现代化提供某些理论参考,探讨在中国式现代化进程中的政府发展问题,即"如何从旧的条块关系中走出来,根据社会发展的客观要求,建立全新的政府管理体制"②。与本书可能取得的研究成果相比,向这个方向的努力也许更为重要。

(二)弥补现有条块关系理论与研究的不足

近年来,对条块关系的研究逐渐增多。如《探索与争鸣》2020年第11期以"走出条块关系的治乱困局"为主题集中发表了7篇文章。从总体上看,在

---

① 中共中央文献研究室编:《邓小平年谱》(第五卷),中央文献出版社,2020年,第177页。

② 马力宏主编:《中国行政管理中的条块关系》,杭州大学出版社,1993年,第1页。

如何推进条块关系的变革上尚缺乏公开、深入的探讨,在某些方面还存在分散、零散甚至偏颇之处。例如,中国的条块关系到底存在哪些问题,这些问题的程度如何,问题形成的原因是什么,如何从理论上解释、概括和提炼中国的"条块关系问题",能否提出对政府决策有参考价值的建议等诸多方面,还缺乏深层次的分析。把条块关系作为一个整体,集中进行专题研究的成果尚不多见。这使得人们难以对条块关系有系统的认识和了解。"人们长期实践着条块体制这样的管理体制,但是过去人们对这个问题,并没有深入的研究和分析。"①

在国内,第一次系统地对条块关系展开研究的是马力宏等人,其成果是《中国行政管理中的条块关系》。该书设计了一个分析框架,剖析了中国行政管理中的条块关系,推动了人们对条块关系认识和研究的深化。在研究对象上,该书把视野定位在行政机关内。虽然条块关系及由此产生的条块矛盾主要显现于行政部门中,但并不仅仅局限于此。许多从表面上看属于行政机关内部的条块关系,从更深层次上反映了上级党委和下级党委的关系、中央和地方的关系。因此,有必要进一步拓宽研究视野和范围,把对条块关系的研究从行政机关推向整个国家权力结构。"条块关系是中国行政管理中的重要的体制关系,因此,应该继续加强对这个问题的研究。"②同时,把条块关系放在变动着的社会关系和社会结构、变动着的权力关系和权力结构的大视野中进行透视。

由于系统研究的缺乏,以至于在对条块关系进行理论或个案研究时缺乏有解释力和包容力的分析框架,在理论预设方面显得不够,难以为条块关系的协调和改善提供可操作性的思路和建议。例如,对于条块关系的现状到底是什么?中国为什么会选择和形成了现有的条块关系模式,并形成了

---

① 马力宏主编:《中国行政管理中的条块关系》,杭州大学出版社,1993年,第1页。
② 马力宏主编:《中国行政管理中的条块关系》,杭州大学出版社,1993年,第2页。

鲜明的中国特色？条块关系在朝着什么方向行进？最终将变成什么样的形态等问题研究不够。

有人说"有为才能有位"，也有人说"有位才能更有为"。从某种意义上说，社会科学是否有价值，在学术殿堂上是否有地位，很重要的一点在于能否解决现实问题。中国政治学能否取得比较大的进展，主要取决于两个方面，一是中国政治发展为政治学研究提供的空间，二是政治学研究以自身的努力满足政治发展需要的程度。学术研究必须能够对中国政治发展中的重大理论和现实问题做出描述、解释和指导，为改革提供智力支持、贡献智慧。对于政治学研究者来说，在研究过程中要注重将理论分析与政治现实相结合，围绕政治发展所面临的一些重大问题进行理性和全面的思考，并对其中的一些具体问题进行深入的研究，通过自己的努力为理论的完善和发展做出贡献，为政府提供切实可行的对策和建议。实践是理论之源，中国故事、中国实践是科研最大的富矿。在政府间关系研究上，中国到了该"出理论"的时候了。

"问题就是时代的口号，是它表现自己精神状态的最实际的呼声。"条块关系既是重大实践问题，也是重大理论问题。党的十九届三中全会审议通过的《中共中央关于深化党和国家机构改革的决定》对理顺条块关系提出了明确的方向："理顺和明确权责关系，属于中央事权、由中央负责的事项，中央设立垂直机构实行规范管理，健全垂直管理机构和地方协作配合机制。属于中央和地方协同管理、需要地方负责的事项，实行分级管理，中央加强指导、协调、监督。"接下来，如何把中央精神真正落实到位，还有很多工作要做。面对新形势新任务新要求，要做到理论跟上实践并能指导实践，条块关系研究领域还存在一些亟待解决的问题。这需要学术界在多收集客观事实的基础上，从宏观角度和大的时空背景下总结中国条块关系的阶段性特征、变迁趋势、影响因素。对条块关系的研究不能仅仅变成现象堆积、枝节探讨和已有知识的排列组合，关键是还要找到其中的机理，进而形成把实践说清楚、讲明白的理论体系和话语体系。看到问题和不足的同时,更要总结中国条块关系特色,以及条块关系模式在整个国家治理体系中承担的基本功能。

基于以上背景,本书从中国政治发展和制度建设的全局出发,以条块关系为研究对象,力图对政府间关系的动态平衡问题进行比较深入、全面的研究,并在此基础上提出解决这一问题的对策组合。

第二节 理论结构

一、基本问题

面对历史、总结经验,面向未来、提出发展思路和解决问题的对策,是本书的学术追求。在对已有研究成果归纳整合的基础上,本书进行新的贯通和提炼,力图求证的理论命题是:"四位一体"条块关系模式(职责同构＋上下对口的机构设置＋条块分割的政府管理体制＋决策和执行相分离的运作过程)形成、发展、运作和转型的内在逻辑是什么?

任何研究只能解决有限的问题,并且对问题的解决也是有限度的。本书将努力达到下列目的:第一,描述和剖析现行条块关系的状况、不足和正在发生的某种程度的演变,把握条块关系变化的基本脉络,判断基本形势和大体趋势。第二,总结和阐明影响条块关系发展的逻辑。通过对内在逻辑的探讨,阐释条块关系和"条块关系问题"的形成机制,归纳调整政府间关系的经验、教训和规律,从而破解政府间纵向关系"一统就死,一放就乱"及政府间横向关系阻隔的基因。第三,尽可能深入地探讨形成规范合理条块关系的可能性,进而助推对政府间关系全面调整和全面改善的系统研究。

二、基本假设

(一)前提假设

1.双重领导是条块关系复杂、条块矛盾尖锐的主要原因

地方政府中的职能部门要接受双重领导,是中国政府管理的一大特色。即地方政府中的绝大多数职能部门既受本级政府统一领导,又受上级政府主管部门的业务指导或者领导。双重领导制度是条块关系复杂化的主要原因。第一,当地方政府与上级条条发出的决定、指示或命令不一致时,容易使地方政府职能部门及其负责人无所适从,不知道究竟该服从哪一方,经常处于被指责和被批评的状态。第二,除了垂直管理的中央部委外,绝大多数中央部委都没有独立的执行机构,而是依靠地方政府的职能部门去执行自己的决策。这种决策与执行主体的二元化,为中央部委决策实施中的"中梗阻"提供了空间和可能性。地方政府有时候会授意职能部门根据自己的利益或偏好对中央部委的决策选择性执行。即对自己有利的内容就贯彻执行,不利的内容就有意曲解乃至舍弃,致使中央部委的决策和政令无法完整地落在实处。当出现这种情况时,中央部委和地方政府往往相互埋怨:中央部委指责地方政府干扰自己决策的执行,地方政府则抱怨中央部委的决策不符合自己的实际情况。第三,机构设置中的上下对口,容易造成地方政府部门间关系的阻隔。第四,由于上级职能部门拥有对下级相应条条的指导或领导权,当上级职能部门之间所发出的命令缺乏协调而相互冲突时,容易使政府间关系变得紧张,下级地方政府不知道究竟该如何去做。

2.职责同构是形成双重领导和条块关系模式的关键所在

"条块关系问题"的产生固然有条条和块块自身的原因,但问题主要出在"条"和"块"之外更深层次治理结构上。职责同构是形成现有条块关系模式的一个必要条件和基础性因素。各个层级的政府没有以应该承担的职能

为基础合理划分事权,而是在统一领导、分级管理思想指导下共同参与对同一事项的管理。在没有明确划分各自职责的前提下,经常是五级政府同时过问同一件事,容易出现条块矛盾,也难以同时调动条条和块块的积极性。职责同构导致了同一职能部门的上下级之间职责不清,不能合理地划分各自的管理权限和责任。对于一些事项,中央部委要管、省级职能部门要管、市级职能部门要管、县级职能部门要管、乡镇(街道)的机构也要管。究竟该哪一级政府的职能部门管,很多时候说不清楚。谁都负责的结果经常是"谁都不负责",遇到好处相互争,出了事情相互推脱,或者是谁的权力大,谁掌握的资源丰富,甚至谁的"关系硬",谁有理。

3.职责同构的政府管理模式长期存在,有其主要的底层逻辑

既然职责同构是造成条块矛盾的症结所在,那么,从直观上,为了协调条块关系、化解条块矛盾,进而改善政府间关系,就需要在一定程度和范围上完善职责同构的政府管理模式。然而,问题不是这么简单。一方面,一定程度上的改变是必要的。这需要合适时机和合理策略,要找准突破口,选择切实可行的路径,需要有可操作性、明晰的各级政府"职责配置表"等。另一方面,还要探究决定职责同构的政府管理模式长期存在的深层次结构。观察问题视角的转换会带来变革思路的调整甚至突破。找到这个深层次结构,并逐步加以变革,可以使职责同构的政府管理模式改革取得大的进展。

(二)基本假设

本书的基本假设是:以轴心辐射模式为特征的国家整合方式是决定职责同构长期存在的底层逻辑和深层次结构。政府间关系首先受根本政治制度的制约,其次才是事权划分的问题。如果没有国家治理体系方面大的变革和调整,仅仅围绕着事权划分做文章,政府间关系很难取得实质性的进展。条块关系变革的基本思路是,以中央政府为主导,逐步完善职责同构的政府管理模式。同时,不断强化地方政府对民众的责任机制,建立中央政府、地方政府、民众三者之间的良性互动机制。

在基本假设的基础上,将做出以下两点推论:

第一,现有条块关系模式是一种"不理想"但"必要"的制度安排。所谓"不理想",是指它造成了管理权分散、中央决策的"中梗阻"和条块矛盾等诸多问题,一定程度上制约了中国政治发展。所谓"必要",并不是说现行条块关系模式不需要变革,而是这种制度安排所具有的独特功能弥补了中国政治中的一些结构和机制性缺陷,在现有政治生态下维持着国家治理体系的基本平衡,发挥着维护中央权威和国家统一的作用。

任何国家的政府间关系模式都是在解决本国问题中形成的。两千余年来,中国条块关系的基本模式在价值和精神上一以贯之,在制度安排和组织网络上逐渐完善。中国的条块关系模式是与特定的历史传统和现实需要相吻合的治理架构,有自己一套独创性的东西,有其发轫、成长和转型的内在逻辑。我们既要以开放的心态研究古今中外政府间关系的状况,也要挖掘中国治理模式的奇妙之处和运行规律,从整体角度、宏观维度去把握条块关系模式的合理性。

完善职责同构的政府管理模式需要特定的制度支撑。没有相应的制度支撑,也可以"打破"职责同构。然而,在条件不具备情况下,强行推进改革难免会带来比较大的副作用。因此,在没有相应的制度设计和安排来替代这些功能之前,现有条块关系模式还是一种必要的安排。

第二,要从中国历史和现实情况出发,在充分调研和科学论证的基础上,对条块关系模式进行渐进式重构。如何把国家统一与地方活力有机地结合起来,保持二者之间的合理平衡;如何既能确保中央政府集中统一领导、做到全国一盘棋,又能尊重地方首创精神、鼓励地方因地制宜积极探索;如何既要维护中央政府权威,又能赋予地方政府以相当的自主性来实现良好的地方治理,是几千年来困扰中国政治的一个难题。变革条块关系的建议模式应当是探索解决上述难题的制度设计和产物。

三、研究思路

从实际问题出发,通过对中国古代政府、新中国成立以来历次条块关系调整的总结与分析,以及对西方典型国家条块关系状况的比较分析,归纳概括条块关系的内生、外生影响因素及演进规律,进而提出有针对性的对策建议。

研究对象、范围和所要回答的基本问题决定着基本框架的安排。本书按照以下思路展开。

导论部分,重点介绍研究条块关系的缘由和意义,并对所要研究的主要概念、基本问题、理论假设和研究方法进行界定与说明。

第一章,条块关系的基本模式。主要从静态角度考察和分析条块关系模式的制度架构,目的在于描述条块关系的现状、概括条块关系的基本类型和主要特征。这是对条块关系展开分析的基础和起点。

第二章,条块关系的运作过程。宪法、国家法律、党内法规和国家结构形式规定了条块关系的基本原则,但条块关系的实际状况往往与法律规定有一定的偏离。本章运用政府过程方法从动态角度分析条块关系的运作状况。

第三章,条块关系存在的问题与承担的功能。本章的目的在于揭示现行条块关系模式所带来的问题,以及这一模式所承担的政治功能,主要探讨现行条块关系模式对政府间关系、中国政治发展造成了哪些影响。条块关系模式存在不足是事实。经历了数次改革之后,为什么以双重领导为特色的条块关系模式直到今天没有实质性的变动,依然是地方政府的基本体制性结构呢? 原因与现行条块关系模式行使着某些独特的功能密切相关。

第四章,制度根源。描述事实究竟怎样,设计和追问应该是什么,对于研究条块关系而言都是必要的。在此基础上,还需要探究影响和支配这一模式建立、演变、运作和转型的内在逻辑。

第五章,条块关系改革的参照系。条块关系变革的奥妙和出路在于中国特殊的国情,启发却可能存在于历史的经验、教训及其他国家的典型做法之中。本章介绍和解释中国古代政府的条块关系模式是什么,新中国成立以来条块关系的演进与变迁,西方典型单一制和联邦制国家是如何处理条块关系的,试图为中国条块关系的变革提供一个参照系,使得对条块关系的理解和研究增加一些视角。

第六章,条块关系变革应遵循的原则和需避免的误区。当前面临的问题不是要不要变革条块关系,而是如何变革条块关系。本章主要探讨条块关系变革应该遵循的原则,需要避免的理论和实践误区。

第七章,条块关系变革的对策性思路。本章主要是对条块关系变革提出初步见解和对策,探讨如何树立新政治理念、形成新权力结构、实施新政治功能,建立起行为规范、运转协调的政府治理体系,进而促进中国政治发展。

第八章,基层治理中的条块关系。基层治理是国家治理的基石。条块矛盾在基层治理中较为突出。在调研一些地方基层治理相关改革经验的基础上,本章针对区县、镇街和社区干部反映基层治理中的体制机制问题进行了梳理研究,提出了推进相关改革的建议。

结论部分,是对全书主要内容的提炼。

四、可能的创新之处

(一)深化和细化对职责同构政府管理模式的研究

在朱光磊教授把中国政府间纵向关系的总体特征概括为职责同构的基础上,进一步提出问题:为什么会出现职责同构? 第一,探讨职责同构长期存在的原因。以轴心辐射模式为特征的国家整合方式是决定职责同构长期存在的深层次结构。第二,指出各级政府不仅是职责和机构同构的问题,几乎在任何方面都是"同质同构"的。职责同构是诸多同构中的一种重要表现形式。

(二)提出轴心辐射模式的概念

提出轴心辐射模式的概念和解释框架,概括这一模式的主要特征,分析其表现形式及对职责同构的影响机制。轴心辐射模式变革的关键是,建立中央政府、地方政府、民众三者之间的良性互动机制。

(三)对条块关系进行整体研究,特别是扩展到整个国家治理体系层面

拓宽条块关系研究的视野和范围,把以往对条块关系主要集中于行政机关的研究,扩展到整个政治权力结构的层面;把条块关系作为一个整体,集中进行专题研究。

(四)尝试厘清和辨析一些似是而非的说法

在政府间关系研究中,有些说法似乎已经成为"常识"。诸如"改革就是简政放权""现有条块关系模式是计划经济的产物""实行地方自治的国家地方政府的权力大"等一些"流行"的说法,或者片面,或者不甚准确、精确。针对这些似是而非的说法,本书从学理上作出了自己的分析和阐释。

第三节　研究方法

合适的方法是正确认识事物的手段、途径和保证。对于一个研究者而言,研究方法的选择和运用既受自己的认识水平、知识背景、研究能力等因素的制约,又受制于研究对象的实际状况,同时还和自己在研究中的学术追求有关。

从现实中发现问题,从历史中获取智慧,从比较中激发灵感,从经典中寻求启迪,是本书选择研究方法的指导思想。

一、世界观、方法论层次的研究方法

辩证唯物主义和历史唯物主义的思想方法、思维方式为本研究提供了方法论基础。一个国家采用何种治理体系不是随心所欲的,而是受一系列复杂因素的影响和支配。条块关系本身有规律可循。变革应当在尊重其自身规律的基础上进行。条块关系模式作为上层建筑的重要组成部分,除了受自身发展规律的制约和影响,更重要的还要受经济基础和社会结构的制约与影响。

历史唯物主义要求我们历史和辩证地看待问题。中国的条块关系变革不可能一步到位,中间有着众多的环节和复杂的逻辑。在研究中要相对跳出条块关系来审视条块关系的变革,把条块关系与政府间关系、国家治理体系和治理能力现代化联系起来。条块关系的变革肯定会牵一发而动全身。要从整个国家发展需要的高度出发,全面评估条块关系变革的各种措施可能带来的效果和影响,不能为变革而变革,也不能在条块关系变革的迷宫里迷失了方向。

二、研究工作基本思路、路径层次的方法

(一)政府过程研究法

在已有条块关系和政府间关系的研究中,主要有体制和过程两种路径。体制研究法关注的是"应然"的政府间关系,即应该如此的政府间关系、理想的政府间关系。这类分析大多采用规范和价值判断的方法,以宪法法律、党章党规、现代政治发展规律为参照系进行演绎推理和论证。

对条块关系的研究不能局限于对相关法规和制度的分析。"任何实际运行中的政府,都不仅是一种体制、一个体系,而且还是一个过程。因此,关于

政府问题的研究,必然要在方法论上突破传统的体制研究和要素分析的范围,而走向一个重要的领域——过程研究。"①过程研究法关注的是"实然"的政府间关系,即确实如此的政府间关系、现实中的政府间关系。过程研究法,以实际存在的事实为基础,分析政府间关系的实际运行状况和工作程序,探讨其中的规律性。在具体研究中重视经验事实和实证材料,重视实地调查和数量分析。过程研究法虽然也有静态的结构分析,但总体上侧重于动态研究。

各种研究方法在客观上无优劣之分,很难说哪种研究方法更好,只有哪种更适合研究对象。本研究不仅关注条块关系的静态结构,而且注意从动态角度考虑如何运作。鉴于研究对象的实际状况及作者的知识积累,本书运用马克思主义政治学理论和现代政府理论,在吸收了一部分结构-功能主义分析方法的基础上,主要以政府过程为基本方法论,是对中国政府过程进行一般性研究在条块关系上的具体化。

(二)历史研究法

当前的条块关系模式是历史演进的结果,是过去和现在的结合。对条块关系的研究不能离开历史背景。借助于历史研究法,把条块关系放在特定的历史环境中进行考察,从历史轨迹中寻找对当代中国政府条块关系产生直接或间接影响的各种因素;从条块关系的产生、发展和演变来探讨这一模式所蕴含的政治功能及发展的规律性,对于理解当前的条块关系是必不可少的。只有正确认识条块关系确立和演进的历史原因,才能合理地解释中国不同于其他国家的特殊性,得出更加具有解释力和说服力的结论。

运用历史研究方法时,本书特别注意以下两个问题。第一,运用现代政治学的理论把握历史事实。"没有政治科学的历史无果,没有历史的政治科

---

① 朱光磊:《当代中国政府过程》(第三版),天津人民出版社,2008年,第1页。

学无根。"①经验材料和历史事实无穷无尽,并且往往与人的利益、偏见、忌讳纠缠在一起,缺乏理论指导的事实材料只是无意义的堆积。这就需要运用现代政治学的理论对经验材料进行由表及里、由浅入深、去伪存真、去粗取精的加工,透过个案分析获得本质的普遍的一般性的认识。第二,坚持逻辑与历史相统一。"历史从哪里开始,思想进程也应当从哪里开始,而思想进程的进一步发展不过是历史过程在抽象的、理论上前后一贯的形式上的反映。"②逻辑是对历史的理论概括。逻辑与历史相统一就是在尊重历史事实的基础上进行提炼和概括,把历史上发生的客观事实用主观逻辑的形式准确地表达出来。

(三)比较研究法

各国的政府间关系各有特点。为了给研究提供一个更广阔的视角,运用比较方法,考察其他国家处理条块关系的制度安排和基本做法是必要的。这有助于开阔视野,寻求解决条块矛盾的参照系。通过分析不同国家条块关系的异同点,总结条块关系的本质及其演进规律,取长补短,为我所用。"社会科学,我们要学的是属于普遍真理的东西,并且学习一定要与中国实际相结合。"③

三、研究工作技术手段等意义上的方法

在具体研究工作的技术手段选择上,力图做到规范研究与实证研究相结合。所谓规范研究,就是基于一定的前提假设和理论立场,通过理性判断

---

① L.Liposn, *The Great Issues of Politics : An Introduction to Politics Science*, New Jersey : Pretice-Hall Inc , 1997。

② 《马克思恩格斯选集》(第二卷),人民出版社,1972年,第122页。

③ 中共中央文献研究室编:《毛泽东思想年编》(一九二一——一九七五),中央文献出版社,2011年,第803页。

和逻辑推理,逐步展开分析并形成新的理论体系的研究方法。①

　　缺乏微观实证研究的宏观分析,失之于空疏;缺乏宏观分析背景的实地调查材料,失之于支离。为解决这个矛盾,尽可能说明条块关系的真相,本书不仅以法律、党内法规、行政法规和规范性文件为依据,说明法律规定的条块关系,而且特别注意收集实际存在的经验事实和实证材料作为分析论证的资料,进而在大量实证材料的基础上,对条块关系进行描述、分析、归纳和概括,描述条块关系的实际运作。

---

　　① 谢庆奎主编:《当代中国政府与政治》,高等教育出版社,2003年,第31页。

第一章

条块关系的基本模式

"研究稳定的政治体系(无论是民主的还是权威的),往往从作为其政治基础的机制构架入手。"①条块关系以一定的组织结构为基础。研究条块关系不能脱离特定的制度框架和制度背景。对条块关系的基本模式及运作过程有较为全面和深刻的认识,有助于把握所涉及的一系列具体问题,进而对为什么形成这种关系和怎么规范这种关系作出回答。

本章目的在于简明扼要地勾勒出一幅条块关系模式的图画,重点在于描述条块关系的制度安排应该是个什么样子。现实运作与法律规范之间经常出现一定的偏离。然而,国家法律和党内法规毕竟是影响条块关系的基本规范,它们规定并制约着条块关系的构成及运作。

第一节 政府的层级

作为一种制度安排,条块关系主要包含四个方面的内容。一是条条和

---

① [美]汤森:《中国政治》,顾速等译,江苏人民出版社,1994年,第61页。

块块本身的状况,二是条条和块块联系的方式、方法、程序及手段,三是条条和块块之间所形成的关系,四是实际的运作模式。

一、中国政府的层级划分

国家是人类社会发展到一定阶段的产物。作为"从社会中产生但又自居于社会之上并且日益同社会相异化的力量"①,国家同氏族相比,一个重要的不同之处是国家按地域而不是按血缘划分其管辖的居民。"这种按照居住地方组织国民的办法,是一切国家共同的。"②

政府是体现国家意志,执行国家主权,实现国家对领土和居民管辖的组织机构。任何政府都是在特定的领土范围内对居民行使权力。在面积狭小、人口不多的国家,设置一级政府就可以有效行使政治统治和社会管理的职能。当国家的领土面积、人口数量达到一定规模时,再由一个层级的政府完成对整个国家的直接治理将越来越难,甚至是不可能的。因此,需要在纵向上把政府划分为若干层级,由不同层级的政府分别承担相应的职责。当代世界大多数国家都设有二到四个层级的地方政府。

统治和管理的关系是支配政府层级划分的主导性因素,以维护和有利于政治统治为第一要求。政府层级划分得当与否与国家统一、政权巩固、民族团结,以及经济文化社会的发展有着密切的关系。政府层级划分,固然要统筹考虑经济基础、自然地理条件、历史传统、民族分布、风俗习惯、地区差异、人口密度、社会阶级阶层结构等诸多因素的影响。但是,最主要的还是取决于政治上的需要,取决于对政治统治是否有利,取决于治国理政者对统治和管理关系的认识、协调和处理。

---

① 《马克思恩格斯选集》(第四卷),人民出版社,1995年,第170页。
② [古希腊]亚里士多德:《政治学》,吴寿彭译,商务印书馆,1981年,第167页。

　　寻求政府层级与管理控制幅度的最佳结合点,是政府层级划分中蕴含的一个基本原则。政府层级太多,由于信息链过长使信息传递速度慢且容易失真,基层的民情难以上达,中央的政令也很难避免"中梗阻"。政府层级设置过少,每一层级政府的管理幅度相应增大,往往导致许多事务无暇顾及。在政府层级划分中,一级政区的设置最为重要。一般规律是,若一级政区的面积小、数量多,中央政府在行政管理上有很多不便,在政治上却易于控制。反之,一级政区面积大、数量少,易于中央政府管理,却不利于政治上的控制,也不利于国家的长治久安。

　　在中国,按照中央政府统一领导,地方政府分级管理的原则管理国家和社会事务。在中央政府之下设置了逐级向下的各级地方政府。地方政府结构可划分为纵向的层级结构和纵横交错的条块结构。地方政府层级结构与条块结构的相互交错,构成了中国庞大而坚固的地方政府体系。①

　　《中华人民共和国宪法》第三十条规定:"中华人民共和国的行政区域划分如下:(一)全国分为省、自治区、直辖市;(二)省、自治区分为自治州、县、自治县、市;(三)县、自治县分为乡、民族乡、镇。直辖市和较大的市分为区、县。自治州分为县、自治县、市。"目前,中国有34个省级行政区,包括23个省、5个自治区、4个直辖市、2个特别行政区。

　　现实中的政府层级划分比宪法规定复杂。这主要表现在:第一,绝大多数省级政府都实行市管县的管理体制,在省与县之间存在地级市政府。第二,在某些地方设有派出机关。例如,省、自治区政府的派出机关——行政公署;县、自治县的派出机关——区公所;市辖区、不设区的市的派出机关——街道办事处。第三,城市政府的设置颇为复杂。按照行政级别,城市政府分为直辖市、计划单列市(副省级城市)、地级市、县级市、镇级市等不同的类型。也就是说,虽然城市的行政负责人都称为市长,但其级别相差甚

---

　　①　谢庆奎等:《中国地方政府体制概论》,中国广播电视出版社,1998年,第1页。

大。一般县级市的党政负责人只是县处级,直辖市的党政负责人是省部级,
有的还位居党和国家领导人之列。第四,政府层级呈现出四级和五级并存
的格局。四级政府的大致状况是:中央—直辖市—区(县)—乡(民族乡、
镇)。五级政府设置的大致状况是:中央—省(自治区)—地级市(自治州、
盟)—县(县级市)—乡(民族乡、镇)。第五,同一层级的政府,在称谓上不尽
相同。同为省级政府,就有省、自治区、直辖市三种不同的类型。第六,存在
新疆生产建设兵团等特殊的区划。新疆生产建设兵团是新疆维吾尔自治区
的重要组成部分,"是稳定新疆的核心"①。1981年12月3日,中共中央、中央
军委作出《关于恢复新疆生产建设兵团的决定》。兵团承担着国家赋予的屯
垦戍边职责,实行党政军企合一体制,是在自己所辖垦区内,依照国家和新
疆维吾尔自治区的法律法规,自行管理内部行政、司法事务,在国家实行计
划单列的特殊社会组织,受中央政府和新疆维吾尔自治区双重领导。兵团
全面融入新疆社会,所属师、团场及企事业单位分布于新疆维吾尔自治区各
地(州)、市、县(市)行政区内,主要由兵团自上而下地实行统一领导和垂直
管理。②在战略地位重要、团场集中连片、经济基础好、发展潜力大的垦区,
截至2022年10月,设有11个"师市合一"的新疆维吾尔自治区直辖县级市③
和63个"团(场)镇合一"的建制镇,由兵团实行统一分级管理。"师和市""团
(场)和镇"的党政机构设置均实行"一个机构、两块牌子"。

二、地方政府的法律地位

党政军民学,东西南北中,党是领导一切的,是最高的政治领导力量。

---

① 中共中央文献研究室编:《邓小平年谱》(第五卷),中央文献出版社,2020年,第50页。

② 中华人民共和国国务院新闻办公室:《新疆生产建设兵团的历史与发展》白皮书,2014年
10月。

③ 分别为一师阿拉尔市、二师铁门关市、三师图木舒克市、四师可克达拉市、五师双河市、六师
五家渠市、七师胡杨河市、八师石河子市、十师北屯市、十三师新星市、十四师昆玉市。

有关全国性的重大政策问题,只有党中央有权作出决定,各部门、各地方的党组织可以向中央提出建议,但不得擅自作出决定和对外发表主张。

国家衰落的原因各种各样,但国家兴盛大都与拥有强大和有力的中央(联邦)政府密不可分。各国间的差别不在于是否需要造就强大的中央(联邦)政府,而在于提升中央(联邦)政府能力的手段、方式和方法。在中国,中央政府能力主要通过对国家事务、各地方、各部门的统一领导来保障。

1.指导思想和重要路线方针层面的宏观领导

每个发展阶段,中央政府都会提出基本路线、指导思想、战略任务和重大方针政策。"在指导思想和路线方针政策以及重大原则问题上,全党全国必须保持一致,保持连续性。这也是我们党和国家的一大政治优势……我国有近十三亿人口,我们党有六千六百万党员,没有统一意志、统一领导,各行其是,一盘散沙,非乱不可。"①

中央对全国政策的规划,主要体现在全局性大事和宏观、战略层面。总路线和重大政策一旦确定,各地方政府就要坚决贯彻执行,不能"各吹各的号,各唱各的调"。在符合中央指导思想的前提下,各地方可以因地制宜,提出自己的发展思路,但重大问题必须向中央请示报告。《中国共产党重大事项请示报告条例》第十二条规定:涉及党和国家工作全局的重大方针政策,经济、政治、文化、社会、生态文明建设和党的建设中的重大原则和问题,国家安全、港澳台侨、外交、国防、军队等党中央集中统一管理的事项,以及其他只能由党中央领导和决策的重大事项,必须向党中央请示报告。为了维护中央权威,保证中央政令畅通,中央经常派出巡视组,在一届任期内,对所管理的地方、部门、企事业单位党组织实现巡视全覆盖。

2.组织领导

中央政府直接领导和管理省级政府,并通过省级政府间接调控省以下

---

① 《江泽民文选》(第三卷),人民出版社,2006年,第516页。

各级地方政府。中央规定各级政府职权的具体划分;有权改变或撤销地方各级国家机关不适当的决定和命令;掌握各级地方政府的"去、留、存、废"。中央经常向地方授权。中央授予地方政府的只是管理权和责任,而不是对权限的完整掌握和占有。所有权掌握在中央,中央只要认为有必要,可以随时把下放给地方的权力重新收上来。"权力必须下放,但这是在集中统一领导下的权力下放。"①

3.人事领导

官员是政府的主体和政治权力的实际操作者。中央政府的能力在很大程度上依靠掌控地方政府官员的任免来保障。中央直接对副省级以上的职位进行人事安排,并进行管理、考核和监督。为了防止重要领导干部在地方"落地生根",中央通过任期制、回避制和不定期轮换干部等诸多方式加以应对。在省级领导干部的任免上,实行贯彻以中央意图为主的原则。"在党的十二大上,我被选为中央委员,事先自己一点不知道,组织上谁也没有告诉我是中委候选人。这是很正常的,因为这是组织上安排的事,个人不应该考虑和过问。中央把我从电子工业部调到上海当市长,正式决定前也没有人向我透风……一名干部做什么工作、担任什么领导职务,要由组织决定。"②

4.思想领导

思想领导的目的在于,使领导干部、党员、群众懂得党的基本理论、基本路线、基本方略。中央经常通过"有纪律"的宣传和有意识的引导,把各地方、各部门的思想和行动统一到中央精神上来。比如,在重大问题报道上统一口径,尽可能减少争论,达成共识。

5.军事领导

"国家大柄,莫重于兵。"中央(联邦)政府垄断军事权,是绝大多数国家

① 中共中央文献研究室编:《邓小平年谱(一九七五——一九九七)》(下),中央文献出版社,2004年,第821页。

② 《江泽民文选》(第二卷),人民出版社,2006年,第144~145页。

的做法。中国也不例外。在中央军委的领导下,全国按战略区域的指挥需要设立若干战区。军委主席负责制是坚持党对军队绝对领导的根本制度。各大战区直接受中共中央和中央军委的绝对领导。军队系统最基本的特点是严格的集中统一领导。

三、各层级政府国家权力结构的一体性

政府架构的本质是权力结构。权力结构体现为横向的国家管理形式和纵向的国家结构形式。前者是指立法、行政、司法、军队等国家权力系统的构成和组织程序;后者是指国家权力系统之间的纵向联系,即国家的整体和部分的关系。不同国家在这方面的差异,并不主要体现在国家管理形式和结构形式各个构成要素本身的差异,而主要体现在这些构成要素之间不同的关系上。

中国政府纵向间关系及国家权力结构的一个突出特点是一体性。第一,地方政府上下级间的关系大体相同,基本上是中央和省级政府关系的翻版。上下级政府负责人之间是任命和被任命的关系。

第二,地方政府的机构设置和中央政府大体相似。在国家机构的设置上表现为,中央有什么国家权力结构,地方政府一般也设有相应的国家权力结构。在中央政府的权力机构中,除国家主席和中央军委外,中共中央委员会、中共中央纪律检查委员会和国家监察委员会、全国人民代表大会及其常务委员会、国务院、中国人民政治协商会议全国委员会、最高人民法院、最高人民检察院等国家权力机构在地方政府均有相对应的设置。

第三,地方政府设有诸多与中央部门相对应的职能部门。这些部门在业务上受到中央相关部门的指导、监督或领导。这种状况使每一级政府都是一个"小中央",也造就了被"条条分割的块块"和带有"块块特色的条条"。从总体上看,中国各个层级政府职能部门设置的规律有两条:一是上下对

应,强调机构对口。一般情况下,上级政府有哪些部门,也要求下级政府设置哪些部门。绝大多数机构和单位都有自己的对口和下属单位。在"一根针插到底"思路的影响下,每一级地方政府就是一个缩小了的"中央政府"。差别在于,地方政府中的职能部门是受中央政府职能部门的垂直领导,还是实行地方政府和中央职能部门的双重领导。二是由上到下,机构的数目、规模逐层次递减。这两点并不矛盾,因为机构数目递减的规律一般是按职能"合并同类项",机构规模递减的一般规律是减少编制,直至用一两名专职工作人员对应上一级的专职机构。①

第四,地方政府政治权力各要素之间的关系与中央政府大体上呈现出"同构"和"一体"的特色,基本上是中央政府各权力构成要素及其相互关系的放射、"投影"和"复制"。

第二节　条条的类型

当代中国政府组织结构表现出纵向层级化和横向部门化的特征。"通过层级化把整个行政区域切成了块块,又通过各层级对应的部门化把块块切成条条,从而形成了条块结合的体系。"②条条多数集中在党的系统和行政系

---

① 朱光磊:《当代中国政府过程》(第三版),天津人民出版社,2008年,第42页。
② 谢庆奎等:《中国政府体制分析》,中国广播电视出版社,1995年,第91页。

统内。在中央政府,条条指的是中央部委,即中共中央和国务院各部门①。就领导关系而言,条条有以下三种不同的类型。

一、实行垂直管理的条条

垂直管理是指上级政府的职能部门直接管理一些机关单位、部门的人财物及业务。垂直管理的条条有以下五个特点:第一,在全国范围内实行垂直管理的部门不列入地方政府的行政序列。但是,地方政府应当协助它们开展工作,并且监督它们遵守和执行法律和政策。第二,在机构设置上,分为跨行政区划设置和按照行政区划设置两种。海关总署等部委的派出机构实行跨行政区划设置;国家邮政局等中央机关的下属机构设置与行政区划基本一致。第三,中央部、委、局负责下属垂直领导机构的人事任免、工资福利、经费和日常工作。对垂直管理机构的上述事项和日常运作,地方政府无权干涉。第四,垂直管理的领域主要在宏观调控、市场执法和监管部门。垂直管理的初衷是通过人事、财务和业务的独立来摆脱地方保护主义的困扰。"在那些单纯具有市场特征的政府部门,违纪、违令现象比较严重,垂直管理能在一定程度上解决中央政府政令不通的困境。"②第五,垂直管理条条的机构编制,主要由上级机构编制部门和业务主管部门核定和管理。

接下来,本节将用很大篇幅去归纳和描述各种不同类型条条的设置情

---

① 党中央各部门包括:中共中央纪律检查委员会、中华人民共和国国家监察委员会机关,中共中央办公厅,中共中央组织部(对外加挂国家公务员局牌子),中共中央宣传部(对外加挂国务院新闻办公室、国家新闻出版署、国家版权局、国家电影局牌子),中共中央统一战线工作部(对外加挂国家宗教事务局、国务院侨务办公室牌子),中共中央对外联络部,中共中央政法委员会,中共中央政策研究室(中央全面深化改革委员会办公室),中央国家安全委员会办公室,中央网络安全和信息化委员会办公室(国家互联网信息办公室),中央军民融合发展委员会办公室,中共中央台湾工作办公室(国务院台湾事务办公室),中央财经委员会办公室,中央外事工作委员会办公室,中央机构编制委员会办公室,中国共产党中央委员会中央和国家机关工作委员会。

② 杨凤春:《中国政府概要》,北京大学出版社,2002年,第259页。

况。之所以这样做是因为，在这个瞬息万变的时代，今天许多熟视无睹和习以为常的机构设置状况，有可能成为未来理解和研究中国政府的历史素材。今天从事政府研究的人，希望从史料中理解以往政府运作的真实状况，但常常受制于资料的缺乏和不系统。未来的研究者同样会面临这个问题。他们未必会同意本研究有关条块关系的观点和分析，不过条块设置的情况则是客观的材料，这或许能为他们提供一些帮助。总的来说，我们对条块关系基本模式的状况并不是很清楚。例如，到底有哪些部门实行垂直领导？实行垂直领导的部门，分别垂直到何种程度？垂直领导部门上下级之间的关系如何？对上述问题，目前还缺乏系统的介绍。从这个角度来说，枯燥的归纳或许是有意义的。

（一）实行垂直管理的国务院组成部门

中国人民银行在国务院领导下依法独立执行货币政策，履行职责，开展业务，不受地方政府、各级政府部门、社会团体和个人的干涉。"中国人民银行是银行的银行，是中央银行。"[①]针对有些地方通过"现场办公会""资金调度会"等各种形式干扰银行工作的情况，1997年10月21日，时任国务院总理李鹏主持总理办公会议，"原则同意全国金融行业实行由中央垂直领导"[②]。为了在业务和机构设置上摆脱地方政府对人民银行的控制和干预，1998年中国开始改革人民银行管理体制。一个重要举措是：撤销省级分行，设立跨省区分行；成立人民银行系统党委，对党的关系实行垂直领导，干部垂直管理。《中华人民共和国中国人民银行法》第十三条规定：中国人民银行根据履行职责的需要设立分支机构，作为中国人民银行的派出机构。中国人民银行对分支机构实行统一领导和管理。中国人民银行的分支机构根据中国人民银行的授权，维护本辖区的金融稳定，承办有关业务。

---

① 《朱镕基讲话实录》（第二卷），人民出版社，2011年，第10页。
② 李鹏：《市场与调控——李鹏经济日记》（下），新华出版社、中国电力出版社，2007年，第1400页。

中国人民银行在全国共设有9个跨行政区的分行。即天津分行(领导和管理天津市、河北省、山西省及内蒙古自治区人民银行分支机构的有关工作)、沈阳分行(领导和管理辽宁、吉林和黑龙江三省人民银行分支机构的工作)、上海分行(管辖上海、浙江、福建三省)、南京分行(管辖江苏、安徽两省)、济南分行(领导和管理山东、河南两省人民银行)、武汉分行(管辖江西、湖南、湖北三省)、广州分行(在广东省、海南省和广西壮族自治区行政区划内履行中央银行职责)、成都分行(在四川省、贵州省、云南省、西藏自治区行政区划内履行中央银行有关职能)、西安分行(在陕西、甘肃、宁夏、青海和新疆维吾尔自治区五省区行政区划内履行中央银行职责)。中国人民银行在北京和重庆设立了两个营业管理部,作为中国人民银行在两地的派出机构。

2023年,《党和国家机构改革方案》决定,撤销中国人民银行大区分行及分行营业管理部、总行直属营业管理部和省会城市中心支行,在31个省(自治区、直辖市)设立省级分行,在深圳、大连、宁波、青岛、厦门设立计划单列市分行。中国人民银行北京分行保留中国人民银行营业管理部牌子,中国人民银行上海分行与中国人民银行上海总部合署办公。不再保留中国人民银行县(市)支行,相关职能上收至中国人民银行地(市)中心支行。对边境或外贸结售汇业务量大的地区,可根据工作需要,采取中国人民银行地(市)中心支行派出机构方式履行相关管理服务职能。

(二)实行垂直管理的国务院直属机构

中华人民共和国海关是国家进出境监督管理机关,实行三级垂直领导体制。海关的三级组织包括海关总署、直属海关单位和隶属海关。海关总署作为国务院的正部级直属机构,统一管理全国海关。直属海关单位是受海关总署直接领导,按授权负责指定口岸及相关区域范围内海关工作运行管理、监督监控的正厅级机构,在海关职能管理中发挥着承上启下的作用,其中包括有北京海关、重庆海关等42个直属海关,广东分署,天津、上海特派办,秦皇岛海关干部学院和上海海关学院5个直属海关单位。隶属海关是受直属海关直接领导,按授权负责指定口岸及相关区域范围内海关各类管理工作的处、科级执行机构。全国目前共有约700多个隶属海关单位。

机构设置方面,直属海关的机构设置及隶属关系均不受驻地地方行政区划的限制,而是依据对外开放的口岸及海关监管业务集中的地点的分布情况进行设置和规定。例如,广东省内有广州海关、黄埔海关、深圳海关等7个直属海关,内蒙古有呼和浩特海关和满洲里海关2个直属海关。人事管理方面,海关实行内部由上至下的垂直管理,基本上完全独立于地方政府。各司(局)级干部的任免由海关总署党委决定,直属海关及其隶属海关的处科级干部的任免由各直属海关党委决定。财政和物资管理方面,各级海关机构的管理经费、人员薪酬等预算全部纳入中央财政预算,由中央直接划拨,再由海关总署统筹各直属关区的经费、物资分配。业务管理方面,推行全国海关通关一体化改革,构建"两中心"的管理机制框架,通过风险防控中心和税收征管中心,实现总署对全国海关重点业务集中指挥、执法统一、风险可控。①

(三)实行垂直管理的国务院事业单位

1.新华通讯社

新华社总部设在北京。新华社的派出机构众多,在全国除台湾省以外的各省区市均设有分社,在台湾省派有驻点记者,在一些重点大中城市设有支社或记者站,在中国人民解放军、中国人民武装警察部队设有分支机构。

2.中国证券监督管理委员会

中国证监会为国务院直属机构。中国证监会垂直领导全国证券期货监管机构,对证券期货市场实行集中统一监管;管理有关证券公司的领导班子和领导成员。中国证监会在省、自治区、直辖市和计划单列市设立36个证券监管局,以及上海、深圳证券监管专员办事处,作为中国证券监督管理委员

---

① 本部分内容由黄帅执笔完成。

会的派出机构。

3. 国家金融监督管理总局

国家金融监督管理总局是2023年在中国银行保险监督管理委员会基础上组建,作为国务院直属机构,实行中央金融管理部门地方派出机构为主的地方金融监管体制。地方政府设立的金融监管机构专司监管职责,不再加挂金融工作局、金融办公室等牌子。

(四)实行垂直管理的国务院部委管理的国家局

1. 国家烟草专卖局

中国烟草行业实行统一领导、垂直管理、专卖专营的管理体制。国家烟草专卖局、中国烟草总公司对全国烟草行业"人、财、物、产、供、销、内、外、贸"进行集中统一管理。截至2022年5月22日,全国烟草行业职工总数约55万人,设有省级烟草专卖局(公司)33家,地市级烟草专卖局(公司)446个,县级烟草专卖局(分公司或营销部)2283个;卷烟工业企业和烟机制造企业105个,烟叶复烤企业56个;各其他单位和企业140个;在境外投资设立卷烟工厂和配套企业30个。[①]

2. 中国民用航空局

中国民用航空局管理民航地区行政机构、直属公安机构和空中警察队伍,下设华北地区管理局、东北地区管理局、华东地区管理局、中南地区管理局、西南地区管理局、西北地区管理局、新疆管理局。例如,西南地区管理局的派出机构是,四川安全监督管理局、重庆安全监督管理局、云南安全监督管理局、贵州安全监督管理局、丽江安全监督管理局。

3. 国家铁路局

国家铁路局下设沈阳、上海、广州、成都、武汉、西安、兰州7个铁路监督管理局和北京铁路督察室。

---

① 资料来源:国家烟草专卖局网站,2022年4月27日。

4.国家邮政局

国家邮政局垂直管理各省（自治区、直辖市）邮政管理局。各省（自治区、直辖市）邮政管理局下设若干分局。如重庆市邮政管理局设立了7个分局，其中，四分局负责对渝中区、大渡口区、沙坪坝区、九龙坡区、南岸区的邮政普遍服务和邮政市场（含快递业）实施监督检查。北京市邮政管理局的派出机构是东区邮政管理局、西区邮政管理局、南区邮政管理局、北区邮政管理局、天竺邮政管理局。

按照《国务院办公厅关于完善省级以下邮政监管体制的通知》（国办发〔2012〕6号）的相关规定，在27个省（区）按照市（地）行政区划设置332个市（地）邮政管理局，在4个直辖市和海南省（除海口市、三亚市）跨区域设置25个邮政监管派出机构。上述机构的规格比照同级政府部门管理机构确定，承办上级邮政管理部门和地方人民政府交办的其他事项。县一级原则上不单独设置邮政监管机构，一些业务集中、情况特殊的地方，可依托县级交通运输部门承担有关监管工作，或由上级邮政管理部门设置派出机构履行监管职责，具体形式由上级邮政管理部门与地方人民政府协商确定。

在实际运行中，地方邮政系统是双重管理，以垂直管理为主。人事任免由上级邮政管理局决定，工作人员以国考的形式补充，纪检监察垂直管理，党组织关系在地方，目标绩效考核纳入地方。财政领域相对复杂，总体而言地方邮政系统主要由中央财政支付。按照《国务院办公厅关于印发交通运输领域中央与地方财政事权和支出责任划分改革方案的通知》相关规定，中央财政事权如下：①邮政普遍服务和特殊服务主干网络。中央承担专项规划、政策决定、监督评价职责，建设、维护、管理、运营等具体执行事项由中央（含中央企业）实施。②邮件和快件进出境设施。中央承担专项规划、政策决定、监督评价职责，建设、维护、管理、运营等具体执行事项由中央（含中央企业）实施或委托地方实施。③其他事项。中央承担保障邮政通信和信息安全等方面的职责。上述邮政领域事项由中央（含中央企业）承担支出责任。中央与地方共同财政事权包括：①邮政业安全管理和安全监管。中央承担专项规划、政策决定、监督评价职责，具体执行事项由中央(含中央企业)与地方共同实施。②其他邮政公共服务。中央承担专项规划、政策决定、监督评价职责，具体执行事项由中央(含中央企业)与地方共同实施。上述邮政领域事项由中央(含中央企业)与地方共同承担支出责任。地方财政事权是：地方承担邮政普遍服务、特殊服务和快递服务末端基础设施、邮政业环境污染治理等相关职责，负责规划、建设、维护、运营等具体事项的执行实施，承担相应支出责任。

5.国家外汇管理局

国家外汇管理局为副部级国家局，在各省、自治区、直辖市、部分副省级城市设立分局(外汇管理部)，在部分地(市)设立中心支局。国家外汇管理局分支机构与当地中国人民银行分支机构合署办公。

(五)部委在地方的派出机构

一些部委虽然没有实行全国范围内的垂直领导，但在地方设有一定数量的派出机构或办事处，直接履行自己的职责。

1.财政部各地监管局

财政部在30个省、自治区、直辖市和大连、宁波、厦门、青岛、深圳5个城市设立监管局。主要职责是根据财政部授权管理属地中央各项财政收支，承担财税法规和政策在属地的执行情况、预算管理有关监督工作，向财政部提出相关政策建议，完成财政部交办的其他任务等。

2.自然资源部派出机构

根据中央授权，自然资源部向地方派驻9个国家自然资源督察局。督察局承担对所辖区域的自然资源督察工作。分别是：北京局(负责北京市、天津市、河北省、山西省、内蒙古自治区人民政府及所辖地方政府)，沈阳局(负责辽宁省、吉林省、黑龙江省、大连市人民政府及所辖地方政府)，上海局(负责上海市、浙江省、福建省、宁波市、厦门市人民政府及所辖地方政府)，南京局(负责江苏省、安徽省、江西省人民政府及所辖地方政府),济南局(负责山东省、河南省、青岛市人民政府及所辖地方政府),广州局(负责广东省、广西壮族自治区、海南省、深圳市人民政府及所辖地方政府),武汉局(负责湖北省、湖南省和贵州省人民政府及所辖地方政府),成都局(负责重庆市、四川省、云南省、西藏自治区人民政府及所辖地方政府),西安局(负责陕西省、甘肃省、青海省、宁夏回族自治区、新疆维吾尔自治区人民政府及所辖地方政府、新疆生产建设兵团及所辖师(市)、团场)。上述9个督察局行政编制336名,司局级领导职数64名(按1正2副配备,对应的37个被督察单位各配备督察专员1名)。①另外,自然资源部在北海、东海、南海3个海区分别设立派出机构,在陕西、黑龙江、四川、海南分别设立测绘地理信息局。

3.生态环境部派出机构

生态环境部地方督察局是生态环境部派出行政机构。目前,共设有华北督察局(所辖北京、天津、河北、山西、内蒙古自治区、河南等区域),华东督察局(所辖上海、江苏、浙江、安徽、福建、江西、山东等区域),华南督察局(所辖湖北、湖南、广东、广西壮族自治区、海南等区域),西北督察局(所辖陕西省、甘肃省、青海省、宁夏回族自治区、新疆维吾尔自治区和新疆生产建设兵团等区域),西南督察局(所辖重庆、四川、贵州、云南、西藏自治区等区域),东北督察局(所辖辽宁、吉林、黑龙江等区域)6个督察局。以华北督察局为例,主要承担以下职责:监督地方对国家生态环境法规、政策、规划、标准的执行情况,承担中央生态环境保护督察相关工作,协调指导省级生态环境部门开展市、县生态环境保护综合督察,参与重大活动、重点时期空气质量保障督察,参与重特大突发生态环境事件应急响应与调查处理的督察,承办跨省区域重大生态环境纠纷协调处置,承担重大环境污染与生态破坏案件查

---

① 资料来源:自然资源部网站,2022年4月22日。

办;承担生态环境部交办的其他工作。①

为做好核与辐射安全监督工作,以及全国核安全设备设计、制造、安装持证单位监管,生态环境部在全国设立6个派出机构,即生态环境部华北核与辐射安全监督站、华东核与辐射安全监督站、华南核与辐射安全监督站、西北核与辐射安全监督站、西南核与辐射安全监督站、东北核与辐射安全监督站。

生态环境部在全国设立了7个生态环境监督管理局,负责水资源、水生态、水环境方面的生态环境监管工作,为生态环境部正局级派出机构,实行生态环境部和水利部双重领导、以生态环境部为主的管理体制。具体为:长江流域生态环境监督管理局、海河流域北海海域生态环境监督管理局、珠江流域南海海域生态环境监督管理局、松辽流域生态环境监督管理局、太湖流域东海海域生态环境监督管理局、淮河流域生态环境监督管理局、黄河流域生态环境监督管理局。

4.交通运输部派出机构

中华人民共和国海事局(交通运输部海事局)为交通运输部直属行政机构,实行垂直管理体制。交通运输部海事局的直属单位为:上海海事局、天津海事局、辽宁海事局、河北海事局、山东海事局、浙江海事局、福建海事局、广东海事局、广西海事局、海南海事局、长江海事局、江苏海事局、黑龙江海事局、深圳海事局、连云港海事局、北海航海保障中心、东海航海保障中心、南海航海保障中心。

交通运输部长江航务管理局为交通运输部派出机构,下辖长江海事局(含江苏海事局)、长江航道局(含长江口航道管理局)、长江三峡通航管理局、中国水运报刊社和长航总医院等10个单位,还有49个基层局,遍布长江沿线大中城市,全系统现有职工3.2万余人。交通运输部珠江航务管理局为

---

① 资料来源:生态环境部华北督察局网站,2022年4月22日。

交通运输部派出机构,承担珠江水系航运行政管理职责,内设琼州海峡办事处、广西办事处、云贵办事处等14个机构。[①]

5.水利部派出机构

水利部派出的流域管理机构分别为:长江水利委员会、黄河水利委员会、淮河水利委员会、海河水利委员会、珠江水利委员会、松辽水利委员会、太湖流域管理局。每个派出机构下辖多家单位。例如,长江水利委员会在职职工约1.5万人,其中委机关参照《中华人民共和国公务员法》管理,全委各类专业技术人才7600多人。[②]

6.商务部派出机构

商务部驻地方特派员办事处是商务部派驻地方并行使部分政府行政职能的机构,负责联系所辖区域的商务工作。目前,商务部在大连、天津、上海、广州、深圳、海南、南宁、南京、武汉、青岛、郑州、福州、西安、成都、杭州、昆明等城市设立了特派员办事处。

7.审计署驻地方特派员办事处

除对地方审计机关有领导权外,审计署还在地方派驻有审计特派员。通过设立审计特派员办事处,建立了一个直属于审计署,专门负责对地方及其官员的审计系统。审计署在全国18个中心城市设有特派员办事处。[③]特派员办事处由审计署垂直领导,直接对审计署负责,由审计署任命局级干部担任特派员,人、财、物等由审计署直接管理,对审计长负责并报告工作。

8.国家统计局各调查总队

国家统计局各调查总队既是政府统计调查机构,也是统计执法机构,依

---

① 资料来源:交通运输部长江航务管理局网站。
② 资料来源:水利部长江水利委员会网站,2022年7月12日。
③ 18个审计特派员办事处是指:京津冀、太原、沈阳、哈尔滨、上海、南京、武汉、广州、郑州、济南、西安、兰州、昆明、成都、长沙、深圳、长春、重庆特派员办事处。

法独立行使统计调查、统计监督的职权,独立向国家统计局上报调查结果,并对上报的调查资料的真实性负责。同时,承担地方政府委托的各项统计调查任务。

二、接受双重领导的条条

存在垂直管理的条条不是中国的特色。西方典型国家联邦或中央政府的职能部门在全国各地也设有派驻机构,就地处理各自职责范围之内的具体工作。从数量上看,西方典型国家实行垂直管理的部门并不比中国少,在垂直管理的程度上也不比中国弱。

中国政府职能部门设置的特色是双重领导。地方政府中的绝大多数职能部门既受本级政府统一领导,又受上级政府主管部门的业务指导或者领导。差别在于,在领导关系上是以上级条条为主还是以本级政府为主。“省市县主要机构设置和职能配置同中央保持基本对应,构建起从中央到地方运行顺畅、充满活力的工作体系。”[1]在这种领导体制下,大多数地方职能部门同时对两个甚至多个上级负责并报告工作。《中华人民共和国地方各级人民代表大会和地方各级人民政府组织法》第八十三条规定:省、自治区、直辖市的人民政府的各工作部门受人民政府统一领导,并且依照法律或者行政法规的规定受国务院主管部门的业务指导或者领导。自治州、县、自治县、市、市辖区的人民政府的各工作部门受人民政府统一领导,并且依照法律或者行政法规的规定受上级人民政府主管部门的业务指导或者领导。区分领导或指导关系,有以下三个角度:一是谁来决定干部职务任免与升迁,二是谁负责工资福利,三是编制在上级政府还是在本级政府。

双重领导中的一个关键问题是干部的考察和任命。一般情况下,双重

---

① 《习近平谈治国理政》(第三卷),外文出版社,2020年,第106页。

管理干部的考察工作,由主管方负责,会同协管方进行。第一,业务上实行双重领导、以中央各部门领导为主的单位的干部,属于中央管理的干部。这些干部由中央有关部门党组或地方党委共同协助中央管理,向中央报批任免手续,中央各部门党组负责办理。除中央管理的干部外,对一部分担任主要领导职务的干部,经中央各部门党组与地方党委协商一致后,由中央各部门党组管理,地方党委同时负责监督管理。凡列入中央各部门和地方双方管理的干部,中央各部门党组和地方党委,都负有考察、考核、培养、教育的责任。对于干部的任免、调动、审查、考核、奖惩和专业训练,由中央各部门党组负主要责任,地方党委加以监督。第二,业务上实行双重领导,以地方党委领导为主的单位的干部,属于中央管理的干部,由地方党委和中央各部门党组共同协助中央管理,向中央报批任免手续,由地方党委负责办理。除中央管理的干部以外,这些单位中的其他干部,根据其所任职务的重要性,由地方党委分级加以管理;或由这些单位的党委、党组自行管理。中央各部门可对这些干部的任免、调动,向地方党委提出建议。①

(一)条块结合、以条为主②

一些专业性较强的部门需要上级条条集中统一的领导,这些部门作用的发挥又离不开地方政府配合。因此,就形成了条块结合、以条为主的类型。这种类型的职能部门在编制上由中央统一审定编制总额,具体审定工作由这些部门的最高主管部门和中央机构编制委员会共同拟定分配方案,逐级下达,专项使用。《中国共产党机构编制工作条例》规定,中央机构编制委员会审批中央和国家机关各部门垂直管理机构、双重领导并以部门领导为主的机构、派驻地方机构,以及我国驻外机构的机构设置、人员编制和领导职数。

---

① 谢庆奎主编:《当代中国政府》,辽宁人民出版社,1991年,第333页。

② 所谓的以条为主,是根据分类的需要在相对意义上使用的,这些机构在不同的方面有不同的领导关系。

1.国家税务机关

国家税务总局是国务院主管税收工作的直属机构。根据中共中央印发的《深化党和国家机构改革方案》,2018年6月,省级和省级以下的国税、地税机构合并,以税务总局为主、与省区市党委和政府对全国税务系统实行双重领导。

机构设置方面,国家税务总局共设置内设机构18个,直属事业单位10个,派出机构7个;下设三级税务局,包括省、自治区、直辖市和计划单列市税务局,地级市、自治州、盟税务局,区(县)、县级市、自治县、旗税务局;各级税务局根据行政区划、经济区划或按行业设置征收分局,直接从事税收管理。

税务系统内部的上下级关系如下:一是在机构设置上,实行统一领导,分级管理。省、自治区、直辖市和计划单列市税务局的设置、变更和撤销,由中央机构编制委员会审核,国务院审批;省、自治区、直辖市和计划单列市税务局内设机构和地级市、自治州、盟、直辖市辖区(县)税务局的设置、变更和撤销,由国家税务总局审批;地级市、自治州、盟、直辖市辖区(县)税务局内设机构和区(县)、县级市、自治县、旗税务局的设置、变更和撤销,由省、自治区、直辖市税务局审批;区(县)、县级市、自治县、旗税务局内设机构和税务分局的设置、变更和撤销,出地级市、自治州、盟税务局审批。二是在干部管理上,省、自治区、直辖市和计划单列市税务局副厅(局)级以上的干部和副省级城市税务局的局长由国家税务总局管理;省、自治区、直辖市和计划单列市税务局按照分级管理、下管一级的原则,制定本地区的干部管理办法,上级税务机关发现下级税务机关任免干部不当时,有权纠正或者撤销其决定;各省、市、县税务局系统实行干部交流制度,国家税务总局管理的干部由国家税务总局负责在全国范围内进行交流,其他干部由其所在的省、市、县税务局按照干部管理权限进行交流。三是在经费上,实行分级核算、逐级管理的原则。国家税务总局系统工资基金的审批和执行情况的检查由国家税务总局和省、自治区、直辖市和计划单列市税务局分级管理,各省、自治区、直辖市和计划单列市税务局根据国家税务总局下达的工资总额编制工资基金使用计划;省、自治区、直辖市和计划单列市税务局副厅(局)级以上干部的工资变动由国家税务总局审批,其他人员的工资变动按照有关管理权限审批;对地方人民政府制定的工资、福利、津贴标准等有关规定如需参照执行,由省、自治区、直辖市和计划单列市税务局报国家税务总局批准后实施。①

　　国家税务总局向地方派驻开展跨区域税务稽查和督察内审工作的税务机构,即驻地方特派员办事处。国家税务总局驻重庆特派员办事处(国家税务总局驻重庆稽查局)管辖范围是重庆市、四川省、贵州省、云南省、西藏自治区;国家税务总局驻北京特派员办事处(国家税务总局驻北京稽查局)管辖范围是北京市、天津市、河北省、山西省、内蒙古自治区;国家税务总局驻沈阳特派员办事处(国家税务总局驻沈阳稽查局)管辖范围是辽宁省、吉林省、黑龙江省、大连市;国家税务总局驻上海特派员办事处(国家税务总局驻上海稽查局)管辖范围是上海市、江苏省、浙江省、安徽省、福建省、江西省、山东省、青岛市、厦门市、宁波市;国家税务总局驻广州特派员办事处(国家税务总局驻广州稽查局)管辖范围是河南省、湖北省、湖南省、广东省、广西壮族自治区、海南省、深圳市;国家税务总局驻西安特派员办事处(国家税务总局驻西安稽查局)管辖范围是陕西省、甘肃省、青海省、宁夏回族自治区、新疆维吾尔自治区。

　　2.国家矿山安全监察局

　　中国实行"国家监察、地方监管、企业负责"的矿山安全监管监察体制。国家矿山安全监察局是应急管理部管理的国家局,为副部级。设在地方的矿山安全监察局27个,行政编制2523名,由国家矿山安全监察局领导管理。国家矿山安全监察局27个地方局是行使国家矿山安全监察职能的行政机

---

① 本部分内容由刘颖执笔完成。

构,实行国家矿山安全监察局与所在省级政府双重领导,以国家矿山安全监察局为主的管理体制,负责本行政区域内矿山安全监察工作。

3.审计机关

审计署主管全国的审计工作。审计署与省级党委和政府共同领导省级审计机关。省、自治区人民政府设有派出机关的,派出机关的审计机关对派出机关和省、自治区人民政府审计机关负责并报告工作,审计业务以省、自治区人民政府审计机关领导为主。审计机关履行职责所必需的经费,应当列入财政预算,由本级人民政府予以保证。

地方各级审计机关对本级人民政府和上一级审计机关负责并报告工作,审计业务以上级审计机关领导为主。"地方审计部门在业务上要听审计署的。地方审计不真实、不合法的,审计署要纠正。对其中的大案要案,审计署要直接介入,直接处理。"①地方各级审计机关分别在省长、自治区主席、市长、州长、县长、区长和上一级审计机关的领导下,对本级预算执行情况、决算草案及其他财政收支情况进行审计监督,向本级人民政府和上一级审计机关提出审计结果报告,地方各级审计机关正职和副职负责人的任免,应当事先征求上一级审计机关的意见。审计机关根据工作需要,经本级人民政府批准,可以在其审计管辖范围内设立派出机构。上级审计机关认为下级审计机关作出的审计决定违反国家有关规定的,可以责成下级审计机关予以变更或者撤销,必要时也可以直接作出变更或者撤销的决定。②

4.地震局

中国地震局负责管理全国地震工作,由中华人民共和国应急管理部管理,对省、自治区、直辖市地震局实施以中国地震局为主的双重领导,指导省级以下地震工作机构的工作。

---

① 《朱镕基讲话实录》(第三卷),人民出版社,2011年,第189页。
② 资料来源:《中华人民共和国审计法实施条例》。

5.国家粮食和物资储备局

国家粮食和物资储备局在有关省区市共设立26个监管机构,名称为国家粮食和物资储备局××(省区市名)局。其中,上海、江苏、浙江局为副司局级,其余省级局为正司局级,实行以国家粮食和物资储备局为主与省区市政府双重领导的管理体制。

6.气象部门

中国气象局作为国务院气象主管机构,为国务院直属事业单位。全国气象部门实行气象部门与地方人民政府双重领导,以气象部门为主的领导管理体制,采取国家、省、地、县四级管理。全国现有31个省(区、市)气象局、333个市(地、州、盟)气象局、2180个县(区、市、旗)气象局。①

7.国家移民管理局

国家移民管理局(中华人民共和国出入境管理局)是公安部管理的国家局,为副部级。国家移民管理局领导管理全国出入境边防检查机构、边境管理机构各项工作,指导管理各省、自治区、直辖市公安机关出入境管理机构业务工作。在省、市、县公安机关设立出入境管理机构,根据国家移民管理局的授权和委托,承担公民因私出国(境)管理、受理签发公民因私事出入境证件,实施外国人来华停留居留和永久居留的日常管理,签发口岸签证及其他相应的证件,查处出入境违法犯罪活动等。例如,上海出入境边防检查总站隶属国家移民管理局领导,正厅级建制,人民警察编制。

8.测绘地理信息局

自然资源部下设的派出机构如下:陕西测绘地理信息局、黑龙江测绘地理信息局、四川测绘地理信息局、海南测绘地理信息局。上述派出机构实行由自然资源部与所在地省政府双重领导以自然资源部为主的管理体制,指导市(地)、县(市、区)并协调省直有关部门开展测绘地理信息工作,承担自

---

① 资料来源:中国气象局网站,2022年4月24日。

然资源部和所在地省政府依法赋予的职责,机构规格为正司局级。在人员编制方面,陕西59人、黑龙江52人、四川52人、海南39人。①

(二)条块结合、以块为主

除了条块结合、以条为主的职能部门和完全接受地方政府领导的部门外,地方政府的绝大多数工作部门都采取条块结合、以块为主的方式,如教育、财政、民政部门等。这些条条在工作中主要服从地方政府的领导。在人事安排上,当地政府起着主导性的作用;在机构编制上,同级党委政府在上级审定的编制范围内,按照规定使用的范围统筹安排。

地方政府实行"条块结合、以块为主"的职能部门中,以下机构受上级职能部门的影响较大。

1.地方统计局

国家统计局协助地方管理省、自治区、直辖市统计局局长和副局长,承担组织领导和协调全国统计工作,指导全国统计工作。县级以上地方人民政府统计机构受本级人民政府和上级人民政府统计机构的双重领导,在统计业务上以上级人民政府统计机构的领导为主。县级以上人民政府有关部门根据统计任务的需要设立统计机构,或者在有关机构中设置统计人员,并指定统计负责人,依法组织、管理本部门职责范围内的统计工作,实施统计调查,在统计业务上受本级人民政府统计机构的指导。各部门、各单位统计机构负责人或者统计工作负责人的变动,应当事先征求同级人民政府统计机构的意见。各级人民政府统计机构主要负责人的变动,应当事先征得上级人民政府统计机构的同意。②

2.地方司法局

司法部是国务院组成部门,为正部级。司法部的重要职责之一是协助

---

① 资料来源:中国自然资源部网站,2022年5月2日。

② 资料来源:《中华人民共和国统计法实施条例》,2022年4月24日。

省、自治区、直辖市管理司法厅(局)领导干部。省级司法厅(局)负责规划、协调、指导行政区域内法治人才队伍建设相关工作,按照干部管理权限,协管设区的市司法行政部门负责人。

三、地方政府单独管理的条条

地方政府的职能部门和工作机构,绝大多数与中央政府相关部委相对口。有些不是按照对口的原则设立,而是各地根据实际需要因地制宜而建立的,如大数据应用发展管理局、盐务管理局、扶贫和移民工作局、管委会、经开区、招商投资促进局、物流办公室等。

第三节 条块关系的表现形式

在承继历史形成的条块关系模式优势的基础上,当前中国政府中的条块关系又增加了一些新做法。条块关系不是单向度的,而是影响与被影响的多边关系。"如果一个问题太大,解决起来不仅需要一个部门的努力,还需要其他部门(如建设局和财政局,或其他县的能源局)的行动,那么纵横交错的权力路线就会变得异常复杂而麻烦。"①已有研究多数是把条块关系当成约定俗成的概念直接使用,很少关注和探究到底什么是条块关系、条块关系的基本类型有哪些等典型事实。基于此,有必要对条块关系是什么作一个较为全面、细致的归纳、概括和提炼。本节搜集、整理了现行宪法法律和党章党规的相关规定,力图回答如下问题:当代中国政府条块关系应该是个什

---

① [美]李侃如:《治理中国:从革命到改革》,胡国成、赵梅译,中国社会科学出版社,2010年,第190页。

么样态？进而为后续研究提供事实依据。

一、上级条条与下级块块的关系

上级政府职能部门与下级政府的关系是条块关系的主要形式。前者是政府部门，主管一个系统和行业，履行属事责任；后者是一级地方政府，负责管辖一个行政区域，履行属地责任。二者的行政级别相同，没有行政隶属关系，谁都不能向对方直接下命令。"党委、政府的办公厅（室）根据本级党委、政府授权，可以向下级党委、政府行文，其他部门和单位不得向下级党委、政府发布指令性公文或者在公文中向下级党委、政府提出指令性要求。"①上级条条与下级块块是相互合作的伙伴关系，都在上级政府统一领导下履行相应的责任，是中央和上级政府实现横向到边、纵向到底治理目标的"左膀右臂"。

（一）部门规章、地方性法规和地方政府规章合作治理

部门规章与地方性法规、地方政府规章具有同等效力，在各自的权限范围内施行。中国特色社会主义法律体系主要由宪法、法律、行政法规、地方性法规、部门规章、地方政府规章等层次组成。省、自治区、直辖市的人民代表大会及其常务委员会可以制定地方性法规。设区的市的人民代表大会及其常务委员会可以对城乡建设与管理、环境保护、历史文化保护等方面的事项制定地方性法规。省、自治区、直辖市和设区的市、自治州的人民政府，可以制定地方政府规章。地方性法规的效力高于本级地方政府规章。中央各部委制定本领域的规章。"国务院各部、委员会、中国人民银行、审计署和具有行政管理职能的直属机构，可以根据法律和国务院的行政法规、决定、命

---

① 《党政机关公文处理工作条例》。

令,在本部门的权限范围内,制定规章。"①部门规章具有法律约束力,在全国范围内生效,各级地方政府都应遵循。当地方性法规与部门规章之间对同一事项的规定不一致,不能确定如何适用时,由国务院提出意见,国务院认为应当适用地方性法规的,应当决定在该地方适用地方性法规的规定;认为应当适用部门规章的,应当提请全国人民代表大会常务委员会裁决。部门规章与地方政府规章之间对同一事项的规定不一致时,由国务院裁决。②

(二)中央部委等上级条条和地方政府双重领导地方政府职能部门

地方政府职能部门要接受同级政府和上级职能部门的双重领导或者业务指导。为确保上下贯通、执行有力,省、市、县各级涉及党中央集中统一领导和国家法制统一、政令统一、市场统一的机构职能都与中央部委基本对应。中央部委统管本领域的一切业务,对口领导或者指导下级职能部门开展工作。

(三)中央部委等上级条条与下级地方政府协商共治

中央部委的优势是专业和技术,地方政府的优势是熟悉和统筹。中央部委制定相关领域的国家标准,统一负责全国的业务工作。地方政府负责在本行政区域内落实国家标准。中国国家制度和国家治理体系的一个显著优势是坚持全国一盘棋,调动各方面积极性,集中力量办大事。实现这一制度优势的重要机制安排是条块协商治理,即多数事项和任务的落实要靠条条和块块共同落实。为充分发挥条块协调、合作的优势,中央部委或派出机构在决策时经常征求地方政府的意见建议,在政策执行过程中为地方政府提供指导和帮助。部委做出决策后,一般会通过检查的方式督促地方政府去执行。"要落实、落实、再落实,你的文件发下去以后,你不下去跟着检查,没有多少人理你。"③块块在本行政区域内全面履行责任,贯彻落实上级政府

---

①② 《中华人民共和国立法法》。

③ 《朱镕基讲话实录》(第三卷),人民出版社,2011年,第8页。

决策及条条制定的各项标准和规范,凝聚各方力量共同履职。条条和块块在党中央集中统一领导下齐心协力工作,推动中央各项目标任务落实到位。

表1-1　上级条条与下级块块的合作方式

法律法规	具体内容	条块关系
《中华人民共和国国境卫生检疫法》	国境卫生检疫机关发现检疫传染病或者疑似检疫传染病时,除采取必要措施外,必须立即通知当地卫生行政部门,同时用最快的方法报告国务院卫生行政部门,最迟不得超过二十四小时。	条条向块块通报信息,同时报告上级业务主管条条。
《中华人民共和国核安全法》	国务院核安全监督管理部门审批核设施建造、运行许可申请时,应当向国务院有关部门和核设施所在地省、自治区、直辖市人民政府征询意见。	条条向块块征询意见。
《中华人民共和国禁毒法》	城市街道办事处、乡镇人民政府负责社区戒毒工作。公安机关和司法行政、卫生行政、民政等部门应当对社区戒毒工作提供指导和协助。	块块负责,条条提供指导和协助。
《中华人民共和国公路法》	国道规划由国务院交通主管部门会同国务院有关部门并商国道沿线省、自治区、直辖市人民政府编制,报国务院批准。 省道规划由省、自治区、直辖市人民政府交通主管部门会同同级有关部门并商省道沿线下一级人民政府编制,报省、自治区、直辖市人民政府批准,并报国务院交通主管部门备案。	上级条条商下级块块共同完成,报上级政府批准。
《中国共产党党和国家机关基层组织工作条例》	对党组织关系实行属地管理的下级单位党建工作,党组(党委)应当加强与其所在地党委的沟通配合,及时研究解决重要问题。	条块沟通配合。

(四)上级条条和下级块块相互监督和制约

中央对地方政府的领导相当程度上通过中央部委来实现。为加强中央部委对地方政府的影响力,中央部委可以采取约谈、考核、备案、审计监督等形式作用于省级政府。较为典型的方式是:省级政府的规划要报国务院相关部门批准后才能实施;国务院生态环境主管部门对省级政府完成任务情况进行考核;省级以上人民政府生态环境主管部门可以约谈地方政府的主要负责人,并暂停审批该地区相关业务;审计机关对下级政府预算进行审计监督,等等。(参见表1-2)地方政府也有诸多方式作用于中央部委。例如,全国人民代表大会会议期间,一个代表团或者三十名以上的代表联名,有权书面提出对国务院各部、各委员会的质询案。①

表1-2　上级条条对下级块块的监督

法律法规	具体内容	条块关系
《中华人民共和国水污染防治法》	省、自治区、直辖市人民政府可以对国家水环境质量标准中未作规定的项目,制定地方标准,并报国务院环境保护主管部门备案。	块块制定的地方标准报上级条条备案。
《中华人民共和国环境保护法》	省、自治区、直辖市人民政府对国家污染物排放标准中未作规定的项目,可以制定地方污染物排放标准。地方污染物排放标准应当报国务院环境保护主管部门备案。	块块制定的地方标准报上级条条备案。
《中华人民共和国防沙治沙法》	省、自治区、直辖市人民政府依据全国防沙治沙规划,编制本行政区域的防沙治沙规划,报国务院或者国务院指定的有关部门批准后实施。	块块的规划要报上级条条批准后实施。
《中华人民共和国大气污染防治法》	国务院生态环境主管部门会同国务院有关部门,按照国务院的规定,对省、自治区、直辖市大气环境质量改善目标、大气污染防治重点任务完成情况进行考核。	上级条条考核块块。
《中华人民共和国大气污染防治法》	省级以上人民政府生态环境主管部门应当会同有关部门约谈该地区人民政府的主要负责人,并暂停审批该地区新增重点大气污染物排放总量的建设项目环境影响评价文件。约谈情况应当向社会公开。	上级条条约谈下级块块,并暂停审批该地相关业务。
《中华人民共和国审计法》	审计机关对本级各部门(含直属单位)和下级政府预算的执行情况和决算以及其他财政收支情况,进行审计监督。	上级条条审计监督下级块块。

---

① 《中华人民共和国全国人民代表大会和地方各级人民代表大会代表法》。

二、垂直管理的条条与地方政府的关系

垂直管理的条条依法行使职权,不受地方政府的干涉。二者间的职责交叉少,各自独立开展工作。地方政府在行政级别上高于设在本行政区域内的垂直管理的条条及派出机构。然而,对垂直管理的条条"看得见、但管不着",不能插手和干预垂直管理条条业务范围内的事项,对他们也没有领导的权力。"除党中央、国务院以外,对银行的工作谁也不能干预,可以提意见,但不能下命令,不能指定银行干这样、干那样。"①

垂直管理的条条与地方政府的关系并不是"井水不犯河水",在工作上应该相互支持、配合和协作。省、自治区、直辖市、自治州、县、自治县、市、市辖区的人民政府应当协助设立在本行政区域内不属于自己管理的国家机关、企业、事业单位进行工作,并且监督它们遵守和执行法律和政策。②比如,"虽然成立了中央金融工委,但地方党委和政府还是要对各类全国性金融机构的分支机构进行严格监督,发现问题可以直接向中央金融工委和中央银行、证监会、保监会反映。由于人在当地,熟悉情况,在有些问题上地方党委和政府的监督往往比中央金融工委和金融系统自身监督更有效。银行、证券、保险系统实行垂直领导和统一监管后,要主动加强与地方党委和政府的联系,及时向当地党政领导反馈监管及其他工作的情况和信息,为他们决策提供依据"③。

地方政府为获取更多的资源和工作支持,也非常注意协调与垂直管理部门的关系。通常的做法是,党政领导除了对本行政区域内的事务分工领导外,每个人还负责联系若干个垂直管理的部门。几乎每一个垂直管理的

---

① 《朱镕基讲话实录》(第一卷),人民出版社,2011年,第453页。
② 《中华人民共和国地方各级人民代表大会和地方各级人民政府组织法》。
③ 《朱镕基讲话实录》(第三卷),人民出版社,2011年,第215页。

条条,在地方政府都有相应的领导负责与之联系和沟通(见表1-3)。

表1-3　垂直管理条条的设置及其与地方政府关系

法律	对垂直管理领域和机构的规定
《中华人民共和国民用航空法》	国务院民用航空主管部门设立的地区民用航空管理机构依照国务院民用航空主管部门的授权,监督管理各地区的民用航空活动。
《中华人民共和国反恐怖主义法》	国家设立反恐怖主义工作领导机构,统一领导和指挥全国反恐怖主义工作。 设区的市级以上地方人民政府设立反恐怖主义工作领导机构,县级人民政府根据需要设立反恐怖主义工作领导机构,在上级反恐怖主义工作领导机构的领导和指挥下,负责本地区反恐怖主义工作。
《中华人民共和国进出口商品检验法》	国务院设立进出口商品检验部门,主管全国进出口商品检验工作。国家商检部门设在各地的进出口商品检验机构管理所辖地区的进出口商品检验工作。
《中华人民共和国航道法》	国务院交通运输主管部门主管全国航道管理工作,并按照国务院的规定直接管理跨省、自治区、直辖市的重要干线航道和国际、国境河流航道等重要航道。
《中华人民共和国证券投资基金法》	国务院证券监督管理机构依法对证券投资基金活动实施监督管理;其派出机构依照授权履行职责。
《中华人民共和国水土保持法》	国务院水行政主管部门在国家确定的重要江河、湖泊设立的流域管理机构,在所管辖范围内依法承担水土保持监督管理职责。
《中华人民共和国统计法》	国家统计局根据工作需要设立的派出调查机构,承担国家统计局布置的统计调查等任务。国家统计局派出的调查机构组织实施的统计调查活动中发生的统计违法行为,由组织实施该项统计调查的调查机构负责查处。
《中华人民共和国保险法》	国务院保险监督管理机构根据履行职责的需要设立派出机构。派出机构按照国务院保险监督管理机构的授权履行监督管理职责。
《中华人民共和国反洗钱法》	国务院反洗钱行政主管部门的派出机构在国务院反洗钱行政主管部门的授权范围内,对金融机构履行反洗钱义务的情况进行监督、检查。
《中华人民共和国审计法》	审计机关根据工作需要,经本级人民政府批准,可以在其审计管辖范围内设立派出机构。
《中华人民共和国中国人民银行法》	中国人民银行根据履行职责的需要设立分支机构,作为中国人民银行的派出机构。中国人民银行对分支机构实行统一领导和管理。

法律	对垂直管理领域和机构的规定
《中华人民共和国银行业监督管理法》	国务院银行业监督管理机构根据履行职责的需要设立派出机构。国务院银行业监督管理机构对派出机构实行统一领导和管理。国务院银行业监督管理机构的派出机构在国务院银行业监督管理机构的授权范围内,履行监督管理职责。 银行业监督管理机构及其从事监督管理工作的人员依法履行监督管理职责,受法律保护。地方政府、各级政府部门、社会团体和个人不得干涉。 银行业监督管理机构在处置银行业金融机构风险、查处有关金融违法行为等监督管理活动中,地方政府、各级有关部门应当予以配合和协助。
《中华人民共和国海关法》	国务院设立海关总署,统一管理全国海关。国家在对外开放的口岸和海关监管业务集中的地点设立海关。海关的隶属关系,不受行政区划的限制。海关依法独立行使职权,向海关总署负责。 各地方、各部门应当支持海关依法行使职权,不得非法干预海关的执法活动。

三、上下级政府的关系

条块关系实质上反映的是中央和地方关系、上下级政府的关系。"条块关系的矛盾,表面上看是部门管理与地方管理之间的矛盾,但其本质还是中央与地方的矛盾,集权与分权的矛盾。"①中国政府上下级之间是领导和被领导的关系。这种关系在不同类型的国家机关表现形式有所不同。

(一)上下级党组织之间的关系

上下级党组织之间的关系,是中国政府间纵向关系的中轴。党的民主集中制的基本原则第一条是党员个人服从党的组织,少数服从多数,下级组织服从上级组织,全党各个组织和全体党员服从党的全国代表大会和中央

---

① 林尚立:《国内政府间关系》,浙江人民出版社,1998年,第307页。

委员会。①

党的地方委员会必须始终在思想上政治上行动上同党中央保持高度一致,坚决贯彻执行党中央决策部署和上级党组织决定,坚决维护党中央权威,任何地方工作部署都必须以贯彻中央精神为前提。党的地方委员会应当每年向上一级党委作一次全面工作情况报告,执行党中央和上级党组织某项重要决定的情况应当专题报告。遇有重大突发事件、重大问题应当及时请示报告。②《中国共产党重大事项请示报告条例》规定,把请示报告作为重要政治纪律和政治规矩,把讲政治要求贯彻到请示报告工作全过程和各方面。既牢记授权有限,该请示的必须请示,该报告的必须报告;又牢记守土有责,该负责的必须负责,该担当的必须担当。在重大原则问题上不同党中央保持一致且有实际言论、行为或者造成不良后果的,给予警告或者严重警告处分;情节较重的,给予撤销党内职务或者留党察看处分;情节严重的,给予开除党籍处分。下级党组织拒不执行或者擅自改变上级党组织决定的,对直接责任者和领导责任者,给予警告或者严重警告处分;情节严重的,给予撤销党内职务或者留党察看处分。③

(二)上下级人民代表大会之间的关系

人民代表大会制度是我国的根本政治制度。这一根本政治制度的主要内容之一是:"遵循在中央统一领导下,充分发挥地方的主动性、积极性的原则,划分中央和地方的国家机构的职权。"④全国人大与地方人大,地方人大上下级之间没有领导和被领导关系。上下级人民代表大会之间的关系,主要表现为"工作联系、指导关系、法律监督关系"⑤三个方面。在工作联系上,

---

① 《中国共产党章程》。

② 《中国共产党地方委员会工作条例》。

③ 《中国共产党纪律处分条例》。

④ 《吴邦国论人大工作》(上),人民出版社,2017年,第6页。

⑤ 李鹏:《立法与监督——李鹏人大日记》(下),新华出版社、中国民主法制出版社,2006年,第992页。

全国人大要"答复地方人大关于法律问题的询问,根据地方人大的要求对地方性法规草案提出咨询意见,了解地方人大的工作情况,等等"①。

以法律监督为例,这种关系具体体现为以下三个方面。第一,地方人大及其常委会在本行政区域内要保证全国人大及其常委会和上级人大及其常委会制定的法律、地方性法规,以及通过的决议、决定的遵守和执行。第二,各级地方人大制定的地方性法规不能违反上级人大及其常委会制定的法律、地方性法规,需要报请批准。部分地方性法规制定后必须报请批准才可生效。设区的市的地方性法规须报省、自治区的人民代表大会常务委员会批准后施行;自治区的自治条例和单行条例,报全国人民代表大会常务委员会批准后生效;自治州、自治县的自治条例和单行条例,报省、自治区、直辖市的人民代表大会常务委员会批准后生效。第三,县级以上地方各级人民代表大会及其常务委员会有权审查、撤销下一级人民代表大会及其常务委员会的不适当的决议。全国人民代表大会常务委员会有权撤销同宪法、法律和行政法规相抵触的地方性法规,有权撤销省、自治区、直辖市的人民代表大会常务委员会批准的违背《中华人民共和国宪法》和《中华人民共和国立法法》规定的自治条例和单行条例。

(三)上下级国家行政机关之间的关系

地方各级行政机关对上一级国家行政机关负责并报告工作。国务院是"最高国家权力机关的执行机关,是最高国家行政机关"②。全国地方各级人民政府都是国务院统一领导下的国家行政机关,都服从国务院。县级以上的地方各级人民政府执行上级国家行政机关的决定和命令。国务院统一领导全国地方各级国家行政机关的工作,规定中央和省、自治区、直辖市的国家行政机关的职权的具体划分;改变或者撤销地方各级国家行政机关的不

---

① 《吴邦国论人大工作》(上),人民出版社,2017年,第25页。

② 《中华人民共和国宪法》。

适当的决定和命令;批准省、自治区、直辖市的区域划分,批准自治州、县、自治县、市的建置和区域划分;依照法律规定决定省、自治区、直辖市的范围内部分地区进入紧急状态。"国务院有权改变或者撤销不适当的部门规章和地方政府规章。"①

（四）上下级政协之间的关系

《中国人民政治协商会议章程》是各级政协设立组织、开展工作的基本依据。中国人民政治协商会议全国委员会对地方委员会的关系和地方委员会对下级地方委员会的关系是指导关系。中国人民政治协商会议地方委员会对全国委员会的全国性的决议,下级地方委员会对上级地方委员会的全地区性的决议,都有遵守和履行的义务。通报信息、情况,总结、交流经验是实现指导关系的重要形式。比如,召开地方政协主席座谈会、理论研讨会、全国地方政协工作经验座谈会、全国地方政协工作组(委)工作会议、全国政协学习工作会议等各种专业性的会议,全国政协的一些工作机构与地方政协联合组织活动,等等。

（五）上下级纪委和监察机关之间的关系

党章第八章对党的纪律检查机关上下级之间的关系进行了详细规定。党的地方各级纪律检查委员会和基层纪律检查委员会在同级党的委员会和上级纪律检查委员会双重领导下进行工作。上级党的纪律检查委员会加强对下级纪律检查委员会的领导。

各级纪律检查委员会发现同级党的委员会委员有违犯党的纪律的行为,可以先进行初步核实,如果需要立案检查的,应当在向同级党的委员会报告的同时向上一级纪律检查委员会报告;涉及常务委员的,报告上一级纪律检查委员会,由上一级纪律检查委员会进行初步核实,需要审查的,由上一级纪律检查委员会报它的同级党的委员会批准。上级纪律检查委员会有

---

① 《中华人民共和国立法法》。

权检查下级纪律检查委员会的工作,并且有权批准和改变下级纪律检查委员会对于案件所作的决定。如果所要改变的该下级纪律检查委员会的决定,已经得到它的同级党的委员会的批准,这种改变必须经过它的上一级党的委员会批准。

党的地方各级纪律检查委员会和基层纪律检查委员会如果对同级党的委员会处理案件的决定有不同意见,可以请求上一级纪律检查委员会予以复查;如果发现同级党的委员会或它的成员有违犯党的纪律的情况,在同级党的委员会不给予解决或不给予正确解决的时候,有权向上级纪律检查委员会提出申诉,请求协助处理。

中华人民共和国国家监察委员会是最高监察机关。省、自治区、直辖市、自治州、县、自治县、市、市辖区设立监察委员会。①国家监察委员会领导地方各级监察委员会的工作,上级监察委员会领导下级监察委员会的工作。地方各级监察委员会对本级人民代表大会及其常务委员会和上一级监察委员会负责,并接受其监督。②

上级监察机关可以办理下一级监察机关管辖范围内的监察事项,必要时也可以办理所辖各级监察机关管辖范围内的监察事项。上级监察机关可以将其所管辖的监察事项指定下级监察机关管辖,也可以将下级监察机关有管辖权的监察事项指定给其他监察机关管辖。监察机关认为所管辖的监察事项重大、复杂,需要由上级监察机关管辖的,可以报请上级监察机关管辖。在监察程序上,设区的市级以下监察机关采取留置措施,应当报上一级监察机关批准。省级监察机关采取留置措施,应当报国家监察委员会备案。③

---

① ③ 《中华人民共和国监察法》。
② 《中华人民共和国宪法》。

(六)人民法院上下级之间的关系

人民法院上下级之间是监督关系。监督关系和领导关系的区别在于,监督关系意味着上级法院可以依职权对下级法院的审判结果作出维持、变更或撤销的决定,这种监督关系仅应当局限于审判工作的范围;领导关系意味着下级必须听上级的命令,上级对下级的业务、人事、财政等方面有决定性的管理和指令权。

法院设置。人民法院分为最高人民法院、地方各级人民法院和专门人民法院,地方各级人民法院分为高级人民法院、中级人民法院和基层人民法院,专门人民法院包括军事法院、海事法院、知识产权法院、金融法院等。

审判监督。最高人民法院监督地方各级人民法院和专门人民法院的审判工作,上级人民法院监督下级人民法院的审判工作。最高人民法院对各级人民法院已经发生法律效力的判决、裁定和调解书,上级人民法院对下级人民法院已经发生法律效力的判决、裁定和调解书,发现确有错误,有权提审或者指令下级人民法院再审。

业务指导。最高人民法院通过制定司法解释或者规范性文件、发布指导性案例、召开审判业务会议、组织法官培训等形式,对下级法院审判业务工作进行指导。高级人民法院通过制定审判业务文件、发布参考性案例、召开审判业务会议、组织法官培训等形式,对下级法院审判业务工作进行指导。中级人民法院通过总结审判经验、组织法官培训等形式,对基层人民法院的审判业务工作进行指导。

人事管理。法官实行员额制管理。法官员额在省、自治区、直辖市内实行总量控制、动态管理。省、自治区、直辖市设立法官遴选委员会,负责初任法官人选专业能力的审核。最高人民法院和省、自治区、直辖市设立法官惩戒委员会,负责从专业角度审查认定法官是否存在"因故意违反法律法规办理案件"或"因重大过失导致裁判结果错误并造成严重后果"的行为,作出审查意见。

财物管理。自2014年法院财物省级统管改革试点工作开展以来,地方已在辖区内实行"省以下地方法院由省级政府财政部门统一管理"。

指定管辖。民事诉讼与行政诉讼案件,人民法院之间因管辖权发生争议,争议双方又无法协商解决的,由它们的共同上级人民法院指定管辖。有管辖权的人民法院由于特殊原因不能行使管辖权的,也由上级法院指定管辖。刑事诉讼案件,上级法院可以指定下级法院审判管辖不明的案件,也可以指定人民法院将案件移送其他人民法院审理。

审级关系。最高人民法院审判的一审和二审案件的判决和裁定都是终审判决和裁定,一经宣布即发生法律效力。地方各级人民法院对于按照审判管辖的规定由它审判的第一审案件作出判决或裁定以后,若当事人不服,可以在法定期限内向上一级人民法院提起上诉。第二审判决或裁定,就是终审的判决或裁定。

(七)上下级人民检察院之间的关系

检察院的上下级之间是领导与被领导的关系。最高人民检察院领导地方各级人民检察院和专门人民检察院的工作,上级人民检察院领导下级人民检察院的工作。地方各级人民检察院对产生它的国家权力机关和上级人民检察院负责。下级人民检察院必须执行上级人民检察院的决定;有不同意见的,可以在执行的同时向上级人民检察院报告。

人事任免权。各级人民检察院检察长均由本级人民代表大会选举产生。下级检察长的任免,须报上级人民检察院检察长提请该级人民代表大会常务委员会批准。对于不具备法定条件或者违反法定程序被选举为检察长的,上一级检察院检察长有权提请该级人大常委会不批准。最高人民检察院和省级人民检察院检察长可以建议本级人大常委会撤换下级人民检察院检察长、副检察长和检察委员会委员。

工作领导。最高人民检察院领导地方各级人民检察院和专门人民检察院对有关刑事案件的侦查工作;领导全国检察机关对监狱、看守所执法活动实行法律监督及控告申诉举报工作;领导地方各级人民检察院和专门人民检察院依法配置检察官员额、设立内设机构及派出机构;根据工作需要统一调用下级检察院检察人员。

工作监督。最高人民检察院领导地方各级人民检察院和专门人民检察院开展刑事、民事、行政、公益诉讼等法律监督工作。根据办案需要进行指定管辖或直接办理属于地方检察院管辖的案件,并对地方各级人民检察院和专门人民检察院的办案活动进行监督,依法指令下级人民检察院纠正错误决定,或者依法撤销、变更错误决定。

工作指导。最高人民检察院对地方各级人民检察院和专门人民检察院的以下工作进行指导:对全国检察机关开展检察工作进行统筹规划;对检察机关参与社会综合治理工作进行指导;提出全国检察机关开展体制改革的规划意见,经主管部门批准后,组织实施;规划和指导全国检察机关的检察技术工作和物证检验、鉴定、审核工作;对属于检察工作中具体应用法律的问题进行解释,发布指导性案例;制定有关检察工作的条例、细则和规定;统筹指导检察机关的思想政治工作和队伍建设;协同主管部门管理人民检察院的机构设置和人员编制;组织指导检察系统干部教育培训工作,规划和指导检察系统的培训基地及师资队伍建设等工作;规划和指导全国检察机关的计划、财务、装备工作。

(八)上下级群众团体之间的关系

工会、共青团、妇联等群团组织上下级之间是领导与被领导的关系。"共青团的地方各级组织受同级党的委员会领导,同时受共青团上级组织领导。"①依照《中国共产主义青年团章程》相关规定,团的各级领导机关应当经常听取并认真处理下级组织和团员的意见;团的下级组织既要向上级组织请示、报告工作,又要独立负责地解决自己职责范围内的问题。在团的各级

---

① 《中国共产党章程》。

代表大会闭会期间,同级党的组织和上级团的组织认为有必要时,经过共同研究,取得一致意见,可以调动或指派团组织的负责人。有关全团性的工作,由团的中央委员会作出决定,统一部署。团的地方各级代表大会由同级团的委员会召集。在特殊情况下,经同级党的委员会和团的上级委员会批准,可以提前或延期举行。团的地方各级委员会在代表大会闭会期间,执行上级团组织的指示和同级团的代表大会的决议,领导本地方团的工作,定期向上级团的委员会报告工作。团的地方各级委员会的组成,必须经同级党的委员会和上级团的委员会批准。

工会上下级之间是领导关系。《中国工会章程》对此的相关规定如下:工会实行民主集中制,个人服从组织,少数服从多数,下级组织服从上级组织。工会各级领导机关,加强对下级组织的领导和服务,经常向下级组织通报情况,听取下级组织和会员的意见,研究和解决他们提出的问题。下级组织应及时向上级组织请示报告工作。中华全国总工会是各级地方总工会和各产业工会全国组织的领导机关。成立或者撤销工会组织,必须经会员大会或者会员代表大会通过,并报上一级工会批准。各级地方总工会委员会,在代表大会闭会期间,执行上级工会的决定和同级工会代表大会的决议,领导本地区的工会工作,定期向上级总工会委员会报告工作。

地方妇联接受同级党委和上级妇联的双重领导。《中华全国妇女联合会章程》规定,妇女联合会的地方和基层组织接受同级党组织和上级妇女联合会双重领导。地方各级妇女联合会执行委员会在妇女代表大会闭会期间,执行上级妇女联合会的决定和同级妇女代表大会的决议,定期向上级妇女联合会报告工作。

四、上下级条条的关系

上级条条职能的发挥主要是通过对下级条条的领导或业务指导来实现

的。从表面上看，这种关系是纯粹的条条关系，与块块无关。"由于各个层级政府都是由不同的职能部门组合起来的。所以，上下级职能部门之间的关系也必然表现为条块关系。"①

中国政府机构设置的典型特征是"横平竖直""上下对口""左右看齐"。即每一个政府层级的政府机构设置大体类似，基本上每一个职能部门都是上下贯通各个层级政府。除了垂直的条条外，其他绝大多数中央部委都是"一竿子插到底"。1998年机构改革时，"中央对地方政府的机构改革，只提了一个原则性要求：一是省、自治区、直辖市这一级的政府，部门设置基本上要跟中央对口，不然很难保证政令的畅通、上情的下达。"②

中央部委通过部门规章、通知、意见、实施办法、公告等各种方式领导或指导下级职能部门的业务工作（参见表1-4）。中央部委不能向省级政府下命令和指示，但可以通过向下级职能部门发文件的形式领导或指导下级职能部门的工作。下级职能部门对于业务范围内发生的重大事务必须及时报告上级职能部门，经常就工作中遇到的问题向上级部门请示，请求给予指导。省级政府的职能部门可以向中央部委请示工作或者报告本部门的重大事项。但是，省级政府职能部门向中央部委请示、报告重大事项，应当经省委、省政府同意或者授权。

中央部委几乎每年都单独或与其他部门联合召开一次全国性的会议。各省、自治区、直辖市对口部门的厅局长要出席会议。在会议上，一般是总结过去一年的工作，提出下一年度的工作要点。在工作要点中，大都会涉及与省级政府的关系。如果该会议由中央分管领导主持或出席讲话，各省、自治区、直辖市的分管领导也应出席。

上级条条可以纠正下级条条在施政行为中的不当之处，几种常用的方

---

① 马力宏主编：《中国行政管理中的条块关系》，杭州大学出版社，1993年，第6页。
② 《朱镕基讲话实录》（第三卷），人民出版社，2011年，第176页。

式和手段是:第一,对下级职能部门主管人员给予行政处分,给予记过、记大过、降级、引咎辞职、撤职或者开除的处分。第二,下级职能部门行为不当时,上级人民政府有关部门、机关责令改正,消除影响,予以变更或者撤销。第三,一些中央部委负责人可以决定省级职能部门负责人的任免。多数省级职能部门负责人的任免是由省委常委会提出、省长提名、省人大表决。这并不意味着中央部委负责人对省级政府职能部门负责人的任免无能为力。为了强化中央部委对省级政府职能部门的领导或业务指导,中央政府赋予了中央部委负责人对省级政府职能部门负责人职务升迁上的发言权甚至否决权。例如,朱镕基就曾向国家工商总局提出:"省以下实行垂直管理后,省级工商局领导班子的责任更大了。目前省级工商局领导班子的任免,是由地方党委征求工商总局党组意见,这样协管力度不够。你们再向中央机构编制委员会办公室写个报告,把'征求意见'改为'征得同意'。"①

表1-4 上下级条条之间的关系

法律	具体内容	关系类型
《中华人民共和国防沙治沙法》	截留、挪用防沙治沙资金的,对直接负责的主管人员和其他直接责任人员,由监察机关或者上级行政主管部门依法给予行政处分;构成犯罪的,依法追究刑事责任。 县级以上地方人民政府林业草原或者其他有关行政主管部门,应当按照土地沙化监测技术规程,对沙化土地进行监测,并将监测结果向本级人民政府及上一级林业草原或者其他有关行政主管部门报告。	行政处分。向上级对口职能部门报告工作。
《中华人民共和国职业病防治法》	卫生行政部门不按照规定报告职业病和职业病危害事故的,由上一级行政部门责令改正,通报批评,给予警告;虚报、瞒报的,对单位负责人、直接负责的主管人员和其他直接责任人员依法给予降级、撤职或者开除的处分。	责令改正,通报批评,给予警告,降级、撤职甚至开除。

---

① 《朱镕基讲话实录》(第四卷),人民出版社,2011年,第221页。

法律	具体内容	关系类型
《中华人民共和国公务员法》	中央公务员主管部门负责全国公务员的综合管理工作。上级公务员主管部门指导下级公务员主管部门的公务员管理工作。	上级条条指导下级条条。
《中华人民共和国农产品质量安全法》	发生农产品质量安全事故时，有关单位和个人应当采取控制措施，及时向所在地乡级人民政府和县级人民政府农业行政主管部门报告；收到报告的机关应当及时处理并报上一级人民政府和有关部门。发生重大农产品质量安全事故时，农业行政主管部门应当及时通报同级市场监督管理部门。	双重报告。
《中华人民共和国野生动物保护法》	野生动物保护主管部门或者其他有关部门、机关不依法作出行政许可决定，发现违法行为或者接到对违法行为的举报不予查处或者不依法查处，或者有滥用职权等其他不依法履行职责的行为的，由本级人民政府或者上级人民政府有关部门、机关责令改正，对负有责任的主管人员和其他直接责任人员依法给予记过、记大过或者降级处分；造成严重后果的，给予撤职或者开除处分，其主要负责人应当引咎辞职；构成犯罪的，依法追究刑事责任。	责令改正，给予记过、记大过、降级、撤职或者开除。
《中华人民共和国循环经济促进法》	县级以上人民政府循环经济发展综合管理部门或者其他有关主管部门发现违反本法的行为或者接到对违法行为的举报后不予查处，或者有其他不依法履行监督管理职责行为的，由本级人民政府或者上一级人民政府有关主管部门责令改正，对直接负责的主管人员和其他直接责任人员依法给予处分。	责令改正，依法给予处分。
《中华人民共和国农业机械化促进法》	国务院农业行政主管部门和县级以上地方人民政府主管农业机械化工作的部门违反本法规定，强制或者变相强制农业机械生产者、销售者对其生产、销售的农业机械产品进行鉴定的，由上级主管机关或者监察机关责令限期改正，并对直接负责的主管人员和其他直接责任人员给予行政处分。	限期改正，给予行政处分。
《中华人民共和国计量法》	县级以上地方人民政府计量行政部门根据本地区的需要，建立社会公用计量标准器具，经上级人民政府计量行政部门主持考核合格后使用。	经上级条条考核合格后使用。

续表

法律	具体内容	关系类型
《中华人民共和国产品质量法》	市场监督管理部门在产品质量监督抽查中超过规定的数量索取样品或者向被检查人收取检验费用的,由上级市场监督管理部门或者监察机关责令退还;情节严重的,对直接负责的主管人员和其他直接责任人员依法给予行政处分。 　　市场监督管理部门或者其他国家机关违反本法第二十五条的规定,向社会推荐生产者的产品或者以监制、监销等方式参与产品经营活动的,由其上级机关或者监察机关责令改正,消除影响,有违法收入的予以没收;情节严重的,对直接负责的主管人员和其他直接责任人员依法给予行政处分。	责令退还、改正,消除影响;给予行政处分。
《中华人民共和国精神卫生法》	县级以上人民政府卫生行政部门和其他有关部门未依照本法规定履行精神卫生工作职责,或者滥用职权、玩忽职守、徇私舞弊的,由本级人民政府或者上一级人民政府有关部门责令改正,通报批评,对直接负责的主管人员和其他直接责任人员依法给予警告、记过或者记大过的处分;造成严重后果的,给予降级、撤职或者开除的处分。	责令改正,通报批评,给予警告、记过、记大过、降级、撤职或者开除的处分。
《中华人民共和国公共文化服务保障法》	违反本法规定,地方各级人民政府和县级以上人民政府有关部门未履行公共文化服务保障职责的,由其上级机关或者监察机关责令限期改正;情节严重的,对直接负责的主管人员和其他直接责任人员依法给予处分。	限期改正,依法给予处分。
《中华人民共和国航道法》	省、自治区、直辖市航道规划由省、自治区、直辖市人民政府交通运输主管部门会同同级发展改革部门、水行政主管部门等部门编制,报省、自治区、直辖市人民政府会同国务院交通运输主管部门批准公布。	报上级职能部门批准公布。
《中华人民共和国特种设备安全法》	组织事故调查的部门应当将事故调查报告报本级人民政府,并报上一级人民政府负责特种设备安全监督管理的部门备案。	下级条条报上级职能部门备案
《中华人民共和国出境入境管理法》	公安部、外交部可以在各自职责范围内委托县级以上地方人民政府公安机关出入境管理机构、县级以上地方人民政府外事部门受理外国人入境、停留居留申请。	上级条条把中央事权委托地方行使。

法律	具体内容	关系类型
《中华人民共和国统计法》	县级以上人民政府统计机构或者有关部门在组织实施统计调查活动中有下列行为之一的,由本级人民政府、上级人民政府统计机构或者本级人民政府统计机构责令改正,予以通报。	上级条条责令下级条条改正,予以通报。
《中华人民共和国审计法》	审计机关之间对审计管辖范围有争议的,由其共同的上级审计机关确定。上级审计机关可以将其审计管辖范围内的本法第十八条第二款至第二十五条规定的审计事项,授权下级审计机关进行审计;上级审计机关对下级审计机关审计管辖范围内的重大审计事项,可以直接进行审计。	上级条条授权下级条条处理,或者上级条条直接处理下级条条管辖事项。
	上级审计机关认为下级审计机关作出的审计决定违反国家有关规定的,可以责成下级审计机关予以变更或者撤销,必要时也可以直接作出变更或者撤销的决定。	责成下级机关予以变更或者撤销,或直接作出变更或者撤销的决定。
《中华人民共和国护照法》	普通护照由公安部出入境管理机构或者公安部委托的县级以上地方人民政府公安机关出入境管理机构以及中华人民共和国驻外使馆、领馆和外交部委托的其他驻外机构签发。	中央事权委托地方行使。

五、上级块块与下级条条关系

上级政府和下级政府的职能部门一般不产生直接联系。上级政府对下级条条的影响主要是通过直接领导下级政府和上级政府的职能部门体现出来。下级政府职能部门不能越级向上级政府请示和汇报工作。第一,人事控制。虽然大多数省级职能部门负责人的人事任免是由省委、省政府来决定。但是,在省委组织部对上述职能部门的拟任职人选考察之后,必须"报中共中央批准,然后才能进入省人大的法律程序"①。第二,上级政府认为必

---

① 毛寿龙等:《省政府管理》,中国广播电视出版社,1998年,第78页。

要的时候,可以就某方面的事务召开会议,直接发出指示和命令。上级政府有权对下级职能部门的工作随时进行检查、指导,当对下级职能部门的工作不满意时,可以命令其限期改进工作,甚至撤换其负责人。

六、同级条条的关系

党中央确定方针政策后,中央各部委会根据职能分工,各司其职,各负其责,密切配合。在职责同构、机构上下对口的制度背景下,同级条条之间的关系深刻影响着条块关系。若缺乏协调的话,上级条条之间的意见分歧、政策冲突会引起下级政府及其职能部门的无所适从。这时下级条条出于自己利益的考虑,便会各自"引经据典"搬出对口上级条条的指示或文件,作为行为合法性的依据。一旦遇到这种情况,同级政府很难协调。

同级职能部门间的关系,可以分为以下三种情况:第一,并行的权力关系。在党委政府领导下,职能部门分别独立行使某一方面的权力。第二,某一条条依据权限,对其他条条行使权力。第三,条条之间的关系还要看其领导是否进入了同级党委政府的决策层。同级条条之间有工作分歧,通常的做法是双方先自行协商解决,如果不能协调彼此的矛盾,则由综合管理部门,通常是办公厅(室)来协商解决。若协商无济于事,再由分管条条业务的主管领导出面进行解决(见表1-5)。"过去,有事由国务院办公厅秘书局的局长、处长召集有关人员来协调,如果意见不一致,又由国务院副秘书长找有关部长协调。以后再也不能这样办事,国务院办公厅秘书局没有协调这个职能,也没有这个权力。协调是国务院各部门自己的职责,你自己应该找主管部门、左邻右舍去协调。意见不能统一、必须由国务院协调时,你应该把自己协调的结果如实报告国务院。这时,国务院领导同志就可以决策了;必要时,国务院副秘书长可受主管副总理的委托协调一下。"①

表1-5　条条之间的关系

法律	具体内容	关系类型
《中华人民共和国民用航空法》	国内航空运输的运价管理办法,由国务院民用航空主管部门会同国务院物价主管部门制定,报国务院批准后执行。	一个部门牵头会同另外一个部门负责。
《中华人民共和国循环经济促进法》	国务院循环经济发展综合管理部门负责组织协调、监督管理全国循环经济发展工作;国务院生态环境等有关主管部门按照各自的职责负责有关循环经济的监督管理工作。	两个部门都负责某方面工作。
《中华人民共和国防沙治沙法》	国务院林业和草原行政主管部门会同国务院农业、水利、土地、生态环境等有关部门编制全国防沙治沙规划,报国务院批准后实施。	一个部门牵头,其他多个具体部门共同参与。
《中华人民共和国环境影响评价法》	国务院生态环境主管部门应当会同国务院有关部门,组织建立和完善环境影响评价的基础数据库和评价指标体系。	一个部门会同有关部门负责。
《中华人民共和国农村土地承包法》	国务院农业农村、林业和草原主管部门分别依照国务院规定的职责负责全国农村土地承包经营及承包经营合同管理的指导。 县级以上地方人民政府农业农村、林业和草原等主管部门分别依照各自职责,负责本行政区域内农村土地承包经营及承包经营合同管理。 乡(镇)人民政府负责本行政区域内农村土地承包经营及承包经营合同管理。	多部门合作管理,乡镇政府负责行政区域内事项。
《中华人民共和国公务员法》	中央机关及其直属机构公务员的录用,由中央公务员主管部门负责组织。地方各级机关公务员的录用,由省级公务员主管部门负责组织。	一个部门制定的规则其他部门遵守。
《中华人民共和国广告法》	国务院市场监督管理部门主管全国的广告监督管理工作,国务院有关部门在各自的职责范围内负责广告管理相关工作。	一个部门主管,有关部门在各自职责范围内负责相关工作。

---

① 《朱镕基讲话实录》(第三卷),人民出版社,2011年,第34页。

法律	具体内容	关系类型
《中华人民共和国广告法》	广告审查机关应当依照法律、行政法规规定作出审查决定，并应当将审查批准文件抄送同级市场监督管理部门。	条条之间信息共享。
《中华人民共和国农产品质量安全法》	国务院农业行政主管部门应当根据农产品质量安全风险评估结果采取相应的管理措施，并将农产品质量安全风险评估结果及时通报国务院有关部门。	一个部门向相关部门通报工作。
《中华人民共和国农产品质量安全法》	具体办法由国务院农业行政主管部门商国务院生态环境主管部门制定。	一个部门商另外一个部门共同制定办法。
《中华人民共和国野生动物保护法》	县级以上人民政府野生动物保护主管部门、兽医主管部门，应当按照职责分工对野生动物疫源疫病进行监测，组织开展预测、预报等工作，并按照规定制定野生动物疫情应急预案，报同级人民政府批准或者备案。	多个部门共同管理。
《中华人民共和国环境保护税法》	县级以上地方人民政府应当建立税务机关、生态环境主管部门和其他相关单位分工协作工作机制，加强环境保护税征收管理，保障税款及时足额入库。 生态环境主管部门和税务机关应当建立涉税信息共享平台和工作配合机制。	多个部门建立分工协作工作机制，两个部门建立信息共享平台和工作配合机制。
《中华人民共和国个人所得税法》	公安、人民银行、金融监督管理等相关部门应当协助税务机关确认纳税人的身份、金融账户信息。教育、卫生、医疗保障、民政、人力资源社会保障、住房城乡建设、公安、人民银行、金融监督管理等相关部门应当向税务机关提供纳税人子女教育、继续教育、大病医疗、住房贷款利息、住房租金、赡养老人等专项附加扣除信息。	多个部门协助一个部门工作，向该部门提供所需信息。

法律	具体内容	关系类型
《中华人民共和国反恐怖主义法》	公安机关、国家安全机关和人民检察院、人民法院、司法行政机关以及其他有关国家机关，应当根据分工，实行工作责任制，依法做好反恐怖主义工作。 　　有关部门应当建立联动配合机制。	多个部门负责一个领域的工作，实行工作责任制，建立联动配合机制。
《中华人民共和国反恐怖主义法》	金融机构和特定非金融机构对国家反恐怖主义工作领导机构的办事机构公告的恐怖活动组织和人员的资金或者其他资产，应当立即予以冻结，并按照规定及时向国务院公安部门、国家安全部门和反洗钱行政主管部门报告。	某些部门采取措施后向该事项的主管部门报告。
《中华人民共和国精神卫生法》	国务院卫生行政部门应当会同有关部门、组织，建立精神卫生工作信息共享机制，实现信息互联互通、交流共享。	一个部门同相关部门建立信息共享机制。
《中华人民共和国国防教育法》	教育、退役军人事务、文化宣传等部门，在各自职责范围内负责国防教育工作。 　　征兵、国防科研生产、国民经济动员、人民防空、国防交通、军事设施保护等工作的主管部门，依照本法和有关法律、法规的规定，负责国防教育工作。 　　工会、共产主义青年团、妇女联合会以及其他有关社会团体，协助人民政府开展国防教育。	多个部门在各自职责范围内负责某项工作。
《中华人民共和国中小企业促进法》	国务院制定促进中小企业发展政策，建立中小企业促进工作协调机制。	建立工作协调机制。
《中华人民共和国中小企业促进法》	县级以上人民政府负责中小企业促进工作综合管理的部门应当建立跨部门的政策信息互联网发布平台。	建立跨部门政策信息互联网发布平台。
《中华人民共和国核安全法》	国家建立核安全工作协调机制，统筹协调有关部门推进相关工作。	建立工作协调机制。

法律	具体内容	关系类型
《中华人民共和国水污染防治法》	县级以上人民政府环境保护主管部门对水污染防治实施统一监督管理。 交通主管部门的海事管理机构对船舶污染水域的防治实施监督管理。 县级以上人民政府水行政、国土资源、卫生、建设、农业、渔业等部门以及重要江河、湖泊的流域水资源保护机构,在各自的职责范围内,对有关水污染防治实施监督管理。	一个部门统一监督管理某领域工作,多部门在各自职责范围内共同实施监督管理工作。
《中华人民共和国电影产业促进法》	县级以上人民政府电影主管部门应当协调公安、文物保护、风景名胜区管理等部门,为法人、其他组织依照本法从事电影摄制活动提供必要的便利和帮助。	一个部门协调其他部门开展工作。
《中华人民共和国网络安全法》	国家网信部门负责统筹协调网络安全工作和相关监督管理工作。国务院电信主管部门、公安部门和其他有关机关依照本法和有关法律、行政法规的规定,在各自职责范围内负责网络安全保护和监督管理工作。	一个部门统筹协调,两个直接相关部门和其他有关机构在各自职责范围内工作。
	任何个人和组织有权对危害网络安全的行为向网信、电信、公安等部门举报。收到举报的部门应当及时依法作出处理;不属于本部门职责的,应当及时移送有权处理的部门。	三个部门都有责任,不属于本部门职责的,移送有权处理的部门。
	国家网信部门应当统筹协调有关部门加强网络安全信息收集、分析和通报工作,按照规定统一发布网络安全监测预警信息。	一个部门统筹协调相关部门工作。
《中华人民共和国境外非政府组织境内活动管理法》	国务院公安部门和省级人民政府公安机关,是境外非政府组织在中国境内开展活动的登记管理机关。 国务院有关部门和单位、省级人民政府有关部门和单位,是境外非政府组织在中国境内开展活动的相应业务主管单位。	两个部门共同管理,一个是登记管理机关,一个业务主管单位。
《中华人民共和国慈善法》	县级以上人民政府民政部门应当建立与其他部门之间的慈善信息共享机制。	多个部门建立信息共享机制。

法律	具体内容	关系类型
《中华人民共和国反家庭暴力法》	县级以上人民政府负责妇女儿童工作的机构,负责组织、协调、指导、督促有关部门做好反家庭暴力工作。 县级以上人民政府有关部门、司法机关、人民团体、社会组织、居民委员会、村民委员会、企业事业单位,应当依照本法和有关法律规定,做好反家庭暴力工作。	一个部门负责,多个部门共同参与。
《中华人民共和国种子法》	国务院农业、林业主管部门分别主管全国农作物种子和林木种子工作;县级以上地方人民政府农业、林业主管部门分别主管本行政区域内农作物种子和林木种子工作。	两个部门分别负责。
《中华人民共和国航道法》	全国航道规划由国务院交通运输主管部门会同国务院发展改革部门、国务院水行政主管部门等部门编制,报国务院批准公布。	一个部门会同两个具体部门工作。
《中华人民共和国农业技术推广法》	国务院农业、林业、水利等部门按照各自的职责,负责全国范围内有关的农业技术推广工作。县级以上地方各级人民政府农业技术推广部门在同级人民政府的领导下,按照各自的职责,负责本行政区域内有关的农业技术推广工作。同级人民政府科学技术部门对农业技术推广工作进行指导。同级人民政府其他有关部门按照各自的职责,负责农业技术推广的有关工作。	三个部门按照各自职责,共同负责某一领域工作。
《中华人民共和国出境入境管理法》	国家建立统一的出境入境管理信息平台,实现有关管理部门信息共享。	信息共享。
《中华人民共和国统计法》	部门统计调查项目由国务院有关部门制定。统计调查对象属于本部门管辖系统的,报国家统计局备案;统计调查对象超出本部门管辖系统的,报国家统计局审批。	就某一业务向主管部门备案。

法律	具体内容	关系类型
《中华人民共和国统计法》	县级以上人民政府有关部门根据统计任务的需要设立统计机构，或者在有关机构中设置统计人员，并指定统计负责人，依法组织、管理本部门职责范围内的统计工作，实施统计调查，在统计业务上受本级人民政府统计机构的指导。	部门某些业务接受主管部门的指导。
《中华人民共和国银行业监督管理法》	国务院银行业监督管理机构负责人认为需要向国务院报告的，应当立即向国务院报告，并告知中国人民银行、国务院财政部门等有关部门。 国务院银行业监督管理机构应当会同中国人民银行、国务院财政部门等有关部门建立银行业突发事件处置制度。	一个部门的事项同时告知有关部门并采取共同行动。
《中华人民共和国放射性污染防治法》	国家放射性污染防治标准由国务院环境保护行政主管部门和国务院标准化行政主管部门联合发布。	两个部门联合发布标准。

七、政府与本级条条的关系

地方政府领导所属各工作部门的工作，改变或者撤销所属各工作部门的不适当的命令。以省政府与其职能部门的关系为例，机构设置共分为办公厅、组成部门、直属特设机构、直属机构、政府部门管理机构五大板块。除中央有明确规定外，地方可以在规定限额内因地制宜设置机构和配置职能。地方党政机构设置实行限额管理，各级机构限额由党中央统一规定。地方党委提出机构编制事项申请，报上一级机构编制委员会审批，重大事项由上一级机构编制委员会审核后报本级党委审批。

八、同级块块的关系

同级地方政府之间是平等的关系，属于政府间横向关系的范畴。这一关系从总体上受制于中央和地方关系、条块关系的状况。比如，地方保护主义的盛行从表面看是地方政府间相互封锁造成的。实质上是因为中央宏观调控力度不够，中央部委缺乏足够的管理权威所导致。

表1-6　同级块块的关系

法律	具体内容	关系类型
《中华人民共和国大气污染防治法》	国家建立重点区域大气污染联防联控机制，统筹协调重点区域内大气污染防治工作。 重点区域内有关省、自治区、直辖市人民政府应当确定牵头的地方人民政府，定期召开联席会议，按照统一规划、统一标准、统一监测、统一的防治措施的要求，开展大气污染联合防治，落实大气污染防治目标责任。国务院生态环境主管部门应当加强指导、督促。	同级块块定期召开联席会议，联合行动。
《中华人民共和国大气污染防治法》	重点区域内有关省、自治区、直辖市建设可能对相邻省、自治区、直辖市大气环境质量产生重大影响的项目，应当及时通报有关信息，进行会商。会商意见及其采纳情况作为环境影响评价文件审查或者审批的重要依据。	同级块块及时通报有关信息，进行会商。
《中华人民共和国旅游法》	对跨行政区域且适宜进行整体利用的旅游资源进行利用时，应当由上级人民政府组织编制或者由相关地方人民政府协商编制统一的旅游发展规划。	相关地方人民政府协商编制统一的发展规划。
《中华人民共和国环境保护法》	国家建立跨行政区域的重点区域、流域环境污染和生态破坏联合防治协调机制，实行统一规划、统一标准、统一监测、统一的防治措施。 前款规定以外的跨行政区域的环境污染和生态破坏的防治，由上级人民政府协调解决，或者由有关地方人民政府协商解决。	有关地方人民政府协商解决。

在计划经济体制下,纵向的垂直调控体系处于主导地位,各级地方政府之间的经济和政治联系很少。随着市场经济条件的逐步建立和完善,地方政府之间横向的合作快速发展。比较引人注目的是各级政府打破行政区划的樊篱,在经济区域化发展中的合作。例如,京津冀、长三角、粤港澳大湾区、成渝地区双城经济圈等。

党的十八大以来,条块关系的变化趋势是,一方面,加大条条垂直管理的力度。例如,实行省以下环保机构监测监察执法垂直管理制度。另一方面,在中央和地方协同管理、需要地方负责的事项上,中央部委加强了对地方政府和下级条条指导、协调和监督的力度。例如,国家监察委员会领导地方各级监察委员会的工作,上级监察委员会领导下级监察委员会的工作;国税地税机构合并,实行以国家税务总局为主与省(自治区、直辖市)政府双重领导管理体制。在机构设置上,2018年中央要求省、市、县各级涉及党中央集中统一领导和国家法制统一、政令统一、市场统一的机构职能要基本对应,明确同中央对口的组织机构,确保上下贯通。

九、在深化重点领域机构改革中构建政府间关系新格局

机构改革是一个过程。党的二十届二中全会通过了《党和国家机构改革方案》,这次党和国家机构改革,结合新的时代条件和实践要求,突出重点行业和领域,统筹考虑当前突出问题和未来发展需要,在各领域基础性制度框架基本建立的基础上进行再调整、新改革。科学技术、金融监管、数据管理、乡村振兴、知识产权、老龄工作等重点领域的机构改革推动政府间关系呈现出新气象、新格局。[①]

---

① 周振超:《机构改革助推政府间关系调整》,《中国社会科学报》,2023年4月26日。

1.以加强党中央集中统一领导为统领,充分发挥中央和地方两个积极性

发挥好中央和地方两个积极性是解决大国治理难题的基本经验。机构改革的关键是要实现宏观调控得好和微观放得开相结合。一方面,健全总揽全局、协调各方的党的领导制度体系,完善党中央决策议事协调机构。组建中央金融委员会和中央科技委员会两个党中央决策议事协调机构;组建中央金融工作委员会,作为党中央派出机关;加强党中央对金融工作、科技工作等重大工作的集中统一领导和顶层设计,对坚持党中央权威和集中统一领导体制进行调整和完善。另一方面,完善党中央重大决策部署落实机制,在人员编制上实行瘦身、强化和赋能相结合。中央和国家机关各部门人员编制按照5%的比例进行精减,收回的编制主要用于加强重点领域和重要工作;中央垂管派出机构不纳入统一精减范围;为确保基层有人有权有物,保证基层事情基层办、基层事情有人办,对县、乡两级人员编制不作精减要求。

2.持续推进各级政府事权规范化,构建职责明确的政府治理体系

转变政府职能过程中,权力该下放的下放,该加强的也要加强,特别是要理顺和明确权责关系。健全政府纵向职责体系是确保各层级政府高效运转,实现国家治理体系和治理能力现代化的重要举措。2023年机构改革重点强化了金融监督管理的中央事权地位,减少了中央和地方职责交叉、共同管理的事项。属于中央事权、归中央负责的事项,由中央设立垂直机构实行规范管理。组建国家金融监督管理总局,深化地方金融监管体制改革,统筹推进中国人民银行分支机构改革等体现了进一步科学设置中央和地方事权,理顺中央和地方职责关系的改革方向。金融监督管理主要是中央事权,规则标准要由中央统一制定。为加强金融监管,确保金融机构安全、稳健、高效运行,机构改革统筹优化中央金融管理部门地方派出机构设置和力量配备,进一步明确监管事权和职责,实现差别化监管,强化属地风险处置责任。事权调整后,行政资源配置、中央与地方财政事权和支出责任划分改革也向纵深推进。

3.确保机构设置上下贯通,提高政府执行力

维护党中央权威和集中统一领导,保证全国政令畅通的基本要求是优化机构体系。机构是职责的载体。明确了各级政府之间的职责划分,也就确定了权力的划分与机构的归属。在明确中央事权、中央和地方共同事权的基础上,还需要优化组织结构,完善政令统一、运行顺畅、执行高效、充满活力的工作体系。对于中央专有的事项由中央垂直管理,其设在地方的机构均属中央在地方的派驻机构,由中央政府进行垂直管理,在人事、财政和编制上与地方政府脱钩,地方政府没有必要设立类似的主管部门。这样既能更好地发挥中央政府管全局、管方向的作用,又可以使地方政府集中精力做好自己职责范围内的事项,从而精简地方政府机构、降低行政成本。这样的机构安排,可以确保党中央集中统一领导和国家政令统一,统筹解决战略性、方向性、全局性重大问题。

4.实现政府各部门有效衔接,推动各项工作协调行动、高效运行

理顺部门职责关系,真正实现上下左右有效衔接。一是组建机构以便适应构建新发展格局、推动高质量发展的需要。组建中央社会工作部,作为党中央职能部门,统一领导国家信访局;在国务院港澳事务办公室基础上组建中央港澳工作办公室,作为党中央办事机构;组建国家金融监督管理总局作为国务院直属机构;将中国证券监督管理委员会调整为国务院直属机构;组建国家数据局,由国家发展和改革委员会管理;将国家知识产权局由国家市场监督管理总局管理的国家局调整为国务院直属机构。二是在理顺部门职责分工中推进职能划转,确保权责一致。职能划转和机构调整紧密相连,改革的内在关联性和互动性很强。本次机构改革中,涉及中央社会工作部、民政部、中央和国家机关工作委员会、国务院国有资产监督管理委员会、中央精神文明建设指导委员会办公室、科学技术部、农业农村部、国家发展和改革委员会、生态环境部、国家卫生健康委员会、工业和信息化部人力资源和社会保障部、中国证券监督管理委员会、中央网络安全和信息化委员会办

公室、全国老龄工作委员会办公室等若干个党和国家机构相关职责的划入、调整和优化。为实现履职到位、流程通畅的目标,在改革中涉及职能有机统一、机构人员职能整合、业务工作融合、机制流程衔接等多个重点任务。

5.推动党和国家机构在职能优化协同高效中实现系统集成,提高政府效能

党和国家机构改革的目标是构建系统完备、科学规范、运行高效的党和国家机构职能体系。机构之间职责调整和地位变化的重要方向是克服重要领域各部门、各方面存在的分散封闭、交叉重复等碎片化现象,确保改革整体联动,形成总体效应。这既包括各类机构、各种职能相互衔接、相互融合,完善运转机制、建立健全协调机制;也包括各部门内设机构改革、人员编制等层面。为此,需要抓紧制定和修改有关的法律、行政法规,实现加强党的长期执政能力建设和提高国家治理水平的有机统一。

6.优化条块关系,规范垂直管理体制和地方分级管理体制

坚持中央和地方一盘棋,在中央统一指挥和统筹下,理顺条块关系,形成条块畅达的局面。条条和块块的职责是执行党中央决策。中央部委发挥属事责任,做好对本行业本系统的指导和监督;地方政府履行属地责任,结合地方实际创造性开展工作。中央部委创新监管方式,在金融等领域强化机构监管、行为监管、功能监管、穿透式监管、持续监管,让条块权责更加协同、监管更加有力、运行更加高效。首先,强化垂直管理的力度。垂直管理有利于确保中央政令的统一、畅通和政府过程的高效快捷。2023年党和国家机构改革建立了以中央金融管理部门地方派出机构为主的地方金融监管体制;统筹推进中国人民银行分支机构改革,在31个省、自治区、直辖市设立省级分行;中国证券监督管理委员会由国务院直属正部级事业单位调整为国务院直属机构,并且继续实行在全国范围内的垂直管理模式。中国人民银行,国家金融监督管理总局,中国证券监督管理委员会,国家外汇管理局及其分支机构、派出机构均使用行政编制,工作人员纳入国家公务员统一规

范管理,执行国家公务员工资待遇标准。其次,在地方分级管理的事项上突出条抓块统的导向。为确保上下贯通、执行有力,省、市、县各级涉及党中央集中统一领导和国家法制统一、政令统一、市场统一的机构职能都与中央部委基本对应。中央部委统管本领域的重要业务,对口领导或者指导下级职能部门开展工作。理顺条块关系的方向是既要有利于中央部门集中精力抓大事、谋全局;又要赋予地方更多自主权,使其因地制宜做好工作。健全政府职责体系是把这二者有机结合起来的重要措施。

十、条块关系模式具有鲜明的中国特色

条块关系有鲜明的中国特色、实践特色、时代特色。除了中央设立垂直机构履行中央专有事权外,中国绝大多数事项都实行中央和地方协同管理、地方具体负责,即实行垂直管理和地方分级管理相结合的政府治理方式。据此,形成了多层面、多层级、多维度的条块关系。从某种意义上说,中国条块关系的复杂性独一无二。

第一,中国的条条既包括实行垂直管理的条条又包括实行双重领导的条条。中央或联邦政府设立垂直管理的条条是世界各国通行的做法。垂直管理的条条与地方政府之间是相互配合和监督的"伙伴关系"。中国由中央政府垂直管理条条的数量并不多,真正多的是实行双重领导的条条,即多数中央职能部门在下级政府都有相对应的机构设置,省、市、县各级主要机构设置同中央保持基本对应。中央政府的绝大多数职能部门形成了自上而下贯穿多个政府层级的条条。在机构设置上的特有形式是"上下对口",追求上下一般粗,反对五花八门。通俗的说法是,中央有什么机构、地方就有什么机构,上级有什么机构、下级也必须设置相应的机构。强大的组织体系加上现代化的技术手段使得部分条条的力量异常强大,可以洞察基层政府对应机构和单位的工作状态。中央政府借助于数量多、权力大、能力强的条条

系统,在国家治理体系上构建了纵向到底、横向到边、全覆盖的组织体系。

第二,上级条条指导、协调和监督下级条条的各项工作。在一些国家,不同层级政府设有名称和职责大致相同的职能部门。然而,上一层级政府的职能部门不能直接指挥和命令下一层级的职能部门,二者之间不存在"上下级关系",即没有形成中国式的条条。中国各领域的基本规则和政策设计多出自中央部委。为在全国范围内推行中央部委制定的规则和政策,法律赋予上级条条对下级条条进行领导或业务指导的权力。绝大多数中央部委可以统管本系统内的各项工作。差别在于,不同中央部委影响下级职能部门的方式、手段、程度和资源禀赋有所不同。中国政府间权力组织网络的一个重要特色是,地方政府的职能部门要接受地方政府和上级条条的双重领导,其负责人有两个甚至多个上级。

第三,条条和块块形成了多层面、多角度、立体交叉的权力结构网络。狭义上的条块关系,从纵向上看有中央部委与省级政府的关系;省级职能部门与地级市政府的关系;地级市职能部门与县级政府的关系;县级职能部门与乡镇(街道)政府的关系等四种不同的类型。在横向上取一个剖面的话,广义上的条块关系主要通过上述八种形式具体表现出来。条条和块块组成了纷繁复杂但错落有致的组织体系,这是其他国家的政府间关系模式不具有的强大优势。

第四,条块协商协同是中国典型的治理方式。"事在四方,要在中央。"中央是决策核心,条条和块块负责在各自系统和地域落实中央决策,二者的基本角色是中央政府的代表而非部门和地方的代言人。条条是单一功能,块块是复合功能。每一层级的块块按照大体相同的方式组成和运作。与多数国家不同层级政府负责特定的事项,并且主要依靠自己的职能部门执行不同,中国多数事项的完成方式是在中央统一指挥和统筹下,条块联动一起去执行,靠条条和块块齐心协力合作完成。中央部委发挥属事责任做好对本行业本系统的指导和监督,地方政府履行属地责任结合地方实际创造性开展工作。

第二章

条块关系的运作过程

条块关系是静态制度架构和动态运作过程的有机统一。制度架构是基础,决定着运作过程;运作过程是关键,促进着制度架构的发展。条块关系在这两方面的相互促进中逐步发展和演变,最终形成了目前富有特色的制度架构和运作过程。

任何制度只有"动"起来才有意义,才能发挥其功能,体现其优势和不足。在对条块关系作体制和要素分析的基础上,作为研究工作的深化,还需要认识和解决这样一个问题——条块关系是如何运作的。

第一节 意见表达中的条条与块块

一、政府间关系模式与政府过程

政府过程是现代政府学的一个重要概念、一种研究方法和一个重要研究领域。作为一种研究方法,政府过程的特征是对政治或政府的行为、运转、程序进行实证性的研究和阐述。这种研究对于传统的体制研究和法理说明是重要的补充和丰富,把对政治、政府问题的研究推向了一个新阶段。

结构功能模式是分析政府过程的重要方法,也是政府过程的重要模式。这一模式按照系统分析的理论,把政府与环境之间的相互作用分为输入、转换和输出三个阶段。进入政治体系的输入区分为要求和支持两种类型。[①]要求和支持的输入通过一个转换过程变成了权威性政策的输出。这一转换过程由意见表达、意见综合、决策和施政四个主要环节,以及政务信息传输和监督两个辅助环节构成。[②]

把政府作为一个整体,考察其与环境的交换关系及政府的运作是政府理论研究中的一个重大突破和进步。然而,政府从来就不是而且也不可能是一个整体。各层级的政府在政府过程中承担着不同的功能,不同政府机构发挥的作用也不尽相同。对中央政府过程而言,地方政府发挥着意见表达、施政和信息传输的功能。各级政府对下一级政府来说则承担着意见综合、决策和监督的功能。从整体上清楚政府如何运作、如何进行政策制定和政策实施,对研究和优化政府过程而言是必要的,但还不够。

政府间关系模式是影响政府过程的重要因素。在不同政府间关系模式下政府过程迥然有别。不同层级政府、国家机构和政治角色在政府过程中发挥作用的大小、途径和方式不同,中央政府过程和地方政府过程也有较大差别。因此,对政府过程的研究有必要继续深化、细化和具体化。接下来,需要重点关注的是,与一些典型国家相比,当代中国条块关系模式对中央政府过程的影响。

---

① 参见[美]伊斯顿:《政治生活的系统分析》,王浦劬等译,华夏出版社,1999年,第31~38页。
② 朱光磊:《当代中国政府过程》(第三版),天津人民出版社,2008年,第1页。

二、带有地方口音的"普通话"

(一)意义

意见表达是政府过程的起点。"当某个集团或个人提出一项政治要求时,政治过程就开始了。"[①]这个提出不同政治要求的过程在政府学上被称为意见表达。畅通、规范、有序的意见表达是政府做出科学决策的重要前提。一项决策的制定总是基于一定的意见表达和意见综合之上。

意见表达可以由不同的机构、团体、个人以不同的方式提出,即意见表达的主体和途径是多样化的。在中央政府过程中,条条和块块(主要是中央部委和省级政府)是最主要的两个意见表达主体。一方面,一个地方的党政机关和负责人是该地区利益主要的代表者。一个地区每个群众、单位、团体和阶层的利益要求最终都聚合到该地区的党政机关,形成了该地方的整体利益要求。另一方面,某一行业或部门的利益或诉求会沿着条条的途径逐级向上汇集,由中央部委代表这些利益或诉求向党中央、国务院表达。

中央在决策时非常重视各级政府的意见表达。在处理全国性的重要问题时,中央总是尽可能征询和听取各地方政府负责人的意见。对于地方政府不同的意见,中央政府多数会进行反复的讨论。"中央召开体制改革座谈会……此事涉及地方利益,应先召开座谈会征求意见,统一思想。"[②]在意见表达中,如果地方政府对中央即将进行的决策提出不同意见的话,中央政府一般会很重视,如果同时有多个地方政府都提出的话,中央政府有时候会推迟决策进行再酝酿。例如,在1987年的中央经济工作会议上,中共中央政治

---

① 　[美]阿尔蒙德等:《比较政治学:体系、过程和政策》,曹沛霖等译,上海译文出版社,1988年,第199页。

② 　李鹏:《市场与调控——李鹏经济日记》(中),新华出版社、中国电力出版社,2007年,第764页。

局常委、国务院副总理姚依林提出了搞分税制的相关设想。但是,立即遭到了几个省的"反对",因为这触及了地方的利益。①1993年中央下定决心推行分税制后,遇到的阻力也很大。据时任国务院总理李鹏回忆,1993年8月6日,"财政部部长刘仲藜来,谈分税制问题,他说地方阻力甚大"②。最终,在中央政府强大政治压力、耐心细致的工作和利益平衡下,分税制才得以顺利推行。

从实际政治运作来看,对中央政府过程影响最大的是省级政府。为了保证重要决策的科学性,允许和重视省级政府的意见表达是中国政治生活中的惯例。20世纪50年代,周恩来领导治理淮河的过程就是中央在意见表达的基础上进行意见综合,最后作出决策的一个成功案例。淮河的治理牵涉到不同地区人民的切身利益。各地区各部门在治理淮河的方案上存在着极大的分歧,尤其是河南、安徽、江苏三个省的分歧最大。为了能消除分歧协调行动,周恩来反复召集各地的负责干部进行座谈,并三次听取水利部部长傅作义、华东水利部副部长刘宠光,以及河南、皖北、苏北省区负责人关于淮河流域灾情和治理规划的汇报。周恩来对三省区负责人说:"只要你们三个诸侯统一了,就好办了。"③

中央领导经常邀请省级政府负责人讨论重大决策。中央领导在地方考察时,一般都要听取省委省政府的工作汇报,对省级政府提出的意见会认真研究。通常的做法是召集同行的部长开会研究方案;或者是同行的中央部委领导当面发言和解答;同行的中央部委领导若不好确定,还需要征求北京有关部委的意见。地级市政府、县级政府和乡镇政府一般不和中央政府直接联系,对中央决策的影响有限。这是由中国特殊的政府管理模式造成的:第一,地方政府一般不得越级请示和报告,乡镇政府、县级政府和地级市政

---

① 赵忆宁:《分税制决策背景回放》,《瞭望新闻周刊》,2003年第37期。
② 李鹏:《市场与调控——李鹏经济日记》(中),新华出版社、中国电力出版社,2007年,第994页。
③ 曹应旺:《周恩来与治淮》,《人民日报》(海外版),1991年3月7日。

府的意见需要经过省级政府的综合才能到达中央决策层。第二,省级政府
对于地级市政府和行政公署的请示,认为有必要向中央汇报的,一般附上省
政府的处理意见。在中央领导到省级以下地方政府考察时,有的地方会利
用机会向中央领导提出支持地方发展的"清单"。地方提出的要求,有的合
理,有的站在全国大局来看未必合理和符合实际。对此,中央领导有时候直
接答复,有时候则会拒绝,有时候研究后答复。"关于他们提出把汕头一分
为三,划为3个行政区划问题,我没有当场答复,提出到广州后再与省委商
定。要求批准汕头飞香港的航班一事,也需要与民航局商量。汕头严重缺
电……这件事一时也定不下来。答应回京后答复。"①

(二)途径

在实际政治生活中,省级政府可以通过多种途径表达自己的意见建议。

1.请示报告

在请示报告的过程中,省级政府会积极地向中央表明自己的态度、意见
和建议,但不能向中央隐瞒真相。按照《中国共产党重大事项请示报告条
例》相关规定,省级政府在工作中必须向党中央请示如下事项:贯彻落实党
中央决策部署和上级党组织决定中的重要情况和问题,需要作出调整的政
策措施,需要支持解决的特殊困难;重大改革措施、重大立法事项、重大体制
变动、重大项目推进、重大突发事件、重大机构调整、重要干部任免、重要表
彰奖励、重大违纪违法和复杂敏感案件处理等;明确规定需要请示的重要会
议、重要活动、重要文件等;重大活动、重要政策的宣传报道口径,新闻宣传
和意识形态工作中的全局性问题和不易把握的问题;出台重大创新举措,特
别是遇到新情况新问题且无明文规定、需要先行先试,或者创新举措可能与
现行规定相冲突、需经授权才能实施的情况;属于自身职权范围内但事关重

① 李鹏:《市场与调控——李鹏经济日记》(中),新华出版社、中国电力出版社,2007年,第863~864页。

大或者特殊敏感的事项；重大决策时存在较大意见分歧的情况；跨区域、跨领域、跨行业、跨系统工作中需要上级党组织统筹推进的重大事项；调整上级党组织文件、会议精神的传达知悉范围，使用上级党组织负责同志未公开的讲话、音像资料等。

2.党代会和两会

在选举全国党代会代表、全国人大代表和全国政协委员的过程中，省级政府对大多数代表的选择具有比较大的影响。选择出来的代表必然会在一定程度上反映省级政府的立场和意愿。省级政府还可以通过党代表、人大代表、政协委员在中央会议上的发言对中央政府施加影响。例如，在两会上，经常有一些地方代表团请求中央政府赋予本地区一些特殊的优惠政策。

3.领导人视察地方，召开有中央领导人和若干省市负责人参加的会议、汇报、党委书记会议、专题研讨班、政府办公会议等为表达地方的利益提供了制度化的渠道

中央政府有时候会把参加全国人大会议的省级政府负责人留下来专题讨论某项工作；有时候把相关地方政府负责人请到北京，由中央领导同志与他们直接谈话，以进一步引起地方负责人对某项工作的重视。中央领导到各省、自治区、直辖市考察工作时，一般会带上若干名部长或副部长。中央部委通过调研、与省级政府负责人面对面交流、听取对口职能部门汇报等形式，可以把地方上的相关事情了解得更清楚，就地方提出的一些具体问题研究方案，为中央领导决策提供建议，进而为全国性决策积累经验。"我们在这里一个星期，就是想与省里各方面的负责同志研究一个原则的办法。北京正在组织一个工作班子，马上就要来辽宁，目的是从这里取得解决三角债问题的经验。"[1]

---

① 《朱镕基讲话实录》（第一卷），人民出版社，2011年，第10页。

(三)特征

意见表达的基本要求是实事求是,要如实地反映情况。现实中也存在向上报告的内容不准确,甚至弄虚作假的情况。不如实地向上反映情况的原因在于:一是故意为之。正如刘少奇所批评的那样,"把成绩夸大一点,或者把困难夸大一点,看领导上的意图讲话,你要求什么,喜欢什么,他就把那方面的情况反映给你,这种情况恐怕相当普遍,在许多地方已经成为一种不良的风气"[①]。二是工作作风不踏实。一些党政干部不认真调查研究,喜欢当"差不多"先生,下面怎么反映,就怎么上报。换句话说,就是自己也没有把事情搞清楚。三是不正确的地方利益观念影响。一些地方不能从全局谋划一域、以一域服务全局,片面追求自己的利益。

意见表达的实质是利益表达。任何一项意见表达都有自己的利益背景和利益追求。不论现实中存在的条块关系及其矛盾有多么复杂,透过纷繁复杂的具体行为方式可以发现,一切行为都有一个共同的发生与发展的基础——利益。"人们奋斗所争取的一切,都同他们的利益有关。"[②]

政府也有其自身的利益。"政府机构有其自身的利益。这些利益不仅存在而且还相当具体。"[③]虽然中央部委是以中央政府代表者的身份出现的。但是部委并不等同于中央,其施政行为也并非一定能完全代表中央的利益。否则,我们便无法理解条条之间的指示和规定相互冲突及"国家权力部门化"现象。块块和条条来自各个地区和各个部门,在对中央政府进行意见表达中,反映本地区和本部门的具体利益是正常的。只有在各个具体利益的基础上才能提炼出整个国家的整体利益。中央政府历来承认这种利益的差别性。但前提在于,无论部门还是地方都要把局部利益和整体利益,眼前利益和长远利益有机结合起来。

---

① 《刘少奇选集》(下卷),人民出版社,1985年,第458页。
② 《马克思恩格斯全集》(第1卷),人民出版社,1958年,第82页。
③ [美]亨廷顿:《变化社会中的政治秩序》,张岱云译,上海译文出版社,1989年,第23页。

地方党委政府是中央政府的代表,应该不折不扣执行党中央的决策部署,不能借口地方特殊性,作出同中央政策相抵触的某些规定。"我们的党是一个统一的党,我们的国家是一个统一的国家。地方党委只是党的一个部分的领导机关,不要把那个地方的党委看作是独立的。"①

在承认特殊利益的前提下,地方政府在进行意见表达时要处理好全局利益和地方利益的关系问题,即协调好"普通话"与"地方话"的关系。对此,陈云有过精彩和精辟的概括。在1981年12月22日召开的省、自治区、直辖市党委第一书记座谈会上,陈云讲:"我讲的这些话,都是'北京话'。地方的同志说北京人讲'北京话',我是上海人,但话属于'北京话'……我是老北京,一开国就在中央工作,我这个'北京话'合乎全国的利益。"②鉴于在推行分税制过程中上海对中央政府的支持,朱镕基也用类似的语言称赞上海比较好地协调了地方利益与国家利益的关系。"上海同志们最后都是讲的'北京话',讲得很好。"③山东的农村税费改革得以顺利实施也正是得益于有机协调了这一利益。时任山东省委书记吴官正一方面经过调研了解第一手情况,另一方面争取中央财政的支持。2000年8月,在北戴河开会期间,吴官正向中央领导同志汇报山东的情况。后来,与一位领导同志谈起此事时,吴官正说:"我讲的都是实话,不能为了自己的面子,而不顾实际情况。只要基层和群众好,我'里子'都不考虑,还顾什么'面子'。"④

政治系统是由各种角色组成的。一个角色就是一种规则化的行为模式。描述一种政治结构重要的在于说明各种角色之间的联系。在进行意见表达时,地方政府扮演的是集中央政府代表、地方代言人和自身利益的维护者三者于一身的角色。地方政府的行动和工作积极性取决于国家利益、当

---

①　《刘少奇选集》(下卷),人民出版社,1985年,第460页。

②　《陈云文选》(第三卷),人民出版社,1995年,第307~308页。

③　赵忆宁:《分税制决策背景回放》,《瞭望新闻周刊》,2003年第37期。

④　吴官正:《闲来笔潭》,人民出版社,2013年,第106页。

地利益与其自身利益的结合程度。以往分析中央和地方关系的理论,要么把地方政府看成中央政府的代理人;要么认为地方政府是当地利益的保证者。在某些方面,上述理论是成立的。然而,它很难解释实际政治中大量存在的,地方政府与中央政府及与当地民众之间的利益冲突。例如,1999年1月,在中央金融工作研讨班上,地方有些埋怨情绪。"这次研讨班,各省区市书记、省长都参加了。在研讨会上发言中有些埋怨情绪。江泽民同志鼓励说,为了向中国特色社会主义目标迈进,切不可互相埋怨,而要同舟共济。"①

地方政府承担着三重角色。一方面,为了获取中央的认可和赏识,必须严格服从中央规定,积极贯彻中央决策,办理好中央政府及部委交办的各项事务。另一方面,为了得到本地民众的支持,需要根据地方实际反映地方的意见和要求,在经济、社会发展等方面创造实际业绩,维护当地民众的利益。此外,还会顾及自己的利益。三重角色决定了地方政府在意见表达上的复杂性。"全天参加经济工作会议华北组会议……但各自都有想法。河北的同志说,中央要求我们本世纪末达到小康,如果达不到,我们不好向人民交代。山西的同志说,本来以为中央可以多帮助一点,现在看来不行了。"②如何妥善处理三者之间的关系,是一个地方政府能否取得权威和力量的关键。三者的利益互动相应形成了中央政府—地方政府—民众三重权力结构模式,大致有以下四种类型:

表2-1 三重权力结构类型

地方政府利益与国家利益 / 地方政府利益与民众利益	一致	不一致
一致	I	II
不一致	III	IV

---

① 李鹏:《市场与调控——李鹏经济日记》(下),新华出版社、中国电力出版社,2007年,第1491页。

② 同上,第1087页。

　　在第 I 种情况下,地方政府利益与国家利益和民众利益相一致。对于三方来说,这是个皆大欢喜的局面。地方政府既能完成中央交付的任务,又维护了当地民众的利益,同时还有一个追求自身利益的空间。从而能够比较好地代表群众进行意见表达和高质量完成国家的任务,形成三者共赢的理想状态。江泽民对这个问题作过精辟的概括。他说,我在上海当市长时,一直坚持一个原则,就是到中央开会有时要讲一点"上海话",反映上海的具体困难,但在上海我要讲"北京话",一再告诫上海的党政干部,上海是全国人民的上海,是中央领导下的上海,应该对国家、对其他地区多作贡献。上海能够对国家、对其他地区作出贡献,也是全国人民支持的结果。任何地方的发展,都离不开国家和全国人民的支持。离开国家发展的大局,哪里有地方的发展?"不能只考虑地方的局部利益和眼前利益,而不顾国家的整体利益和长远利益,更不允许为了地方利益去损害国家利益。这是一个很严肃的政治问题。"①

　　在 II 种情况下,地方政府利益与国家利益不一致但与当地民众短期和暂时利益相一致。地方政府负责人不会出现公开对抗中央政府的言论和行为,在意见表达的形式上也比较讲究艺术,会委婉地进行。例如,某个阶段地方政府对中央政府宏观调控的态度可以大体上反映出这种模式。"对加强宏观调控,一些地方阻力较大。"②"今天请了22个省市的省长和主管经济工作的副省长讨论五中全会决定⋯⋯有两点值得重视,一是他们表示原则同意这个决定,但希望下达具体措施时,要走群众路线;二是对改革财政包干有保留。"③

　　在第 III 种情况下,地方政府利益与当地民众的短期和暂时利益不一致,

---

① 《江泽民文选》(第二卷),人民出版社,2006年,第171页。

② 李鹏:《市场与调控——李鹏经济日记》(中),新华出版社、中国电力出版社,2007年,第994页。

③ 李鹏:《市场与调控——李鹏经济日记》(中),新华出版社、中国电力出版社,2007年,第667页。

但与国家的利益相一致。地方政府一旦取得了中央政府的信任,再加上本身掌握着大量资源,相对于分散的民众来说,力量显得格外强大。

在第Ⅳ种情况下,地方政府的利益与国家利益和民众利益都不一致。某些地方政府为了达到追求自己利益的目的,一方面想方设法应付中央政府,利用变通的手段将中央的政策法规传达给民众或者直接垄断信息。另一方面竭尽全力对付民众,以保护对资源和权力的垄断与控制。在此种情况下,地方政府未能成为民众对中央政府进行意见表达的枢纽和桥梁,反而人为地切断和阻碍了中央政府与基层社会的信息交流和沟通。"有些地方,对中央许多重要的政策,不如实地向下传达,不认真地执行……有的甚至采取'封锁'的办法,不让下级和群众知道中央的某些政策。"①

三、"行业话"服从"普通话"

条条是同级政府的组成部分,条条的负责人一般是同级政府的组成人员。由于在空间上与同级政府较近,与块块相比,条条的意见表达更为便利和直接。"过去的五十年,由于条条接近中央,容易以国家的名义推行自己的意见。"②

(一)途径

中央各部委一般通过如下途径和方式进行自己的意见表达。

1.影响中央日常决策

实际政治生活中,由上级政府作出、下级政府施行的决策,很多都是上级条条的意见。由于国务院除了办公厅之外,没有其他组织机构负责协调工作,而办公厅所能处理的信息有限。国务院所作出的一些决策,相当一部

---

① 《刘少奇选集》(下卷),人民出版社,1985年,第378页。

② 胡正梁:《兴利除弊 造福齐鲁——山东省政协原副主席李殿魁治水问题访谈录》,《山东经济战略研究》,2004年第1期。

分是由相关部委提出来的。部委在决策过程中往往要征求国务院分管领导的意见。①因此，各部委的决策往往与国务院有关负责人的意见一致，特别是当某一部委的领导是由国务院副总理或国务委员兼任时更是如此。

2.国务院全体会议

各部部长、各委员会主任、人民银行行长和审计长等作为国务院全体会议的组成人员，可以在会议上和准备会议的进程中，直接面对总理进行自己的意见表达。这种途径能比较有效地影响到中央政府的决策。

3.中央全会

中央各部委的主要负责人一般都是中共中央委员会的委员，有的部长还是中央政府的核心决策成员。在中央全会及中央政治局会议上的意见表达，对中央决策可以起到明显的影响作用。

4.法律草案的起草

国务院有权向全国人大及其常委会提出包括法律草案在内的议案。大量的法律草案通常是由有关部委起草。在起草法案的过程中必然渗透着部委的意志和看法。部门立法的优势是中央部委熟悉本业务范围的实际工作，不足是容易强调自我利益和权力。

（二）现代政府运作的普遍规律："行业话"服从"普通话"

中央部委在意见表达时要处理好部门利益与整体利益的关系，讲好带有行业特色的"普通话"。部门和行业利益是客观存在的，不仅在中国存在，其他国家也是如此。在意见表达中，政府各部门一定程度上会维护所在部门与所代表行业的利益。作为向中央政府进行意见表达的负责人，各部委部长、各委员会主任、人民银行行长和审计长是中央政府派往各部委的代表和相关方面的政策顾问，而不是所在部门利益的代言人。1998年机构改革时，中央撤掉了工业部门，改成国家经贸委管理的国家局，一个重要的原因

---

① 金太军主编：《政府职能梳理与重构》，广东人民出版社，2002年，第71页。

是"从机制上看,工业部门从本行业的利益出发,很难对自己管的企业认真进行监管,工作重点往往偏于向中央要钱、要政策"①。

作为协助中央政府负责某方面工作的助手、下属和同级政府的成员,部委负责人应该站在中央政府的整体利益上思考问题,即"行业话"必须服从"普通话"。中央部委负责人不能过多地考虑本部门的利益,不得违背中央政府的意志和政策,也不得发表同中央领导人意见相左的言论。当中央部委负责人不同意中央政府的政策又不愿保持沉默时,便只能辞职,或被免职。这是现代政府运作的一个普遍规律,也是维持政府高效率运作的一个必备条件。例如,英国部长须向首相负责,法国的部长须向总理和总统负责。当部长的意见与政府首脑相左时,要么沉默,要么辞职。部长不能公开地批评内阁决策。美国总统和部长之间的上下级观念更为明显,如果某个部长的意见与总统的意见发生分歧时,总统可以要求部长改变意见,否则部长必须辞职。因为在总统看来,部长并不是利益集团在政府各部门的代表,而是总统在各部门推行政府总政策、总目标的代表。②

中国中央政府大多数职能部门都是上下贯通的,在地方政府中有自己的"腿"。与其他国家相比,中国的部门利益相对更为明确和具体,甚至某些行业和部门形成了自上而下的行业和部门分割。某些部委在意见表达、决策或履行中央政府赋予的职能时,容易从本部门、本行业的利益出发,过于强调、维护与谋取本部门利益,相对忽略了自己的职责首先在于讲好"普通话",维护中央政府的整体利益。在意见表达中适当地维护本部门利益是正常的,但维护过度,则会影响决策的科学性,影响中央政府的宏观调控,使党中央、国务院的决策受到干扰、影响与制约。

---

① 《朱镕基讲话实录》(第三卷),人民出版社,2011年,第30页。
② [美]索伦森:《肯尼迪》,复旦大学世界经济研究所译,上海译文出版社,1981年,第149页。

（三）条条在意见表达地位上的差异

不同部委在意见表达中的地位客观上有一定的差别。作为中央政府的职能部门，各部委在纯粹涉及自身业务范围内的事项上，大体具有同样的意见表达权。在一项决策涉及几个部委或者更为宏观的决策时，不同部委在意见表达中的地位有所差别。地位的差异主要取决于该部委在国家政治生活中的重要程度和部委负责人的级别。

不同部委在意见表达地位上有所差异是普遍的现象。在英国，中央政府成员大体可以分为三个层级，即核心内阁大臣、其他内阁大臣和不入阁大臣。内阁主要由政府中一些重要部的大臣和执政党各派重要领袖人物组成。除首相外，一般有外交大臣、国防大臣、财政大臣、内政大臣、大法官、枢密院长、掌玺大臣，还有苏格兰、威尔士和北爱尔兰的事务大臣等，人数在20人左右。在内阁中，首相经常与其中若干阁员一起商讨一些重大问题，从而形成5—6人的核心内阁。不入阁大臣主要包括次要部长（大臣）、政务次官（副部长）、执政党的督导员、各部出席议会的秘书长及少数皇室官员等。①

法国中央政府中存在级别不同的几种类型的部长。除了一般的部长，还有国务部长、国务秘书和部长级代表。国务部长的地位最高，在礼仪顺序中排在其他部长之前。这个头衔可以授予政府想特别给予荣誉的人，即使他所在的部可能只是一个次要的部。国务部长可以受委托执行与他主管的部职责毫不相关的某些任务；部长身兼政治职能和行政职能。从政治职能看，他参与政府的行为，与其他部长一起对议会负责。从行政职能看，他是委托给他主管的部的首脑；部长级代表是总理的代表，他们的职权来自总理。设置这些职位便利了政府首脑保持对某个特定部门的控制。国务秘书的地位最低，不能参加部长会议，只有当部长会议讨论的某项事务与他们的

---

① 参见李和中等编著：《西方国家行政机构与人事制度改革》，社会科学文献出版社，2005年，第36页。

职权范围有关时,才被允许出席。①

在意见表达中,由于所处立场、观察问题的视角及涉及的具体部门利益不同,部委之间在同一问题上存在不同的看法在所难免,在有些领域甚至可能出现互不相让的对峙局面。不同意见相互碰撞甚至争吵,对于保证中央政府决策的科学性有着重要的意义。但关键在于,要有相应的制度安排最大程度地制止各部门过度追逐自己利益的行为。

(四)双向意见表达:地方政府职能部门的意见表达

接受双重领导的地方职能部门在两个方向上进行意见表达。一是横向上向同级政府进行意见表达。意见表达的途径、方式和特征基本类似于中央部委。二是纵向上向自己的上级对口部门进行意见表达。与横向上职能部门向同级政府的意见表达及下级政府向上级政府的意见表达不同,下级职能部门向上级政府职能部门进行意见表达时级别的色彩相对淡一些,可以相对平等地进行,有时甚至会拒绝上级职能部门的某些要求。例如,1991年,中央财政十分困难,第二年的预算无论如何都安排不了。当时,正赶上贵州遭遇大灾,中央拿不出钱给地方。在当年的财政工作会议上,时任财政部部长的王丙乾出于无奈,要各省作"贡献",从1000万元到1亿元不等。由于触犯了地方的利益,一些财政厅厅长对王丙乾说:"跟我要钱,我可没有!"一些富裕省份的财政厅厅长甚至为此与财政部部长当面"反目"。②

中央部委每年召开一次对口厅局长会议,为省级职能部门的意见表达提供了制度化的意见表达途径。在会议上除了研讨本部门所面临的一些重大问题外,厅局长们基本可以畅所欲言,表达自己的意见建议。意见表达还可以通过请示汇报、私人联系等方式进行。

---

① 参见[法]德巴什著:《行政科学》,上海译文出版社,葛智强等译,2000年,第118~128页。
② 赵忆宁:《分税制决策背景回放》,《瞭望新闻周刊》,2003年第37期。

第二节　决策执行中的条条和块块

畅通的意见表达渠道、合理的意见综合机制是为了做出科学决策,确保政府决策的质量。政府决策能否产生良好的效果,还与一个重要的政府过程环节——施政密切相关。

一、条条和块块的职责是执行中央决策

施政是指政府将其决策付诸实行的过程。施政是相对于决策过程而言的。政府过程的这两个阶段和环节很难截然分开,很难理清楚决策从哪里开始,执行从哪里开始。相对于党中央、国务院而言,地方政府和中央部委所采取的工作步骤都是执行。地方政府所采取的工作步骤就相对于下级政府和其职能部门而言,无疑又是决策。为了深化对政府过程的研究,需要在和决策相比较、相对应的角度上讨论政府过程中的施政问题。

决策是政府过程的核心,但从某种意义上说,施行决策比作出决策更为重要。再好的一项决策,如果没有好的执行过程和机制,就不能实现既定的目标,也就失去了决策的意义和价值。"一种行为准则,即一种国家意志的表达,如果得不到执行,实际上就什么也不是,只是一纸空文。"①

如何使政府决策得以顺利实施是困扰许多国家的难题。中央政府的整合能力是政治发展的一个重要方面。对相当一部分国家来说,困难的不是中央政府如何作出决策和作出什么样的决策,而是作出的决策无法顺利得

---

① 古德诺:《政治与行政》,载《国外公共行政理论精选》,彭和平等编译,中共中央党校出版社,1997年,第31页。

以施行。这导致中央政府无法从社会中提取现代化所必须的资源，也无法按照自己的意志在社会中进行合理的分配。

中国中央政府的整合能力强，在全国范围内推行自己决策的效率高。从法理角度看，中国是单一制国家，地方政府所有的权力都来自中央政府的让渡和授予，是中央政府的"派出机构"，应当不折不扣执行中央的方针、政策、指示和命令，不能搞"你有政策我有对策"，也不能搞各取所需或者另搞一套。"中央定了措施，各地各部门就要坚决执行，不但要迅速，而且要很有力。"①大政方针由中央统一制定，条条和块块的职责是执行中央政策。"中央和国家机关要做好对本行业本系统的指导和监督，地方在坚决贯彻党中央决策部署的同时，要发挥主观能动性，结合地方实际创造性开展工作。"②

中央政策是一般的规定，各地方、各部门需要考虑的是如何因地制宜使中央政策在地方和部门具体化，得到最好的执行。对党的决议和政策如有不同意见，不是不执行，不是反抗，更不是重新规定一个政策，而是在坚决执行的前提下，可以按程序向党的上级组织直至中央提出，但不得公开发表同中央决定相反的意见。"对于没有规定政策的，或者政策规定得不对的，各地方都可以经过研究，提出建议，请求中央规定或修改，这是完全允许的。对政策关心、负责的地方党委，就是这样做的。"③

在大多数情况下，中国中央政府可以顺利地把自己的决策推向全国。这种能力和效率不仅要高于大多数国家，而且在中国历史上也是空前的。1912年以前的中国，从理论上说是"普天之下，莫非王土，率土之滨，莫非王臣"。但是，皇权和中央集权的直接统治，很少真正深入到县以下的社会中，基本上是一种"皇权止于县"的格局。新中国成立后，政治权力下沉到几乎每个乡、村和单位，可以直接面对每一位群众。正是得益于中央政府强大的

政治整合能力和部门、地方的高效执行能力,中国的社会主义现代化建设才在如此短暂的时间内取得了举世瞩目的成就。

同时也要看到,中央的决策部署和政策措施不能得以顺利施行的问题始终不同程度地存在着。在一些时候和某些领域,少数地方政府和部门对中央政府的决策和政令喊的口号比实际行动多。"下午4时半,传达邓小平同志的两次谈话……经济过热抓得晚了,抓得不够有力,想控制没有控制住,说明政治局、国务院还不够权威,今后要更有力。"①中央政府对地方政府的人事任免一直保持着有效的掌控,地方政府公然对中央挑战的情况还没有。不过,块块和条条以各种形式拖延或变通中央政府决策的事情却屡见不鲜。几代中央领导集体都被中央政策不能得以顺利施行的问题所困扰。20世纪80年代,邓小平对这种现象极为不满:"前一段我提出党中央的权威必须加强。陈云同志讲,各路诸侯太多,议而不决,决而不行,各自为政。这个批评是正确的。中央的话不听,国务院的话不听,这不行。"②在党的十三届五中全会上,江泽民强调:"一旦中央和国务院作出重大决策之后,各地方各部门必须严格执行,他们不得自行其是,也不得以他们的特殊情况和利益作为借口,违抗中央决议。否则,以党纪国法惩处。"③

中央政策"中梗阻"现象的大量存在,不仅有损中央政府的形象和权威,而且降低了民众对政府的信任。对这一现象不能仅仅局限于对地方政府或部门负责人进行道德上的指责——虽然有这方面的原因,但问题主要出在政府过程和运行机制上。相应地,要从根本上解决问题,也不是仅仅靠发几个通知,强调纪律的重要性,或者抓一两个典型"杀一儆百"就能有效解决。这需要通过制度安排的创新加以应对。

---

① 李鹏:《市场与调控——李鹏经济日记》(中),新华出版社、中国电力出版社,2007年,第609页。

② 《邓小平文选》(第三卷),人民出版社,1993年,第319页。

③ 王绍光等著:《中国国家能力报告》,辽宁人民出版社,1993年,第105页。

中央政府既拥有强大的能力,又在不同程度上面临着决策"中梗阻"的困扰。这是中国政府面临的现实。"我到国务院工作八个年头了,深刻地感到……定个政策也不是很难,只要你虚心听取各部门的意见,群策群力,也可以出台一个好政策,但是要落实就难得很。那不是你写一大篇批示,下面就会照着做,根本不是那么回事,最难就在于落实。"①其中,有很多问题值得研究。对上述看似矛盾现象的解读和分析,需要从中国政治生活中的特色入手。

二、条条和块块双轨执行中央决策

在中国,中央政府通过中央部委和地方政府两条轨道同时执行自己的决策。这种执行模式与联邦制国家中联邦政府自己决策自己执行的美国模式,以及联邦决策、成员单位或地方政府执行的德国模式不同,也有别于单一制国家的中央政府自己决策自己执行的法国模式。借助统一领导,中国中央政府拥有了让世界上很多国家艳羡的强大能力。在大多数情况下,中央对全国的整合既靠强力和行政命令,也注重通过各种激励机制调动地方积极性。分级管理是该激励机制的重要方面。

统一领导的原则不可动摇。从管理的角度看,中国对国家事务的治理比较分散和灵活。在职责划分上,各层级政府既不是整体性的分权,也不是同一事项的不同管理权的划分,往往是五级政府管理大体相同的事。具体表现为,中央通过部委管理全国事务,统筹研究部署本领域本行业工作,抓好组织实施和督促落实;省政府管理本行政区域内除了中央垂直管理之外的事务;依次类推到乡镇政府。

分级管理使地方政府更多地担当起地方利益协调者的角色,增加了发

---

① 《朱镕基讲话实录》(第三卷),人民出版社,2011年,第6页。

展的积极性,进而推动了国家的发展。层层隶属是分级管理的具体体现。中高层政府一般不直接面对公民个人,大部分职能是通过指挥、监督下级政府来行使。中央基本不负责各项政策的直接执行。因此,中央政府领导人相对超脱,可以集中思考战略性和宏观性的问题,也使得中央政府的规模相对较小。

中央政府对各项事务的管辖权实际上分散于各个部委之中。"中央和国家机关是贯彻落实党中央决策部署的'最初一公里',不能出现'拦路虎'。"①除了少数实行垂直管理的部委和国家局,绝大多数中央机构都没有自己独立的执行机构,而是通过对下级政府中对口部门的领导或业务指导来施行自己的决策。在执行中央决策上,就形成了从中央各部委一直延伸到乡镇政府基层"站所"、办公室和中心的条条轨道。

执行中央决策的另一个主体是地方政府,即省级政府—地级市政府—县级政府—乡镇政府(街道办)层层执行上级决策的轨道。"地方党委是贯彻落实党中央决策部署的'中间段',不能出现'中梗阻'。"②中央政府与地方政府、地方政府上下级之间是领导与被领导、监督与被监督的关系。中央政府的决策一旦作出,各地方理解的要执行,不理解的也要执行,很少有讨价还价的余地。"对中央作出的部署,各级党委和政府都要听从指挥,切实遵行。不听中央的,听谁的! 如果有人胆大妄为,我行我素,另搞一套,一切后果由他自己负,勿谓言之不预!"③对于地方政府而言,认真学习、深刻领会、全面贯彻中央精神是一项硬任务。问题的关键在于如何根据本地实际情况,因地制宜和创造性地进行贯彻落实。

(一)双轨执行的效果

从历史和比较的角度看,双轨道执行模式使中央政府在全国范围推行

---

① ② 《习近平谈治国理政》(第四卷),外文出版社,2022年,第504页。

③ 《江泽民文选》(第二卷),人民出版社,2006年,第168页。

自己决策的能力,达到了历史上前所未有的高度。在传统时代,各级政府机构也大体上对口。上级条条对下级对口的条条也有一定的"指导"关系。这种关系并不普遍,条条和块块相比,实力要弱小得多。在中央决策的执行上,总体上是一种块块模式,即中央政府主要通过人事手段控制地方政府的负责人,用强大的政治压力督促地方政府严格执行中央决策。事实证明,这种控制是有限的,中央集权也是有限的。对基层民众来说,中央政府是一个"遥远的权威",他们日常生活所感受到的主要是地方政府的影响。"封建王朝虽然也是高度集权的体制,但由于缺乏条条体制的配套,这种集权是有限的,因此它的公共政策只能是消极的,因为没有强有力的条条体制来集中资源,没有强有力的条条体制来进行积极公共政策的推行所需要的人力动员。"①

新中国成立后,中央政府自上而下建立了强大的条条体制。条条数量多、权力大、上下贯通。除了下级条条要服从上级条条的指挥,下级政府也有配合上级条条工作的义务。"地方当局对于中央各部所决定的企业业务方针、计划和重要制度,除其中确有必须改变之外,并经中央主管部门批准改变者外,必须保证全部业务方针、计划和重要制度的执行。"②强大的条条轨道,为中央决策的顺利实施提供了有效的组织基础。

在双轨执行模式下,中央政府的决策在块块那里"梗阻"时,可以通过条条的途径施行。同样道理,通过条条不能贯彻的中央政令,地方政府可能有很大的积极性去执行。两条轨道之间还可以展开竞争和相互监督。

(二)双轨道执行模式的不足

双轨道执行模式有自己的独特优势,但也存在一些结构性缺憾,使之不能更好地发挥自己的长处,并在一定程度上造成了中央决策的"中梗阻"。

---

① 毛寿龙等:《省政府管理》,中国广播电视出版社,1998年,第220页。
② 《陈云文集》(第二卷),中央文献出版社,2005年,第245页。

人们经常会遇到的一个困惑是：中央和上级政府政策都是好的和合理的，但是为什么施行起来经常走样、变形或落实不了呢？于是就形成了"歪嘴和尚把经给念歪了"的普遍看法。这个原因是存在的，但如果把责任全部归咎于地方政府则有失偏颇。中央决策的"中梗阻"现象也与双轨道执行模式的运行机制不完善有关。"尽管中国是单一制的中央集权制国家，看上去是一个高度权威主义的结构，但是实践中的条块关系决定了中国高度集中的政府体制及其权威具有高度的分散性，这种条块结构中的权威的分散化，很容易使不同的部门和个人抵制政策的贯彻和执行。"①

第一，不容易分清责任。在各层级政府没有明确划分权责的情况下，很难分清条条和块块各自应该承担哪些责任，也难以避免他们之间的相互推诿和扯皮。需要注意的是，不能一出事就把"板子"打在地方政府身上。

第二，决策与执行相分离。世界上任何发达国家的联邦或中央政府都是高度集权的，关键是集什么权、如何集权、集到什么程度。中国的特色在于，中央政府除了通过少数垂直管理的条条施行自己的决策外，绝大多数决策要依靠地方政府去执行。这其中可能包含了一些不该由地方政府参与的权力。把地方政府不该和不能行使的权力交给他们去执行，地方政府执行不好是正常的。

中央政府把属于自己决策范围内的事项交给地方政府去施行，中央的决策要通过许多的中间层次才能到达目标群。依靠地方政府去施行自己的决策，和决策的本意相比肯定会有偏差。这样本身就包含了决策在施行中产生偏差的逻辑，也是"中央政策大晴天，下到地区起点云，传到县里变成雨，落到镇里淹死人"这一特殊现象产生的重要原因。荷兰学者布雷塞斯对此作出过深刻的分析："地方受权实施的政策则通过地方当局的干预间接影响公民。中央当局一旦授权地方实施其政策，便部分放弃了对实施政策的

---

① 杨光斌：《中国政府与政治导论》，中国人民大学出版社，2003年，第163页。

控制权。在这种情况下,政策当然有可能按中央的意图实施。但是政策延误和变形,乃至根本未能实施的例子也屡见不鲜……地方当局并不是中央政策的机械执行者,他们也有自己的目标、信息和权力。"①

决策的基本要求是民主和科学。只有民主的方式才能保证决策的慎重,避免大的失误。在决策上不能单纯追求效率,要按照科学和法定的程序一步步进行,宁慢勿错。施政的基本要求是集中和高效,执行权要集中,在组织形式上一般采用科层制。虽然中央政府的一些部委在全国范围内垂直领导,但从总体情况看,还不够。中央政府主要通过地方政府及其机构来执行政策。绝大多数的部委要通过地方政府的对口职能部门来履行职能,实际上最终是依靠地方政府来施行。地方政府的职能部门首先是地方政府的工作机构,在人事、财务和业务上主要接受地方政府的领导。这在无形中降低了中央部委的执行力。

三、地方政府职能部门接受条条和块块双重领导

地方职能部门执行本级政府的决策,接受本级政府的领导,是自然和正常的,任何国家都是如此。中国的特殊性在于,地方职能部门除了接受地方政府的领导外,还要受上级对口部门的业务指导或领导,要执行他们的决策。甚至一些职能部门负责人的任免、调动和纪律处分,也需要征得上级条条负责人的同意。尤其是基层政府的部门要接受多个上级条条的领导。例如,就县民政局而言,民政部是其业务最高主管部门,省民政厅是第二层次的业务主管部门,地级市民政局是第三层次,三个层次业务主管部门的指示、规定、命令和条例都要执行。它们是民政局行政事务的重要合法性来源

---

① ［荷兰］布雷塞斯等:《政策效果解释的比较方法》,《国际社会科学杂志》(中文版),1987年第4卷第2期。

和行动策略的重要依据。同时,民政局还要接受县委、县政府的领导。上级对口职能部门和同级政府都有权力向民政局发布命令、指示和建议。

中国政府治理模式的精妙和复杂之处,不在于"统一领导""分级管理"二者本身,而是把两个方面巧妙地结合在一起。这得益于双重管理制度。领导权高度集中弥补了管理分散;管理分散缓解了领导权集中带来的压力。统一领导体现的是刚性体制,使中央政府拥有强大能力。中国政治生活中常见的现象是,虽然某些问题看起来比较麻烦,然而一旦中央政府下定决心推进,最终往往能得到有效解决。在统一领导的前提下,为调动地方积极性,采取分级管理的方式使各级地方政府在中央主导下的轨道上运作。分级管理作为一种弹性机制,使权力行使方式更加灵活。

分级管理意味着中央对管理权的放松和分散。放松并不意味着放弃。中央政府在把管理权下放给地方政府的同时,还通过中央部委对全国范围内的事项进行调控。中央赋予中央部委对省级职能部门(厅、局、委)的业务领导或指导权,进而影响地方政府运作。当省级以下地方政府不执行中央政策时,中央部委可以约谈其负责人,也可以直接作出处罚决定。选择和实行双重领导模式的重要目的是加强中央对全国的领导和控制,维护国家统一和中央权威。至于调动地方积极性则主要是靠收权或放权的局部调整来解决。为了调动体制的活力和地方政府的积极性,中央政府就把中央部委手中所掌握的权力和资源下放给地方政府。下放权力之后,地方运作过程中的不规范现象又会对中央政府的权威形成挑战。因此,放权之后常常伴随着中央通过各部委再集权。

双重管理形成了一个矩阵结构。在矩阵结构中,有两条权力线。一条是来自中央部委和上级职能部门的垂直权力线。借助于垂直权力线,中央除了对地方政府进行人事任免等直接领导和控制外,还通过各级各类条条这只长长的"手臂"对地方政府及整个社会进行调控。另一条是来自同级地方政府的水平权力线。通过水平权力线,地方政府能够对同级职能部门产生实质性的影响。作为中央政府职能部门的各部委,缺乏独立渠道贯彻落实中央决策,而主要依靠地方政府与自己相对应的职能部门。中央决策能否落实的关键点之一是地方政府的态度和行动。"我不是批评你,工商局下面好多机构不一定听你的,因为都是属于地方的。"①由此造成的结果是,中央政府制定大政方针,但在地方政府执行中央决策的具体运作过程上,常常缺乏具体影响。

(一)影响行政效率的提升

在两个或两个以上的上级对地方职能部门实施领导和管理的情况下,不容易分清领导责任,往往是有利的事情都来争,不利的事情都不管或相互推诿。虽然一直在强调"条块结合,双重领导",但到底怎样结合,如何领导,除了少数原则性和程序性的规定外,还缺乏可操作性的规定。

双重领导容易使地方政府及其职能部门处于矛盾的境地。当地方政府与上级条条发出的决定、指示或命令不一致时,容易使地方职能部门及其负责人无所适从,不知道究竟该服从哪一方。这种制度安排有利于控制下级,但不利于执行,也容易产生条块矛盾,使横向和纵向的领导关系发生冲突。一般情况下,在上级条条和本级政府的规定不一致时,地方职能部门最终会听从和服从于本级政府,尽管也不愿意得罪上级职能部门。至于如何在这种矛盾中寻求平衡,取决于地方政府职能部门负责人的政治艺术。政治艺术相对较高的职能部门负责人可以在这种矛盾中为自己赢得尽可能大的运作空间和各种资源。例如,当地方政府的指示不利于他们自身的利益时,可以打着上级职能部门的招牌,在一定程度上加以"抵制"。当上级职能部门的决策不符合其利益或很难实施时,就以地方政府为后盾,消极应付,甚至向上级条条施加压力,迫使上级条条不断让步。

---

① 《朱镕基讲话实录》(第三卷),人民出版社,2011年,第8页。

(二)引发条块矛盾

中央部委和省级政府行政级别相同,不能直接向省级政府下命令和指示。但是,可以通过对地方政府中相应厅局的领导或业务指导,影响地方政府运作。正如毛泽东所指出的那样:"几十只手插到地方,使地方的事情不好办。立了一个部就要革命,要革命就要下命令。各部不好向省委、省人民委员会下命令,就同省、市的厅局联成一线,天天给厅局下命令。这些命令虽然党中央不知道,国务院不知道,但都说是中央来的,给地方压力很大。"①中央各部委几乎每年都要召开一次各省、自治区、直辖市对口部门的厅局长会议,总结本部门上一年的工作,研究和部署下一年的工作,并对本部门业务范围内的各种规范统一作出规定。为了增强管理权威,使决策更加强有力地得到施行,中央部委常常采用多个部委联合发文或联合督查的方式影响地方政府。若对施行的结果不满意,则组成由多个部委参加的联合调查组,给地方政府施加压力。

在当代中国政治生态下,双重领导是必须的。然而,上级条条的决策,如果不能做到通盘考虑、因地制宜,不考虑地方政府的实际情况,而只从本部门的角度一刀切,很容易激化条块矛盾。

(三)容易造成全局性政府间关系的紧张

各个职能部门都有对下级相应条条的业务指导权。因此,当上级职能部门之间所发出的计划、指示、命令由于缺乏协调而相互冲突时,容易使政府间关系出现紧张,产生矛盾。尤其是中央政府各部委之间的冲突所产生的矛盾,影响范围并不局限于其自身,而是全国性的。这种冲突将会一直延伸到基层政府。

---

① 《毛泽东著作选读》(下册),人民出版社,1986年,第729~730页。

第三章

条块关系存在的问题与承担的功能

认清问题是解决问题的重要前提。正确处理条块关系是国家治理体系和治理能力现代化的一个重要方面。在看到条块关系模式存在一些问题的同时,也应当充分肯定其制度绩效。较为全面地分析条块关系模式存在的问题与这一模式所承担的功能,不仅是正确解决"条块关系问题"的客观需要,而且对于系统地分析政府间关系,进而推动中国政治发展,也有着重要的意义。

第一节　条块关系中存在的主要问题

只要存在条条与块块,条块之间必然会产生这样那样的关系。有关系,就会有矛盾。除了少数袖珍国家和城市国家,绝大多数国家都存在条块关系和一定形式、程度上的条块矛盾。

特色和常规、优势和不足并存是事物发展的辩证法。毋庸讳言,中国的条块关系在运作中存在诸多问题。例如,基层负担重、压力大、治理资源缺乏,条块之间权力的交叉点多、相互协同不够、职责定位不清晰、权责关系失衡,经常陷入"一统就死、一放就乱"的循环之中等。

一、条条集权与管理权威缺乏

当代中国的条块关系存在着一种内在矛盾。一方面,部分中央部委权力过于集中的现象仍然存在,所管的事还是太多,承担着一些应该交给地方政府负责的事情。所以,一些人呼吁缩小部委权力的范围,减少其所管的事情,把权力下放给地方政府。另一方面,中央部委地位弱和缺乏管理权威的现象也存在。在许多中央权力应该发挥作用,中央政府应该出现的地方,却难以看到中央部委的身影。很多人希望中央部委的权力再大些,切实把许多事情管理起来,并且管好。以上两种感觉都可以在实际政治生活中找到经验根据。中央部委既有统的过多过细的问题又有调控乏力的问题。集权过多与集权不够这两种看似矛盾的现象同时存在,这与条块关系的基本模式紧密相关。

（一）条条集权

在中央和地方的关系上,中央政府居于绝对主导地位,可以随时收回下放给地方政府的权力。中央政府的权力主要通过中央部委和部委管理的国家局等职能部门具体掌握和行使。

1.中央部委可以管理本领域内几乎所有的事项

在中国,条条与块块、上级条条与下级条条之间虽然存在一定的工作分工,但没有明确的职责和权责划分。从这个意义上来说,条条确实是高度集权的。这与其他一些国家的中央部委"抓大放小"、只负责特定事项的做法不同。

2.影响地方政府运作

中央部委对地方政府运作的影响主要体现在以下六个方面:第一,作为行业最高主管部门,通过业务指导、工作监督、过程控制等方式对地方政府的相关运作提供指导。地方政府及其职能部门必须遵守中央部委制定的规章、规定和具体实施细则。中国各个行业和部门的大多数基本规范都是中央部委制定的。

第二,通过对地方政府中对口部门的领导或业务指导,影响地方政府的运作。中央部委虽然掌握着制定本领域内重要政策的权力,但仅凭现有的公务员规模,要想依靠自身力量把所有的事情都管理起来,并且管好,是很难的。在日常工作中,中央部委要借助下级条条的力量,通过他们的机构和人员执行自己的决策。一个上级条条对下级政府运作的影响有限,几十个上下贯通的条条加起来形成合力,影响就大了。这种影响在基层政府尤为明显,使基层政府在履行职能时受到相当程度的制约和牵制。在某些乡镇政府,甚至形成了条条"架空"块块的现象。20世纪90年代,一位乡党委书记的概括是,"作为中国最基层一级党政首脑的乡党委书记,其实只是执行各条条下达的各项任务而已。若要发展地方经济,他们几乎没有真正的权力。或者说,义务多,权力少"①。上述说法,或许过于绝对和夸张。然而,其所反映的条条对块块的制约和影响却是存在的。

第三,条条手中掌握着资金、项目等物质性资源和达标评比、考核检查权等非物质性资源。这些资源足以影响到地方政府负责人的前途及地方的发展。地方政府之间的竞争意识比较强。每个地方所能获取的资源多寡与中央政府的政策导向、该地的政治影响力,以及与上级条条的联系紧密程度有关。因此,各地方政府普遍重视与上级条条的沟通和交流。

上级政府督促下级完成布置的工作任务时,常常通过检查评比的办法进行。工作检查以后要排名,排名的结果,一般是前几名的受表扬,后几名受批评。如果排名靠后,就会影响地方领导的政治前途,所以地方政府对各项检查都非常关注。尤其是对地方政府工作握有"一票否决"权的条条,地

---

① 曹锦清:《黄河边的中国》,上海文艺出版社,2000年,第94页。

方政府更是轻易不敢得罪。

第四,挂牌督办。大多数中央部委没有自己独立的执行机构,再加上公务员规模有限和自身精力的限制,中央部委直接办理的事情很少,其主要的功能在于决策,而把执行的任务交给地方政府及其对口的下级条条。为了使地方政府切实履行好职责,一些部委每年都会选择若干重大或典型的事件挂牌督办。在督办中,部委之间经常采取联合行动的方式,以便使督办的事项能对地方政府形成足够的震慑力。挂牌督办的目的在于纠正各种"土政策、土规定",纠正地方政府制订或采取的违反中央精神的规定和措施。同时,督促各级政府层层落实责任。完不成挂牌督办事项、任务的部门和地方政府负责人要被追究责任。

第五,来自上级条条的工作组和检查组多。为督促地方政府落实本部门的政策,上级条条常常采用向地方政府派出工作组的形式进行督察。在某些重要事项上派出工作组是必要的,然而如果每个条条都采取工作组的话,这对地方政府的正常运作就会造成一定程度上的干扰。"我们在研究文件时碰到这个问题,就是层层派工作组,中央派,各省区市派,各地市也派,派下去都是'钦差大臣',怎么得了!"①

第六,某些上级条条部分存在着"处长专政"的现象。处长是多数政策的起草者和执笔者。政策质量、行政效率、政府公信力、工作作风在很大程度上与处长的水平息息相关。2003年,朱镕基就任国务院总理后在国务院第一次全体会议上,对处长做主的现象提出批评:"有些部门,处长在那里做主,地方的省长、市长来看他,他对人家连眼皮都不抬一下,这样做不好。国家计委就存在这种现象,地方有很强烈的反映。一个小姑娘坐在那里,地方的同志跑到她跟前去汇报,不但不让人家坐,而且连眼皮都不抬。变成'处

---

① 《朱镕基讲话实录》(第二卷),人民出版社,2011年,第347页。

长专政',那还得了?"①

3.权力大,责任小

权责相符是现代政府运作的一般规律。拥有权力就要承担相应的责任,同样道理,承担了一定的责任就应该拥有履行其责任的权力。有责无权将限制政治主体积极性和创造性的发挥。反之,有权无责容易出现形式主义、官僚主义和盲目指挥的现象。

各层级政府及同一条条上下级之间在权力和责任安排上存在的一个现象是,权力集中在上级政府和条条手中,而责任却要由下级政府和条条承担。即上级政府和条条"权大责小",下级政府和条条"权小责大"。上级职能部门经常把任务推给地方政府,但"下任务不下权""下事情不下钱"。地方政府承担了大量工作,却出力不讨好。地方上工作做好了,上级条条报成果;工作不到位,出了问题却要被追究责任。

在遵守谁决策、谁执行、谁负责方面,做的还不够。条条负责的事情出了问题,首先是条条的责任,此时条条不能以上级政府代表或"钦差大臣"的身份去指责地方政府,上级政府也不应该把责任强加给下级政府。在政府发展中,要超越这种传统的做法,对上级政府和条条决策,下级政府去执行,出了问题上级政府和条条不必负决策责任,却要追究下级政府执行不力的思路进行调整。

(二)条条管理权威缺乏

中央部委的政策在执行过程中"变形"和"走样"的现象也比较普遍。

1.管理缺位

中国面积大、人口多、各地情况很复杂。上级条条什么都管,由于自身的规模和力量有限,结果很容易导致只能管理好一部分事情,另一部分事情管不好,还容易陷入具体的事务主义之中。管了很多琐碎的事情,真正要管

---

① 《朱镕基讲话实录》(第三卷),人民出版社,2011年,第5页。

的事情,却没有精力去管,会造成本来应该由中央部委或上级条条管的事情却没有部门管的局面。

2.管理权威缺乏

管的多、管得严,并不意味着管的有效。在客观上需要中央部委和上级条条负责,条条也确实想管好的许多事情上,常常存在管理权威不足的现象。地方政府违反中央部委和上级条条规定的事件,不能说俯拾皆是,但至少是耳熟能详。下级政府的"土政策",上有政策、下有对策等现象令中央部委颇为头疼。一些地方政府对中央部委调控的态度是:以会议落实会议、以文件贯彻文件,表面上在执行着中央及其部委的决策。实际上,对自己有利的就执行,对自己不利的,要么不执行,要么曲解执行,要么只是落实在文件上。有的地方甚至用司法力量保护本地的违法事件,使上级条条在执法时无可奈何。对这种现象,就连中央领导也颇感无奈。"质量监督检验检疫总局、工商行政管理总局都是国务院直属的正部级单位,还有卫生部和食品卫生监督、医药卫生监督部门,我对它们施加压力也够多了,批评得也够厉害了,我看它们也是有心无力。到地方上,它们就管不了了。虽然有的部门管下级局长的任命,但地方政府的权力太大。"①

中央部委代表中央政府处理某方面的事务,在管理上应该有权威性。条条管理权威的下降,使自身能力受到诸多限制,没有足够的能力保障政策的实施。以往的学术研究和社会舆论对条条批评太多。其实,条条有条条的无奈。表面上看中央部委很集权,可以管本领域内几乎所有的事情。要真正管好却并不容易。一些事件往往是在引发比较严重的后果,引起中央领导重视的情况下,才得以查处和解决。在党和国家领导人日理万机的情况下,很难拿出太多的时间和精力协调中央部委与地方政府的关系。这反映了一个深层次上的问题:建立一种什么样的条块关系模式提升中央部委

---

① 《朱镕基讲话实录》(第四卷),人民出版社,2011年,第476页。

的管理权威。中央部委的管理权威关系到中央宏观调控作用的发挥和整个社会的协调发展。尽管对地方政府有令不行、有禁不止并造成严重后果的可以问责,可以处分"抗命"的地方官员,但只要运行机制不变,换了谁上来一般还是会"照方抓药"。

条条管理权威缺乏,固然与地方政府的自利行为有关,但条条对地方政府行为缺乏有效的约束与监督机制也是重要的原因。上级条条与下级块块之间的关系,应该运用哪些手段,通过什么途径去协调,要落实到可操作化、制度化和法治化的层面。

3.块块干预条条

从法律规定看,垂直管理的条条与地方政府是一种相互合作的伙伴关系。条条要尊重块块,块块有协助条条开展工作的义务。垂直条条的事情由条条来管并对自己的上级负责,块块不能干涉。现实政治运作中,一些地方政府却经常通过各种途径对垂直管理的条条进行干预。"各级地方政府频繁地对银行业等'条条'进行干预,有时甚至任命行长为当地政府的副秘书长,通过双重管理来加以控制。"[1]能够成功进行干预与条条的弱点及制度规定和运行机制上的不完善有关。一些条条的党群关系属地方政府管理,即使全部关系都归上级主管的条条,在衣食住行等后勤保障等方面要靠地方政府帮助解决,使得地方政府可以对他们进行各种形式的控制。

二、"地方无能"与"地方全能"并存

(一)"地方无能"

"地方无能"是一种形象的说法。从某种角度讲,地方政府的权力并不大。第一,在权力关系上,表现为上级命令下级、下级服从上级。中央对地

---

① 刘靖华等:《中国政府管理创新·管理卷》,中国社会科学出版社,2004年,第46页。

方、上级对下级具有绝对的领导和指挥权。下级政府必须向上一级政府请示报告工作,执行上级政府的决定,其政务运作的主要动力来自上级政府。地方政府工作的基本方式是对标对表落实来自上级的各项工作任务,重大问题要事先向上级请示,来不及请示的事后要汇报。第二,在职责上,各级政府职责同构。地方政府没有明确和独立的事权。在日常工作中,本来应该独自负责的事情,要受到上级条条许多不合理的掣肘。"诸多事权划分不清晰。除对外事务、国防建设属于中央事权外,各级政府的职责并无明显区别,地方政府拥有的事权几乎全是中央政府事权的延伸或细化,'上下一般粗'。中央和地方职责同构严重,多级政府共同管理的事项过多,容易导致'几个和尚抬水',权力不清,责任不明,效率低下。"①第三,在法律地位上,地方政府的权力来源于中央的授予,权限由中央政府规定。地方政府的存在与变革,取决于中央政府的意愿。地方政府的政务工作虽具有一定的灵活性,但没有实质性的自主权。上下级之间不存在严格意义上的"分权",而只是授权和放权。第四,在干部人事管理上,地方政府的负责人由中央政府或上级政府任命。

从上述几个方面讲,或许地方政府的能力不足、能量不够。也正是在这个意义上,邓小平强调中央向地方政府下放权力是政治体制改革的重要内容。"第二个内容是权力要下放,解决中央和地方的关系,同时地方各级也都有一个权力下放问题。第三个内容是精简机构,这和权力下放有关。"②

(二)"地方全能"

各级政府职责同构,意味着地方政府的职责无所不包。从这个角度讲,地方政府的权力又太大,无所不能,行使着很多不应由它行使的权力,承担了很多应该由中央政府及其职能部门承担的职责。世界银行高级经济学家

---

① 楼继伟:《推进各级政府事权规范化法律化》,《人民日报》,2014年12月1日。

② 中共中央文献研究室编:《邓小平年谱(一九七五——一九九七)》(下),中央文献出版社,2004年,第1137页。

哈默博士1994年在参观了北京、上海和辽宁后,得出的结论是:"在中国,中央权力下放的程度要比美国高,甚至比加拿大高。"①相对于大多数国家的地方政府只行使有限的职权而言,即使被公认"有权"的联邦制国家的地方政府,权力也不如中国地方政府的权力大,并且他们有限的职能和权力主要用于管理和服务民众。

政治生活和学术研究中许多约定俗成或流行的说法未必准确。在现实中,只要一提到中国政府,很多人马上就想到中国是高度中央集权的国家。如果仔细考察的话,上述"流行"的说法经不起推敲。从理论层面上,中央政府确实是集权的。因为中央不与地方分权,并且保持在各个领域内随时干预地方的权力。从政治控制、官员任免、立法到经济社会的管理,中央政府的权力无所不在,无所不包。

但理论和制度规定是一回事,现实政治运作又是另外一回事。正如任何人的精力都是有限的一样,中央政府的精力也是有限的,并且有限的精力还要应对外交、国防、宏观调控这样的大事情。按照中央政府现有的规模,即使想事事都管也管不过来。中央政府作出的决策毕竟有限,大量的决策和实施细则实际上是地方政府作出的。中央作出的有限的决策大多数也要通过地方政府来实行。在这种事实面前,我们又怎么能人云亦云地讲中国是"高度中央集权的国家"呢?"事实上,在许多人看来权力高度集中的中国,权力的分散程度比世界上其他任何国家都要高。"②较为准确的概括或许是:中国既不是绝对的中央集权国家,也不是权力分散的国家。在政治上,尤其是干部人事控制上,中央政府确实是集权的;在行政权力、经济权力等诸多方面却是分散的。即貌似"集权",实则比较放权,二者巧妙和精致地结合在一起。

---

① 荣敬本等:《从压力型体制向民主合作体制的转变——县乡两级政治体制改革》,中央编译出版社,1998年,第14页。

② [美]约翰·耐斯比特、[德]多丽丝·耐斯比特等:《中国大趋势:新社会的八大支柱》,魏平译,吉林出版集团、中华工商联合出版社,2009年,第5页。

三、部门分散与地方分散的困扰

在中国这样一个超大规模的国家,中央政府必须要有权威。这直接关系到国家统一、民族团结和全国经济社会的协调发展。坚持和加强党中央集中统一领导,确保全党在政治立场、政治方向、政治原则、政治道路上同党中央保持高度一致,确保中央政令畅通,有大量的工作需要做。"中央召开会议,讨论公务员工资改革执行情况和问题……有令不行、有禁不止,这是一个典型。"①维护中央权威的一个重要举措是反对分散主义,特别是部门分散与地方分散。

(一)部门分散

1.中央政府的权力分散在众多部委之中,确保中央部委切实执行党中央、国务院的决策是治国理政的重要内容

中央部委要各司其职,各尽其责,顾全大局,精诚团结,维护政令统一,坚决贯彻落实党中央决策部署,强化协同配合。然而,作为党中央、国务院的职能部门,对中央政府的决策拖着不办,或者不完全执行的现象时有发生。毛泽东把这种现象概括为分散主义,并且对部门分散主义提出了严厉批评和指责。据杨尚昆回忆,1962年7月18日,"约恩来同志来谈主席谈话的要点……对计委、商业部不满意,要反分散主义。我个人觉得事态很严重!! 十分不安!"②20世纪90年代,中央领导仍然受部门分散,不执行中央决策问题的困扰。朱镕基指出,1997年9月,"我和当时冶金部负责同志商量要'以产顶进'。从那次说了以后,我在一年半之内做了差不多十次批示,到现在还没有落实。因此那天开总理办公会议,我做了非常严厉的批评。可

---

① 李鹏:《市场与调控——李鹏经济日记》(中),新华出版社、中国电力出版社,2007年,第1055页。

② 杨尚昆:《杨尚昆日记》(下),中央文献出版社,2001年,第196页。

到现在也还是没有结果,认识还没完全统一。一件明明是非常正确的事情,一年半也办不动,批示了十次之多也贯彻不了……就这件事情你问哪一位领导都说正确,可就是不办。为什么? 就是有些人凭自己的想法办事,管你是总理讲的还是副总理讲的,他都不当一回事,随随便便就给你否了或者是给你拖延。这么下去怎么得了!"①

2.各职能部门对同一事项的看法不一致,在工作中缺乏协调与合作

由于机构设置的上下对口,一旦中央部委之间产生"冲突",将会影响到全国,令地方政府和职能部门无所适从。甚至会出现某些地方政府职能部门拿出中央部委的文件消极抵抗同级政府管理和监督的现象。如何使中央部委的决策都从大局出发、相互协调、形成合力是国务院在工作中经常面对的一个问题。"政出多门,相互掣肘。部门太多,一个部门一个规定,一个部门一个调,在很多具体执行方面就撞车了。国务院从中协调的工作量非常大,往往一件事情很难作出决定。"②因此,2023年3月17日召开的国务院第1次全体会议通过的《国务院工作规则》明确规定:已经各部门报送国务院的请示性公文,凡涉及其他部门职权的,应主动与相关部门充分协商,由主办部门主要负责人与相关部门负责人会签或联合报国务院审批。部门之间有分歧的,部门主要负责人要加强协商;协商后仍不能取得一致意见的,主办部门应列明各方意见及理据,提出办理建议。

(二)地方分散

中央政府对全国的领导和治理不可能每一件事情都事必躬亲。中央部委和省级政府是中央政府最为倚重的两个下级。从历史经验看,名义上的中央集权实际上是中央把权力收到中央部委来。中央集权时容易造成部门分散的状况,也容易压抑地方政府的积极性。当地方政府的不满达到一定

---

① 《朱镕基讲话实录》(第三卷),人民出版社,2011年,第242页。
② 《朱镕基讲话实录》(第二卷),人民出版社,2011年,第156~157页。

程度时,就把中央部委掌握的一部分权力下放给地方政府行使,整个国家又容易陷入地方分散的状态。"由于中央本来就缺乏对地方的总体协调,面对地方分散,中央除了对地方实施强硬的行政或政治手段外,很难控制住地方政府的行为。"①因此,中央政府不得不再次把权力收回。

四、中央权力地方化与地方权力中央化

中央政府除了通过地方政府行使权力外,还依靠中央的机构去履行自己的职责。这种做法是对传统模式的扬弃。在前现代社会,中央政府的能力有限,中央权力不能直接作用于民众,而是通过地方政府行使自己统治和管理社会的权力。除非发生大型的战乱或灾难,中央政府的权力与影响力一般不深入地方。民众所看到的是代表中央政府的地方官员及士绅的身影。这也是中国人传统中"天高皇帝远"意识的重要来源。

新中国成立以来,中央和地方的权力(职责)处在逐步分离的过程之中。从20世纪90年代起,通过经济领域的"选择性集权",银行、国税等部门实现了在全国范围内的垂直管理。从总体上看,这种分离还有发展空间。中央是领导一切的。然而,中央政府缺少独立于地方政府之外的属于自己的执行和监督系统,绝大多数事情的办理要通过地方政府去贯彻执行。在这种制度背景下,容易出现中央权力地方化现象。

中央权力地方化与地方权力中央化,是一个问题的两个不同层面。地方权力中央化,主要是指地方政府行使了许多本来应该由中央政府行使的权力。有些地方政府在执行中央决策时,为了达到使本地区和本单位利益最大化的目的,合意的就执行,不合意的就不执行;或者打着因地制宜的旗号,以"原则性与灵活性"相结合的"土政策"替代中央的政策。这些现象的

---

① 陈明明主编:《革命后社会的政治与现代化》,上海辞书出版社,2002年,第185页。

存在与中国条块关系中存在的一些基本问题紧密相连,也是现行条块关系模式的意外后果。

在任何一个现代国家,有些权力必须属于中央政府。例如,外交和国防方面的事项是中央所专有的权力,地方政府不得分享这方面的权力,这是现代政治的一个基本规律。"我国是单一制国家,涉及国家主权、促进经济总量平衡和区域协调发展、保障要素自由流动、维护生态环境安全等领域的事务,必须完整集中到中央,减少委托事权,以加强国家统一管理,确保法制统一、政令统一、市场统一。"①中央权力地方化会带来很多问题。对于政府间关系而言则意味着,矛盾和问题由地方政府造成,责任和后果却要由中央政府承担。

五、政府间横向关系的阻隔

政府间横向关系的阻隔是一定政府间关系模式下的产物。"各主管部门和下级政府自成体系,各自为政,从各自利益出发,相互封锁,彼此掣肘,形成条条分割、条块分割和块块分割。"②

(一)部门间关系的阻隔

横向关系阻隔表现为各地方政府间关系的阻隔和各部门间关系的阻隔。地方政府间关系阻隔的主体性力量是块块,部门间关系阻隔的主体性力量是条条。在不同的历史发展阶段,政府间横向关系阻隔的表现形式和特征也有所不同。在计划经济时期,资源主要集中于条条手中,较之于各地方政府间的阻隔而言,部门间的阻隔问题更为突出。

部门间关系的阻隔几乎是计划经济体制下一个无法解决的问题。计划

---

① 楼继伟:《推进各级政府事权规范化法律化》,《人民日报》,2014年12月1日。

② 刘智锋主编:《第七次革命——1998年中国政府机构改革备忘录》,经济日报出版社,1998年,第378页。

经济在一定程度上说是条条经济、部门经济或产品经济。中央政府把各种资源直接分配给条条,然后由条条在本部门内分配,虽然各种资源最终会落实到块块上,但仅仅是镶嵌在其表面的资源,因为资源并不能自由地横向流动。部门分割影响了资源的合理配置,使有限的资源不能自由流动和配置到最合理的部门与地方中去。"新中国成立后在经济资源长期短缺的同时,一直有三分之一的固定资源闲置浪费。"①

政府间纵向关系是政府间关系的中轴。为了加强中央对全国的领导和控制,维护国家统一和中央权威,中国高度重视纵向的垂直关系。当代中国条块关系模式的一个价值取向是以有效的机构设置保障中央权威的实现。但是过分强调上下一致和对口,在使纵向联系紧密的同时,政府部门间关系阻隔的现象也容易产生,这主要体现为部门分割。

上级条条对下级对口部门有法定的领导关系。在这种权力的保障下,"几十只手插到地方",肢解了地方政府,一定程度上会削弱地方政府作为一级政权机关所应发挥的功能。1953年2月21日,《人民日报》一位副总编辑在致中共中央的一份关于山东省省级机关分散现象的调查报告中说,在1952年12月山东分局扩大会议之前,省人民政府总的领导十分薄弱,形成各厅局各自为政的严重分散现象,很多重大的指示决定,各厅可以不经批准擅自发出。②虽然各厅局是省政府的工作机构,要接受省政府的领导,但由于厅局长的人事任免权掌握在中央政府手中,所以省级政府对各厅局的各自为政行为有时候"无可奈何"。改革开放尤其是实行市场经济以后,部门分割的现象在形式、程度和特征上发生了一些变化。

1.上下连成一线

部门间关系的阻隔广泛存在于各层级政府的部门之间。20世纪80年代

---

① 刘国光等:《80年代中国经济改革与发展》,经济管理出版社,1991年,第68页。
② 转引自任晓:《中国行政改革》,浙江人民出版社,1998年,第109页。

初,上下级条条之间的关系从领导关系变成了领导和指导关系并存。一些职能部门维持了原有的领导关系,而另外一些职能部门对下级对口职能部门的领导关系改为指导关系。地方政府掌握了同级职能部门负责人的人事权。制度的变化消解了部门分割的基础,使部门分割现象在一定程度上得到了改善和缓解。但是,上下级条条连成一线的基本格局没有实质性的改变。除了人事权外,法律和制度上没有明确界定:什么是领导关系,什么是指导关系;领导与指导分别应该通过哪些方式来体现? 在领导和指导关系含混不清的情况下,主要依靠传统、惯例和上级职能部门负责人的工作作风来体现。在这个过程中,有些上级职能部门把法定的指导关系无形中转化成了领导关系。

在上下连成一线的情况下,几乎每个中央部委和上级职能部门在下级政府中都有自己的"腿"。下级职能部门的日常工作,相当一部分是在完成上级条条交办的任务。有一段时间,乡镇政府的基本职能是接受上级政府与各部门下达的指令与任务,协助各条条的工作,很少有权力、有精力根据本辖区的实际情况,独立制订社会经济发展计划,并切实有效地落实。由于条强块弱,各条条都强调本部门的特殊利益,很难从本辖区的整体利益这个大局去考虑问题。各条条、各部门都拥塞着过多的人员,都想方设法提高本部门职工的工资、奖金水平和其他福利水平,都想改善自己的办公条件与办公设施,都喊缺钱,都变着各种法子搞钱,块块根本无法制约它们。[①]

由于机构雷同、上下对口,上级条条在制定政策时容易带有部门利益倾向。不仅要考虑自身的利益,还要考虑和维护下级"腿"的利益。甚至分管各口的政府副职领导人也因部门利益的牵制而倾向于从局部立场来思考问题。

2.左右相互"闭合"

同一条条内部上下之间是贯通的,条条之间却相对"闭合"。各部门彼

---

① 曹锦清:《黄河边的中国》上海文艺出版社,2000年,第510~511页。

此间缺少应有的配合和协调。协调部门间关系成了政府工作中的一项重要任务。为此，需要设置一些协调机构、增设许多专门负责协调和出席会议的副职干部。1988年机构改革前，"国务院除了设一名秘书长外，还设了多至10名的副秘书长，其主要工作便是'协调'二字。这些副秘书长通常与一位副总理或国务委员相对应，分别负责某一个口的协调工作"①。

(二)地方政府间关系的阻隔

在计划经济体制下，"条条专政"意味着条条管理排挤块块管理，地方政府的管理地位被削弱，地方间合作与协调的基础也就变得十分薄弱。①地方完全服从中央的计划安排，地方政府的管理地位受排挤，地方政府所表达的地方利益被压制，这就使得地方政府间扩展横向联系的基础薄弱，动力和利益要求缺乏，合作的机制难以形成。②地方政府主要忙两件事：一是协调本级部门间关系，二是"跑步进京"。③解决与社会发展所需的物质资源、财力资源等主要资源控制在主要各部手中，这使得地方政府间缺乏联系与合作的物质基础和合作领域。②

不同的发展阶段，同一问题的受关注程度也不同。改革开放以来，地方积极性得到充分发挥，有力地推动了改革和发展。这是一条重要经验，应当充分加以肯定。在这个过程中，20世纪80年代，地方政府间的关系也出现了一些新的矛盾和问题，主要表现为地区分割和地方保护主义。地方保护主义的实质是保护地方主义，是借助行政权力追求特殊和局部利益。地区分割主要表现在经济领域。伴随着条条权力的下放，管理权威的流失，中央宏观调控能力的减弱，地方保护现象开始以各种形式出现并扩展到经济生活的许多领域。从1985年到1992年短短7年时间内，各地政府发生了两次地

---

① 任晓：《中国行政改革》，浙江人民出版社，1998年，第233页。
② 林尚立：《国内政府间关系》，浙江人民出版社，1998年，第315页。

方保护主义的"大战"。①用邓小平的话说,就是"各顾各,相互打架,相互拆台,统一不起来"②。

地方保护主义不仅是一个经济问题,而且是一个不可忽视的政治问题。"有的地方和部门的保护主义发展到相当严重的程度,为了他那一点局部利益或者个人利益,甚至连犯罪的问题都加以保护。"③地区分割从表面上看是地方政府间的矛盾与冲突,更深层次上反映了中央与地方、条条与块块的矛盾。中央政府和部委没有足够的能量和权威有效调控地方政府的行为,才使得地方有了各自为政的空间。地区分割反映了调控机制一体化的失衡。从政治的角度看,由地区分割引起的地方主义是令人担忧的,其副作用主要累及政令贯彻和政治整合。在政令贯彻方面,地方保护形成了政策贯彻的梗阻,从而社会的整体调控不能实现;国家的法律法规得不到严格遵守,从而违法乱纪,损害国家利益的事情屡有发生。④

问题的存在一定有它存在的现实基础。对于存在的条块分割、条条分割和地区分割问题的解决,更主要的是要在更大范围内审视现行的制度安排,在策略上思考新的方法。

六、上级条条的过度干预影响了政府机构改革

条块关系与政府机构改革具有互动性。上级条条的过度干预是机构膨胀的一个重要原因。地方政府设置与上级条条相对口的部门是不得已而为之。从20世纪90年代起,在多年机构改革实践的基础上探索出了一种新的

---

① 辛向阳:《百年博弈——中国中央和地方关系100年》,山东人民出版社,2000年,第269~275页。

② 《邓小平文选》(第三卷),人民出版社,1993年,第278页。

③ 《十四大以来重要文献选编》(中),人民出版社,1997年,第700页。

④ 王沪宁:《调整中的中央和地方关系:政治资源的开发与维护——王沪宁教授访谈录》,《探索与争鸣》,1995年第3期。

办法,即把政府机构区分为必设机构和非必设机构两类。必设机构各级政府都要设置,非必设机构中央不作统一要求,由地方政府自行决定,也不要求上下对口。这种探索有利于打破上下对口的格局。然而,一些非必设机构的上级条条为了自己的利益和管理上的方便,总是希望自己的"腿"能够贯穿各个层级的政府。没有相应的一个机构,上级条条感到办事很不方便。于是,经常不顾地方的实际情况,通过文件、会议纪要、领导讲话、提建议等方式,干预地方的机构设置、机构级别规格、人员编制的配备,要求设置与自己对口的机构。设了机构,规格低了也不行,配备了专门编制,少了也不行。这种干预很奏效,下面不能不听,不敢不听。①这是因为上级部门手中握有资金、物资的分配大权和达标评比考核监督等手段,下面若不遵守,不仅得不到上级业务部门分配的物资和资金,而且在评比检查工作中,会因机构、编制、规格未能符合上级业务部门的意图而变相受到某种处罚。

中央政府明确要求地方政府机构改革不搞一刀切,也不要求完全上下对口。"决不允许上级业务主管部门对下级机构设置和编制配备进行各种干预。"②某些上级条条表面上对下级政府精简机构和人员的做法表示支持和赞同,然而当改革真正触动了部门利益、条条利益时,阻力就会显性化。下级政府要撤销或改革某个机构时,往往要遇到上级条条的干预和阻力。有些地方政府为了应付上级条条,虽然裁并了某些机构,但仍保留着旧机构的公章,有时不得不挂出两块牌子。例如,"莱芜市政府改革后有一个局一套人马外挂三块牌子,这时,为了维持对口工作的机制,负责人不得不多印几套名片。当省政府对口单位来人时,就递上对口单位所需要的局长或委主任的名片。莱城区政府某个局一个局长和三个干事、一个司机一起对付上级政府的四个局和委。即使中央部委也得这样应付。莱芜市政府派一位副

---

① 任晓:《中国行政改革》,浙江人民出版社,1998年,第270~271页。

② 《中共中央关于印发〈关于党政机构改革的方案〉和〈关于党政机构改革方案的实施意见〉的通知》,1993年7月2日。

市长去向省政府某厅汇报工作,在济南住了一个星期,厅长就是不接见。该厅的工作人员说:'你莱芜把我们的机构都撤了,还来干什么'"。①甚至条条的内设机构为便于管理,也要求下级政府中的机构或单位层层设置与自己对口的机构和配备编制。如果下级政府或单位不能做到机构设置上的对口,上级条条中的内设机构便会利用自己手中所掌握的资源,对下级政府或单位进行"惩罚"。正所谓:"改革下动上不动,动了也没用","上面不改动,下面改不动"。

在主观上,下级政府也愿意设置与上级条条相对应的机构。如果条条在某些块块中运行不畅通的话,他们掌握的资金和项目就会流动到其他运行比较流畅的地方。这一后果是下级政府中设立了一些可设可不设或根本没有必要设立的政府机构。"近几年,一些部门干预地方机构设置,有的以项目、资金来控制,有的通过考核、检查来控制,还有的直接给书记和省长打招呼。这些部门的出发点是维护'条条'的完整性,也是为了把本系统工作做好,但不能不顾工作全局、妨害地方积极性。这里,我宣布,除了党中央授权的部门外,今后任何部门不得以任何形式干预地方机构设置。"②

七、条条与块块的协同转变为条条对块块的领导

形式主义和官僚主义各种老问题、新表现,主动或被动的形式主义、官僚主义,显性或者隐形的形式主义和官僚主义问题集中在一起,对政府运作的影响巨大,其中表现非常突出的一点是加重了基层政府的负担。③

上级条条召开的会议多,发出的文件多,进行的检查评比多,这牵涉了

---

① 毛寿龙等:《省政府管理》,中国广播电视出版社,1998年,第115页。
② 《习近平谈治国理政》(第三卷),外文出版社,2020年,第175页。
③ 本部分内容以《解决形式主义官僚主义突出问题 切实为基层政府减负》为题发表于《重庆行政》2021年第4期。

地方政府负责人相当一部分精力。"有些部门还发出许多形式主义的公文和表格,给地方压力很大。"①必要的会议和文件是政府运作的保障和手段。但是,如果经常召开一些没有准备、没有明确主题、不解决实际问题的会议,容易消耗党政领导的精力,使其没有足够的时间思考大问题。"好多事情在各部门之间的互相扯皮、公文传递中耽误了。"②上级每年都要召开本部门的工作会议,除了要求下级职能部门负责人要出席外,有时还要求地方政府分管领导出席。这导致地方政府负责人把很多时间都泡在这种会议上面,没法思考和解决实际问题。"现在'文山会海'确实是不得了,国家计委、财政部一个部门一年要发几千份文件,恐怕要专门找一批人来看文件啊,结果贯彻文件的人就没有了。所以就出现这样一种风气,就是'以会议去贯彻会议,以文件来落实文件'。中央开什么会,到省里也开什么会,开完会就完了。中央发什么文件,省里也向下面发个什么文件,是不是落实了也不知道。"③

　　为了做好本部门的工作,上级条条对地方政府相应工作进行检查评比是必要的。但问题在于:第一,许多上级条条对地方政府的要求往往是"自说自话",上级条条之间的政策缺乏协调,有的甚至是相互冲突。第二,从每个部门的角度看,对地方政府进行检查评比是必要的,但上级几十个条条都要进行检查评比的话,往往使地方政府不堪重负,大量的时间用在应付检查和迎来送往上。第三,有些上级条条的政策在出台前缺乏与下级政府的沟通,不符合实际情况,面对各地千差万别的情况,总希望用一个模式管全部,政策上"一刀切"。出现形式主义、官僚主义问题的原因非常复杂,其中,很重要的一个方面是条块关系渐渐由原有的协同关系转变为条条对块块的领导关系所导致。

---

① 《刘少奇选集》(下卷),人民出版社,1985年,第249页。
② 《邓小平年谱(一九七五——一九九七)》(上),中央文献出版社,2004年,第617页。
③ 《朱镕基讲话实录》(第四卷),人民出版社,2011年,第286页。

（一）上级条条出政策，下级政府执行

从一般意义上讲，上级条条与下级块块地位平等，是相互合作和协同的关系。上级条条不能直接向下级块块下命令，下级块块也不能强制要求上级条条做出相应的行动。但在现实政治生活中，部分条条俨然在直接或间接领导块块。

1.部分上级条条出台的政策措施脱离实际

上级条条主管一个系统或行业。由上级政府作出，下级政府施行的决策，很多是来自上级职能部门的意见。近年来，上级条条出台的条例和措施越来越细化，规定越来越细致。这一定程度上方便了基层操作执行，但有些政策缺乏调研、脱离实际，且不同基层政府之间存在一定的差异性，反倒在基层执行时造成了诸多不便。上级职能部门发布这些文件的过程实际上就是权力上收的过程。在一些领域，留给基层政府因时制宜、因地制宜主动作为的空间被大大压缩。基层政府和上级职能部门之间原有的相对平等地位在一定程度上被打破，协同关系逐渐改变。

职能部门出台政策既要符合上级要求，不搞变通、不打折扣，又要因地制宜符合本地区的发展实际。一些地方的市、县职能部门在出台部门政策时不能始终遵循实事求是的原则，出台的政策与基层政府的现实情况和发展需求不符合，不接地气。例如，"上下一般粗"，政策文件照抄照搬现象较为突出；时间紧任务重，讲究按时销号，不重质量重数量和速度。相对而言，基层政府权力小、责任大，为了完成上级部门分解的任务，完成考核的数量化指标，也为了避责，有时候不得不以形式主义应对上级职能部门的官僚主义。大多数基层政府和公务员都是想抓好工作的。但基层事务太多、太繁杂，往往一个乡镇干部要对应多个区县领导，一个办所要对应若干个区县部门，人员力量薄弱，实在是忙不过来，所以完成工作时才出现只讲数量不讲质量的现象。

2.少数同级条条政策"打架"

当前,在基层政府运作中比较突出的是条与条之间的矛盾和官僚主义。比如,住建、交通部门和城管部门关于道路管理权限的争论。同级职能部门之间的权力是并行的。各个职能部门分别行使在某一领域的权力,承担相对应的责任,但是同级职能部门之间存在着职责交叉的现象。某个项目或者业务容易完成时,许多职能部门便会竞相争取,而当工作难度大或需承担责任时,一些职能部门便容易相互推诿。当上级职能部门之间所发出的文件、指示、命令由于缺乏协调而相互冲突时,容易造成基层政府无法顺利开展和推进工作。

基层政府的有效运作和有为履职往往需要多个职能部门的参与。上级各个部门之间理应加强协调和沟通,共同助力基层的发展。现实中经常出现政出多门、"各唱各的调,各吹各的号"的现象。上级职能部门经常对同一项工作(比如安全生产工作)存在多头通知、多头检查、多头报告的现象,使得基层政府疲于应对。这其中的原因可以归结为以下两点:其一,同级职能部门缺乏有效的沟通协调机制,欠缺对其他部门政策的了解。其二,部分职能部门唯本部门利益为重,以避责为先,出台的一些政策不能服务全局。有时候也存在不顾及同级职能部门和下级政府的难处及群众利益的行为,导致各个职能部门之间的政令不统一,基层政府左右为难,可谓是上头"神仙打架",下头"左右挨骂"。

(二)分摊任务,执行变领导;转嫁责任,协同变监督

职能部门是同级政府的执行机构,负责落实本系统内上级条条和本级政府的决策。一些区县职能部门把本属于自己职责范围内的事情,通过签订"责任状"、层层加码等做法甩给基层政府。由于上级条条下任务不下权,导致基层政府的权责利不一致。有的地方乡镇拆除违章建筑的时候,自然资源规划、住建、城管等部门在某些情况下为追求效率,只向乡镇综合执法办下达拆除命令,却不提供执法依据和现场指导,导致乡镇综合执法办很为难。作为执行部门的上级条条一定程度上成为监督部门，即负责督促下级政府完成本部门的工作，上级职能部门与基层政府的关系由协同变监督。对不能按时高质量完成工作任务的基层政府，某些上级职能部门有时会就任务推进情况形成分析材料报同级党委政府，而非主动思考或参与协调推进工作任务完成。

某些上级职能部门借助党委、政府名义发文，通过红头文件的形式将部门本应执行的相关任务转嫁给基层政府。同时自身保留考核监督的权力，在相关工作中成了督查单位。权力不下放，责任却落实到基层政府。客观上将上级职能部门的责任变成了基层政府的责任，将本部门的工作推给了基层单位。除了借助红头文件的形式，一些职能部门还会想方设法加大自己业务工作在党委政府考核体系中的权重，以谋求更大的话语权。

基层政府除了面临填表多、过度留痕等问题以外，还有迎检过多的情况。"铺天盖地"的检查让基层压力很大，特别是遇到级别较高的领导带队，还会牵扯很多连带检查并带来不少连带压力，并且有的检查事项与职能要求存在冲突。例如，有的地方在迎接省级旅游名县创建检查中，在某区域要求修建垃圾分类设施，但按照上级城管要求又不能修建，最后该镇只好临时修建以应付检查，检查后又拆除，相似事件时有发生。

以上种种状况表明，"条块关系问题"已经成了政府间关系变革与政治发展的重要"瓶颈"。变革条块关系模式是解决已有问题和避免今后产生其他问题的一个重要手段。

第二节　条块关系模式所承担的基本功能①

任何组织或模式的存在都有其特定的必要性，即它承担着其他组织无法替代的功能。全面准确地认识条块体制，充分发挥该体制的功能效用是完善国家制度规范体系的重要内容。条块体制在多次变革中逐步得到完善，可见其具有较强的制度竞争力，能够适应并支撑中国的历史、文化、社会、经济发展和政治环境。在传统与现代中国政治实践中，条块体制的具体内涵与外在表现虽然存在一定差异，但在价值和精神上则一以贯之。在寻求维护国家统一与发挥地方活力的探索中，条块体制承担着政治统合、行政治理、监督制约及信息传递等独特的功能。在没有相应的制度设计和安排来替代这些功能之前，现行条块关系模式也将是不以人们意志为转移的客观存在。

一、权力监督与相互制约

中国的条块关系模式是维系国家统一与发挥地方活力的制度安排。在中国这样一个超大规模的多民族国家，把各地方、团体、民族维系在一个共同体内始终是国家治理的头等大事。实现国家统一的基础和前提是中央政府必须拥有定于一尊、一锤定音的权威。面对规模大、人口多、历史悠久、地区间发展差异大的具体情况，仅仅靠中央一个积极性还不够，国家治理还需要发挥地方的积极性、激发地方的活力、用好地方熟悉本地情况的优势。"中

---

① 本节部分内容以《中国条块关系模式的特色与功能》为题发表于《探索与争鸣》2020年第11期，以《中国条块体制的内涵意蕴与独特功能》为题发表于《学术界》2023年第1期。

央不能只靠自己的积极性,还必须同时依靠地方的积极性。"①

条块关系模式是中国特色的权力监督制约机制。权力需要监督和制约,但采取何种形式无一定之规。任何一个共同体的维系都需要中央对地方进行有效的控制,在这方面多个国家进行了卓有成效的探索。中国的条块关系模式实际上是一种纵向权力的监督制约机制。毛泽东对这一功能有过明确的概括。1956年,毛泽东指出,地方政府对中央部委很有意见。作为一位敏锐且务实的政治家,毛泽东不完全相信中央政府的条条管理,同样注意块块的问题,希望通过条条与块块之间的相互监督和制约来达到一种平衡。这包括用条条约束块块和用块块监督条条两个方面。其中,用条条约束块块是制度设计的主要考虑。之所以如此,是由中国的历史和现实决定的。

在政府事权和职责上,任何一个层级的地方政府都没有独立的事权和完整的职责,都是在中央和上级政府的授权下履行职责。为确保国家制度统一和政令统一,在机构设置上,几十根自上而下的条条贯通各个层级的地方政府,每一根条条都是约束地方政府自行其是的有力绳索。在信息传输上,每一根条条都掌握本领域的基本信息。对于中央政府而言,可以通过条条和块块两个途径获得信息,这对条条和块块都是一个无形的监督。条条和块块的制约是相互的,条条在业务上制约块块。然而,离开地方政府的支持,上级条条的决策也很难得以顺利实施。除此之外,一些条条的存在既是为了制约块块、也是为了制约条条。

(一)条条约束块块

"如果是一个小共和国,那么它容易为外力所摧毁;如果是一个大共和国,那么它容易为内部缺陷所毁灭。"②能使一个大共和国毁灭的内部因素很

---

① 中共中央文献研究室编:《毛泽东思想年编(一九二一——一九七五)》,中央文献出版社,2011年,第893页。

② [法]孟德斯鸠:《论法的精神》(上),张雁深译,商务印书馆,1998年,第154页。

多,其中一个重要变量就是大国必须要处理好政府的自我管理和社会管理的关系,即所谓"体制内关系"与"体制外关系"。二者是辩证统一的,加强和完善自我管理是实现对社会有效管理的前提和基础。在政治实践中,真正处理好"体制内关系"绝非易事。"在组织一个人统治人的政府时,最大困难在于必须首先使政府能管理被统治者,然后再使政府管理自身。"①

　　处理好政府间关系是政府自我管理的重要内容。从理论上说,地方政府作为中央政府的代表,应该忠实履行中央政府赋予的职责。事实上并非如此。在复杂的政府组织结构中,各地方和部门或多或少都有一种离心倾向,都力图寻求更多的独立性。任何机构如果没有外力约束,都有一种自我扩张的倾向和内在冲动。再加上除了来自上级的监督和压力外,很少受到其他方面的制约。可以说,有时候对政权的真正威胁不是来自社会,而是来自政权的组成部分,主要是地方势力。因此,中央政府要对地方政府的离心倾向保持高度警惕,注意通过各种制度上的设计加强对地方政府监督和控制。

　　代理人危机在任何社会都存在,问题是能不能找到治理之道。在中国,由于幅员广阔,人口众多和民族关系的复杂性,成功地维护中央政府的权威、实现社会整合有着特别的难度。对官员的约束和监督与对社会的治理同样重要。历史上由于地方分散主义而招致的地方割据使国家和民族饱受分裂之苦。从总体上说,在传统中国,中央是高度集权的,中央对地方,上级对下级实行着绝对的控制。不执行中央的决策会受到严厉的惩罚。中央对地方的控制不可谓不严厉。然而,除了军事和人事控制之外,在其他方面,例如对地方政府的日常政务运作上有时候"鞭长莫及"。皇帝和中央政府对地方政府,并未真正做到集权。所谓的集权,主要局限于对地方主要官员的监督。对于地方上的事务,皇帝和中央政府没有精力过问,主要交给地方政

---

① ［美］汉密尔顿、杰伊、麦迪逊:《联邦党人文集》,程逢如等译,商务印书馆,1980年,第264页。

府官员负责。回顾自秦以来的历史,可以发现:对中央政府权威形成挑战的力量,除了来自体制外的异己力量外,更主要的是来自体制内。很多王朝正是因为没有处理好对自身的管理,导致政治腐化、权力失控、诸侯割据,以至最后失去了政权。历朝历代的统治者及谋臣,无不是努力于大一统局面的追求与维持。可是政权真正能在中央有效控制下的时代却并不如理想中那样长远。一旦中央势力式微,或者名君贤相去位,地方割据、尾大不掉的情况便时有发生。

条块关系模式很大程度上起到了对地方政府监督和控制的作用。地方政府为数众多,中央政府难以一一有效监督,若放松监督,地方政府又常常不能正确行使权力。在这种情况下,一个比较可行的办法是尽量削弱地方政府的权力,通过条条制约地方政府。中央通过两条途径对地方进行控制:一是中央对地方政府的直接监督、控制和命令;二是通过中央的条条进行制约。新中国成立后,历代中央主要领导人都比较注意发挥条条对块块的监督和制约作用。管理严格是中央部委最起码的要求,面对部分中央部委管理偏软的现象,中央领导人经常给予他们鼓励。1956年毛泽东在听取轻工业部和纺织工业部汇报时,针对上述两个部在对地方政府管理上过于"软弱"的现象,明确指出,你们野心不大,斗争性不强,王道太多,霸道太少,像小媳妇不敢斗争,重工业部门都积极抓,你们也要积极搞。你们有理由,要有些霸道。邓小平也鼓励部长敢于去碰硬,"各部部长不要当软班子班长"①。

利用中央部委对地方政府进行监督和制约,是单一制国家的普遍做法。制约不是目的,通过制约防止权力滥用进而实现国家的治理目标才是目的。在英国,中央对地方的控制主要是通过各部来具体承担。各部对地方政府的控制,一方面体现为各部有权发布指令、条例、命令、训令等,控制或指挥地方政府的活动,对于这些指令或训令,地方政府必须无条件地服从;另一

①《邓小平年谱(一九七五——一九九七)》(上),中央文献出版社,2004年,第33页。

方面,各部的大臣还经常以通报、备忘录的形式对地方政府的行动给予劝告、建议、指导或暗示,地方政府一般也比较尊重这些建议和暗示。有些地方行政官员的任命也必须经中央有关部门的批准后方能生效。此外,地方政府在实际的执行活动中,如果拟定了比较大的施政计划和方案,也需要呈报有关各部的大臣批准后才能生效;大臣对于呈报的方案有权进行修改。①

在中国,中央部委对地方政府监督的特色在于,除了一般的行政控制,还能够对地方政府相对应的职能部门进行领导或指导。由于机构设置中的上下对口和双重领导,使得整个国家治理体系很容易被统一地组织和动员起来。一般来讲,由于中央各部门掌握着一些特殊的权力,使得地方职能部门要服从中央对口部门的管理和监督。这可以保证条条的行动统一。"与多数国家'块块'实,'条条'虚的情况不同,中国的'条条'和'块块'都'掌握中央精神',都分别通过自己的领导系统把这种中央精神传达、贯彻到地方和基层。"②纵向的条条将横向排列的块块分割开,有力地遏制了"地方主义"的产生,对于监督和制约地方政府发挥了很大的作用。

(二)块块监督条条

再高尚的人其权力也要受制约。权力受制约才能避免滥用权力。如果没有相应的监督机制,地方政府可能会滥用权力,上级职能部门和垂直管理的条条同样会犯错误。例如,时任国务院总理李鹏在日记中写道:"上午,召开总理办公会……没有想到,去年我批的增加重庆财政6亿元尚未到位。"③

从中央职能部门的角度而言,如果没有地方政府的合作,很难使其政策贯彻下去。在强调统一领导和地方政府要尊重中央各部门管理权威的前提下,中央政府也注重发挥地方政府对条条的监督作用。这种监督方式自新

---

① 卓越主编:《比较政府》,福建人民出版社,1998年,第286页。
② 朱光磊:《当代中国政府过程》(第三版),天津人民出版社,2008年,第270页。
③ 李鹏:《市场与调控——李鹏经济日记》(下),新华出版社、中国电力出版社,2007年,第1355页。

中国成立以来一直就存在,只不过在各个时期的具体表现方式和监督程度不同。"每个地方当局应将对于所在地的属于中央直接管理的企业单位,在政治工作上的领导和业务上的监督、指导、协助,定为自己经常和固定的责任。"①

地方政府对条条的监督主要表现在以下几个方面。第一,对"双重领导,以条为主"职能部门的监督。这类职能部门在人事和业务上以上级条条领导为主,但地方政府拥有很大的"发言权"。地方政府可以就这类条条干部的任免同上级进行磋商,充分表达地方的意见,甚至向上级条条反映要求撤换自己不喜欢的人选。

第二,对上级职能部门的监督。这种监督方式是间接的,在实践中也没有固定的途径,往往是因人、因时、因事而定。上级职能部门的决策未必一定符合地方的实际,即使符合实际并且正确的决策也可能会与地方政府的做法相冲突。地方政府对上级职能部门不满时,可以找机会向中央领导人反映。例如,1983年9月,佳木斯市"矿务局局长说煤炭部不讲理,供地方的煤不给奖"②。通常的做法是双方负责人私下沟通和交流。沟通不成,地方政府常常寻求上级政府主要负责人的支持,特别是与本地有比较密切关系的领导,他们的表态和支持使地方政府能有效抵制上级职能部门的影响。针对统一财经后,有些方面过于集中统一的问题。在湖南工作的黄克诚1951年2月给毛泽东和中财委写信,批评了中南地区出现的随意上收企业、限制地方经济发展的做法。毛泽东认为黄克诚的意见是对的,指示中财委解决。

第三,地方政府有权在一定程度上抵制中央部委不恰当的命令。为了避免中央部委不符合地方实际的命令主义,中央政府赋予地方政府在一定

---

① 《陈云文集》(第二卷),中央文献出版社,2005年,第245页。

② 李鹏:《市场与调控——李鹏经济日记》(上),新华出版社、中国电力出版社,2007年,第34页。

程度上制止中央部门发出的行不通的、不合实际的、主观主义的命令、训令和指示的权力。这种权力有时是明确授予的,有的则是默许的。1953年4月2日,《中共中央关于推迟群众戒烟时间和给地方党政以权力推迟或停止上级所发那些不合实际情况的命令指示问题的指示》中指出:"凡对生产有妨碍的工作,不论是中央哪一个部门部署的,只要当地党委认为有必要推迟进行,均可提出请求,推迟进行。此外,根据主观主义设想根本不符合实际情况的任何上级的命令指示,必须加以废止或修改者,地方党政有权提出意见。遇到这种情况,地方党政从实际出发提出意见是正确的,不提意见,将不正确的命令指示,违反群众意见,硬着头皮往下推,则是不正确的。"需要指出的是,只有行不通的中央部委的指示,地方政府才能抵制。"如果一切都制止,那就是高岗的独立王国了。"另外,抵制中央部委的权力只能赋予特定的政府层级。"我们信任现在的省委、市委和区党委,给了你们这个权。这个权不能给地委,也不能给县委,只给省委、市委和区党委,因为省委、市委和区党委这一级领导干部在政治上比较成熟。"①

第四,对垂直管理部门的监督。从20世纪90年代以来,中央和省以下垂直管理的部门呈现逐渐增多的趋势。垂直管理部门的增多意味着对地方政府的收权。有时地方政府会利用垂直管理部门在工作中的失误,向上级政府反映,要求加强地方政府对垂直管理条条的监督。

二、信息收集与信息传输

信息是"政府的神经"。科学的决策需要真实和高质量的信息。信息传输贯穿意见表达、意见综合、决策及施政等政府过程的各个环节。掌握大量准确的信息是政府科学决策的基础。

---

① 《毛泽东文集》(第七卷),人民出版社,1999年,第54页。

地方政府是中国历史上历代王朝信息传输的主要渠道。信息流动方式以下一级政府向上一级政府的层层汇报为主。当中央政府有权威时,这种信息传输渠道比较有效率,但弊端也显而易见。第一,地方政府报喜不报忧,使中央政府不能全面了解地方实情。在这种情况下作出的决策存在不完善和不科学之处在所难免。信息从基层流向高层政府纵向传输过程中,有的政府会出于迎合上级偏好及自身利益的考虑对信息加以处理和过滤,往往把对自己有利的信息向上传达,对自己不利的信息想方设法加以隐瞒。信息在传输中出现错误和失实的可能性大,以至于信息失真。流入到中央政府的信息虽然数量多,但未必准确真实。第二,一些急需解决的问题传输不到权力的中枢系统,就会旷日持久地延误下去。第三,各个行政区域在一定程度上成了各级主要官员的"封地"。皇帝经常会在地方主要官员身边安插自己的"信息员",以加强对地方政府官员的监督,并作为获取地方政府信息的一个补充渠道。这种做法副作用也很大。

新中国成立后,在信息传输机制的建设上,中央政府在继承传统由地方政府逐级上报信息做法和通过垂直管理条条收集信息的同时,又创造了新的机制。其中,很重要的一点就是让上下对口的条条承担信息收集和传输的功能。每一个职能部门都是一条独立且专业的信息传输渠道,负责本部门信息的收集和传递。这种制度安排有助于打破信息垄断。地方政府的职能部门不仅要向属地政府汇报情况,还要向上级对口职能部门及时传递信息。考虑到规避信息隐瞒或选择性传递可能带来的问责成本,地方政府大多会选择如实传递信息,将实际情况向上汇报。对于中央政府而言,既可以通过职能部门获得信息,也可以通过地方政府获得信息,以此形成对条条和块块无形的监督。这有助于中央政府了解全貌,有利于将一些急难愁盼的问题提上议事日程,避免信息在层层传递中的失真。

条块体制有利于对数量巨大的繁杂信息进行抽丝剥茧,将重要信息及时高效传递到中央,也能将中央的重要任务部署及时精准地传达到地方政府及其对口部门,有利于提升信息传递的效率。中国"5+1"独特的政府层级体系有助于体量和规模庞大的国家治理活动的有序运作。但是,在客观上也会增加信息上传下达的难度。因此,就需要有相应的保障和辅助机制。通过条条和块块的双轨道信息传递渠道可以将重要和紧急事项在较短的时间内传递到中央相关部门和中央政府,提升信息传递效率。横向到边、纵向到底的条块体制有利于确保中央政策的辐射范围,中央政府及相关部委可以就某一地区的特殊情况下达任务,并利用条块体制的信息传递渠道将任务及时精准地传递到特定区域。

中央政府比较重视发挥条条的信息收集和传输功能。这种做法的优势是在决策所需的信息上既不依赖块块,又不完全依靠条条,而是综合考虑分别来自条条和块块的信息。

(一)垂直管理部门的信息收集

如果上级政府完全以下级政府提供的信息作为决策的基础,难免会决策失误。每一个垂直管理部门都是一个独立的信息收集渠道,是打破地方政府"信息垄断"的有力途径。例如,由国家统计局垂直管理的各级调查队提供信息就很有必要。

不同的条条在信息收集和传输方面所承担的功能不同。专业性的条条侧重于自己业务范围内信息的收集和传输。新华社、《人民日报》等大众传媒较之于其他垂直管理机构,更侧重于综合信息的收集和传输。新华社和《人民日报》的负责人属正部级,由中央直接任命。这两大媒体在全国设有许多分支机构。总部每天都会收到大量的信息,然后按照信息的重要程度和内容报送给不同的中央领导人和国家机关。这两大新闻机构的新闻报道及向中央报送的内参,在很大程度上成了党中央、国务院及中央部委进行决策的重要信息来源。很多全国性的重大决策和重大案件的查处即源于此。"由于它能够十分有效地影响决策,一些重大决策都是由这一信息系统提供的。"①

(二)双重领导部门的信息传输

地方政府的大多数职能部门要向上级对口的条条汇报工作和传输信息。对同级政府负责是西方大多数国家和中国传统社会的普遍做法,向上级条条汇报传输信息却是新中国的创造。这种做法可以使中央政府和中央部委尽可能多和快地掌握全国各方面的信息。惯例是,各地方出了什么问题,按相应对口的部门逐级上报。事情的轻重缓急不同,信息传输的效率要求也不一样。一些重要信息会在很短的时间内汇集到中央部委,再由中央部委迅速上报给分管的中央领导。

三、协调统筹与替代变通

以上下对口和双重领导为主要特色的条块关系模式,容易造成地区间及部门间的分割。这只是问题的一个方面,同时也要看到,在造成政府间横向关系阻隔的同时,现行模式也在一定程度上有利于纵向关系的协调统筹与替代变通。

(一)协调统筹政府职能部门间关系

在多数国家,地方政府的职能部门都要接受中央政府部门制定的技术标准和一些基本规定。然而,中央部门一般情况下不干涉属于地方政府职能部门范围内的事项,也不去协调不同地方政府职能部门之间的关系。在中国,中央部委和上级条条却可以做到这一点。从理论上说,只要是本领域内的事项,中央部委和上级条条都有权力去管。如果上级条条不去管或者没有协调好不同地方政府职能部门间的关系,造成比较严重的后果时,上级条条要为之承担责任。

---

① 谢岳:《当代中国政治沟通》,上海人民出版社,2006年,第42页。

上述功能是中国特色的条块关系模式独有的功能。对这一特色很难用现有的标准去衡量和评判。如果不对现有模式带有先入为主的"偏见",也不从某种"先验"理论出发的话,应当看到,这一功能在现实政治运作中发挥着很大的作用。例如,在国外,警察属于地方政府管辖。各地方的警察是纯粹的"伙伴关系"。一个地方的警察去另外一个地方办理案件,需要当地警察协助时,只能自己联系。当地警察可以协助,也可以不协助。没有外在的力量约束他们必须协助。在中国,下级职能部门在遇到困难时,可以理所当然地得到上级职能部门的帮助。下级公安机关无力打击本地的黑恶势力时,可以请求上级公安机关给予支持。各地警察虽然也是没有日常业务联系的"伙伴关系",但这种关系是在上级公安机关协调和统筹下的"伙伴关系"。公安部可以指挥全国的警察。一旦上级公安机关参与,各地警察都有义务配合另一地的警察办理案件。很多震惊全国的大案要案,就是在公安部的统一指挥下,集中全国公安机关的力量破获的。这一点在很多国家都无法做到。

协调地方政府间的关系。地方政府间存在着大量的摩擦和矛盾。对于双方协商解决不了的矛盾,全部寄希望于上级或中央政府出面协调不现实。这时相关部委和上级条条参与矛盾的协调,是比较现实的选择。中国的特色在于,常常是多个部委参与其中。多部委联手参与协调地方政府间的矛盾的做法,在国外是难以想象的。

反向协调。所谓反向协调,指的是在政府过程中,下级地方政府采取种种行动对上级政府各职能部门及其相互之间存在的矛盾加以斡旋和调解,以实现下级政府的某个目标。例如,浙江省某县境内的一条河流改造工程,曾在省政府办公会上立项,但项目转到省有关职能部门后却无声无息了。该县为了使工程早日上马,抽调了县计经委、水利局等部门的负责人专程七次上省城协调。他们来回穿梭、奔波于省计经委、水利厅、交通运输厅、省水利设计院等省有关职能部门之间,为这些部门相互传递信息和文件,甚至帮他们组织起了几次协调会议。这个项目正是在下级政府的大力协调下才得以真正落实。[①]

（二）发挥替代变通作用

既然是双重领导，有两个上级，就容易出现条块矛盾，使地方政府的职能部门陷入不知道该服从哪一方为好的困惑。如果换一种分析视角，我们可以发现：双重领导未必是"坏事"。垂直管理的中央部委与地方政府的职责相对明晰，不实行垂直管理的部委与地方政府及地方政府的职能部门之间没有明确的职责划分。这种模式固然会带来一些问题，但其特有的"替代功能"，无论对中央政府，还是对民众，往往是有益的。

第一，从中央政府的角度看，在中央政府的决策在块块那里得不到执行的情况下，还有条条的途径。在条条途径受阻的时候，可以依靠块块去推行。例如，1962年中央决定从中央直属机关和国家机构抽调一批司局长以上干部下放到主要产粮区，任务之一是改变地方党组织中某些不正确的作风。

第二，从民众的角度看，在地方政府及其职能部门"不作为"或"乱作为"的情况下，可以求助于上级政府或地方政府职能部门的上级条条。上级职能部门的介入有利于维护社会的公平与正义、提供更好的公共产品。固然，中央部委及上级条条不该管太多，应该"抓大放小"。但在地方政府对"该作为"的事情不作为的情况下，上级职能部门管起来总比不管好。例如，当一个地方在某一时期连续发生重大案件，而地方政府和公安部门对此"视而不见"的情况下，上级公安部门要求该地公安部门命案必破，限期破案，对当地民众来说就是非常有益的事情。

第三，当地方政府的职能部门不能很好地履行职责时，上级条条可以直接参与处理。参与方式灵活多样，中央部委和上级条条可以直接查处，也可

---

① 马力宏主编：《中国行政管理中的条块关系》，杭州大学出版社，1993年，第257页。

以督促下级条条办理;事情严重时还可以暂停下级条条的职权,而由自己代为行使。这种干预很显然有利于社会和民众。

四、人才培养与干部交流

人是政治发展的决定性因素。就中国政治发展而言,领导干部队伍的培养和建设是十分重要的战略问题,"是决定我们命运的问题"①。20世纪80年代中期,邓小平在勾画未来中国发展前景时,深有感触地说:"哪一天中国出现一大批三四十岁的优秀的政治家、经济管理家、军事家、外交家就好了。"②大量德才兼备领导干部的顺利成长,需要组织培养和机制保障。经过长期的探索和实践,中国政府建立起了完善的干部队伍培养体系。

以双重领导为特色的条块关系模式在客观上发挥着开发人才资源、培养领导干部的功能。这种功能的发挥主要通过干部交流机制体现出来。所谓干部交流,是指各级党委(党组)及其组织(人事)部门按照干部管理权限,通过调任、转任对党政领导干部的工作岗位进行调整。

一般来说,政府官员的产生主要有选任制、委任制和考任制三条途径。在西方典型国家,国家元首、立法机关的议员和行政首脑由选举产生;行政首脑任命行政系统各部门的正职;中下级公务员通过考试或招聘的形式产生;司法机关的高级官员由任命或考试的形式产生。由选举产生的国家元首和行政首脑未必有比较丰富的行政管理经验。一个普通民众只要善于组织选举、精于演讲和宣传,再加上大财团的支持,在很短的时间内可能会"直升"为国家的领导人。美国前总统卡特就是一个例子。在短短几年的时间内,卡特从一个普通的党员成为党的领导人,进而当选为总统。

---

① 《邓小平文选》(第二卷),人民出版社,1994年,第384页。
② 《邓小平文选》(第三卷),人民出版社,1993年,第179页。

　　与之相比,中国中央政府主要官员的素质比较全面。既有丰富的地方政府工作经验,又有丰富的职能部门工作经验,是选配主要领导干部的一条重要标准。这种领导经验恰恰是通过干部在条块之间、同一条条内部的交流中获得的。"从1992年至1998年底,全国共交流县(处)级以上领导干部21.5万多人,其中地(厅)级干部1.3万多人,县(处)级干部20.2万多人。"①干部交流的意义在于,提高领导干部的素质和能力,使政府官员在更广泛的范围内经受锻炼,增长才干;促进部门、地区之间的联系和发展;优化领导班子结构。

　　制度化的干部交流机制是中国政治生活的一个特色,也是干部培养的一条重要途径。双重领导不仅体现在业务上,也体现在人事上。上级职能部门对下级职能部门负责人的任免有着不同程度的发言权。这种权力为职能部门干部在本系统内流动奠定了基础。实行干部双重管理部门的干部交流计划由主管单位提出,征求协管单位的意见。其中,以上级业务部门为主管理的单位的领导干部,可在本系统内交流,也可与地方或者其他系统交流。

　　干部交流主要有以下五种形式:第一,平调,即一个地方职能部门的工作人员调动到另一个地方的职能部门工作。第二,上调,即下级职能部门的工作人员被提拔和安排到上级职能部门工作。一是对下级职能部门中业务突出工作人员的奖励;二是对下级职能部门工作人员的保护。在实际工作中,一些地方职能部门的领导或工作人员,如果过于坚持原则,往往被看作是"另类"而很难在当地立足。把这样的干部上调到上级职能部门可以有效保护当事人的安全,也可以保护干部的积极性。第三,下派,即上级职能部门的工作人员被调动到下级职能部门工作,而不改变其行政级别。通过干部下派,可以把上级职能部门的工作思路和先进的经验带到下级职能部门,同时也能从下级职能部门获取有效的信息,以推动未来的工作。第四,挂

---

① 海霞:《干部交流有新章法》,《瞭望新闻周刊》,1999年6月7日。

职,即上级政府机关选派在职公务员在一定时期内到下级机关担任一定的行政职务。挂职是增加上下级条条联系的一个重要途径。挂职与下派的主要区别是,挂职人员在挂职期间不改变与原机关的人事行政关系。通过挂职可以使干部得到多方面的锻炼和提高。第五,借调,即一个职能部门从另一个职能部门(主要是下级对口条条)借用工作人员。这种现象近年来普遍存在于各级各类国家机关。在一些职能部门,借调人员甚至占到了机关工作人员的"半壁江山"。通过借调缓解了上级职能部门人手不足的压力,也使下级职能部门中拥有特长、有专业知识的工作人员增长了见识,提高了业务水平。

五、刚性体制与弹性机制

条块关系模式有利于发挥中央和地方两个积极性。当中央部门集权过多压制地方政府积极性和活力的时候,中央政府就把条条掌握的诸多资源和权力下放给地方政府行使。当出现地方分散,影响到中央部委管理权威的时候,就重新把权力收回到中央部委手中。中央部委借助对下级条条的领导和指导与地方政府有更多的业务和人际联系,有利于形成商量办事的作风,把中央部委政策设计与地方经验探索结合起来。出于国家治理的需要,中国的条块关系经常变动,条条和块块充当了灵活调整中央和地方两个积极性的桥梁和载体。

中国政府是刚性体制和弹性机制的有机结合。所谓刚性体制,是指各种要素"绷"得过紧,在结构分化、功能特殊化等方面做的相对不够。从横向上看,国家与社会、政府与市场及政府内部诸多领域和政治结构之间没有经过长期分化和分离的过程。从纵向上看,各级政府在职责上没有明确的分工。刚性体制有利于政治和社会整合;有利于全国一盘棋,集中力量,保证重点;有利于以强有力的中央权威维护国家统一和民族团结。任何制度都需要有自我调整的机制,只是调整的力度和效能不同。刚性体制之所以能存在这么久,肯定存在其内在的调整机制;要有若干个缓解压力的弹性机制与之相配合,对过于刚性的方面和环节进行调节。中国独有的条块关系模式充当了政府间关系乃至国家治理体系中的一个弹性机制。这一模式是一种相对灵活的政制架构和政制策略,起到了在中央与地方的权力之间达成一种有利于全国整体利益的平衡的作用;增强了政治体系自我调整和自我发展的能力;通过发挥弹性作用维护了刚性体制内核的存在。刚柔并济使国家治理体系具有持久的生命力。

很难说哪种政府间关系模式更好,只有哪种更适合的问题。"安而不忘危,存而不忘亡,治而不忘乱。"新中国成立后,如何使历史不再重演,维护国家统一,是中央政府非常关注和高度警惕的一个重大课题。中国是一个发展不平衡的大国。这种不平衡表现在政治、文化和社会生活等各个方面,既有地区间的不平衡,又有各民族之间的不平衡。要在诸多的不平衡中维持统一,中央权力必须发挥中流砥柱的作用,客观上需要一个强有力的权力中心的存在。存在一个强有力的中央权威是中国保持稳定的基石,否则就可能重陷各自为政的混乱局面。对中央政府而言,一定要拥有足够的能量和权威并利用合宜的机制实现对地方的有效控制。

集权有上限,分权有底线。超过了上限,容易压制地方政府的积极性,地方缺乏活力。地方没有了活力,整个国家也就失去了创造力。越过了底线,中央缺乏权威和能力,可能导致种种危机,甚至国家的分崩离析。从这个维度上讲,理想的中央和地方关系模式是集分平衡。对于中国这样一个大国而言,在维护中央权威的同时,还要注意发挥地方的积极性。"集"是为了保证中央的权威和能量,使中央能够及时有效地对各地进行调控和监督;"分"是为了发挥地方的积极性。中央集权是基于对权力多元与分散的扬弃而出现的。中央集权并不否定向地方授权。在中央集权的前提下还需要有容纳和协调向地方授权的机制,强有力的中央政府和自主活跃的地方政府并存是一种理想状态。

集分平衡既是一种观念、原则、目标，又是一种制度。对原则的选择，终究要转化为若干具体的制度设计。条块关系模式便是力图协调好政府间纵向关系、实现集分平衡目标的机制之一。尽管中央集权非常必要，但过度的集权可能会导致"自我拆台"的情况。中央和地方两个方面的积极性必须很好地结合，不能只顾一头。1956年4月，毛泽东在中央政治局会议上对这个问题做过一个形象的比喻。"下级与上级的关系就像是老鼠见了猫一样，像魂都吓跑了许多事情不敢说……要解决好'猫'与'老鼠'的关系，就应当解决好中央集权与分权的关系……但是有效的中央集权怎样与'适当'的地方权力相结合呢？……这个问题与纵向的双重领导有不解之缘。"①

集权与"分权"是任何一个政治共同体都必须具备的要素。任何一个层级的政府都是既有集权、又有"分权"。实行集权为主还是"分权"为主，关键是根据当时的政治情形确定。其中的奥妙在于，二者在中国是如何巧妙地结合在一起的？机制是什么？现行条块关系模式的一个特点是，在中央与地方权力的划分和消长上表现出相当的灵活性和实用性，自我调整能力很强。在所有方面都做到中央集权是不现实的，又不能真正"分权"给地方，只能不断地变化策略。统一领导是不可动摇的原则，从未发生过变化。在分级管理的方式和内容上容许改变和调整，甚至巨幅变化。选择和实行现行条块关系模式的目的主要是为了加强中央对全国的领导和控制，维护国家统一和中央权威。至于调动地方积极性则主要是靠集权或"分权"，收权或放权的局部调整来解决。为了调动体制的活力和地方政府的积极性，中央政府就把条条手中所掌握的权力和资源下放给地方政府；放权之后，地方分散又会对中央部委的权威形成挑战。结果，"分权"之后常常伴随着条条再

---

① ［美］费正清：《剑桥中华人民共和国史（1966—1982）》，王建朗等译，上海人民出版社，1990年，第236页。

集权。条条和块块充当了中央政府与地方政府之间权力上下变换的通道。1958年,英国元帅蒙哥马利访问中国时问毛泽东:"阁下治理国家很有经验,你的经验是什么?"毛泽东的回答是:"我没有什么经验,就是中央集权多了,我就下放一点;地方分权多了,我就收上来一点。"[1]这种权力的收放循环,在政府间纵向关系紧张时可以发挥调节冲突、缓解压力的功能。这也是中国国家治理体系的一个重要特色,即虽然是刚性体制,但权力行使方式灵活多样。所以应变能力强,遇到困难可以自我调整。

六、政治整合与制度绩效

中国条块体制具有深刻的实践逻辑和丰富的实践成果。在长期的运行过程中,条块体制历经多次变革,即使一度存在较为突出的问题和矛盾,但其基本组织机制都没有被代替。究其原因,在于条块体制的内在价值和追求适应了大国治理的内在需求,影响条块体制的主要因素和环境依然存在,条块体制所承担的功能和发挥的作用仍然无可替代。

(一)有效实现政治整合

在皇权至高无上且基本不受约束的封建帝制时期,地方分裂力量和外族入侵势力经常威胁国家统一与政权稳定,因而需要及时调整治理体系和方式加以应对。在国家管理形式上,中央设置以丞相或宰辅为首的职能部门。在国家结构形式上,中央自上而下将国家领土划分为不同层级的行政区域,并设置地方政府,授予一定的管辖权。"欲天下之治安,莫若众建诸侯而少其力。"中央政府按照大一统的政治逻辑调动资源和分配任务,按照集权逻辑设置机构和配置权力,最终实现"令海内之势如身之使臂,臂之使指,

---

① 转引自赵震江:《分权制度和分权理论》,四川人民出版社,1988年,第204页。

莫不制从"①。年央集权是保障大一统中国的重要制度，目的是避免地方割据分裂，维护多民族国家的统一。

中国古代和当代政治形态的联结和继承性是认识国家治理的关键，大一统的历史过程便是从中国本土出发认识和把握中国政治的基础性连接点。中国国家治理的具体制度选择、体制机制安排是由统一性的历史大势决定的，即大一统的制度模式。大一统是中国整体性存续和发展的基础与价值取向，是价值和行动上用于维系多民族国家统一，实现长治久安的基本遵循。大一统强调保持国家的统一性和整体性，②坚持全国一盘棋，这是贯穿中国政府间关系的主线，也是条块体制始终的目标追求。

"六合同风，九州共贯。"条块关系模式解决了大国治理中的整合问题、轴心问题、联动问题。在纵向上，中国治理追求的效果是"政当一统，权不可分"，上下有序、各安其位。中央政府是大脑和中枢，在中央政府的统一指挥下，条条和块块就像齿轮箱里的齿轮一起有序转动。这样才能"如身使臂，如臂使指，叱咤变化，无有留难，则天下之势一矣"。中央确定的基本方略和大政方针通过地方政府、中央垂直管理的条条、中央其他职能部门三个轨道一起执行，穿透力强。条条和块块是执行中央决策的"左右手"。当地方政府不能很好理解中央意图、执行不力时，还有强大的条条系统负责执行。同样，当条条考虑部门利益太多、贯彻中央决策有偏差时，还有块块负责落实。借助于多轨道执行模式，中国中央政府的整合和动员能力强，在全国范围推行自己决策的能力，达到了多数国家难以企及的高度和力度。

政府间关系模式决定着一个国家的政治整合能力。联邦或中央政府是维护政治整合的核心力量，而要发挥其作用，需要有合理有效的制度支撑。在中国历史上，传统体制在表面上是强大的，实际上这种体制往往只实现了

---

① 《汉书》（上册），岳麓书社，1993年，第984~985页。
② 林尚立《当代中国政治：基础与发展》，中国大百科全书出版社，2016年，第24~25页。

横向的整合,而没有切实地实现纵向的整合。它维持了政治体制的存在,但没有能力使这一体制深入基层。[1]形成这种状态的原因是多方面的,如自然的屏障,通信的落后等。其中,很重要的一点就是没有创造出一种合适的政府间关系模式,使中央政令直接深入到基层。中央政府的权力在大多数情况下,并不能直接"穿透"各层级的地方政府,直接作用于民众,而是由地方政府代为行使。历代王朝一直在寻求使中央权力深入地方和基层的途径,却一直未能找到有效的解决办法。

新中国成立后,中央政府面临着同样的问题:不得不通过制度创新提高政治整合能力,去重建已经衰落了一个多世纪的中央集权化的权威。一个关键的问题是实行什么样的条块关系模式。从逻辑上推论,中央政府的条条可以有以下三种设置方案:第一,为了防止地方政府的离心力,全部事项由条条进行垂直管理。这样做在小国可以,在大国却行不通。如果这样,地方政府也就没有存在的必要性了。

第二,一些条条实行垂直管理,其余的条条不垂直。对于不实行垂直管理的条条,采取委托式管理。中央政府的条条和地方政府的机构设置上下不对口,而是条条把相关的事务委托给地方政府处理。地方政府可以按照自己的实际情况设置机构,上级条条仅仅保留监督权。这种做法不会有双重领导带来的问题。然而,在中国地方政府的权力非常大并且缺乏有效的监督制约的现实下,容易导致地方政府不能正确行使权力,使中央政府在有效控制地方政府的运作、维护自己的权威过程中受阻。同时,在计划经济模式下,没有上下对口的条条设置,计划经济根本无法有效运行。

第三,前两者都行不通,只有采取一些条条垂直管理,剩下的大多数条条在机构设置上上下对口,在领导关系上实行双重领导的模式。由此,形成

---

[1] 王沪宁:《当代中国村落家族文化——对中国现代化的一项探索》,上海人民出版社,1991年,第35~36页。

了现有条块关系模式的基本格局。这一模式的要义是强调自上而下、垂直统一的纵向管理,保持中央政府对处理各级各类事务的主导性和社会调控体制的通贯性。所谓通贯性,就是这些机制有效地从调控的最高层级到达社会基层,并对全社会发生作用。纵向调控在逻辑上将社会体系视为一个立体的多层的结构。通贯性的机制构成社会大厦中坚实的柱子。没有这些柱子,社会大厦的多层结构就会散开,调控机制的松脱就可能发生。[①]

现行条块关系模式使中国成为大国中的例外。联邦制和单一制是实现政治整合的两种主要模式和手段。在当今世界约200个国家中,虽然只有28个联邦制国家,但它们占了世界二分之一的土地和三分之一的人口。世界领土面积排名前6位的国家,除中国外都是联邦制国家;世界人口排名前7位的国家,有5个是联邦制国家;非洲面积最大的国家(苏丹)和人口最多的国家(尼日利亚),欧洲人口最多的国家(德国),也都是联邦制国家。[②]从面积、人口来说,中国一些省级政区的规模相当于一个中等规模的国家。在中国这样一个大国,之所以能够长期维持单一制的国家结构形式,与实行现行的条块关系模式有关,用灵活性和变通相对弥补了运行中的一些不足。

现行模式存在问题,但不能因为问题的存在,就抓住一点,不及其余。应当看到,中国条块关系模式有其精致、周到之处。就政治整合而言,借助这一模式把中央政府的政治整合能力在广度和深度上都提升到了历史的最高水平,把政治的力量推至社会的每一个单位甚至个人。"一个单一而有权威的中央政府的建立是1949年以来获得经济增长和社会整合的首要因素。"[③]其作用机制在于:第一,增加了垂直管理条条的数量,加大了垂直的力度。这使得中央政府通过自上而下的条条贯通机制,有力地摆脱了地方政

---

① 王沪宁:《集分平衡:中央与地方的协同关系》,《复旦学报》(社会科学版),1991年第2期。

② 喻希来:《中国地方自治论》,《战略与管理》,2002年第4期。

③ [美]罗兹曼主编:《中国的现代化》,"比较现代化"课题组译,江苏人民出版社,1988年,第599页。

府的影响。在地方上设置由中央政府直接管理条条的做法,自秦至清一直存在。在秦朝,中央政府在郡县两级政府设立了一些派出机构及职官。其中最重要的是监察御史。秦朝的郡既是行政区,又是监察区,有行政系统(郡守、县令)和专职监察系统(监察御史)两套班子分别存在。监察御史隶属于中央政府的御史大夫,负责监郡,代表皇帝监察包括郡守在内的郡内所有官员,即所谓"省察治政,黜陟能否"①。监察御史不仅省察郡守,还可以监军、带兵、主持工程建设等。历史上垂直管理条条的数量和力度,都不能与当代相比。第二,中央部委可以领导地方政府对口的职能部门。每一个条条都在一定程度上充当了中央进行纵向调控的手段和依托,肩负着把中央精神贯彻到基层的使命。

(二)保持繁荣和稳定的制度保障

中国条块关系模式具有深刻的实践逻辑和丰富的实践成果。在长期的历史运行过程中,条块关系模式出现了这样那样的问题,容易形成条块矛盾。看不到条块关系模式中存在的问题,不是实事求是的态度。过于夸大条块矛盾和盲目否定这一模式,则过于武断和简单化了。我们既要看到条块关系模式造成的问题,也要充分认识到这一模式对中国保持繁荣和稳定的保障作用;既要坚持好、巩固好经过长期实践检验的条块关系模式,又要完善好、发展好条块关系模式,进一步激发条块关系模式的治理效能。

应该从多个维度去考察中国的条块关系模式。首先,这一模式较之过去,具有明显的优势。其次,现行模式是在各级政府间职责没有明确划分的情况下,有效调节政府间纵向关系的一种方式。对于条块矛盾,重要的不是去责怪条条和块块,而是要理解在现行制度框架内二者的行为为什么如此。从规范的角度看,现行模式不太理想,也确实造成了诸多问题。但是,在职责同构的政府模式没有实质性变动的情况下,却是一种必要的制度。最后,

---

① 《汉书》卷一九《百官公卿表》注引《汉官典职仪》。

制度合理并不等于不会存在问题,反之,出了问题并不意味着制度不合理。任何制度都有漏洞和不完善之处,不能一出问题就否定制度。这就是生活的辩证法、历史的辩证法。许多人只看到了现行模式造成的问题,却忽略了如下事实:这一模式也是中国保持繁荣和稳定的一个制度保障。政治生活的复杂性就在于此。对复杂的政治生活采取简单化的处理方式,得出的结论也会是片面的。

双重领导的政府管理模式,是中国的一大特点。这一模式在历史上能延续如此长的时间,肯定有其成功和合理之处。当代中国的条块关系是对传统政府间关系模式基础的"扬弃",是历史、社会、文化相互作用的产物。在条块关系的基本模式没有进行大的根本性变革的情况下,双重领导的政府管理模式维护了国家统一、民族团结和秩序稳定,推动了经济快速发展和社会全面进步。应该充分肯定条块关系模式的制度绩效。未来政府模式的变革和再造,必须充分吸收这一优点和特色。

条块体制在多次变革中逐步得到完善,可见其具有较强的制度竞争力,能够适应并支撑中国的历史、文化、社会、经济发展和政治环境。条块体制存在、延续和发展的关键在于其符合国情,能适应国家治理的现实需要并能有效解决问题,即有效回答"为什么必要""能不能适应"和"是否有效"的问题。在条块体制"能不能适应"的问题上,可以将其分为外在表象与内在逻辑两个层面。条块体制的外在表象能够有效回应国家治理的基本需求、应对和解决国家治理中的诸多难题;内在逻辑决定了条块体制自身能够吐故纳新,进而满足中国政治的本质要求。

万物得其本者生,百事得其道者成。条块体制的关系类型、所承担的功能伴随社会的进步而不断调整,体制本身的发展和成熟也是一个渐进动态过程,不会一蹴而就或一劳永逸。历史和实践证明,条块体制符合中国国情,适应国家治理需要。条块体制在运行中存在一定的问题,但从总体和长时段看是有效的,是相对运行顺畅、充满活力、令行禁止的治理体系。伴随环境和条件变化,条块体制还会面临新的难题。例如,需要解决基层条块矛盾突出的问题;需要进一步理顺条块间的职责交叉现象,避免各行其是、推诿扯皮,使条条和块块形成整体合力;需要进一步规范垂直管理体制和地方分级管理体制,等等。问题是创新的起点,也是创新的动力源。在不断解决问题的过程中,也会通过变革生成更多功能以适应时代需要,充分显示条块体制的自我完善能力。

第四章

制度根源:以轴心辐射模式为特征的
国家整合方式

要解决矛盾,必须弄清楚产生矛盾的根源。只有把条块关系失衡的症结这个问题判断准了,才能有的放矢,找到解决条块矛盾的有效路径。

第一节 条块关系模式选择的主要影响因素

条块关系模式的形成不是单方面因素造成的,而是整个制度环境的结果。任何政治关系、治理体系的形成和运作都是在一定社会生态下进行的。人们不能随心所欲地创造或变革治理体系,相反总会受到诸多因素的影响和制约。作为研究的一个重要环节,需要对条块关系进行多维度、立体式和综合性的分析,作更为宏观意义上的社会、历史、文化的透视。通过这种透视,可以明晰哪些变量影响着既定治理体系的形成,这些变量通过什么途径作用于该治理体系。进而探讨既定治理体系的环境及其对权力配置和运作的影响,寻求二者之间的动态平衡、良性循环和协调发展。

一、层级制和职能制的结合

政府是由政治权力各要素按不同的原则排列组合而成。作为一种特殊的组织形态，政府与其他类型的大型组织有着共同的特点，即由层级制和职能制两种结构形式相互结合而成。

指挥统一是层级制的要义，技术分工是职能制的精神，二者相辅相成。层级制表现为政府组织的纵向结构，主要是指按照等级原则，对权限和职责进行垂直划分。把政府组织从纵向上划分为若干层级，每一层级都有它各自的职责、权力和管辖范围。层级越高，数量越少，管辖范围就越大。反之，层级越低，数量越多，管辖范围就越小。层级制的优点是指挥统一、贯彻有力、纪律严明；缺点是容易造成上级政府集权，下级政府因缺乏主动性和活力，难以应付复杂多变的社会事务。因此，层级制需要和职能制相结合。

职能制是指，政府为完成其目标而在横向上设立负责具体事务的职能部门，各平行的职能部门作为政府的组成部分，专门处理某一方面的政府事务。职能部门在政府统一指挥下各自独立地去完成所负责的业务。随着现代化的推进，政府管理越来越复杂化。政府需要通过设立不同的机构和部门来专门承担具体的职能，从而造成部门数量越来越多，部门之间分工越来越细。职能制的优点是各职能部门精通本部门的业务，有利于提高行政效率；缺点是各职能部门容易自行其是，缺乏合作精神，增加协调工作的困难。一旦横向间职能不清，就容易导致机构重叠，结构不合理。

绝大多数国家的政府都是由层级制和职能制相互结合、纵横交错构成的。有条条和块块就会形成条块关系。不同国家在这方面的差异，是条条和块块排列组合的方式不同，所形成条块关系的类型不同，条块矛盾的复杂程度也不一致。

中国各个层级的政府都是由若干个不同的职能部门组成。《中华人民共和国地方各级人民代表大会和地方各级人民政府组织法》第七十九条规定，地方各级人民政府根据工作需要和优化协同高效及精干的原则，设立必要的工作部门。通过层级制把行政区域分成了块块，通过职能化把政府部门切成了条条，从而形成了条块结合的政府体制。中国在层级制和职能制相结合上的特点是：每一层级地方政府的职能部门（垂直领导的除外）既要受同级政府的统一领导，还要受上级职能部门的业务指导或领导。这一领导关系，可以用下图来表示。

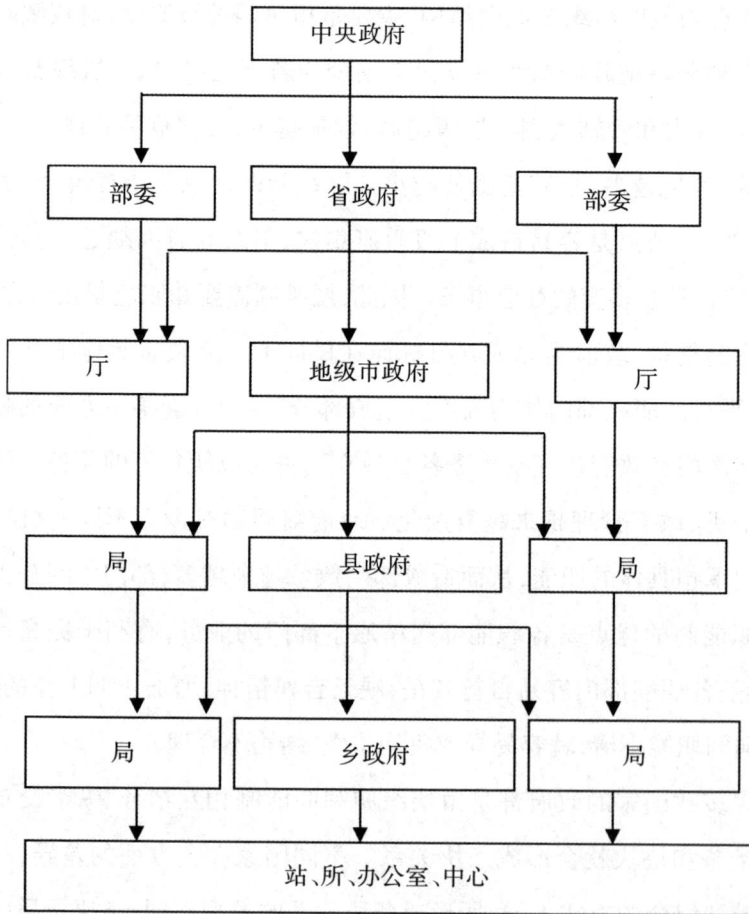

图4-1　双重领导示意图

条块体制力图把科层制和职能制的优势有机结合在一起,提升我国政府组织结构质效。科层制的直观表象是纵向层级。从政府过程角度看,科层制是中国政府组织和运作的基本结构,严密且有序的层级秩序是科层制的核心特征。庞大的国家机器和繁杂的政府部门依据职责内容和工作属性被合理性划分,设置于纵向序列中。任何一级序列的政府,整体性是其外在特征,即向社会公众以"政府"这一抽象聚类概念所展示。专业化分工是政府的内部特质。政府是多个部门构成的有机整体,政府职能需要由各专业性部门具体承担。各个职能部门彼此相互独立,各司其职。中国职能部门的设置及其相互关系不是权力的分割与制衡,而是为了力量的集中和专业化优势的发挥,为了优化协同高效。在同级政府的统一领导和指挥之下,不同职能部门相互联系、合作。原本抽象的政府概念,当吸纳若干职能部门进入后,政府被具体化,成为容纳、统筹、规范和监督各职能部门的平台。归结起来,政府需要职能部门的充实,即块块是由条条构成的;各职能部门要想有效履职需要借助政府的力量,即块块是条条的坚实后盾。中国由纵向职能部门和横向政府共同构成了纷繁复杂但错落有致的组织体系,拥有世界上其他国家的政府间关系模式不具有的强大优势。

二、单一制的国家结构形式

层级制和职能制对世界上大多数国家的政府组织形式都有影响。多数国家存在条块关系,上下级条条之间却并不对口,也没有形成双重领导的政府管理模式。那么,为什么一些国家的机构会对口设置呢?其中的一个重要原因与国家结构形式密切相关。

联邦制的要义是平衡。在联邦制下,国家整体与部分的关系是制度型分权模式。联邦政府与其成员单位政府之间在政府组织上一般自成系统,无隶属关系;联邦政府的分支机构与联邦成员单位之间的职能分工和权限由法律明确予以规定。在单一制下,中央和地方的关系有两种典型模式:一是以地方自治为基础的分治式分权模式,即在中央集权的框架内实行地方自治,中央与地方依法划分职权,中央政府通过立法、行政等手段对地方起监督控制作用,地方政府在其职权范围内有明确的权力。二是在中央高度集权制下,地方依赖中央、中央不与地方政府进行制度性分权的模式。

国家结构形式与政府组织模式之间并不构成因果关系。国家结构形式对政府组织模式的影响是通过下面的中间变量起作用:一国在处理整体和部分的关系上究竟是采取集权还是分权模式。不能把联邦制与分权,单一制与集权,简单地联系甚至对等起来,并在此基础上将联邦制与单一制对立起来。单一制可以是高度集权的,如法国;也可以是分权的,如意大利和英国。联邦制下既可以像美国那样分权,也可以像苏联那样高度集权。在下面四种模式中,只有在Ⅰ和Ⅱ两种模式下,才具备形成复杂条块关系的基础。"苏联各级地方政府所属的职能部门实行双重领导体制,即:一方面它隶属于同级政府,另一方面,它又隶属于上级主管部门。"①(见表4-1)

表4-1　国家结构形式与政府组织模式的四种类型

国家结构形式 集权还是分权	联邦制	单一制
集权	Ⅰ	Ⅱ
分权	Ⅲ	Ⅳ

条块体制是在单一制国家结构形式下,解决大国治理难题的重要制度安排。中国是一个大国,有大国的优势,在治理上也有特别的难度。治理一个超大规模的国家,艰巨性和复杂性前所未有,发展途径和推进方式也需要自己来探索。在单一制的国家结构形式下,地方政府的权力由中央政府授予或委托,中央政府有权收授权力给各级地方政府,各级地方政府必须接受

---

① 薄贵利:《近现代地方政府比较》,光明日报出版社,1988年,第11页。

中央政府的监督。在大国治理中，政府体系若缺乏强有力的整合，条块容易成为彼此独立的部分，各自拥有较大的权力和资源。中国在长期政治实践中建构起了一套复杂且严密的科层体系，能够把条条和块块有机组合在一起。中央政府拥有绝对权威以保障秩序的稳定，同时通过治理重心下移，实现对地方的适度放权与赋能，从而更好地赋予地方更多自主权，支持地方创造性地开展工作。

三、计划经济体制

层级制和职能制相结合，产生了条条和块块，形成了条块关系。国家结构形式中集权模式的选择，使政府机构上下对口成为可能。仅仅有这些并不必然产生条块分割的政府管理模式。除非了解条块矛盾在中国形成的特殊原因，否则将无法解决矛盾。政府组织形式要和一定的经济体制相适应。历史上中国各级政府的职责和机构也是同构的，下级政府职能部门也要在一定程度上接受上级条条的领导。历史上的条块矛盾却并不特别突出和显现，与地方政府相比，条条相对较弱。在条块关系上，块块居于优势的地位。新中国成立后，条块关系愈益复杂化，在保持强大块块的同时，也逐步建立了强大的条条。

从历史发展的进程看，中国"条块分割"的政府管理模式是随着计划经济的建立而完善和健全的，强大条条的形成是计划经济体制的必然要求。为了保障中央政府的计划和协调，必须有相应的组织体系予以保证，这一组织体系由两个系统组成。一是条条计划系统，这个系统由中央各部委、总局、总公司及其所属的企事业单位的计划管理机构组成。二是块块计划系统，由各级人民政府及其所属的管理机构及所辖的企事业单位的计划管理机构组成。这两套系统不仅将全国经济统一了起来，而且实际上也将中央政府、地方政府和各企事业单位统成了一体。①这种经济管理方式直接促成了条块分割的政府管理体制的产生。如果没有中央通过强大的条条进行统一的控制，计划经济体制要想有序运行几乎是不可能的。

中国政府围绕着条条和块块之间的权力分配进行过多次变革，但始终未能成功解决集权和分权之间的矛盾。"究其原因，是在计划经济体制下，行政性分权的制度性缺陷所致。"②当中央集权过多影响了地方和企业的积极性时，就通过条条放权，把条条所掌握的大量资源和权力下放给块块，得到资源和权力的各级块块却没有向企业和社会放权。如此一来，地方政府的行为表现为很强的随意性和自主性，中央不得不通过条条重新收回下放的权力，结果导致不是条条"专政"就是块块分散。条块关系几次大的调整和变化，是计划经济体制运行中自我调整的周期性在政府机构上的反映。无论条条、块块各自获得了多少权力和资源，都很难从根本上解决条块之间的矛盾。计划经济体制下的放权，其实并没有涉及向企业和社会放权，无论放权或者收权多是在政府内部进行，只涉及权力、利益和资源在条块之间的划分，以及随之而来的机构设置和人员的增减。

四、历史经验

一切历史都是当代史，现在是历史的延续和发展。古今中外的各国政府在制度选择和再造上，彻底摆脱历史和传统影响的几乎没有先例。毫无疑问，历史经验主义影响着中国政治的进程，所以必须正视历史和传统对直至今日的政府发展所产生的影响。

中央集权是自秦以后两千多年的历史中实现社会整合的有效方式。秦

---

① 林尚立：《国内政府间关系》，浙江人民出版社，1998年，第299页。
② 吴敬琏：《论竞争性市场体制》，中国大百科全书出版社，2009年，第34页。

始皇用武力实现了"六王毕、四海一"之后，在处理中央和地方关系上，推行郡县制。"郡的政府组织是依照中央政府组织而对口设置的，既要上对中央负责，又要行使督察属县之职责。"①出于对地方分裂主义的警觉，在正常状况下，中央政府在机构设置上特别强调层层对上负责。例如，宋朝在府和州之上增加路一级行政单位直接向中央负责。"路设帅、宪、仓、漕等司，各司之间互不隶属，直接对中央负责。这样，地方的军、民、政、法、财、人事等互不隶属，都直接隶属于中央的对应部门，只有上下的垂直领导关系，而没有横向的地方领导关系。"②这种制度设计的目的是阻止强大地方政府的出现。

"天下之事无大小皆决于上"③是中央集权追求的一种理想境界。"一竿子插到底"的原则在传统政治实践中实现的程度是值得怀疑的，但对其有效性的信念，以及通过强化条条和其他机制来实践它的努力，却使它变成了代代相传的控制地方的基本信念。根深蒂固的大一统政治文化对人们的心理、生活方式和行为方式，乃至对整个政府组织的调整和变革产生着潜移默化的影响。政治机制作为"思想的社会关系"④必然要体现政治文化的核心内容。

任何制度创新都无法脱离自己的历史，必然是在自己历史基础上的创新。像中国这样一个"持续如此长久并具有如此高度自主性的体系，其影响力不可能仅限于自身制度在形式上存在的那段时期。甚至在新体制超出旧类型时，传统价值和行为也可无限长久地持续下去"⑤。很显然，中国的政治传统对当代条块体制产生了不寻常的影响。新中国成立后，在治理体系和方式上必然要借鉴历史上的很多做法。中国传统的政府组织形式是一种直线集权型的块块体制，即虽然强调上级对下级的层层控制，但上级政府往往

---

① ② 王振民：《中央与特别行政区关系：一种法治结构的解析》，清华大学出版社，2002年，第33页。

③ 司马迁《史记·秦始皇本纪》。

④ 《列宁选集》（第一卷），人民出版社，2012年，第8页。

⑤ ［美］汤森：《中国政治》，顾速等译，江苏人民出版社，1994年，第23页。

只控制下级政府的几个核心部门;虽然存在着条条,但和块块相比比较弱小,除了垂直领导的条条外,地方职能部门主要对本级政府负责。由于没有强有力的条条机制对下级政府进行调控,再加上其他原因,传统社会的政治体制只是一种有限的集权,低效率的行政。为了弥补传统政府组织的缺憾,中国共产党开始探索政府体制再造的新途径,条块体制就是这种探索的产物。它依存于中国深厚的政治传统,从中汲取了丰富的营养,是对传统政府组织形式的扬弃。

条块体制内生于中国独特的历史政治环境。条块体制是历史与现实、理论设想与实践成效多重因素耦合的结果,并以法律形式正式确立下来,形成了稳定的制度。制度优势是一个国家的最大优势,制度竞争是国家间最根本的竞争。条块体制作为中国国家治理体系的基本构成,是在长期政治实践中逐渐形成并走向成熟的政府间关系架构。在职责同构、上下对口的机构设置、决策和施政相分离的运作过程等因素影响下,条条和块块形成了有条有理的政府组织结构。

从历史维度看,大一统的国家形态始终是历代王朝追求的价值取向。为了达到如身使臂,如臂使指的效果,中央政府不断加强中央集权,强化皇权,逐渐形成了一整套完整的制度体系。其中,条块体制是重要的组成部分。中国古代政治权力结构虽然经过多次变革,但其金字塔样式的本质并未改变。皇权统领一切,在其之下是中央的核心机构,这些机构是国家的中枢决策场所,直接辅佐皇帝制定大政方针,处理国家重要事务和重大事件。只有构建自上而下层层分工明晰的官僚体系,协助中央政府实现统治和管理的目标,方可保证王朝的政治稳定和社会秩序。中央政府各部门(衙门)同各级地方(衙门)分理天下庶务,实现"集权于上,分理于下"的施政目标,[①]保障庞大国家机器的平稳有序运行。

---

① 曹正汉:《论郡县制国家的统与治》,《学术界》,2021年第8期。

条块体制内生于大一统中国的政治实践并不断延续和发展。条条和块块在本质上相互依存、对立统一，而不是非此即彼形而上学的简单对立。虽然条块之间在某个时期、某些领域、个别层级会存在矛盾冲突，但是国家治理活动的复杂性意味着任何体制都不是完美的。条块矛盾在客观上推动了条块体制不断调整。为了适应不同时期的政治环境和满足国家治理的实际需要，条块体制在内容、关系和类型等方面也在革故鼎新。在关系上，条块体制通过上级条条与下级块块、上级条条与下级条条、上级块块与下级块块、上级块块与下级条条等形式表现出来。在类型上，存在以条条为主导的"条强块弱"和以块块为主导的"块强条弱"两种情况。这些关系和类型并非一成不变和割裂静止，而是根据时空背景和面临的问题进行动态调整。条块体制的理想组合方式是，既发挥条条的专业优势，又充分调动块块的积极性，进而找到维护国家统一、中央权威与激发地方活力、调动积极性的结合点。

五、苏联做法

当代中国政府条块关系的形成在很大程度上是中国式现代化逻辑的自我展开。但是，也不能忽视苏联模式等外来因素的影响。不然将无法解释"中国共产党如何在一个没有成熟的现代政治经验和政治制度的国家中，确立起一个比较成熟的，以社会主义为核心的现代国家和现代国家制度"[1]。

苏联作为世界上第一个社会主义国家，在政府组织方面的许多做法，为中国提供了参考。就像邓小平在1986年会见波兰客人时所说的那样："我们两国原来的政治体制都是从苏联模式来的。"[2]苏联模式对中国政府间关系

---

① 林尚立：《当代中国政治形态研究》，天津人民出版社，2000年，第99页。

② 《邓小平文选》（第三卷），人民出版社，1993年，第178页。

模式的主要影响在于：第一，计划经济体制。苏联模式对中国政府体制的很大影响在于按部门管理经济的模式。从某种意义上说，计划经济是个舶来品。苏联的计划经济模式成了中国效仿的主要榜样。计划经济对条块关系的一个重要影响就在于造就了强大的条条。无论是条条的数量，还是其管理权威，都达到了历史的最高水平。条条多了，力量强了，与地方政府的关系自然就会发生变化。中国条块关系与苏联相比一个重要区别是，苏联条强块弱，中国是条条和块块都很强大。

第二，双重领导。苏联政府体制特别强调实行以部门管理为主，部门管理与地区管理相结合的原则。为贯彻这个原则，地方国家行政机关在纵向上，从属于上级管理机关，从而保证管理同一部门的各级机关的活动的统一性，使地方管理机关的活动能服从全国统一的计划，便于执行全国性的任务。在横向上，从属于本地区的国家权力机关和行政领导机关，使地方管理机关的活动适应地方的条件和特点并加强同地方的其他部门的联系。在苏联，除了全联盟部之外，地方各级国家管理机关都一律实行"双重从属制"①。虽然中国历史上各级政府的机构设置大体也是对口的，上级条条可以对下级条条下达一定的指示。但上级条条对下级条条的领导或工作指导的色彩相对较弱，地方政府职能部门主要对地方政府负责。在借鉴苏联模式的基础上，以实行计划经济为契机，新中国成立后上级条条对下级对口部门的领导大大加强，并在实践中形成了"条块结合、以条为主""条块结合、以块为主"等不同的条块关系类型。

有点无面，失在狭窄；有面无点，失在空泛。条块关系是条条和块块相互联系、作用和影响的耦合状态，是政府组织在条块体制中形成的交互关系。条块关系从内容上看是一种权力和职责分配模式、是专业和属地有机

①　参见刘怡昌等：《苏联政府体制浅析》，《政府机关和干部制度改革问题论文选》，人民出版社，1984年，第162页。

组合而成，从形式上看是一种点-面关系，包括点与点、面与面、点与面之间纵横交叉的关系。条块关系的复杂交织打破了传统"条线"和"块面"的二维图式，形成了网线结构和面域场景。在织线成网、覆面为域的情景下，点与点的关系发生在条线上，进而形成条与条之间的关系。面与面的关系发生在块域中，点与面的关系则发生在条线块域间。其中，条条与块块之间点与面的关系相对复杂，点面关系失序是造成条块矛盾的重要原因。

第二节　职责同构：条块矛盾的症结所在

任何一种制度安排都是诸多因素综合效应的产物。在诸多因素之中，也必定存在着一种居于主导地位的因素。看不到前者，容易把复杂的问题简单化；忽视后者，在分析问题时往往不得要领。影响条块关系变迁和运作的内在机理是不同层级政府间的职责配置状况。在中国古代，支配条块关系演进的政治逻辑体现为"分事不分权"下的"家国同构"。新中国成立以来，分级授权下的职责同构是形成现行条块关系模式的主要机制。①

一、职责配置状况是影响条块关系的制度性变量

通过长时段考察和现实观察可以发现，各层级政府的职责配置状况是影响条块关系变迁和运作的主要制度性变量，背后深层次的根本因素是政府事权设置问题。

所谓政府职责，是指"政府必须履行的具体工作任务，如内政、外交、国

_____

① 周振超：《条块关系的变迁及影响机制——基于政府职责的视角》，《学术界》，2020年第5期。

防、文教、社保、环保等"①。职责决定机构，机构是政府履行相应职责的载体。政府机构和下级政府之间的关系即构成条块关系。政府职责是政府事权划分的直观反映。国家公共权力纵向配置就是事权划分。

（一）"分事不分权"价值下的家国同构：中国古代条块关系变迁的政治逻辑

就事权划分而言，传统中国明显地分为两个历史阶段。前者是春秋以前的分封制即封建制，典型的是西周王制；后者是战国以来的郡县制，典型的是秦朝帝制。王制与帝制的重要差别在于君臣关系模式和事权划分。

西周王制的基本政治法则是"天子建国"，周王分封诸侯；"诸侯立家"，即诸侯分封卿大夫；"卿置侧室，大夫有贰宗"②，即卿大夫分立小宗为士。除掌握部分直属领地外，天子把其他疆土分封给亲戚、功臣等到各地为诸侯。各诸侯国依据同样的法则实施逐级分封给卿大夫，卿大夫分封给士。王畿和诸侯国内部各自有一套结构、权力与功能大致相当于国家机构的政权组织。中央王朝、诸侯之国和封君之邑等各级政权实行君位世袭制度。天子、诸侯、卿大夫、士等都是君主、宗主、领主三位一体的角色，他们都被称为"有国有家"者。天子之国之下有诸侯之国，诸侯国之下有卿大夫的政治实体，是典型的"家国同构"模式。分封的确有分权之实，但究其政治理念而言，中国古代的分封理论主要讲究"亲亲"而不是"制衡"。鉴于各级封君的权力过大容易造成动荡和不稳定，因此推行中央集权体制，削弱地方政权的实际权力是历史发展的大趋势。

郡县制为"家天下"注入了一些"公天下"的成分，其价值追求是"分事"而不是"分权"，君"无为"而臣有事。郡县主官和其他各种重要官吏的任免权掌握在中央政府手中。地方官员旨在尊君行令，恪尽职守，示范天下。国

---

① 朱光磊：《全面深化改革进程中的中国新治理观》，《中国社会科学》，2017年第4期。
② 《左传》桓公二年，《十三经注疏》本，中华书局，1980年。

家将各项重大权力集中于中央政府，通过掌握国家法律和制度的制定权、最高司法权、最高监察权和财政管理权等，加强对郡县的控制。对于皇权来说，中央部门和地方政府任何一方权力的过大都比较危险，容易导致内出权臣，外出藩镇。因此，在政治制度的构建上，追求全国整齐划一，地方政府与中央政府保持一致的原则。在郡县设置若干中央政府的派出机构即条条，其职官直属朝廷，负责中央政府委派的特定事务。

郡县制及与之相匹配的官僚制力图杜绝封君依恃土地、臣民、政权与中央政府相抗衡的问题，维护国家统一和政治稳定。[1]大致在宋朝以前，地方的权力相对较大。如唐代由于对地方授权不当，酿成安史之乱，导致藩镇割据，天下动荡。

（二）分级授权下的职责同构：新中国成立以来影响条块关系的深层次结构

地方政府的权力来自中央政府的授权。关于这一点，自2019年1月31日起开始施行的《中国共产党重大事项请示报告条例》做了经典概括。其中，第四条明文规定，下级党组织、党员、领导干部"既牢记授权有限，该请示的必须请示，该报告的必须报告；又牢记守土有责，该负责的必须负责，该担当的必须担当"。

地方政府没有专属事权。就事权划分和行使而言，分为中央事权、中央行使，中央和地方协同管理、地方分级负责的事项两类。对于第一类事务，中央政府多数通过设置垂直管理的条条直接负责，少数委托给地方政府行使。如移民和出入境管理是典型的中央事权。国家移民管理局把部分事项授权和委托给省、市、县公安机关的出入境管理机构，由地方政府代为行使公民因私出国（境）管理、受理签发公民因私事出入境证件，实施外国人来华停留居留和永久居留的日常管理等事项。

---

[1]　商爱玲：《设官为民和君臣道合：唐代官论研究》，商务印书馆，2019年，第95~128页。

对于第二类事务,中央政府确定基本理论、基本路线、基本方略,具体事项由地方分级管理,中央部委对该类事项进行指导、协调、监督。据此,中国各层级政府之间形成了职责同构的格局,用通俗的话来描述,就是每一级政府都管理大体相同的事情。在管理方式上,体现为各层级政府齐抓共管。对地方政府的要求是守土有责、守土负责、守土尽责、守土有效。另一种形象化的说法是各级政府要看好自己的门,管好自己的人,干好自己的事。对中央部委的要求是统筹本系统本领域工作,对口领导或指导下级政府相对应的部门。为确保中央方针政策和国家法律法规的上下贯通、执行有力,地方政府机构设置多数与中央部委对应。这是当代中国政府条块关系复杂性的重要制度根源。这种政府运作流程的优势是既能保障中央政府掌控大政方针、政策和路线,又力图调动各级政府的积极性,共同承担治理责任;既能做到全国一盘棋,又能鼓励地方因地制宜积极探索。需要改进的地方在于,权力运行的交叉点多,权责不清晰、不一致和不协调,政策落实经常面临"中梗阻"(参见表4-2)。

表4-2 当前事权设置、职责配置和条块关系的逻辑联系

事权设置	职责配置	机构设置	条块关系类型	运作
中央事权、由中央负责的事项	清晰	垂直管理的条条	垂直管理条条与地方政府的关系	协作配合
中央和地方协同管理、需要地方负责的事项	职责同构	上下对口	上级条条与下级块块的关系;上下级"条条"的关系	共同承担治理责任,权力行使的交叉点多,条块关系复杂,权力不清、责任不明

二、职责同构的含义与特征

(一)含义

所谓职责同构,是指在政府间关系中,不同层级的政府在纵向间职能、

职责和机构设置上的高度统一、一致。用通俗的话来描述，就是中国的每一级政府都管理大体相同的事情，相应地在政府机构设置上表现为"上下对口，左右对齐"。职责同构不仅是关于当代中国政府间关系总体特征的一个理论概括，而且在国家的法律和制度基础、政府经济和社会管理体制等各个领域有着多方面的表现。[①]

(二)特征

中国各个层级的政府，不是以应该承担的职能为基础划分事权，而是在"统一领导、分级管理"思想指导下共同参与对同一事项的管理。除外交、国防等少数中央专有事权外，各级政府的职能并未有明显的区别。法律赋予中央与地方政府的职责大致是一致和对等的，每一级政府都在管理大体上相同的事情，地方政府几乎是中央政府的翻版。一个形象化的说法是"市长抓菜篮子，县长抓菜园子，区长抓菜摊子"[②]。从职能和职责的角度来说，每一级地方政府都是一个"小中央"，要管理几乎"所有的事情"。各个层级政府的职权基本上是按全能政府的理念所设计的。各级政府的职能几乎无所不包，涉及教育、经济、科学、文化、卫生、财政、民政等各个领域。各级政府在职能上的差异并不明显，区别在于对事务管理的权限和责任上，只是在大小上有所分界。"除了外交、国防之外，几乎所有的事务我们分不清哪些是中央职能、哪些是地方职能，基本上都是各级政府合作……这种现象十分普遍，造成了政策的一致性、有效性水平低下。"[③]

政府职责是部门性和层次性的有机结合。横向上的各个政府部门和纵向上的每一层级政府各有自己的职责领域。在政府间职责分配上，我们还存在一些有待改进之处。第一，各级政府的职权重叠，缺乏独立性，没有对

---

① 参见朱光磊等：《"职责同构"批判》，《北京大学学报》(哲学社会科学版)，2005年第1期。

② 李鹏：《市场与调控——李鹏经济日记》(中)，新华出版社、中国电力出版社，2007年，第745页。

③ 楼继伟：《中国政府分权程度全球最高 有些需"补课"》，《21世纪经济报道》，2006年8月6日。

各自权力的来源、事项的管辖等方面进行合理的划分。①第二,没有对条块之间的职责作出清晰的界定,并转化为具体的制度设计,政府职责中存在着上侵、下夺、左挤、右占等现象。上侵,指下级政府行使着上级政府或条条的职责;下夺,指上级政府或条条管得过细,直接处理应该交给下级政府或条条的事项;左挤、右占,指同一层级政府内的各条条之间职责不清。政府纵向间的职责和权力分配不清的问题,在一定程度上成了中国政府发展进程中的"困点"。实践中的很多矛盾即源于此。

三、各层级政府的职责同构

政府职责的清晰化是处理条块关系的关键所在,它决定着条、块之间的权责分配和机构设置。在职责同构的政府架构下,五级政府之间"职责同构"加"条块分割"的局面出现的实际情况,一是党政机构必然是"上下对口",二是"条条"钳制"块块",三是上面决策,下面执行,上面领导,下面负责,上面负担重,下面责任多,权力与责任不对等,出了问题难以说清楚。②

(一)每一级政府要管理本行政区域内几乎"所有的事情"

中央和地方之间,地方政府上下级之间在权力上有工作分工但没有制度化的分权。上下级政府之间是类似于一种政治委托式的授权,每一层级政府履行着相似的职能,要对行政区域内所发生的几乎一切事项承担政治上的责任。"在世界范围比较,中国政府的分权程度是最高的,是世界上最分权的国家……几乎所有的事务我们分不清哪些是中央职能、哪些是地方职能,基本上都是各级政府合作。"③

---

① 参见张志红:《当代中国政府间纵向关系研究》,天津人民出版社,2005年,第272页。
② 朱光磊:《当代中国政府过程》(第三版),天津人民出版社,2008年,第266页。
③ 楼继伟:《中国政府分权程度全球最高 有些需"补课"》,《21世纪经济报道》,2006年8月6日。

"属地万能",权责边界不清晰。例如,作为基层政府的乡镇(街道)权小责大,要推进经济社会发展、保障民生福祉、守住安全底线、保护生态环境,抓好基层党建,还要承担信访维稳、城市管理、卫生保洁、森林防火、防汛减灾等各类职责,要协助有关部门打击非法集资、防邪教、反诈骗、禁毒等,每年各种大大小小的考核数百项。很多工作领域没有明确各方责任,一旦出现问题,乡镇(街道)都要承担属地责任。有干部反映,"属地责任"是个筐,什么都在往里装。在环保监管督查等方面,面对许多问题,乡镇(街道)不具备相应的执法权限和执法能力,因属地责任的压力,只能通过一些"土办法"尽量开展工作。

什么都要管是全能政府治理理念的反映。地方政府什么事情都要管,容易导致不能分清自己应该负责什么、不应该负责什么。任何人的精力和能力都是有限的,管了许多不该管也管不了的事情,也就意味着拿不出足够的时间去管好应该管的事情,服务民众,在工作中难免出现疏忽和漏洞。为了避免承担政治责任就要:第一,封锁不利的信息,搞所谓的"欺上瞒下"。鉴于此,中央强调:"不允许把自己管理的地方、部门和单位,搞成不听党的统一指挥、不受组织约束和群众监督的'领地'。"[1]第二,采用种种策略来应付上级政府,其中象征性合作是一种通常的策略。"地方政府多会采取象征性合作的方式……'象征性合作'系指地方政府假装合作,而实际上并未合作。"[2]

中央政府不可能做到事无巨细、事必躬亲,把全国的各项事务包揽无遗,而不得不根据事务的性质在各个层级的政府中合理地配置政府的职能和权力。"我们的各级领导机关,都管了很多不该管、管不好、管不了的事,这

————————

①　中共中央文献研究室编:《中共十三届四中全会以来历次全国代表大会中央全会重要文献选编》,中央文献出版社,2002年,第631页。

②　[荷兰]布雷塞斯等:《政策效果解释的比较方法》,《国际社会科学杂志》(中文版)第4卷第2期(1987年5月),第121页。

些事只要有一定的规章,放在下面,放在企业、事业、社会单位,让他们真正按民主集中制自行处理,本来可以很好办,但是统统拿到党政领导机关、拿到中央部门来,就很难办。谁也没有这样的神通,能够办这么繁重而生疏的事情。这可以说是目前我们所特有的官僚主义的一个总病根。"[1]

可以设想,在五级政府同时过问同一件事,没有明确划分各自职责的前提下,怎么可能不出现条块矛盾? 又如何同时调动条条和块块的积极性呢? 早在党的第八次全国代表大会上,刘少奇就指出,国家的很多工作,例如,农业、小型和中型的工业、地方的运输事业、地方的商业、中小学教育、地方的卫生事业和地方的财政事业等,中央只应当提出一般的方针政策和大体的规划,具体的工作应当交由地方因地制宜、因事制宜地去部署办理。[2]几十年过去了,虽然在各层级政府之间的职权划分上取得了较大进展,但是各级政府之间、条块之间职责不明确的地方依然很多。

(二)一级抓一级,层层抓落实

统一领导与分级管理是中国政府管理模式的重要特征和特殊经验。党中央、国务院统一领导国家事务和地方各级国家机关的工作,全国都要按照中央的要求,统一步伐,齐心协力地进行工作。然而,在大多数经济、文化事业和社会事务上,中央政府并不亲力亲为,主要是由各级政府合作治理。具体工作方式是"一级抓一级、层层抓落实"。

如果本该由中央政府通过条条完成的任务,却交给下级政府或基层政府去完成,这种安排容易使各个层次的政府功能发生紊乱。依靠地方政府施行自己的决策,和中央决策的本意相比肯定会有偏差。这种模式本身就包含了决策在施行中产生变异的可能性。决策和执行的二元化,容易造成中间梗阻。"中国自古以来由中央设计制度,其形式都很完善,到了地方,千

---

① 《邓小平文选》(第二卷),人民出版社,1994年,第328页。

② 参见中共中央办公厅编:《中国共产党第八次全国代表大会文献》,人民出版社,1957年,第50页。

差万别，很难符合实际，不得不靠地方官员灵活执行，于是又出现了不均衡状态。"①

四、上下级条条的职责同构

同一条条之间不是基于管理对象的不同合理地划分权力和责任，而是上级条条可以统管本业务范围内的绝大多数业务。

第一，上级条条与下级条条之间存在一定的工作分工，但一直没有明确的职责划分。作为行业和领域的最高主管机关，中央部委只要愿意和认为有必要，可以对本系统内的几乎任何事情进行直接管理和干预。同样道理，地方政府中的上级条条管理本行政区域内与自己业务相关的绝大多数事情。例如，教育部门从教育部到省级政府的教育厅、市县级政府的教育局、一直到乡镇政府的教育办公室都有权管理中小学。

上级条条的负责人不是全知全能的，不可能在所有领域都是专家。对本领域内的所有事项都要管的结果是自己该管的事情没有足够的精力去管，不该管的事情抓住不放，最终管得效果也不理想。管理上责任不明的后果是效率的降低。在这种制度规定下，下级条条既要完成本级政府交给的任务，还要去施行上级条条的决策。这种状况也为施行决策中的变通提供了空间。

第二，由于同一职能部门的上下级之间没有明确的职权划分，容易造成权力在行使过程中的错位。对于一些事项，中央职能部门要管、省级职能部门要管、市级职能部门要管、县级职能部门也要管。究竟该哪一级政府的职能部门管，经常说不清楚。结果是中央职能部门没有精力管，地方又管不

---

① 荣敬本等：《从压力型体制向民主合作体制的转变——县乡两级政治体制改革》，中央编译出版社，1998年，第14页。

了。上级职能部门往往越级处理应当由下级职能部门处理的事务,下级职能部门有时越权从事应当由上级职能部门处理的事务。出了问题之后,下级埋怨上级,上级指责下级。

五、条块之间的职责不清

职责同构还表现在上级条条和下级块块之间。由于条条受上级条条和本级政府的双重领导,在实践中为了避免权力运行的混乱,需要合理分清二者的责任,即以哪一方领导为主。属于条条的责任,条条去承担,不能把责任加给块块。以区县职能部门和乡镇(街道)关系为例,条块职责不清和权责不一有如下典型表现:

1.条强块弱,条块结合不到位

这主要表现为条块协同力度不够、运转不畅,条块权责划分不尽合理,基层治理缺乏粘合力。一是责任"顶不住"。一些区县部门通过责任书、专题会、工作方案和任务分解表等形式将本该由部门或部门派驻机构承担的事务和责任摊派给乡镇(街道),没有考虑乡镇(街道)是否具有承接能力,属事部门成了"指挥员",属地的乡镇(街道)成了"战斗员"。如自然资源规划、住建、城管等部门,经常向乡镇(街道)综合执法办下达拆除违章建筑的任务,却较少现场指导。

二是协调"喊不动"。乡镇(街道)在解决治理难题需要协调上级职能部门或派驻机构时,常常因协调不畅"束手无策"。特别是相关工作需要人力、财力投入时,上级职能部门或派驻机构经常推责任、绕着走。由于对派驻机构人员的选拔任用、评先评优话语权较弱,乡镇(街道)无法有效引导派驻机构参与基层治理。有些急难险重的工作,多靠乡镇领导的协调能力和私人情感而不是制度化的协调机制。

三是"看得见的管不了,管得了的看不见"。一方面,特种设备安全监管等一些专业性强、经费投入大的事项，任务常常落在乡镇（街道）层面，但实际上乡镇（街道）对这些事项既无专业工作人员、更无技术支撑，大多跟着感觉走，基本上是"无能为力"。如食品和农产品等的达标检验需要专业设备和技术人员，但实际中经常要求基层进行快检，因为工作量大且专业，基层接不住，有些工作也推不走。另一方面，行业主管部门有一定执法权但通常人员力量不足，不能切实履行职责。

四是部门甩锅，矛盾下沉。条对块的政策指导支持不够，甚至将政策风险压给基层。在政策的具体执行中，区县部门作为政策制定或解释部门没有发挥应有的指导作用，经常让镇街自行把握、自主解释、自担风险。如果群众对政策有不满，总是让镇街从中调解，而不是针对政策制定细则、规范。部分部门将条条之间的矛盾下沉。有的部门面对管理职能交叉、执法权限重合时经常相互推诿，部门之间不协商解决办法，而让镇街向相应部门打申请、写报告、搞对接。在各种专项工作中需要的数据，部门之间本可以互相沟通核实，但为图方便，经常将报表直接下发镇街统计汇总，增加了镇街的工作量。

2. 九龙治水，统筹协调不到位

一些街道面临着乱停车、油烟污染、私搭乱建及清扫保洁难持久等问题，严重影响着城市居民群众的生活品质。负责解决以上这些城市基本问题的部门有多个，各自不相隶属。基层治理中存在一条街十余人管，却又人人都不管的现象，如环卫管清扫保洁，不管乱摆摊、乱停车；交巡警管行车道乱停车，不管人行道乱停车；乱摆摊、人行道乱停车归市政管。再如市政管道和路面，经常是某个部门安装线路挖一下，过一段时间另一个部门安装水管又继续开挖，缺乏统筹。因此，亟须破解城市管理中多头管理、力量分散、各管其事的难题。

条块职责不清给块块造成很大压力。块块整天忙于处理应该属于上级条条职责范围内的事项，而无法充分行使自己应该履行的职责。"乡镇政府最头痛的事，就是上面各职能部门的事都通过乡镇政府转变为政府行为。'上面千条线，下面一根针。'收税、收贷、提留、安全、合作医疗，甚至买卖书刊发行，这些条条或部门的业务都成了行政指令，都要通过行政力量去推行。"①

六、上下级政府的机构同构

职责决定机构。中国各个层级政府的机构设置大体上呈现出同构的特色。机构同构是中国政府官员规模过于庞大的根源之一。机构同构意味着各级政府根据与上级对口，即上级有什么机构和部门，下级相应也要建立。层层对口设置使每一级政府几乎上下一般粗。乡镇政府一般配备一至数名工作人员对应上级条条。所有的机构层层对口，机构就精简不下来，容易导致地方机构过于庞大，人为地增加管理层次、行政官员、办公经费和政府成本。

大多数国家虽然存在条块关系，但上级条条却没有权力影响地方政府机构的撤废和官员规模的增减。新中国成立以来，每次机构改革时，中央政府的决心和力度都很大，但经常陷入精简—膨胀—再精简—再膨胀的循环。原因固然很多，其中很重要的一点就是源自"双重领导"政府管理体制所造成的上下对口。"很多地方反映，地方政府机构改革工作难做，上级部门干预太多。我要强调一点，国务院各部门不得干预地方政府的机构改革工作。各地区都要按照中央的精神，根据本地实际，通盘考虑，顶住压力。"②

在职责同构的政府架构下，中央政府面临着一个两难问题：为调动体制的活力和地方政府的积极性，中央需要通过条条放权，把部门的人、财、物综

---

① 曹锦清：《黄河边的中国》，上海文艺出版社，2000年，第187页。
② 《朱镕基讲话实录》（第三卷），人民出版社，2011年，第306页。

合权力分散到地方。放权之后，由于单个部门对得到权力的地方调控力不从心，中央政府的领导被削弱，结果是放权常常伴随着条条的再集权。若"条条专政"达到引起地方激烈不满的程度，中央就再次放权。于是就形成了"一统就死——死就叫——叫就放——放就乱——乱就收——收就死"的循环状态。因此，产生条块矛盾也是必然的。"极端一点形容，在我们中国是中央派人到地方'查卫生'，县委书记也想管银行，职责同构成了'条块矛盾'长期存在，政府职能调整和机构改革不能很好到位的症结之所在。"①条块矛盾与政府官员的作风和能力有一定关系。但解决矛盾光靠一味地指责，效果不大，关键是要从制度上调整政府间关系，厘清各自的权责边界。

第三节　轴心辐射模式：职责同构的制度根源

条块矛盾的症结在于职责同构的政府管理模式。那么，不同层级间政府的职责同构又是由什么造成的呢？

一、新中国成立以来对职责同构的调整

（一）实践进展

职责同构的政府纵向间架构在维护国家统一、保持政治稳定等方面发挥着不可替代的功能和作用。然而，也要看到，这一模式也是中央和地方关系陷入"一统就死，一放就乱"的原因之一。中央政府拥有对全国事务的领导权，事实上又不可能每一件事情都事必躬亲。第一，所谓的集权和放权主要在条条和块块之间进行。中央政府集权时通过部委集权来实现，增加了

---

① 朱光磊、张志红：《"职责同构"批判》，《北京大学学报》（哲学社会科学版），2005年第1期。

中央部委的权力。条条集权时,容易处在部门分散和部门各自为政的状态,也容易压抑地方政府的积极性。当地方政府的不满达到一定程度时,就把部委掌握的一部分权力下放给他们,又容易处在地方分散和地方各自为政的状态。第二,一级政区的权力过大。在任何国家,对一级政区的监督都是一个异常重要的问题。"中央对各行省当局的监督——这是古代国家中一个非常普遍地占主导地位的问题。"①相当于典型单一制国家的一级政区而言,中国的省级政府管辖面积大,人口多,权力大。为了国家的长治久安,在加强对省级政府控制和监督的同时,也要注意减少其职责。

既然职责同构存在诸多不尽合理之处,也产生了一些副作用,从理论和逻辑上讲,合理的选择便是完善这一政府管理模式。新中国成立后,中央政府很早就意识到了合理划分中央政府与地方政府职责权限的必要性,并提出了划分的原则和一些基本思路。1956年,党的八大在修改党章中专门增加了这样的条文:"党的中央组织和地方组织的职权应当有适当的划分。凡属全国性质的问题和需要在全国范围内作统一决定的问题,应当由中央组织处理,以利于党的集中统一;凡属地方性质的问题和需要由地方决定的问题,应当由地方组织处理,以利于因地制宜。上级地方组织和下级地方组织的职权,也应当根据同一原则作适当的划分。"②1995年,江泽民指出,当前应抓紧合理划分中央和地方经济管理权限,明确各自的事权、财权和决策权,做到权力和责任相统一,并力求规范化、法制化。2002年,党的十六大报告提出:"依法规范中央和地方的职能和权限,正确处理中央垂直管理部门和地方政府的关系。"2004年,党的十六届三中全会通过的《中共中央关于完善社会主义市场经济体制若干问题的决定》进一步提出:"合理划分中央和地方经济社会事务的管理权限。按照中央统一领导、充分发挥地方主动性积

---

① [德]赫尔佐克:《古代的国家——起源和统治形式》,赵蓉恒译,北京大学出版社,2003年,第317页。

② 《邓小平文选》(第一卷),人民出版社,1994年,第228页。

极性的原则,明确中央和地方对经济调节、市场监管、社会管理、公共服务方面的管理责权。属于全国性和跨省(自治区、直辖市)的事务,由中央管理,以保证国家法制统一、政令统一和市场统一。属于面向本行政区域的地方性事务,由地方管理,以提高工作效率、降低管理成本、增强行政活力。属于中央和地方共同管理的事务,要区别不同情况,明确各自的管理范围,分清主次责任。根据经济社会事务管理责权的划分,逐步理顺中央和地方在财税、金融、投资和社会保障等领域的分工和职责。"2013年,《中共中央关于全面深化改革若干重大问题的决定》强调,逐步理顺事权关系。中央和地方按照事权划分相应承担和分担支出责任。中央可通过安排转移支付将部分事权支出责任委托地方承担。对于跨区域且对其他地区影响较大的公共服务,中央通过转移支付承担一部分地方事权支出责任。2014年,《中共中央关于全面推进依法治国若干重大问题的决定》指出,推进各级政府事权规范化、法律化,完善不同层级政府特别是中央和地方政府事权法律制度,强化中央政府宏观管理、制度设定职责和必要的执法权,强化省级政府统筹推进区域内基本公共服务均等化职责,强化市县政府执行职责。

为了实现合理划分各级政府职责权限的目标,中央政府的决心很大,并采取了一系列措施。职责同构的政府管理模式开始出现松动和消解的迹象。省级政府的管辖范围比中央政府小了很多,地级市、县和乡镇政府的事项也比省政府少很多。每垂直一个条条就相当于减少了下级政府的一项权力。各级政府管理大体相同事情的状况有所改变。

在某些领域的选择性集权并没有对职责同构的政府管理模式造成实质性的冲击。原因在于:第一,对已经实现选择性集权的事项,仍需要进一步规范化、法律化。"事权划分缺乏法律规范。我国宪法仅规定'中央和地方的国家机构职权的划分,遵循在中央的统一领导下,充分发挥地方的主动性、积极性的原则',并授权国务院规定中央和省、自治区、直辖市国家行政机关的具体职权划分。实践中多以文件形式处理政府间关系,缺乏必要的法律权威和约束力,容易导致事权频繁上收下放,一些领域事权安排存在一定的偶然性和随意性,增加了各级政府间博弈机会与谈判成本,制度的可预期性、稳定性不足。"①对于已经垂直管理的事项,有时还在要求地方去做。另外,这些事项不同程度上还要受地方政府的干涉。第二,选择性集权的事项大多数集中在经济管理领域,社会管理、教育、文化、司法等其他领域仍然是职责同构的。其他领域也可以实行选择性集权,把权力收到中央或省政府手中,但中央把所有权力都上收的做法不可能也不现实,否则地方政府就失去了存在的必要性。问题的解决之道,除了必要的垂直管理,还是要合理划分各级政府间的职责权限。近年来,在这一点上有进展和推进,但还需要进一步推动。五级政府同时管一件事的现象普遍存在。第三,中央政府、省政府与下级政府之间的职责有了初步的划分,地级市、县和乡镇政府之间的职责同构现象基本没有变化。

(二)理论探索

合理划分各级政府的职责权限必要而重要。对于中国政治发展而言,这不是一个要不要做,而是如何做、何时做、做到什么程度的问题。只有合理配置各层级政府职责,才能使政府职能调整、行政机构改革和条块关系理顺等工作同步推进,有助于解决包括中央和地方关系问题在内的一系列政治生活中的重大课题。

"理论在一个国家的实现程度,决定于理论满足这个国家的需要的程度。"②学术界针对合理划分各级政府间的职责权限中所面临的问题进行了理性和全面的思考,并对其中的一些具体问题进行了深入的研究。不少研究政府间关系的学者认识到了在各级政府间实行合理划分职责的必要性,并致力于设计变革的目标取向、基本思路、路径选择等问题的探讨。诸多的

---

① 楼继伟:《推进各级政府事权规范化法律化》,《人民日报》,2014年12月1日。
② 《马克思恩格斯选集》(第一卷),人民出版社,1972年,第10页。

努力推动了理论的深化和实践的发展。在此基础上,我们还需要追问这样一个问题:既然合理划分各级政府的职责权限如此重要,中央政府又很重视,为什么职责同构的政府管理模式没有实质性的调整呢?

任何事物的存在都有一定的理由。职责同构是一种超稳态的政府管理模式。这种模式长期存在肯定有其缘由。因此,探讨这样一个较为深层次的问题可能更为必要:决定职责同构具有持久生命力的制度根源是什么?决定职责同构的因素不变革,原有的政府管理模式可以调整,但很难有实质性的变动。在条件不具备的情况下若强行变革,结果未必会如人们所愿,甚至可能会对政治生活造成一系列的负面影响。"历史喜欢作弄人,喜欢同人们开玩笑。本来要到这个房间,结果却走进了另一个房间。"①

就作者目前所了解的研究成果看,两个代表性观点探讨了造成职责同构的原因。第一,政府职能单一化论。在计划经济体制下,中央政府、地方政府和各种企事业单位是一体化的。这种一体化决定了政府职能的内容和分配关系。首先,政府的最基本职能是管理和经营好所属的企事业单位,完成国家计划。评价政府成就的大小就依据其完成国家计划的情况如何。这样,政府的职能就趋向单一化。其次,这种一体化,使中央政府与地方政府的职能关系也趋向一体化。这也就是说,在计划经济体制下,中央政府与地方政府的基本职能是一致的,并不存在因管理对象的范围和层次的不同而形成明显的分工。这与政府职能本身的单一化有密切关系。②

第二,权力制约论。职责同构的政府间纵向关系运行特点的产生,主要源自计划经济体制下中央一方面集中掌握社会发展资源,另一方面又要求以促进地方自主发展来限制中央部门集权。这是一个具有中国特色的政府间纵向管理模式,既不同于市场经济下西方发达国家的"职责异构",又不同

---

① 《列宁全集》(第20卷),人民出版社,1958年,第459页。
② 参见林尚立:《国内政府间关系》,浙江人民出版社,1998年,第299~300页。

于苏联计划经济模式下遏制政府发展的中央集权。[①]

　　在上述两种解释的基础上,仍然有进一步推进的余地。一方面,实行计划经济的国家都是职责同构的。"社会主义国家的苏维埃体制(the Soviet System)是一种以中央命令控制地方管理的结构。在这种体制下,高一级的行政管理对社会生活的各个方面负有责任,而低一级实体的任何事务都附属于它,处于其严密控制之下。中央行政决策体制控制着全体苏联人,尤其是位于州(county)的居民。州是居民区的最高行政中心,而区又是位于村之上的。每一级组织都对其管理范围内的全部事务承担责任。"[②]另一方面,实行职责同构的国家未必都实行计划经济体制。典型的例子是传统中国不实行计划经济体制,两千多年来却一直是大体上职责同构的政府管理模式。这说明除了计划经济之外,肯定还存在其他的原因。

　　决定职责同构长期存在的因素有很多,但其中必然有一种居于主导地位的因素。只有准确把握这个主导性因素,才能有的放矢,推动合理划分各级政府职责权限工作的顺利进行。对条块关系的协调、处理和研究,不能仅仅局限于政府间关系的范围内,还需要把条块关系放在更宏观制度的背景下去考察。政府间关系首先受根本政治制度的制约,其次才是事权划分的问题。以轴心辐射模式为特征的国家整合方式是决定职责同构的主要制度性根源。

二、轴心辐射模式的基本内涵与主要特征

(一)基本内涵

　　所谓国家整合,也称"政治一体化","意指若干政治单位结合成一个整

---

① 张志红:《当代中国政府间纵向关系研究》,天津人民出版社,2005年,第269页。

② [瑞典]阿姆纳主编:《趋向地区自治的新理念?——比较视角下的新近地方政府立法》,杨立华等译,北京大学出版社,2005年,第40页。

体"①。在国家整合上一旦出现危机和断层,中央政府没有能力约束各个政治实体和单位欲望的泛滥,政治生活便会充满着各种势力之间的无情竞争。这一危机所带来的后果甚至比来自体制外力量的威胁还要大。在处理国家与社会关系的同时,任何一个政权都必须回答这样一个根本性问题:如何处理国家整体与部分的关系,以及以什么样的方式将其管辖地域上的各个部分整合为一个政治共同体?

实现国家整合的制度模式多种多样,单一制与联邦制是两种主要的形式。无论是单一制还是联邦制,其实都是解决国家整合问题的工具。任何集团或个人执政,都会考虑如何既能将分散的地方政府整合起来,使之统一成一个强大的单位,又能遏制地方政府的离心倾向。

在整合国家整体与部分的关系上,中国长期以来实行的是单一制的国家结构形式。中国之所以在单一制的国家结构形式下长期维持职责同构的政府架构,与在国家整合模式上的某些精妙和特色之处有关。这种特色主要表现为:对大一统政治结构的持续追求导致中国形成了权力中心辐射边缘、边缘依附中心的轴心辐射模式。

(二)主要特征

轴心辐射模式是对中国国家整合方式和政治权力结构的一个总体概括(参见图4-2)。该模式的特征如下:

---

① 米勒等主编:《布莱克维尔政治学百科全书》,邓正来等译,中国政法大学出版社,1992年,第559页。

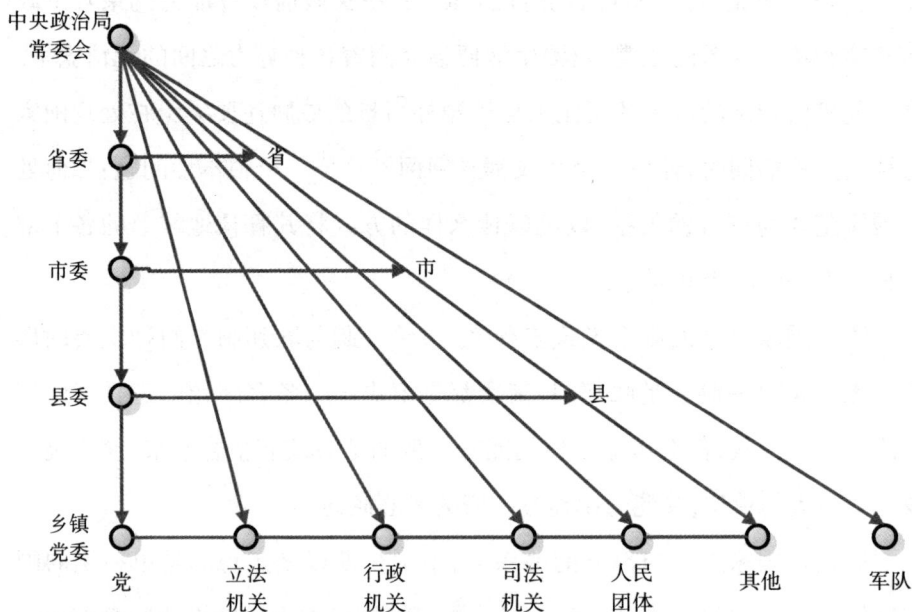

图4-2 当代中国轴心辐射模式简单示意图

1.整个国家的政治生活中存在一个领导核心

"万山磅礴必有主峰。"中国政治历来强调权威的必要性和重要性。中央政府是各层级政府的核心,在中央政府中又存在一个领导集体和领导核心。毛泽东曾经形象地说:"一个桃子剖开来有几个核心?只有一个核心。"①"党的历史表明,必须有一个在实践中形成的坚强的中央领导集体,在这个领导集体中必须有一个核心。如果没有这样的领导集体和核心,党的事业就不能胜利。"②正如邓小平所强调的那样:"任何一个领导集体都要有一个核心,没有核心的领导是靠不住的。"③

中国政治生活的关键在领导核心。领导核心是整个社会和政治秩序的

① 转引自谢伏瞻:《马克思主义是不断发展的理论——纪念马克思诞辰200周年》,《中国社会科学》,2018年第5期,第18页。

② 《中共中央关于加强党的建设几个重大问题的决定》,载中共中央文献研究室编:《中共十三届四中全会以来历次全国代表大会中央全会重要文献选编》,中央文献出版社,2002年,第321页。

③ 《邓小平文选》(第三卷),人民出版社,1993年,第310页。

承载中心，以较强的体制机制保证基本权力关系的稳定。只要党的中央领导集体"是团结的，努力工作的，能够成为榜样的，就是在艰苦创业反对腐败方面成为榜样的，什么乱子出来都挡得住……这是最关键的问题。国家的命运、党的命运、人民的命运需要有这样一个领导集体"①。一旦领导集体和核心出现问题，其影响势必波及全国，甚至会带来政治秩序的失控。"中国问题的关键在于共产党要有一个好的政治局，特别是好的政治局常委会。只要这个环节不发生问题，中国就稳如泰山。国际上不可能小视我们……最关紧要的是有一个团结的领导核心。"②

2.中国政治制度强调权威和集中，强调权力的一元性，反对权力的多中心

就权力的横向关系而言，中国共产党是领导一切的。主要权力应当集中于中央和地方党委的集体。众星捧月，这个"月"就是中国共产党。党的集中统一领导权力是不可分割的。"大权独揽，小权分散。党委决定，各方去办。办也有决，不离原则。工作检查，党委有责。"③就权力的纵向关系来说，"地方和部门的权威来自党中央权威，地方和部门的工作是对党中央决策部署的具体落实"④。各地方的工作思路和政策措施要同中央的路线方针政策对标对表，及时校准偏差，确保不偏向、不变通、不走样。上级政府可以管辖下级政府范围内的任何事项。下级政府的领导成员由中央或上级政府的党委所确定。调节和控制地方政府的主体力量是任命他的上级政府，上下层级政府之间"级别"分明。地方政府负责人既是地方事务的受托人和责任人，更是上级政府的代表，担负着贯彻执行上级政府各项决定和命令的任务。地方政府要善于把工作融入全国的大棋局，做到既为一域争光、更为全

---

① 《邓小平文选》(第三卷)，人民出版社，1993年，第310页。

② 《邓小平文选》(第三卷)，人民出版社，1993年，第365页。

③ 中共中央文献研究室编：《毛泽东思想年编》(一九二一——一九七五)，2011年，第850页。

④ 中共中央宣传部：《习近平新时代中国特色社会主义思想学习纲要》，学习出版社、人民出版社，2019年，第72页。

局添彩。这种模式的一个优点是能够产生自上而下的内控力,使上级保持对下级的压力。

坚决维护党中央权威和集中统一领导,是中国共产党的最高原则。中央制定整个社会的基本价值体系和政治运行规则,通过向周围辐射其核心价值的方式实现政治整合。全党要坚定不移向党中央看齐,步调一致向前进,自觉做到党中央提倡的坚决响应、党中央决定的坚决照办、党中央禁止的坚决不做。"看齐是原则,有偏差是实际生活,有了偏差,就喊看齐。"①轴心对四周的辐射随着空间距离和交通不便程度的增加而弱化。国家整合能否成功,主要取决于中央能否有效控制住各个地方权力中枢,并成功地把价值体系和政策扩展到基层。

需要注意的是,"维护党中央权威、向党中央看齐,这个逻辑不能层层推下去。核心只有党中央的核心,看齐只能向党中央看齐"②。对中央政府而言,严格管理和控制住中央政府各部门相对容易,难点在于如何处理与地方权力中枢的关系。如何选好、用好并成功监督地方政府的"一把手"是历代中央领导最动"脑筋"的地方之一。这种自上而下的控制目标大致有两个③:一个是保持科层结构的完整性,另一个是为了有效地实现组织的效率目标。第一个目标始终是中国政治活动的一个主题,保持科层结构的完整性简单地讲就是保证单一中心的权威性和不可挑战性。

3.轴心是把一切国家机构、制度体系、运作程序和政治事务整合起来的关键和枢纽

"船重千钧,掌舵一人。一个国家、一个政党,领导核心至关重要。"④以

---

①　习近平:《论中国共产党历史》,中央文献出版社,2021年,第103页。

②　中共中央宣传部:《习近平新时代中国特色社会主义思想学习纲要》,学习出版社、人民出版社,2019年,第74页。

③　谢岳:《当代中国政治沟通》,上海人民出版社,2006年,第47页。

④　中共中央宣传部:《习近平新时代中国特色社会主义思想学习纲要》,学习出版社、人民出版社,2019年,第70~71页。

轴心辐射模式为特征的国家整合方式，天然需要有个命令中心，要求严格执行下级服从上级、地方服从中央的原则。轴心辐射模式的有效运行以上下贯通、执行有力的严密组织体系为保障。就中国共产党的组织体系而言，包括党的中央组织、地方组织、基层组织三个层面。党中央有定于一尊、一锤定音的权威，地方组织的根本任务是确保党中央决策部署贯彻落实。

三、轴心辐射模式对职责同构的作用机制

在轴心辐射模式整合模式的影响下，各层级政府基本上是按照同样的原则构建，具有高度的一致性，在功能、职责、组织原则、制度架构、运行模式、施政方式等几乎所有的方面都大体相同。甚至各级政府负责人所做的工作报告、施政思路、运用的语言也都大同小异。各级政府不仅是职责和机构同构，几乎在任何方面都是同质同构。职责同构只是诸多同构中的一种典型表现形式。

轴心辐射模式通过以下几个中间变量和机制影响、塑造并强化着职责同构的政府管理模式。

（一）人事任命

人事关系是政府间关系中一个极为重要的方面，甚至在某些时候是根本性的因素。官员是政府的主体，是政治权力的实际操作者。政府间关系在很大程度上体现为政府官员个人之间的关系，以及政府官员产生的方式。"真正决定政府各部门之间关系的，实际上是打着办公室招牌工作的人们：因此我们有必要明确指出政府间关系这一概念，主要是指人际关系和人的行为。"[1]

中国各层级政府的负责人都是由中央或上级政府任命的。中央对地方

---

[1]　[美]斯蒂尔曼：《公共行政学》，竺乾威等译，中国社会科学出版社，1988年，第253页。

的管理主要体现在对地方的人事控制上。当前,在干部管理范围上实行下管一级的方式。中央任免副省级以上的干部;省委掌握着各市(地区)党政负责人的任免权;依此类推到县委。

职责同构的要义不是各级政府之间没有授权和分工,而在于没有制度化的授权。制度化授权主要有两种方式:第一,某项权力的整体转让。假如有A、B两项权力。权力整体转让的做法是A权归中央、B权授予地方。对各级政府的权限进行划分时,首先明确其核心任务领域,进而配备相应的职权。在配备职权时遵循业务同类和职责相称原则,尽可能将职权作整体划分,使各级政府拥有专有的管辖领域,并在专有的管辖领域内拥有相对完整的权力。第二,对同一事项不同管理权限和责任的划分。即A①、B①两项权力归中央政府,A②、B②授权地方政府。在这种权限划分方式下,各级政府共同承担起某方面的职责。例如,在一些国家初等教育是地方政府的职责。相关方面的事项都由地方政府对当地民众负责。中央政府除了负责监督外,还承担制定相关的课程和教师的资格体系标准,设置地方政府应该达到的相关指标的最低标准等方面的职责。在实行制度性分权的国家,中央(联邦)与地方是相互合作的"伙伴关系",各自相对独立地负责自己职责范围内的事项。中央(联邦)保留对地方事项的一定程度上的监督或制裁权。地方政府的绩效如何,主要是由其治理或服务的对象——民众来评判。也就是说,地方政府除了完成上级政府交办事项,或法律规定必须完成的事外,还有自己明确和独立的职责范围。

在职责同构的政府管理模式下,各级政府也有事实上的分工,并且有时候分得还很详细。然而,在职责划分上,既不是整体性的权力转让,也不是同一事项的不同管理权的划分,而是各级政府都参与本行政区域内的同一事项的管理。中央通过部委管理全国的一切事务;省政府管理本行政区域内除了中央垂直管理之外的一切事务;依次类推到乡镇政府。每一级政府的具体权限是什么,应当承担什么样的责任,没有明确的规定。层层隶属成为中国政府间关系的一个基本特征。各级政府之间并不存在明确的界限，每一级政府各自管理其下级政府。中高层政府一般不直接面对公民个人，除少数职能由自身承担外，大部分职能是通过指挥、监督下级政府来完成的。

下级政府的负责人由上级确定，权力是上级政府赋予的，主要是作为上级的代表执行公务。各地方政府党政领导的第一身份是党员。"当县委书记，要记住自己是中国共产党的县委书记，是党派你在这里当县委书记的。"①在上下级关系上，上级政府处于绝对主导地位，决定着下级负责人的升迁、调动等前途问题，二者之间无所谓职权的制度化划分。

既然地方政府的党政负责人都是上级政府任命，而地方的大多数事务又几乎都在权力中枢的管辖之内。地方政府的一切事务理所当然地都在中央政府的管辖之中，在上级政府的管理范围内。上级政府随时可以直接管理和干预下级政府所处理的任何事情。在中国，"统一领导"是不可动摇的原则，绝大多数事项要靠地方政府来完成。在权力的来源上，中央拥有所有事项所有权，可以管理全国所有的事情，地方政府只有"使用权"。有些事情中央不直接过问，并不是不能管和没有权力管，只要想管就能管。

（二）地方政府对民众的责任机制

从逻辑和事实上看，在上下级政府负责人之间存在任命与被任命关系的情况下，也可以实行制度性授权。假如存在 ABCDE 五项职权，中央负责A，监督 BCDE；省负责 B，监督 CDE；地级市负责 C，监督 DE；县负责 D，监督E；乡镇负责E。或者是中央负责A①B①C①D①E①，省负责A②B②C②D②E②，依次类推。以上只是逻辑上的推导而已。在现实中，中国目前并不具备推行制度性授权的前提和必备条件。

权力的来源决定着运行的规则。中国政府间关系一直难以达到集分平

---

① 习近平：《论"三农"工作》，中央文献出版社，2022年，第142页。

衡上的结合点,关键原因之一就是地方政府对当地民众负责的机制还有待健全。中央政府把全国的一切权力都掌握在自己手中不现实。中央政府把一些应该属于地方政府的职责和权力下放给地方政府行使,可以使自己更为超脱,集中力量抓"大事",对于下放的权力,只负责监督就可以了。但问题是,在地方政府对民众的责任机制还不健全的情况下,制度化授权往往带来很大的副作用。"以中国的最高决策层和领导者的政治智慧,不会不知道中国历代统治者处理中央和地方关系的经验教训;不会不明了这一问题的重要性,不会不懂得有制度规定所依的便利。因此,这种非制度化决不是一种决策上的失误,而是权衡利弊后的一种明智选择。"①

第一,地方政府很难真正履行好属于自己的职责。防止滥用权力的重要防线是当地民众。"毫无疑义,依靠人民是对政府的主要控制。"②在民众对当地政府制约机制不健全的前提下,仅仅靠中央的监督是不够的。一是因为代理人链条过长,存在中央权威逐渐衰减和被截留的问题。二是因为一个中央政府无法监督千千万万个地方政府。少数监督多数总是很难。只有在地方政府的权力受当地民众真正制约的条件下,制度化授权的难题才能解套:权力授到哪里,地方民主跟到哪里。把中央制约地方权力的部分责任让当地民众来履行。当地方政府不能履行职责时,民众很容易把不满的对象指向党和政府。在中国这样一个大国,一件件这样的小事情,汇集起来就变成了大事情。这使得中央政府不得不亲自管理。

第二,中央政府尝试着对地方政府进行过多次授权。由于地方政府的行为得不到规范,导致授权后地方政府行为在一定程度上失控。中央政府不得不收回权力。在地方政府对民众切实负责的机制健全完善前,中央政府保持充沛的权威合法性资源,保持对全国各项事务的最终领导和直接管

---

① 金安平:《新中国成立初期中央和地方关系若干原则的形成》,《北京党史研究》,1998年第2期。

② [美]汉密尔顿等:《联邦党人文集》,商务印书馆,1988年,第264页。

理权,并运用这种资源和权力来强化指令贯彻的机制是必要的。

职责同构是慎重政治抉择的结果。在实行一些重大的政治变革时,一定要充分考虑其所带来的"政治溢出"效应及可能导致的政治后果。实行制度性授权后,多数地方政府对于自己职责范围内的相当一部分事项可能会做到比较好。如果没有其他政治变革相配套,同样也存在做不好的可能性,而且这种可能性发生的概率会很大。一个可以预见的现象是,在地方政府不能很好地履行职责的情况下,上级政府固然保留着监督权,但很难事事进行监督,事实上也监督不过来。这样的结果还不如实行职责同构的政府管理模式。因为在现有模式下,当地方政府不能很好地履行某一方面的职责时,上级政府可以通过上级条条进行干预,或者通过垂直管理的方式收回地方政府的某项权力。条条管理未必比块块管理负责和高明,但对于民众而言毕竟多了一个选择。制度创新的一个重要前提是预期收益大于预期成本。既然打破职责同构的政府管理模式后存在如此明显的不可控预期,这样的制度创新就很难发生。

(三)归口管理

中国共产党对具体政治权力的掌握和运用通过归口管理制度来实现,即每一位党的常委分别负责工作中的某个方面。"口"是一个中国特色的政治词汇,虽然在概念上并不明确,但在政治生活中出现的频率却很高,大体上是指工作中的某个领域、某个系统或某个方面,如"宣传教育口""财经口"等。

每名中共中央政治局常委分别负责一个或若干"口",是该"口"工作上的最高负责人。归口管理是集体领导下的归口管理,并不等于某个"口"的工作就是单兵作战,也不是个人领导。各"口"重大问题的决策是由中央政治局常委会决策,各"口"只是执行政治局常委会的决定。在一般情况下,对本"口"中的一般性问题,由本"口"的负责人作出决定即可。一个"口"包括若干部委。每一个"口"都是上下贯通的。在地方政府,也是党委常委分管经济建设、组织、宣传、纪检、政法、统战等方面。地方党委常委是本行政区域内相关事务的负责人,在分管的领域要接受上级党委中分管常委的领导。

政府工作的方方面面都在各个"口"的管理之中。这在客观上强化了上级条条的权威性,并增加了条块关系的复杂性。由于每个条条背后都有一位党委政府的领导为后盾,这在无形中增加了上级条条所发出指示的重要性和权威性。一般而言,常委部门更有权威性,会受到同级条条和下级块块的高度尊重。从这个角度讲,地方政府及下级条条服从上级条条的业务指导和安排也是不得已而为之。

(四)民主集中制:政府间关系的基本原则

中国共产党内的组织关系是政府间关系的核心,决定着体系内其他关系的实际构成。政府间纵向关系表面上看是各级政府如何划分职权和协调关系的问题,而实质上是党的组织上下级关系问题。相应地,以民主集中制为基础的党的组织原则,也成了政府间纵向关系的根本原则。民主集中制实现了充分民主与集中领导、充满活力与统一意志、程序科学与富有效率的有机统一,是科学合理有效的制度。这种从历史中来、在现实中管用的制度,其优势在管党治党建设党、治国理政、建设现代化国家的过程中彰显得淋漓尽致,是中国制度的重要优势之一。民主集中制从"党和国家的最根本的制度"发展到"党的根本组织制度和领导制度",再到"中国共产党的根本组织原则、国家组织形式和活动方式的基本原则",其在党和国家的制度体系中的根本地位逐步得到明确和巩固,逐渐成长为中国政治制度的核心机制之一。

以这个原则构建起来的党内上下级关系的各项制度,成了职责同构的政府管理模式长期存在的制度支撑和保障。党内权力有分工,但没有分权的概念。在上下级关系上,下级服从上级,全党服从中央,这是党章和党纪明确规定的。既然党内上下级之间不存在分权,那么,在各个层级的政府之间也很难明确各自的职责和权力范围。

在民主集中制下，党组织上下级的关系主要表现为以下四个方面：第一，以"四个服从"为基础和原则。所谓"四个服从"，是指党员个人服从党的组织，少数服从多数，下级组织服从上级组织，全党各个组织和全体党员服从党的全国代表大会和中央委员会。"四个服从"最重要的是全党服从中央。"党和国家的指导思想、奋斗目标、大政方针和法律制度以及重要工作部署，全党全国必须统一。各地方、各部门都要在大局下行动。"①第二，党的上级组织直接负责下级组织干部的管理和任免，二者是领导与被领导的关系，在权力行使的范围上存在着分工，但不存在分权和制衡关系。第三，党的下级组织必须坚决执行上级组织的决定。下级组织如果认为上级组织的决定不符合本地区、本部门的实际情况，可以请求改变；如果上级组织坚持原决定，下级组织必须执行，并不得公开发表不同意见。为维护党内的高度集中和统一，"党的组织部门定期对党员和领导干部进行考核，考核党政干部在重大问题上能否与党中央保持高度一致，服从党组织的决定，能否认真贯彻执行党中央的路线、方针、政策和保障国家的法律与政令的畅通。凡是被上级党委和组织部门认为在工作中不能认真贯彻执行上级党组织和政府的各项决定的干部，都可能受到批评、警告、处分甚至免职"②。第四，地方党组织无条件服从党中央，没有任何分权之理。有关全国性的重大政策问题，只有党中央有权作出决定，各部门、各地方的党组织可以向中央提出建议，但不得擅自作出决定和对外发表主张。

新中国成立以来，中央与地方之间进行过多次权力收放的循环。每次权力收放的内容、程度、幅度和时机有比较大差别，但其中有一条主线没有变化，即党组织的上下级关系。在以"四个服从"为基础的纪律和制度保障下，党中央借助于对下级党组织强有力的领导，有足够的力量保持中央政府

①　《中共中央关于加强和改进党的作风建设的决定》，载中共中央文献研究室编：《中共十三届四中全会以来历次全国代表大会中央全会重要文献选编》，中央文献出版社，2002年，第631页。

②　徐湘林：《党管干部体制下的基层民主试改革》，《浙江学刊》，2004年第1期。

的权威和集中统一领导。这个格局决定了不管中央向地方放了多少具体事项的管理权，地方政府的权力与行为出现多大的膨胀，党中央都有足够的能力收回权力，有力有效地领导地方政府。

以轴心辐射模式为特征的国家整合方式的价值和功能不容忽视，其顽强的生命力和自我复制能力绝对不是偶然的。不然我们无法解释以下现象和事实：中国为何成为世界上延续时间最长的大一统帝国；中华文明为何成为唯一延续至今的大国文明；中国的政治制度为何成为"世界历史上保持时间最长的政治制度"。①

为理顺包括条块关系在内的政府间关系，需要完善职责同构，进而对以轴心辐射模式为特征的国家整合模式进行调整。但也应该看到，这是有条件的。在条件暂时还不具备的情况下，不要急急忙忙去"打破"。与其把主要精力放在"打破"上，不如放在为完善职责同构的政府管理模式创造条件上。

---

① ［美］费正清：《中国：传统与变迁》，张沛译，世界知识出版社，2002年，第69页。

第五章

条块关系改革的参照系:中国实践
与他国做法

    条块关系是国家政治结构中的重要方面,对一国的经济社会发展、国力盛衰有着深远的影响。因此,协调和处理条块关系为历代政治家所重视。从某种意义上说,自国家产生以来,人类就一直在探索如何构建一种良好的条块关系模式。其中,有成功的经验也有失败的教训。对于当代中国而言,无论经验还是教训都是前进中的财富。一方面,不能忽视中国历史上的经验和教训。"我们研究中国就要拿中国做中心,要坐在中国的身上研究世界的东西。"①另一方面,也要注意研究其他国家的一些做法,在处理条块关系的规律性和多样性上寻求结合点,并形成鲜明的中国特色。

---

    ①   中共中央党史和文献研究院编:《毛泽东 邓小平 江泽民 胡锦涛关于中国共产党历史论述摘编》,中央文献出版社,2021年,第34页。

第一节　中国古代政府的条块关系

政府模式的变迁存在着路径依赖,不能脱离国情,割断历史。中国现有的政府管理模式深深扎根于历史进程之中,是过去和现在的结合。[①]条块体制不是静止、孤立和一成不变的,而是根据变动中的社会情景发展不断调整,是有包容性、创造性和强大韧性的政府管理模式。

一、政府间纵向关系的基本制度模式

中国帝制时代的政府治理模式历经两千余年的演变。以条块关系为基础的政府间纵向关系,始终是影响古代政府治理能力甚至王朝兴亡的重要因素。学术界对中国古代政府间关系的许多方面都有了很深入的研究,如对官制、行政监察、官员考核和信息沟通、机构设置、行政区划和央地关系等主题的研究。对中国古代政府的条块关系进行学理上的考察,不仅有助于更好地认识当代中国政府的条块关系,而且对构建未来的条块关系模式也可以提供有益的启示。

总体而言,在秦朝以前的国家治理中,有块块、无条条,没有所谓的"条块关系"。中央政府设有办事机构和部门,但这些机构没有形成贯穿各个政府层级的设置,即没有上下连接成条条。在西周分封制的国家治理形态下,各诸侯国自己管理自己的事情,是介于一个独立国家和地方政府之间的政治实体,整个国家更像是多个小国家的联合体。中央政府用地盘换取诸侯

---

①　本节由周振超完成初稿,王涛补充和修改,以《中国古代政府的条块关系:一个三维模式的解释》为题发表于《长江师范学院学报》2021年第6期。

国义务,各个诸侯国都有自己的朝廷,组织架构和周王室大同小异,只是规模有所区别而已。在治理方式上,实行的是"大块"管"中块"、"中块"管"小块"的模式。

大一统既是一种观念和价值取向,又是处理政府间纵向关系的基本制度模式,还是贯穿传统中国政府间关系的主线。秦始皇扫灭诸侯、并吞六国、一统天下以后,构建了由上至下的中央高度集权的政治模式。秦虽速亡,其确立的基本制度却历时两千年之久。中国历代统治者对大一统的追求没有丝毫动摇,都致力于构建大一统的政治秩序。中国古代政府的条块关系正是由这一基本制度模式催生的,其中,块块治理是大一统国家的超大规模使然,而条条控制则体现着加强中央集权的内在需求。中国古代的中央集权以秦代郡县制的全面推行为开端,经过宋代的转折,到清代发展到顶峰,呈现为一个逐步加强的过程。

大一统是贯穿中国传统政府间关系的主线。其要义是:中央集权和皇帝集权,天下大权集于中央,中央大权集于皇帝。同时,防止地方政府长官权势膨胀,尾大不掉,进而威胁中央政府和皇权,是历代王朝在设计中央和地方关系模式时考虑的头等大事之一。

控制地方人事。秦汉时期,皇帝只掌握郡守、县令等主要地方行政长官的任免权。除重要僚属由中央政府任命外,郡守、县令可自行辟除僚属,而且常由本地人充任。因而,地方行政长官与属吏特别容易建立人身依附关系,形成庞大的关系网络。一旦中央的控制力削弱,就可以以地方行政长官为中心形成割据的局面。鉴于郡县主官自辟僚属的弊端,隋朝将地方佐官及僚属的任命职权全部收归中央吏部。"隋文帝地方制度改革的一项重要措施,就是一切官员都必须由国家任免,从而剥夺了地方长官自行辟除僚属的权力。地方长官在用人权方面,仅限于自己僚属和属吏。"[1]后代王朝均沿袭

① 田穗生、罗辉、曾伟等:《中国行政区划概论》,北京大学出版社,2005年,第41页。

了这种做法。地方官吏,由于手握实权,任职一段时间后,就容易发展培育起自己的势力和亲信。为了防止这种势力扩大并产生割据的可能,中央政府采取了定期轮换任职的措施,即一个地方官在某地任职一段时间后,就要被调离到其他地方任职。[1]

集中财权是实行中央集权的物质基础。在财政收入上,税收的征集方式主要有两种:一是,在中央政府的监督下,由地方政府逐级征收和上缴;二是,在重要的税收上,中央政府通过自己垂直管理的机构直接征收。比如,元代的盐课、茶课两项税收,绝大多数情况下朝廷委托给直属于中书省或行中书省的大都河间、山东东路等都转运盐使司等,代表中央直接负责征收或榷卖。[2]在北宋以前,地方政府对于自己征收的税收,有一定的"自由处置权"。宋朝改变了以前的做法,地方政府的各项税收除日常给用外,凡钱帛之类一律上缴中央。各地的其他支出,完全听命于中央三司的安排。在元代,全国岁钞总收入为四百万锭,其中二百八十万锭要上缴中央,占全国总收入的70%。[3]

军权集中于中央政府是维护国家统一的基础。这一点,古今中外概莫能外。为了防止地方割据和避免国家分裂,历代王朝对军队的控制都极其严格。军队的最高指挥权和将帅的任免权完全由皇帝亲自掌握。在军事制度的设置上,处处渗透着一个"防"的原则,即防止军权旁落。军队的调动必须出自皇帝的命令。秦朝时,只有皇帝才有权调动50人以上的部队用于军事行动,并且必须执行玺、符、节等制度。下达命令,文书上必须盖上皇帝的玺和各级将军的印,调动军队必须以符为证,一般远距离的军事行动,还必须持有通行证。两汉时期也大致如此。[4]这一制度大体为后世所尊奉,并且

---

① 林尚立:《国内政府间关系》,浙江人民出版社,1998年,第267~268页。
② 李治安:《元代政治制度研究》,人民出版社,2003年,第546页。
③ 李治安:《元代政治制度研究》,人民出版社,2003年,第546页。
④ 白钢:《中国政治制度史》,天津人民出版社,1991年,第357~358页。

越来越严格。在军队的部署方面，"京师地区被认为是朝廷的根本所在，是'内'；全国的其他地区被认为是'外'，在内的军力要足以威慑外地"①。

二、同构性的职责分配模式

在大一统的基本制度模式下，中国古代政府纵向权力配置实际上是"分事不分权"，而其背后的深层制约因素是家国同构。各级地方政府官员的首要任务是代表皇帝统治和管理好本行政区域，这是一种全能委托式治理。中央政府的权力并不直接面向民众，而是自上而下地实行分级管理。各个层级的政府之间有事实上的权力分工，但不存在也不可能存在制度化的分权。各级地方政府大体上都是按照同样的原则组成，都在管理着大致相同的事情。中国历代封建王朝从中央到地方各级政府所承担的职责，除少数外，都基本相同。差别在于，各级政府的权限范围和管辖范围，以及履行职能的方式有所不同。

（一）县级政府职责同构的程度高于高层地方政府

职责同构来自全能政治。在古代的中国，因为疆域辽阔、人口众多、物流和信息流受山川河流阻隔，交通运输和信息传输手段落后等因素的影响，中央政府只好采取委派代理人管理的办法，由代理人全权代表皇权管理一方百姓。从秦汉到民国初年，行政区划与地方行政组织层级经历过：郡—县二级制（秦汉时期）、州—郡—县三级制（魏晋南北朝时期）、州（郡）—县二级制（隋代及唐前期）、道（路）—州—县三级制（唐后期及宋辽金）、多级复合制（元代），以及省—府—县三级制（明清时期）。②两千余年的政府层级变迁，只有县最为稳定，一直作为基础行政区存在。因而县级政府与中央政府的

---

① 刘建军：《古代中国政治制度十六讲》，上海人民出版社，2009年，第218页。
② 周振鹤：《中国地方行政制度史》，上海人民出版社，2005年，第58~84页。

职责同构程度要高于高层地方政府。作为皇帝的代表,县级政府的行政长官对治下的县负有全盘责任。

汉代县级政府的职能几乎涉及方方面面,甚至包括一些军政事务。地方长官不仅拥有管理本地域民政的权力,而且还是本地的军事长官。一般来说,其职能主要包括:掌控民籍,负责徭役、赋税的征发、调拨;赈抚军士、百姓;教化民众,劝农举贤;司法裁决;祭祀;军事职能;迎送使者等。①这种全能政府的状况发展到了明清两代依然如此。柏桦对此做过生动的概括和描述:作为州县负责人的州县官必须对本州县的一切政务做出决定,因而他应该是明智的政治家;州县官还必须对本州县所有案件做出定拟,因而他应该是精通法律的法官;州县官负有本州县治安之责,在维持本州县治安的行动中,他理所当然是军事统帅,因而他应该是足智多谋的军事家;州县官负责征收赋税钱粮,地亩人丁之多寡必须心中有数,因而他应该是铢两必计的会计师;州县官负有劝农桑、兴水利之责,凡耕种、浚渠均应督率,因而他应该是熟悉农田水利的农技师和水利专家;州县官负有抗灾自救之责,水、旱、蝗等天灾,兵、乱、叛等人祸,都应做出相应的对策,因而他应该是熟悉天地人情的荒政学家;州县官负有教化本县子民之要责,因而他应该是如父如母的慈善家;州县官是封建伦理纲常的倡导和推行者,因而他应该是道德的楷模和伦理学大师,州县官还是本州县学的监督考核者,因而他应该是知识渊博的学者和教育家。②

(二)宋代以前高层地方政府职责同构的程度高于以后

地方主官对所辖地方全面负责的全能主义制度安排,有其自身的优点,因而这一模式延续几千年。但是弊端也很突出,主要的一点就是容易导致地方政府权力膨胀进而造成国家分裂。县级政府主官的权力大一些对中央

---

① 周长山:《汉代地方政治史论——对郡县制度若干问题的考察》,中国社会科学出版社,2006年,第50~56页。

② 柏桦:《明清州县官群体》,天津人民出版社,2003年,第31页。

的威胁并不大。高层地方政府则不然，由于数量少，力量相对大，联合起来比较容易，进而对中央政府形成挑战。这一威胁在皇帝英明和中央政府保持巨大权威的情况下是隐形的。一旦中央政府的控制力有所下降，一些高层地方政府难免会"跳出来"挑战中央的权威，甚至起兵造反。东汉的州牧，唐代的藩镇，都是明显的例子。历代统治者在无数次的历史教训中，对这个问题的认识不断清晰化，多措并举试图打破高层地方政府职责同构的模式。

1.从"领域合一"走向"领域分疏"

秦汉实行的是类似全能主义的地方官制，地方主官是替皇帝巡守一方的"封疆大吏"，对所辖地方全面负责，集军事、司法、行政、财政等诸多功能于一身。郡守的职责极其广泛，掌管着一郡的财政、司法、民政等大权，还有自辟僚属权力和察举权力。拥有封爵的达官贵人，直属中央的机构如盐、铁、均输之类，只要在其辖区，就要受到郡守管理。他"不仅负责赋税，而且要劝业农桑，不仅主管刑狱，而且要掌管风化，负有教化之职，同时，地方主官还要负责属下官员的考核与监督，以及担任当地军队的首领。简而言之，地方上所有的事务，严格讲来都是可以归地方主官打理的"①。随着历史的发展，纵向间的权力必然会经历重组。综观历代王朝地方政府职权和机构设置的演变，可以看出一个大致的趋势，即地方政府掌控的领域逐渐从合一走向分疏。在历代统治者加强中央集权的努力中，地方政府失去了人事、军事、财政领域的支配权，与此同时，地方政府主官在司法领域的权力也遭到分割。

第一，军事权的分离。在秦汉，虽然各郡设有带领军队的郡尉，但郡尉听命于太守。东汉建武六年以后，太守开始直接兼管军事事务。太守不仅能领兵，而且握有发兵权。太守也被称为"郡将"。在南北朝后，地方政府的军事与司法和行政职能开始分离。分离后的军事权直属于中央和皇帝，地

---

① 张鸣：《中国古代政治制度史导论》(第二版)，中国人民大学出版社，2011年，第149页。

方长官仅保有民政、财政、司法等权力。南北朝时,一些小国开始尝试在州之上临时设立一些总管数州军事的机构,实现军民分治。州刺史只有加以"持节""使持节"等名义才拥有军权,而且军事系统和地方民事系统各有一套机构,有时两套机构的长官虽为一人,但机构运作则彼此独立。有时几个州的军事系统归一人指挥,相应地也出现了无军权的刺史。唐代普遍推行府兵制,除地方行政系统外,还并存有一套地方军事领导系统,其辖区划分与行政区域并不一致,军权掌握在中央任命的驻在地方的武官手里。地方军事长官有干预地方政务或兼任地方职务的,但非定制。而地方长官则很少有兼任军队职务的。①到了北宋,中央政府将军事指挥权集中到了枢密院,由皇帝亲自掌握,并且采用文臣监督武将的方式加以制约。为削弱地方军队,由中央在准高层政区派出专门的机构来对之加以统一管理。自此,军事职能较为彻底地从地方政府分离出去。

第二,司法权的部分分离和审判两分。古代的地方政府,多数时候司法与行政是合一的,地方行政长官同时还是司法长官。汉代的太守对本郡的司法案件几乎拥有全权。除死刑的判决执行必须上报中央外,一般案件均由太守审理。魏晋南北朝时期,这一体制基本未变。但是,由于都督府的出现,刺史的权力加强,郡县长官的司法权受到约束。南朝宋以后,实行县、郡、中央(廷尉)三级三审制。重大案件县里审判后,必须将案犯押送到郡,由郡守亲自复审;郡守不能决断时,上送廷尉进行审理。对于死刑的判决,必须奏明皇帝方能执行。②到了宋代,司法与行政的分离开始在最高层级的地方政府出现。宋太祖赵匡胤亲自选派各州管理司法的司理参军,加强对地方司法的监控。同时,将司法权交给朝廷派去的官员,试图将司法权从地方政府中剥离。宋太宗时改道为路,诸路不置大权集一身的最高长官而置

---

① 田穗生、罗辉、曾伟等:《中国行政区划概论》,北京大学出版社,2005年,第153页。
② 白钢:《中国政治制度史》,天津人民出版社,1991,第356页。

数司分领众务。宋真宗时设立提点刑狱司或称提点刑狱公事一职,掌管一路的刑狱及按劾之事。明代省级政府设有提刑按察使,专门掌管司法事务,直属于中央管理。因此,省级的司法权力比元代又小了很多。"宋代司法制度还出现了一个重要的变化,即'审'与'判'两分,规定州、县对较为严重的犯罪只有初审拟判权,终审权归中央,中央大理寺、刑部各由详断、评议分别找出适用法律,由长官作出判决。"①至清代,地方实行的是四级审判制度,地方司法权受到了极大的限制。州县(第一级)仅可对笞、杖、徒等刑罚的案件做出判决,而府(第二级)、提刑按察使司(第三级)和督抚(第四级)也仅能对流刑以下的案件进行判决,对流刑以上的案件只能做出判决意见后上报中央刑部。②

2.从"单中心"向"多中心"转变

在制度上中央政府不与地方分权,但中央的权力势必要通过地方政府来行使。赋予地方政府权力过大,又会引起地方主官专权。因此,一个有效的办法就是分割各级长官的权力,将权力和职能分别交给不同的机构掌握,使之无法形成一个单一的权力中心。从秦到唐,地方政府存在一个权力中心,由一个人负全责。与全国政权最后集中到皇帝那里大体相一致,各地方的最高权力最后也都集中到本级行政长官手里。这种制度安排使每级行政长官的权力过于集中,一旦中央控制力削弱,地方权力中心的运行就容易失去制约。吸取前代的教训,宋代统治者乃以中央官员分掌地方大权,并将地方政府主官的权力加以限制和分化。首先,架空原先节度使的职权,由中央直接统领府、州、军、监,并规定正长官批发的公文,要由副长官"签议连书",有意造成正副职之间相互监督和牵制,防止权力集中。公元997年,宋又在

---

① 杨阳:《中国政治制度史纲要》(第三版),中国政法大学出版社,2016年,第196页。
② 同上,第198页。

府、州之上增加路一级行政单位直接向中央负责。①明代省级政府设有布政使、按察使、都指挥使，号称三司。遇到重大的事情，要有三司会议共同研究和处理，然后上报中央部院，便于中央控制。三司的设立使原来由行省长官总揽的大权，分散到了三个部门之中。三司互不统属，各自直属于中央。其中，布政使司与中央政府的六部相联系，六部中联系最多的是吏部和户部。按察使司多听命于都察院和刑部。都指挥使司则与兵部和五军都督府联系。清代，中央满汉参用，一部并设两个尚书、四个侍郎，六部长官各无专事，毫无独立职权可言；在地方上，总督、巡抚、布政使的职权也始终互有重叠，故意造成地方军政管理上的诸多纠纷。②地方政府权力从单中心向多中心的转变，实际上也是古代政府变革职责同构的尝试。

三、条块化的机构设置模式

中国历史上调整地方政府职权和权力的系列措施并没有从根本上打破纵向上的职责同构。不同层级政府间，在职责分配上高度类似，在机构设置上也高度雷同。在各级政府机构的设置上，遵循的是追求全国整齐划一，地方政府与中央政府保持一致的原则。同构性的职责分配模式决定了条块化的机构设置模式。以各个层级政府职能类似的机构为"条"，以不同职能机构所构成的一级政府为"块"，形成了条块分明的政府权力结构。

（一）上下对口

机构设置中的上下对口，并不是当代的发明和专利。这一做法从秦朝时就开始了，并为历代王朝所承继和发展。历史上几个典型朝代的机构设置都秉持上下对口的原则。秦代中央政府机构中，皇帝以下最重要的官职

---

① 王振民：《中央与特别行政区关系：一种法治结构的解析》，清华大学出版社，2002年，第36页。

② 刘泽华、汪茂和、王兰仲等：《专制权力与中国社会》，吉林文史出版社，1988年，第273页。

是"三公"，即丞相、太尉、御史大夫，分别负责协助皇帝处理全国政务、处理全国军务、监察百官；地方上的郡设郡守、郡尉、监御史，分别掌控郡内政务、军事、监察；县置县长(令)、县尉、县丞，分别掌管县内政务、军事、司法。①秦汉时期的"三公九卿"属于外朝官。汉武帝以后，原在宫中充当侍从和秘书工作的尚书，在少数权臣以中朝官的名义受命，已经成为政令的中枢。随着尚书权力的扩大，尚书开始分曹治事。起初只设左右曹，后来改为六曹。分别是："三公曹，主考课。吏部曹，主选举及祭祀。民曹，主修缮及建筑。客曹，主诸侯、少数民族及外交事务。二千石曹，主司法辞讼事。中都官曹，主治安事。"②郡县一般设置与中央行政部门大致对口的业务机构。郡一般有功曹、户曹、奏曹、法曹、尉曹、贼曹、决曹、兵曹、金曹、仓曹等；县通常设"功曹、贼曹、户曹、田曹、仓曹、水曹、兵曹等"。③魏晋以后，在尚书分曹治事的基础上，曹渐变为部。隋唐以后，基本上是朝廷设吏、户、礼、兵、刑、工六部，州县设吏、户、礼、兵、刑、工六房。

在秦代，郡直接统属中央，郡的政府组织是按照与中央三公府组织而对口设置的，既有对上负责的一面，又有督察属县的职责。东汉以后，郡统属于州，郡府组织则与州府组织对口设置，对下职责不变。④汉代郡的机构设置与中央政府对口，"县曹又与郡曹对口，形成条条块块结构的双重领导，块块听命于县令，使县政方方面面都有人负责，条条受命于上级，使郡政府乃至朝廷的政令能一通到底"⑤。唐代"县政府设曹也与州差不多，只是小县省略了一些曹，一般都是上下对口"⑥。清代"县政府机构与中央政府主要行政

---

① 刘泽华、汪茂和、王兰仲等：《专制权力与中国社会》，吉林文史出版社，1988年，第16页。

② 韦庆远、柏桦等：《中国官制史》，中国出版集团、东方出版中心，2006年，第201页。

③ 郭宝平：《中国传统行政制度通论》，中国广播电视出版社，2000年，第94页。

④ 韦庆远：《中国政治制度史》，中国人民大学出版社，1989年，第146~147页。

⑤ 袁刚：《中国古代政府机构设置沿革》，黑龙江人民出版社，2003年，第127页。

⑥ 同上，第371页。

部门对口,条条块块科层化程度很高"①。

在上下对口的政府组织模式下,地方政府职能部门和官员要接受上级职能部门和本级行政长官的双重领导。秦代的官制是从中央至县乡组成三个垂直系统,即丞相、郡守、县令长、乡有秩为一系统,御史大夫、郡监、县丞、乡三老为一系统,太尉、郡尉、县尉、乡游徼、亭长为一系统,按系统从上到下监督考核。宋代的三司使是国家的最高理财机构。三司(盐铁司、度支司、户部司)从中央到地方贯通成一个垂直的财政系统,在地方政府中有转运使司掌一路之财政;知州、通判、司户参军掌一州之财政;知县、主簿掌一县之财政。而国家用调,责之三司,三司责之转运使,转运使责之州,州责之县,县责之民。这个垂直纵向的财政系统和横向的三司各案机构构筑成一个庞大的网络型体制,虽然各路转运司和州府县监不是三司使的下属机构,但有关财政之事必须听命于三司。明清州县中的佐贰官要接受双重领导。其所办理的事务要定期向上级佐贰官汇报。同时,也要受州县主官的领导。其所办理的事务,包括他们向上级佐贰官汇报的事务,均要有本州县主官的认可方能成行。②

(二)垂直领导

中央为了加强对地方的控制,在某些领域或层级强化条条垂直领导是势在必行的。汉代已经出现了在全国范围内垂直领导的机构。以后的历代王朝都有垂直管理的机构,只不过垂直内容、数量和程度不同。在西汉,中央政府设有宗正主管皇室亲族和外戚事务。地方郡县设宗师,受中央宗正寺领导。在产盐之处设置盐官,盐官遍及 28 郡国,共 35 处;产铁之处则设有铁官,西汉铁官遍及 40 郡国,共 48 处。与之相似,有国营手工作坊处设工官、服官,有水池及渔利之处设水官。它们都属于中央派出机构。盐官、铁

---

① 袁刚:《中国古代政府机构设置沿革》,黑龙江人民出版社,2003年,第663页。
② 柏桦:《明代州县政治体制研究》,中国社会科学出版社,2003年,第95页。

官属大司农,工官或属少府,水官或属水衡都尉。唐安史之乱后出现了两个系统。一个系统是道的节度使、观察使。它们没有与六部和州县对应的机构、官员和职权,仍然是中央派出机关并兼管地方官吏。另一个系统是盐铁转运使——巡院。这是中央垂直机构。宋初在清理五代节度使权力以后,在州之上设立了十五路,路没有统一的机构。先后设立的漕、宪、仓、帅四司(前三者又可统称为监司,与帅司相对),各司其职,直属于中央有关部门,是按系统代表中央管辖和处理某些事务并监察地方官员的机构。①

元代的行中书省是中央中书省的派出机构。鉴于元行省机构的专权,明代在省级建制设立三司,分管这一级的军政、民政和刑政大权。后来又设立督抚,作为省级三司及省与省之间的协调机构。明代的督抚还具有很强的中央差遣官的特点。"总督一般由兵部尚书或侍郎充任,巡抚一般由都察院或其他朝廷官员充任,出任时皆带都御史衔。"②明孝宗时设置兵备道,向按察使司及兵部负责,掌管地方治安。为了协调地方政务又设置协调堂、水利道、屯田道、管河道、盐法道、抚治道、监军道、招练道等,作为省政府专业化的派出机构。③明代的道作为省的派出机构,主要发挥着监察功能。"经过数百年的发展,至清代末期,道已经不再是功能单一的监察机构,而是集合了民、财、军及其他各种专项职能于一身的综合性的机构,成为省府之间的准地方层级。"④

(三)条条牵制

依靠条条牵制,宋代统治者加强了对高层政区的控制。宋代路这一级地方的权力,几乎被中央政府派生的条条分割、架空。从严格意义上讲,路并不是宋代的一级政区,而是中央权力的延伸。朝廷将一路的军民、财、司

---

①　吴宗国:《中国古代官僚政治制度研究》,北京大学出版社,2004年,第13~37页。

②④　张小稳:《派出机构、王朝兴衰与统县政区——历代中央政府派出机构的演进规律与历史影响》,《四川师范大学学报(社会科学版)》,2012年第1期。

③　袁刚:《中国古代政府机构设置沿革》,黑龙江人民出版社,2003年,第127页。

法等事权,分隶于安抚使司(帅司)、转运使司(漕司)、提举常平司(仓司)、提点刑狱司(宪司)等机构。这些衙门互不统属,都直接受朝廷节制。元代从金那里借鉴了行省制度。元行省是中央政府的分治区,虽然也和中央一样,设有丞相等高级官员,总揽军政、民政、财政等方面的权力,但行省政府机构不过是中央派出的分支机构。然而,元代的行省军政大权还是过于集中,有割据的危险。明代借鉴宋代的经验,废行省,而将省这一级地方的权力分散在都指挥使司、布政使司和按察使司手中。三司分寄军政、民政、司法监察之权,三司官互不兼摄,彼此相互牵制,有效地避免了行省权力过于集中的弊病。

明代的三司各司其职,"凡有大兴革及重大事务,布政使须'会都、按议',再申报有关部门批准"[1]。三司之间无法进行有效的配合,遇到比较紧急的突发事件,这种制度往往难以应付自如。"例如发生规模大一点的民变或叛乱,布按二司无权调动军队,须向朝廷申报。"[2]等收到朝廷的调兵指令,地方上的事情有时候已经发展到不可收拾的地步。

地方上的政务虽然可以划出不同的领域,但实际上却是相互联系在一起的。赋税的征收,就难免会牵涉刑政和民事方面的事务;民政、财政问题处理不好,也有可能激起民变,甚至发展成为一定规模的叛乱。中央政府的六部,各自有各自的"条",对下面实行的都是条条管理,各管各的业务。条条上相互牵制,虽可以避免尾大不掉,却是以行政效率的损失为代价的。明代的"按察使负责地方治安,手里却没有兵(古代无警察),必须借助都司;而都司调兵又要经过都督府和兵部;治安事件的处理又必须跟布政使管辖的地方官协调;如果需要动用粮草,又必须经过户部"[3]。三司各自独立,谁都管不了谁,遇事则互相牵制,难以协调从事。

---

① 罗辉映:《中国古代政治制度史》,四川大学出版社,1988年,第220~221页。
② 同上,第221页。
③ 张鸣:《中国古代政治制度史导论》,中国人民大学出版社,2011年,第528页。

四、处理条块关系的经验教训

郡县制推行以后,条条越来越清楚。在历史演进过程中,中央政府部门贯通各个政府层级的力度越来越大,条条的数量不断增加,力量也呈现不断加强的趋势,条块关系变得愈来愈复杂。为强化皇权和中央事权,中央政府开始设置垂直领导的条条,发展轨迹越设越多。宋朝实行权力上收和分化,增加同一层级政府的数量,相互牵制。

最高统治者对天下的土地和臣民拥有最终所有权。在中国这样一个大国,所有部门都实行中央垂直管理是不可能的。多数情况下,中央政府的权力并不直接面向民众,而是自上而下实行委托治理,即中央授权和委托地方政府行使权力。各级地方政府的首要任务是代表皇帝统治和管理好自己的地域。在大一统的理念和国家治理模式下,"唯天子受命于天,天下受命于天子",一切权力都是君主的,君主"无为统众",官僚"有为事君"。地方政府是中央政府的派出机构,地方官员是帮助君主做事和分担责任的。为了做事和履行责任,就要授予地方一定的权力。这种权力授予不是分权,而是分事和授权,官员手中的一切权力都是派生的。为加强对地方政府的监督和制约,机构设置强调上下贯通。到了明清,皇帝直接管六部,条条的能力越来越强,愈来愈清晰和强调上下对口。清代"县政府机构与中央政府主要行政部门对口,条条块块科层化程度很高"[①]。借助大一统下的条块关系模式,中国的统一性远强于欧洲国家。"定于一"的政治观念和分久必合的社会心理,成为中华民族抵御各种分崩离析势力、保持文明绵延不绝的内在韧性。上下对口的机构设置是实现"定于一"政治理念的政制安排。

在传统社会,通常用"内""外"来区分中央政府和地方政府。"内"指中央

---

① 袁刚:《中国古代政府机构设置沿革》,黑龙江人民出版社,2003,第661页。

政府,其中包含着中央政府的职能部门。"外"指地方政府。中央职能部门和地方政府任何一方的权力过大都比较危险,容易导致内出权臣,外出藩镇。因此,理想的原则便是"内外相制,轻重相权",即"内"与"外"分工合作,相互维系和相互制约。

理想是一回事,现实又是另外一回事。"古代中国不是用轻重相维的制度设计来克服内轻外重,而是用内重外轻的制度设计来克服内轻外重,从一个极端走向另外一个极端,没有中间路线。"①宋代以前,地方治理大体上是以块块为主的,中央约束地方政府的渠道主要是监察方面的"条"。地方首长集行政权、财权甚至兵权于一身。实力雄厚的地方势力的崛起,往往伴随着监察区向行政区的转变。这种由监察区转变而来的高层地方政府,易造成分裂割据之势。从宋代开始,中央在国家最高一级政区,加强了纵向上的条条控制,即以中央派出的数个机构各自统领某一领域的政务。中央各职能部门纵向处理对应领域内的事务,可以防止各地方政府"大员"专擅行事,破坏全国政令的统一和集中。通过条条牵制,高层政区独立的政府建制被打破了。宋代的路并不是一级正式的地方政府,难以实现有效的横向控制,故而也就形成不了尾大不掉的局面。同时,州县之类的地方政府虽然还几乎负责本行政区划内的一切事务,但中央各部门对地方政府拥有指导权,在某些方面实际上也加强了条条控制。比如,在宋代,中央派员外出监收税务,以保证地方扣除日常给用外,其余钱谷悉数送缴中央;在明清,"中央各部院对地方事务既有指导又有干涉之权,可以直接命令和督察州县,也可以派人下到州县直接督察"②。总之,宋以后的各代王朝,基本上都是靠维持这样的"内重外轻"局面来强化中央集权,以保证国家的统一。

现实中很难找到"轻重相权"的平衡点,往往不是向"内重外轻"倾斜,就

---

①　刘建军:《古代中国政治制度十六讲》,上海人民出版社,2009年,第149页。

②　柏桦:《明代州县政治体制研究》,中国社会科学出版社,2003年,第195页。

是滑向"外重内轻"。"外重内轻"可能导致分裂割据，这是东汉州牧和唐朝藩镇的教训。"内重外轻"则既制约地方活力，又影响政府效率，对外不足以御辱，对内不足以戡乱，这是宋朝国势积弱的教训。

第二节　新中国成立以来条块关系的演进与变迁

总结和反思过去，是未来健康发展的基础。我国条块关系进行过多次大的调整与变革。通过条块体制的变迁和实践可以透视中国国家治理体系的演讲和运作，本节简单回顾并分析新中国成立以来条块关系的演进历程，目的在于：第一，加深对"条块关系问题"复杂性的理解。今天条块关系中出现的很多问题在历史上都以不同的形式出现过，中央政府也曾经努力地加以克服。第二，从历史上寻求经验和启迪，为未来条块关系的变革提供有价值的思路和建议。

一、改革开放之前的条块关系

自新中国成立到改革开放是条块关系巨幅变动的时期。这期间，条块关系大体上经历了"两收两放"的循环。

（一）从统一领导、因地制宜到统一领导、分级管理

新中国成立初始，中央政府通过东北、西北、华北（直属中央领导）、西南、中南、华东六个大行政区实现对省级行政区和全国的领导。大行政区政府拥有广泛的职权。统一领导和因地制宜相结合是中央政府处理与大行政区政府关系的原则。大行政区具有相当大的主动性和独立性，对于中央制定的政策法规，并不是无条件地贯彻执行。中央制定全面的政策，把贯彻政策的步骤和方式等问题交给大行政区政府自行掌握。在中央部委与大行政

区政府的关系上,以大区为主导。中央各委、部、会、院、署、行与大行政区各委、部、会、署等机构之间的行文如涉及全盘性者均应抄送大行政区人民政府委员会。为了避免中央各部门过多干预大区的工作,毛泽东在1950年指出:"嗣后凡有中央业务机关规定任务方案在地方上窒碍难行者,请各区负责现场一经发现立即电告以便改正。"①1951年5月4日政务院第83次政务会议通过的《关于划分中央与地方在财政经济工作上管理职权的决定》规定:"中央财政经济各部、署、行,召开重要的专业会议之前,必须将准备在会议中作出决定的重要事项,先期通知各大行政区人民政府(军政委员会)并征求他们的意见,各大行政区人民政府(军政委员会)对于重要专业会议预告的重要事项,应予慎重研究,及时提出意见。专业会议所作的决议,一般须通知各大行政区人民政府(军政委员会)。大行政区人民政府(军政委员会)有不同意见时,须及时提请政务院审核。"②

　　1952年11月15日,中央政府决定把大行政区人民政府(或军政委员会)改为行政委员会,作为中央人民政府的代表机构,而不再作为一级政权机关,原属于大行政区的各部一律改为局(处),其中一部分局(处)交中央各主管部门直接管理。1954年6月19日,中央政府决定撤销大区行政建制。大区撤销的过程同时也是行政重心从块块向条条转移的过程。大行政区撤销后,其行使的许多职能由中央部委接管。从此,中国政府管理体制中的一大特色,即各综合、专业部门的高度集权的垂直领导体制初步确立,形成了诸多的条条。③主要的表现是:中央部委数量大幅度增加;中央部委的管理权限增大,这主要体现在部委与地方政府对口部门的关系上;调整了行政区划,省级政府成了最高一级的地方政府。中国的行政区划和地方行政建制

---

① 《新中国成立以来毛泽东文稿》(第1册),中央文献出版社,1987年,第363页。
② 有林等主编:《中华人民共和国国史通鉴》(第1卷),红旗出版社,1993年,第565页。
③ 郭为桂:《新中国成立头七年中央和地方关系历史考察》,《党史研究与教学》,1998年第1期。

基本定型。

(二)新中国成立后第一次大规模分权

新中国成立后，为了实现和巩固国家的统一，中央政府的基本思路是反对分散主义。随着第一个五年计划的执行，全国集中统一的经济管理体制逐步形成。政府直接控制经济活动，以行政手段管理经济是这一体制的根本特征。差别在于究竟是中央政府通过部委管理，还是交给地方政府管理。"一五"期间条块关系的特点是，强调经济计划和管理的权力集中于中央，特别强调自上而下的垂直领导，中央部委不断对下级职能部门发布命令和指示，条条管理日渐突出。这一时期，条块关系突出表现为"强大"条条与相对"弱小"块块的矛盾。在谈到企业管理体制问题时，陈云说："一九五七年以前是中央一包到底，开始时那样做是必要的。但是，那样卡的太死，上海市长的权力还不如一个百货公司的权力，下面有意见。"[1]

这种体制的弊端很快就暴露出来——条条高度集权，限制了地方，管死了企业。"把许多应当由中央管理的事务集中到中央手里，这是完全必要的。但是，近几年来中央有些部门把过多的事务抓到自己手里，对地方限制得过多过死。"[2]对这种状况，地方政府十分不满，纷纷要求条条下放权力。于是，开始了新中国成立后第一轮块块对条条集权的冲击。1955年，毛泽东到各地视察工作，很多地方政府负责人向毛泽东反映的一个突出问题就是条块矛盾。中央各部委对地方政府控制过多，严重束缚了地方和企业的手脚，地方政府要求中央向地方放权，并从人、财、物各方面列举了大量的事例。时任安徽省委书记曾希圣反映，淮南两万多人的大煤矿，矿领导在财政支出上仅有200元以下的批准权，没有增加一个工人的权力，怎么能办好事情呢？还反映，中央有的部限制地方发展工业，竟以安徽工业落后为理由，说省里

---

① 《陈云文集》(第三卷)，中央文献出版社，2005年，第379页。

② 《刘少奇选集》(下卷)，人民出版社，1985年，第249页。

没有资格办工厂，不能把合肥变成"人为的"工业城市。广东省委书记陶铸反映，过去总说广东是前线，不能办工厂，群众的就业问题由中央管，而国家预算里又不给钱，包袱还得省里背，这不是长久之计。天津市委在汇报中说："中央一些主管部管干部，一直管到车间一级。1954年，天津市教育部门发挥积极性，多招了一些适龄小学生，中央主管部不同意，经市委一再交涉，主管部才认账。"①

　　在条块关系的理论上，1956年是取得重要突破的一年。毛泽东对地方政府的意见高度重视，在大量调查研究和听取汇报的基础上，提出了正确处理中央和地方关系必须坚持发挥中央和地方两个积极性的原则。即解决中央和地方这个矛盾，应当在巩固中央统一领导的前提下，扩大一点地方的权力，给地方更多的独立性，让地方办更多的事情。"这对我们建设强大的社会主义国家比较有利。我们的国家这样大，人口这样多，情况这样复杂，有中央和地方两个积极性，比只有一个积极性好得多。我们不能像苏联那样，把什么都集中到中央，把地方卡得死死的，一点机动权也没有。"②为什么要充分发挥中央和地方两个积极性呢？一方面，为了建设一个强大的社会主义国家，必须有中央的强有力的统一领导，必须有全国的统一计划和统一纪律，破坏这种必要的统一，是不允许的。另一方面，"中心的问题是在中央的统一领导下，适当地扩大地方的权限。因为地方比中央更加接近企业和事业的基层单位，更加接近群众，也更加容易了解实际情况，适当地扩大地方的权限，就能更好地把地方上的一切力量，一切积极因素，组织到社会主义建设事业中来"③。

　　在计划经济体制下，条条与块块权限调整的焦点是重新分配对企事业

---

①　薄一波：《若干重大决策与事件的回顾》（下），中共中央党校出版社，1991年，第782页。

②　中共中央文献研究室编：《毛泽东思想年编（一九二一——一九七五）》，2011年，第802页。

③　中共中央办公厅编：《中国共产党第八次全国代表大会文献》，人民出版社，1957年，第142页。

单位的控制权和相伴随的财政资源。1956年调整条块关系的主要内容是把中央部委的经济管理权限下放给地方政府。根据毛泽东的讲话精神和指示,中央政府开始对条块关系进行调整。解决的办法就是统一领导,分级管理,从中央到地方按级负责,各级政府都有权。1956年10月,国务院公布了《国务院关于改进国家行政体制的决议(草案)》,提出了"统一领导,分级管理的原则"。决议以扩大地方权限为基本指导思想,在计划管理、财政、工业、基本建设等12个方面对国务院、国务院各部门和省级之间的管理权做了粗线条的划分,并在时间上做了大体安排。自此,统一领导从未改变,条块关系在分级管理的总原则下发生了很大的变动。这一管理原则在理论上完全符合计划经济的特性与规律,在哲学和逻辑上也没什么矛盾,但一转化成具体实践,问题就出现了。①

1958年初,毛泽东在春节团拜会上说:"中央集权太多了,是束缚生产力的。这就是上层建筑与经济基础的关系问题。我是历来主张'虚君共和'的,中央要办一些事,但是不要办多了,大批的事放在省、市去办,他们比我们办得好,要相信他们。"②又说:"一个工业、一个农业(本来在地方),一个财,一个商,一个文教,都往下放。""地方只要'有原材料,你就可以开厂;有铁矿,有煤炭,就可以搞小型钢铁厂。化学肥料厂、机械厂,各省都可以搞。而且地方又有地方,它有专区,比较大的市镇,有县的工业。所以,有中央的工业,有省的工业,有专区的工业,有县的工业。这样就手脚多,大家的积极性多。单是我们北京这一个方面积极,人太少了'。"③

基于尽快建立各省、市、自治区独立完整的工业体系的思想,在经济管理上采取了过多、过快、过急下放管理权限的措施。大幅度和迅速地下放管理权取代了原先设定的稳步推进战略。这次分权的特点是将一部分属于各

---

① 林尚立:《国内政府间关系》,浙江人民出版社,1998年,第307页。

② 薄一波:《若干重大决策事件的回顾(修订本)》下卷,人民出版社,1997年,第823页。

③ 同上,第796页。

部委的权力下放给地方政府和企业。①

职能决定机构。与中央部委下放管理权限相对应,国务院及其工作部门进行了精简和合并,一些部委因为无事可做而被撤销,地方政府的机构大量增加。到1959年底,国务院的工作部门由原来的81个减少到60个,其中经济管理部门由50个减为36个。例如,撤销了国家建设委员会,技术委员会与科学规划委员会合并为科委,建材部、城建部并入建工部,电机部、二机部并入一机部,水利、电力二部合并为水利部,城市服务部并入商业部,计量局、物资局分别并入科委和经委,森林工业部并入林业部,供销社并入商业部。②

(三)无奈之下的再次收权

利用条条对国民经济进行管理和调节,是计划经济的必然要求。计划经济运行的前提之一是权力要高度集中,步调一致。只有这样才能保证经济正常秩序。在适当的程度和范围内放权是必要的。由于这次放权超过了当时历史条件下所应有的度,导致各地盲目建设,各自为政,使全国政务尤其是经济运行陷入了混乱的状态。"分散主义的最突出的表现是目前存在的许多各自为政的'小天地'。这些'小天地',对党中央闹独立性,对人民群众、对下级独断专行,压制民主。"③

从1960年开始,针对经济中的混乱局面,中央对包括条块关系在内的一些重大关系开始进行了数年的调整。其中一点就是重新强调集中统一,突击下放的一些管理权力逐步回收到中央部委手中。这次收权的原则是:"大权独揽、小权分散。"中央先是在全国范围内建立了六个中央局,作为党中央的派出机构,加强对省级政府的领导。1961年1月,中共中央下发《关于调整管理体制的若干暂行规定》进行收权。

---

① 刘国光主编:《中国经济发展战略研究》,上海人民出版社,1984年,第490页。
② 参见吴大英主编:《政治关系论》,山西教育出版社,2001年,第193页。
③ 《刘少奇选集》(下卷),人民出版社,1985年,第377页。

收权的过程一直持续到1965年。这次收权的主要内容是:第一,经济管理包括财权集中到中央。第二,收回1958年以来中央、国务院各部和省(市、自治区)不适当的下放给地方和企业的人权、财权、商权和工权。国务院各部直属企业的行政管理、生产指挥、物资调度、干部安排的权力统归中央各部。第三,在物资管理方面,属"全国范围平衡的重要物资,由中央统一管理分配",由中央各主管"口"负责归口按行业分配给各口的统配物资和物管物资等。①伴随着权力的上收,中央政府的工作部门,不仅曾经撤销的又相继恢复,而且还有新的增加。到1965年,国务院的工作部门达到79个,其中经济管理部门53个。

(四)"打倒条条专政"

1966年3月,毛泽东在杭州举行的政治局会议上批评中央部门收权过头,指示凡收回了的权力都要还给地方。在"打倒条条专政"的口号下,开始了新中国成立后第二次大规模的放权。在条块关系上,权力的天平再次倒向地方政府。1970年3月5日,国务院拟定了《国务院关于工业交通各部直属企业下放给地方管理的通知》,要求中央各部委在1970年内把绝大部分直属企事业单位下放给地方管理。根据这个通知,2600多个中央直属企事业单位下放到省(市、自治区)管理。②经过多年连续的放权,到1974年底,地方政府已拥有了相当大的经济管理权限。这一阶段相对以前而言,条块矛盾不突出。在打倒"条条专政"实践中,条条大大减少。权力下放后,许多部委失去了存在的基础。1970年,国务院部门从79个减为32个。在这32个部门中,除有10个划归军队管理、3个直接由中央"文化大革命"领导小组和中央对外联络部领导外,国务院实际上领导的部门只有19个,人员也由"文化大革命"前的5万人减少到1万人。③

---

① 王敬松:《中华人民共和国政府与政治》,中共中央党校出版社,1995年,第296~297页。
② 周太和主编:《当代中国经济体制改革》,中国社会科学出版社,1984年,第137页。
③ 参见吴大英主编:《政治关系论》,山西教育出版社,2001年,第193页。

　　从新中国成立到改革开放,条块关系在管理权限、机构设置上数次调整。由于政治生态环境、调整方式、目标模式等各种主客观条件的限制,每次调整都没有收到预期的效果,在尝试后又重新返回到原有的格局和模式中去。虽然说在处理条块关系上积累了丰富的经验,确定了一些基本原则和方法,但二者关系中存在的许多问题没有得到制度化的解决。在条块关系的历次调整中,局限于行政性分权和经济性分权的此消彼长;在协调条块矛盾的过程中,往往只是在部门与地区管理权限上做文章,没有注意到政企关系、政社关系、政经关系和各级政府间整体职权的划分。

　　计划经济的本质在于用行政命令管理经济。在政企合一的背景下,政府对企业的管理是通过条条管理和块块管理来实现的。几乎所有的条条和块块都直接控制着很多的企事业单位。与行政区划相适应,企事业单位也分为不同的级别,有中央各部门直属的单位、省属单位、市属单位、县属单位、乡镇所属单位等。掌握企业数量的多少和规模的大小与利益直接相联系。因此,计划经济体制下条块矛盾的产生主要源自政企不分,也主要显现在政企关系上,其基本表现是条条对企业的控制还是块块对企业的控制。在强调中央集权时,就把大多数企业收到中央的条条手中,与此相应,中央向地方放权也主要通过条条向块块下放对企业的管理权来实现。权力大多是在政府内部流动和分配,而没有向企业放权。

　　如果不改革计划经济体制,而只局限于在集权和放权的范围内打转,是不可能真正解决条块矛盾的。苏联为了解决条块矛盾,1957年赫鲁晓夫当政时期通过了一项改革措施:"撤消了25个联盟共和国部,113个加盟共和国部,把它们的职能交由新成立的105个经济行政区委员会行使;将本来隶属于联盟和加盟共和国的企业下放给地方,中央管辖的工业产值由45%降至6%;物资也由中央平衡改为地区平衡、中央综合。"①结果是不仅经济未出现

---

① 吴敬琏:《论竞争性市场体制》,中国大百科全书出版社,2009年,第155~156页。

预计中的活力，反而打乱了原有的经济联系和格局，加剧了地方主义，使经济更加混乱不堪。

二、改革开放和社会主义现代化建设新时期的条块关系

改革开放是决定当代中国前途命运的关键一招。条块关系在改革开放和社会主义现代化建设新时期呈现出新的特点，在条条与块块之间不断进行互动调整的同时，政府间关系、政府和企业、政府和社会的关系也发生了实质性变化。

改革开放之初，中央政府认为权力高度集中是我们所特有的官僚主义的一个总病根。"权力过分集中，妨碍社会主义民主制度和党的民主集中制的实行，妨碍社会主义建设的发展，妨碍集体智慧的发挥。"[1]改革开放所涉及的一个重要问题就是如何把集中于计划管理部门（即中央条条部门）的权力逐步下放给地方政府，如何减少计划管理部门对经济的支配和干预。[2]条块关系调整的主要做法如下：一些中央部委对地方政府相应职能部门的关系由领导改为指导，中央下放经济管理权限和部分立法权，尊重地方利益，鼓励地方大胆创新和探索，等等。中央政府认识到，一方面中央通过部委集中了过多的权力，管了许多不该管、管不好、管不了的事，陷于事务主义而不能自拔。另一方面基层缺乏自主权，人民群众的积极性难以充分调动。克服这一弊端的有效途径是下放权力。在上述思想的指导下，从1978年到1992年，通过放权让利调动地方政府的积极性，构成了这一时期条块关系变革的主线。20世纪90年代，伴随着市场经济的建立，为强化中央政府在财税等方面的事权，中央开始在银行、税务等方面强化垂直管理。

---

① 《邓小平文选》(第二卷)，人民出版社，1994，第321页。
② 周黎安：《转型中的地方政府：官员激励与治理》，上海人民出版社，2017年，第94~95页。

（一）综合放权

过去的调整几乎都走了一条单一行政性分权的道路,力图在不触动计划经济体制的前提下,通过经济管理权力在条条和块块之间的转换,调整二者的关系。条块矛盾主要表现在负责经济工作的部委与地方政府之间。改革开放以来,条块关系的调整是全方位的。

1.扩大地方政府的经济管理权限

第一,扩大地方的财权。探索"分灶吃饭、地方包干"等多种形式的财政包干制度,扩大地方政府的财权。财力分配由过去中央各部门的条条为主,转变为块块为主。第二,扩大地方的事权。中央把条条管理经济的诸多权限大幅度下放给地方。第三,把由中央部委直接管理的企业交给了地方,全国大部分企业由地方政府管理。第四,下放中央部委分配资源的权力,放开大部分经济活动,国家指令性计划的范围大幅度缩小。

2.下放立法权

立法权的下放和地方立法权的扩大也是权力下放的一项主要内容。1979年五届人大二次会议通过了《中华人民共和国地方各级人民代表大会和地方各级人民政府组织法》,除了规定地方人大拥有立法权外,还对上下级政府之间的关系做出了较为明确的规定。1982年修改宪法时,把地方立法权写入了宪法。这标志着条块关系的协调开始进入法治化的轨道。1986年,大城市（主要是省、自治区的首府）的人民代表大会及其常委会也被赋予了地方性法规的制定权。

3.扩大地方的人事权

1984年前,在中央与地方的干部人事管理上,干部管理权限实行各级下管二级,中央负责直接管理中央国家机关、省级地方机关及地区行署（市、州、盟）的领导干部。1984年后,中共中央把中央人事任免权由原来的"下管二级"改为"下管一级"（任免副省长级以上的干部）。各地方可以任免为数甚多的厅局长级干部和各市（地区）党、政府的负责人。地方人事权的扩大主要表现在以下三个方面：第一，通过国有企业管理权的转移，地方政府得以直接控制大量国有企业的管理人员。第二，伴随着干部人事制度改革，任免地方的共产党、政府各级干部的权力扩大了。第三，随着选举制度的改善，中央任免地方领导的权力变弱了，因而地方领导的独立性和自主性也增强了。[①]

(二)倾斜放权

1978年以后，中央没有"一视同仁"均衡地放权，而是采取了以东部为重点、梯度推进的倾斜放权。不同地方享有不同程度的开放政策、优惠条件和经济管理权力。赋予东部沿海地区和开放城市在税收、信贷、外贸和引进外资等方面较大的自主权。"结果出现了经济特区—沿海开放城市—内地经济技术开放区—内陆省区四个不同阶梯的倾斜分权，东重西轻，渐次放权。"[②]

(三)注意发挥中心城市的作用

1.设立计划单列市

从1983年到1989年，中央政府陆续批准重庆、武汉、成都等14个省辖市为计划单列市，享有省级政府的经济管理权限。计划单列市的设立对条块关系的改变有着直接影响。第一，简化了管理体制运行程序。中央政府的经济决策，不用再经过省而直接下达到计划单列市。第二，拓宽了中央政府的管理幅度，使中央政府在经济上可以直接控制原来归属于省级政府管理的14个城市，增强了宏观调控的力度。

2.推行市管县体制

1982年2月15日，中共中央、国务院发出《关于地市州党政机关机构改革若干问题的通知》，要求在经济比较发达的地区，实行市管县的体制。实行市管县的地方，就是在省、县之间增加一级政区。改革的主要办法是在经

---

① 转引自郭定平：《上海治理与民主》，重庆出版社，2005年，第33~34页。
② 谢庆奎：《中国政府的府际关系研究》，《北京大学学报》(哲学社会科学版)，2000年第1期。

济发达地区将省辖中等城市周围的地委、行署与市委、市政府合并,由市领导县。这种体制有利于打破"条块分割"的旧体制,通过中心城市的辐射功能,加速城乡一体化的进程。特别是在一些大中城市,过去因不同隶属关系的制约,很容易形成条块分割的局面,常常出现扯皮现象。实行市管县后,城市成了条条与块块的结合点,城市政府可以利用城市的综合功能,统一协调各种经济活动,有利于促进区域经济的发展。总的来说,这一改革取得了良好的效果并一直延续至今。

(四)转变政府职能:协调条块关系的新突破

转变职能是条块关系变革中一个重大的突破。1983年以前,条块关系的变革围绕着中央政府与地方政府之间的权力分配进行,方法是在条条和块块之间周期性地进行收权和放权。1984年10月,党的十二届三中全会通过的《中共中央关于经济体制改革的决定》提出了政企分开的思想。1985年9月,《中共中央关于制定国民经济和社会发展第七个五年计划的建议》出现了"转变职能"的说法。该建议认为:"随着国家管理经济的职能范围和管理方式的变化,各级政府经济管理部门的组织机构也要进行相应的调整和改革……在转变职能的基础上,积极创造条件,逐步进行机构的调整和精简。"实际上,转变政府职能的实践要早于这一提法的出现。在新思路的指导下,中央在向地方放权的同时,开始调整政府与企业、政府与社会的关系。

(五)上下级职能部门关系的调整

为了改变以往中央主管部门对地方政府各工作部门统得过死、管得过多的弊端。总的思路是,下面能办的事,尽量由地方来办,减少不必要的干预。为此,在国务院各主管部门和地方政府对口的工作部门关系方面,改变了过去直接领导的做法,而是根据各部门的业务性质及其在政府管理中所处的地位,将一些部门继续保持领导关系,另一些部门则改为业务指导关系。①

在地方政府的机构设置上,赋予地方政府根据工作需要,自行设立工作部门的权力。地方政府在保证中央政令畅通的前提下,除了必须设置一些部门和中央政府对口外,还可以根据本地的实际情况,自行决定一些职能部门设置什么、如何设置。

改革开放以来推行的"放权让利"改革是历史性的进步。可以说,没有上述措施的实行,中国就不会形成今天良好的经济格局,人民的物质文化生活水平也不可能提高得这么快。同时,也要看到,"放权让利"也带来了一些问题和矛盾,期望在很短的时间内把条块关系协调好是不现实的。

三、条块关系变迁的主要特征

条块关系的调整始终是中国政治发展中的一个重要内容。政府间关系随着条块力量的此消彼长和不断调整而变化。尽管在不同的阶段改革的侧重点有所侧重。但是,探索适合国情的条块关系模式则是始终如一的。条块体制几经调整,但这一体制的基本架构、运作逻辑和价值追求等"内核因素"却未发生实质性变化。可见,条块体制具有较强的适应性,能够通过内在调整和外在发展,满足不同时期国家治理的基本要求。通过以上简单的回顾和考察,可以发现条块关系变迁的主要特征表现在以下四个方面:

第一,每一次循环都不是和上一次完全相同的简单重复。正如中国政治在不断向前发展一样,条块关系也是发展的。新中国成立以来,条块关系的发展是螺旋式上升的,并不是简单的重复循环。中国条块关系的演进是自我发展、自我完善的过程。每一次循环都是对已有历史经验的客观总结,以及对所处时代背景下面临问题的慎重考量。每一次调整的背景、时机、目

---

① 参见吴大英主编:《政治关系论》,山西教育出版社,2001年,第218页。

的、方式、步骤和幅度其实都各不相同，每一次都有新的思考视角。问题也是在条块关系调整的进程中不断暴露出来的。在解决问题的过程中，经验也在不断积累。1978年以前的调整是由计划经济运行的内在逻辑决定的；改革开放后的调整则是由于从计划经济体制向社会主义市场经济的过渡造成的。每一次的改革和调整都为下一阶段的改革提供了经验、教训和动力。没有尝试就没有发展。正是在一次次的磨合、调整与变动中，条块关系发生着变革，趋于规范化。

第二，条块关系的不稳定性有迹可寻，基本上是在三个层面进行周期性循环。首先，从政府职能上看是在中央与地方、条条与块块的权力配置上进行上收与下放的循环。具体表现为条条集权—块块分散—条条再集权—块块再分散的往复循环。其次，在机构设置上撤并与增加的循环。具体表现为政府机构的分分合合。一个特点是，中央政府机构曾因权力下放而减少，地方政府机构曾因权力扩大而增加。中央政府机构在因权力上收而重新增加时，地方政府机构并未随权力减少而减少，而是在20世纪80年代以前一直呈现上升的趋势。①最后，政府官员规模精简—膨胀—再精简—再膨胀的循环。

第三，几次调整基本上围绕着经济管理权限进行，较少涉及政治职能、社会职能的权限分配。条块关系缺乏制度化的规定，二者的权限没有明确的划分。条块关系调整的依据，往往不是法律法规，而是政策性的规定。条块关系起伏不定，其中一个关键原因在于政府间纵向职责没有明确划分，也没有法律法规对二者关系予以规范，而仅仅依靠当时历史条件下的一些规定。

第四，在政府间关系的调整中，中央政府处于主导地位。调整条块关系

---

① 刁田丁等：《中国机构改革的理论与实践——机构改革调控机制研究》，法律出版社，1995年，第75页。

的动因是保证党的团结和集中统一，维护党中央权威，确保党始终总揽全局、协调各方，根本原则是发挥好两个积极性。维护党中央权威的重要方式是反对部门分散与地方分散，条条和块块充当了灵活调整中央和地方两个积极性的桥梁和载体。党的集中统一领导权力不可分割。中国共产党内的组织关系是政府间关系的核心。纵向权力有分工，但没有分权的概念。在条块之间的权力配置上，该下放的当然要下放，但该加强的也要加强。总结历次政府间关系的变革，可以发现上下级之间更多是一种"授权"而不是一般意义上的"分权"。例如，《中国共产党重大事项请示报告条例》明确规定，既牢记授权有限，该请示的必须请示，该报告的必须报告；又牢记守土有责，该负责的必须负责，该担当的必须担当。

第三节　单一制国家的条块关系模式

中国与其他国家在国体和政体上存在着重大差别。"社会主义要赢得与资本主义相比较的优势，就必须大胆吸收和借鉴人类社会创造的一切文明成果，吸收和借鉴当今世界各国包括资本主义发达国家的一切反映现代社会化生产规律的先进经营方式、管理方法。"①

一、主要模式

在一些典型单一制国家，中央政府与地方政府的职责划分较为清晰。中央政府主要通过垂直管理的分支机构来履行自己职责。大多数中央机构在地方都设有垂直管理的分支或派出机构。根据中央政府、中央部委垂直

① 《邓小平文选》（第三卷），人民出版社，1993年，第373页。

管理的分支机构、地方政府三者间的关系,大致可以把单一制国家的条块关系模式分为垂直管理模式、中央代表模式、合一模式、混合模式四种类型。

（一）垂直管理模式

这种模式以日本和英国为代表。其主要特征是中央行政机构直接在地方设置派出机构行使自己的权力。各派出机构不属于地方政府系列,直接向中央行政机构负责,其费用由中央政府提供和承担。

为加强对地方自治体的指导和监督,日本中央政府的绝大多数行政机关都在地方设有派出机构。日本《国家行政组织法》第九条规定:中央行政机构的府、省、委员会、厅和外局,在工作需要时,可以根据法律规定设地方分支部局。日本中央政府的12个省,除外务省外,其余都在地方设有分支机构。大藏省在全国9个地区设有财务局,在11个城市设有国税局,在冲绳设有国税事务所总理府;总理府的总务厅在8个管区设有行政监察局,在县一级建立41个行政监察事务所,以加强指导、监督和控制地方事务。[1]此外,中央政府的一些办事机构与直属机构也多实行"条条"垂直管理。

垂直管理机构有三种具体类型:其一,按照地方政府的组织序列、行政区域进行对应设置。邮政省在各地设有地方邮政局、地方电波监理局;劳动省在各地设有劳动地方分局、劳动标准局;建设省在各地设有地方建设局等。其二,在几个人口数量达到一定规模的大城市设分支机构。通产省在东京、名古屋、大阪、仙台等8个城市设地方通商局和矿山保安监督局;法务省亦在这8个城市设地方法务局及地方矫正管区。其三,在几个有代表性的地区设立地方分支机构。日本人事院在北海道、关东、东北、四国、中部等8处管区设地方事务所和冲绳事务所;农林省也在这8个管区设地方农政局。

日本中央各省实施垂直管理还有一个明显特征,就是作为各省归口管理的单位,也较为普遍地在地方上设立由自己垂直领导的分支机构。在中

---

① 郑贤君:《地方制度论》,首都师范大学出版社,2000年,第178~179页。

央行政机关,省有权归口管理一些单位,这些单位被称为省的外局,组织称为厅,如农林省的外局有粮食厅、林业厅和水产厅等。日本中央行政职能部门归口管理的外局,本来就是一个相对独立的实体,是一个更加专业化的部门,更有理由独立开展业务工作,与政府部门相对应地建立条条管理的机构。大藏省的外局国税厅,在全国11个地方设有国税局,在冲绳设有国税所;法务省的外局检察厅,分别在东京、大阪、名古屋等8个城市设有高等检察厅,再下一级还设有地方检察厅。①

英国中央政府的许多部门,在地方也都有分支和派出机构,这些机构不仅和地方政府争夺服务领域,同时也起着监督地方政府的作用。例如,卫生和社会保险部有"10个负责社会保险的大区办公室,900个地区办公室及1000个工作中心"②。

(二)中央代表模式

中央代表模式以瑞典、西班牙和丹麦为典型。这种模式的特征是,在同一行政区域内存在两个并立的行政机关。一个是由本地居民选举产生的地方行政机关;另一个是中央政府在该行政区域设立的代表,由该代表统一领导中央各部委在地方的派出机构。

瑞典的地方政府分为省和市镇两个层级。在省级政府,既有代表中央的省长和省国家行政委员会,又有代表地方的省议会及其执行委员会。中央政府的职能由省长和省国家行政委员会执行。省长由中央政府任命,任期6年。省国家行政委员会代表中央政府负责中央在该省的行政。它无权向由选举产生的省议会发布命令。省议会和省国家行政委员会平等,各司其职。

中央各部门在省的行政机构设置一般有三种情况:一是一些中央部门

---

① 卓越主编:《比较政府与政治》,中国人民大学出版社,2004年,第158页。
② ［英］梅尼等主编:《西欧国家中央与地方的关系》,朱建军等译,春秋出版社,1989年,第37页。

不设置驻省机构,如全国公路委员会,古迹、环保委员会等,其职责由省国家行政委员会代行。二是在省内设有直属于中央有关部门的专业机构,受一个非专业人员组成的委员会(由中央政府有关部门、省议会各任命若干人)领导。如劳工委员会、建筑委员会、农业委员会、森林委员会、教育委员会等,其主席通常由省长兼任。三是由专业人员领导驻省机构。例如,郡公路局,它直属于中央有关部门。①

西班牙大区和省政府都有独立的立法和行政机关。大区议会经比例代表制选举产生,任期4年。议会从其成员中指定一名大区长。大区长任命自己的内阁。中央政府驻大区的各行政机构由一位总代表领导。总代表作为中央政府在各大区的常驻官员,负责协调中央行政机关驻大区的机构。中央政府驻各省的常驻代表是省长。他根据地域行政大臣的建议任命,任期不定。省长对中央政府行政机关驻省的机构享有最终的指导和协调权。这些中央政府的省级机构负责执行各部的政策。省长由省政委员会协助工作。

丹麦的地方政府分为省和市镇两个层级。每一个省和市镇的最高权力机关都是议会。议长从议员中选出,同时也是行政机构的首脑。在省和市镇同时设有许多中央政府的机构。与省并存的有14个国家省机关,每一个国家省机构都由中央政府任命的省长领导。②

波兰在地区一级的公共行政有两个。一个是地区政府——地区议会,它有法定的地位,在经济政策和地方发展计划中拥有预算权。另一个是国家指定的中央政府的代表,它是用来确保国家的政策在地区的执行和强化的,以及使地区中的国家机构能充分行使其权力。

---

① 曾伟等主编:《地方政府管理学》,北京大学出版社,2006年,第79~80页。
② 董礼胜:《欧盟成员国中央和地方关系比较研究》,中国政法大学出版社,2000年,第193页。

（三）合一模式

荷兰是合一模式的典型。合一模式的特色在于，本地居民选举产生地方行政机关后，中央政府任命地方行政首长同时为中央政府在该行政区域的代表。即地方行政首长一身二任，既代表地方，又代表中央。

荷兰议会是省和市镇的最高权力机关，经普选产生。省和市镇的日常工作由执行委员会承担。市镇的执行委员会由贤人和市长组成，省执行委员会由执行官和女王驻省代表（总督）组成。贤人和省执行官分别由市镇议会和省议会从议员中选出，任期与议会相同。当选执行委员会成员后，他们仍保留议会的职位。市长和总督由中央政府任命，他们既是执行委员会的主席，又是议会的议长。①

在一些国家的某些地方政府也采取"合一"的模式。法国和西班牙的市镇一级，市镇长同时扮演地方行政首长和国家派驻官员两个角色。一方面，作为国家的代表，西班牙和法国的市长由地方选举产生，但依法作为中央政府在地方的代表，负责管理选举、征兵等工作，在这些事务上，他们接受上级管理当局的领导。市镇长主要受中央政府和共和国专员的监督，共和国专员拥有停止其职务1个月的权力，内政部长有权停止其职务3个月，总统有权将其免职。市镇长由议会选举产生，是市镇的行政首长，但一旦选出又不对议会负责，议会不能罢免其职务。另一方面，市作为一级地方政府单位，其自治权和地方管理权受到宪法保障。各市由市政委员会治理，其成员由普选产生。市长和副市长则由市政委员会或市民选举产生，他们作为市政委员会的主席和行政长官，也作为中央政府的代表。市长的权限有两种：作为国家在市镇的代表所拥有的权限和作为市镇的代表拥有的权限；作为国家的代表，在上级管理当局领导下，市长负责公布和执行法律、法令，执行一般性安全措施，履行立法机关给予的特殊职责（如建立和修改选民册，主持

---

① 董礼胜：《欧盟成员国中央和地方关系比较研究》，中国政法大学出版社，2000年，第193页。

选举机构,征兵等)。作为市镇代表,市长主持议会会议并负责执行议会决议。[1]

(四)混合模式

法国是混合模式的代表。在法国地方制度中,有三套不同体系的公权力组织在同一个地域上发挥作用。一套是由本地居民选举产生的地方行政机关,包括市镇会议和政府、省议会、大区议会等地方自治团体;另一套是中央政府在地方政府的代表,即大区长和省长;第三套是不属于大区长和省长领导的中央部门的派出机构。上述三种行政机构同时并立,各有职掌、互不隶属。

法国的地方政府层级分为大区、省和市镇三级。地方行政由地方自治团体担任,不受中央政府的直接干预。地方自治组织是由地方公民选举产生的,立法机关为各级地方议会,首脑为议会会长,专司地方自治法规的拟定。虽然要接受中央政府和共和国专员的监督,但有相当程度的自主权。大区议长同时是大区行政首长,领导大区各行政部门。作为省的行政首脑,省议会议长掌管全省的行政事务,包括动用警察、管理省的公共交通、审核省的开支并规定省的收入、监督省内的各行政机构,以及拟定并执行省议会的各项决议,必要时,议长可以支配国家派驻机构。此外,省议会议长还与驻省的国家代表共同协调省行政部门和派驻机构之间的活动。[2]

法国中央政府对地方行政控制的形式主要有两种:一种形式是向地方派遣中央政府代表,大区和省称为大区长、省长。他们是国家权力的委托者,保证法律的实施及监督行政工作。市镇则以市镇长为国家代表,同时兼有国家官员和地方民选行政首脑的双重身份。中央派驻大区的大区长,一般由该大区行政机关所在地的省长兼任。大区长虽然负责协调本大区内各

---

① 曾伟等主编:《地方政府管理学》,北京大学出版社,2006年,第81页。
② 胡康大:《欧盟主要国家中央与地方的关系》,中国社会科学出版社,2000年,第250页。

省长的活动，但不能向省长发号施令。省政府的主要官员由中央直接任命。法国各省的省长是由总理和内政与权力下放部长提名，部长会议讨论通过，总统任命。他是中央政府的代表，也是所在省的最高行政长官。省政府的其他主要官员，如省政府的秘书长、办公厅主任、参事长等均由内政与权力下放部长委任。①另一种形式则是由中央政府各部门分别派出本部门的驻地方代表，就有关事务进行监督、控制。

中央的指令是通过大区长和省长下达到城镇的。对地方来说，他们是国家或政府的全权代表，特别是内务部的代表。大区长和省长的职责主要体现以下四个方面：第一，协调。大区长和省长负责领导中央大部分派驻机构，代表中央协调中央各部派驻地方机构的工作。第二，监督。省长指导市长工作；监督省和市镇议会，以及公立公益事业机构工作。尤其是监督地方议会制定的自治法规是否与中央保持一致。第三，贯彻。作为国家代表，省长要执行本行政区域内的中央政府"委办事项"；监督法律、法令和中央政府决定在本省的实施，并定期将本省行政需要及实际情况向中央政府报告。第四，领导。省长以省内最高行政长官的身份领导全省各部门的工作，负责省内的财政和治安，有权动用警察、治安部队和宪兵。负责实施省议会通过的决议，编制省财政年代预算，任命和撤换地方官员。②

在省长的诸多权限中，并不包括教育、公共财政和军事三项职能。教育事务由教育部派驻各学区的区长负责；地方公共财政事务由财政部派驻省的官员直接治理；军事事务由中央政府统一管辖。③

---

① 薄贵利：《近现代地方政府比较》，光明日报出版社，1988年，第95页。
② 谢林等编：《外国政府机构设置和职能》，中国经济出版社，1986年，第132页。
③ 杨宏山：《府际关系论》，中国社会科学出版社，2005年，第90页。

二、基本特征

(一)各层级政府之间的职责比较明确

单一制并不排斥分权,联邦制也不排斥集权。道理在于,联邦和中央政府全部集权或者地方全部分权都不现实,再精明能干的中央政府也不可能把国家的全部权力掌握在自己手中,而是要实行一定程度和形式上的分权(授权)。一般而言,政府间的纵向权力划分有以下三种形式:第一,以中国为代表的"统一领导,分级管理"模式。中央政府对全部事项拥有权力。各级政府的职责,除了少数通过某个层级的政府直接承担外,其余绝大多数都大致相同。差别是各级政府对同一事项的管理权限不同。第二,权力分割模式。即把权力和职责"整块"分配给某个层级的政府。各个层级政府的职责不仅明确具体,而且各自拥有对自己负责事项的最终决定权。这是大多数联邦制国家的做法。联邦和成员单位之间的职责由宪法规定。第三,职责分工模式,在单一制国家,中央政府是唯一的主权拥有者,各个层级的政府职责有着比较明确的划分。地方政府的权力最终来源于中央政府,中央政府保留对地方负责事项的监督权,但一般不直接干涉属于地方政府职责范围的事项。西方典型的单一制国家大都采用这种模式。

典型单一制国家各个层级政府总体上以"职责异构"为特点。第一,不同层级政府各有自己特定的职责。在对各级政府的权限进行划分时,一般是先明确核心任务领域,并尽可能将职权作整体划分,使各级政府拥有专有的管辖领域,在专有的管辖领域内拥有相对完整的权力。第二,同一领域的事项在不同的政府层级之间有比较明确的分工。即使相邻层级政府的职责有一定的交叉,但权力和责任分得也较为清楚。在公认的高度集权的法国,不同层级的政府在上述两个方面的职责区分得较为具体而明确(参见表5-1)。第三,每一级政府的职责都是"不完整"的,只负责法律赋予的有限事项。

表5-1　法国地方自治团体市镇、省、大区政府管理事权的划分

行政层级 / 事权	县	省	大区
公共卫生等服务	登记、面谈，提供支援服务，设立公共卫生室	提供幼儿及妇女照顾，设立老人、残障收容所，预防与照顾，其他社会服务	
教育	国民教育	国民中学	高级中学、特殊教育、职业技术教育
地方经济发展	协助经济发展事务，提供辅助措施，参与跨乡、镇空间规划、市镇公（维修等）	主管地方与经济发展事务，提供各项补助，乡村发展	对地方与经济发展问题进行研究，提供各项直接与间接的协助，空间与有关问题规范，区域性公园规划
交通	主管都市交通运输，乡镇道路、一般游憩道路的维护	主管非都市运输，学生专车，县属道路维护，渔港与商港维护	区域性专案运输业务
文化	乡镇文献保存，设立地方博物馆、图书馆和会议中心	县属文献保存，设置县博物馆和可供借阅资料的中心	省属文献保存及设置博物馆
环境	饮水、下水道管理，垃圾清运	休闲道路和游憩路线的规划与维护	环境维护

根据吕育诚：《地方政府管理：结构与功能的分析》第69~70页的相关内容整理，元照出版公司，2001年。

（二）机构设置上有一定程度的"上下对口"现象，但不存在双重领导关系

职责同构必然会造成机构同构和"上下对口"，但"职责异构"的政府管理模式未必没有"上下对口"的机构。原因在于：第一，各级政府间的职责完全泾渭分明地界定清楚，十分困难。至少到目前，还没有哪个国家做到了这一点。相邻政府层级之间存在权力交叉和"灰色地带"是正常的。存在相交

叉的职责就会设置大体相同的机构。如绝大多数国家各个层级的政府都设有主管教育的职能部门。第二,一些事项靠某一层级政府完全负责也很难做到,往往需要各层级的政府通力合作才能完成。

机构设置中"上下对口"是中国政府管理制度的特色。这一现象并非只存在于中国。许多国家不同层级的政府都存在一定程度的"对口",机构编制要接受中央政府的标准,但不一定是大部分对口。日本地方政府的组织机构由《地方自治法》统一规定,不得随意增设。各级地方政府均设:教育委员会、选举管理委员会、人事委员会。此外,在都、道、府、县设:公安委员会、地方劳动委员会、征用委员会、海区渔业调整委员会、内河水域管理委员会、监察委员会。在市、町、村设:农业委员会、固定资产评价委员会。①既然各级政府都有必设机构,那么出现"上下对口"的机构是必然的。在机构编制方面,日本的都、道、府、县政府的局、部(处)机构的数量和名称由中央政府用法律规定,地方政府如欲超量设置或改用其他名称,须得到内阁自治大臣的批准。市、町、村的行政机构虽可自主设置,但中央行政部门迫其设置"对口单位"。内阁自治省还常用"定员模型"对地方政府的定员编制进行行政指导。②总体上看,"上下对口"的机构数量少,也没有双重领导关系。地方政府的职能部门的负责人由当地行政长官或议会任命,对同级政府负责。上级"对口"部门一般不能对下级职能部门"发文"和直接命令。

(三)中央政府设有主管地方事务的专门机构

几乎中央政府的每一个职能部门对地方政府都有一定的控制和监督作用。例如,以色列财政部管制地方政府的财政,并直接向每个地方当局提供资金,教育与文化部和劳动与社会保障部对地方当局的最重要的社会活动领域负责,内务部给予地方当局立法、行政、财政权力,建设与住宅部主管城

---

① 谭健著:《日本政府体制与官员制度》,人民出版社,1982年,第56页。
② 转引自杨宏山:《府际关系论》,中国社会科学出版社,2005年,第109页。

区的规划与建设。①

　　为了对地方政府的活动进行控制和监督,多数国家在中央政府设置了专门处理地方事务的机构。法国中央政府设有内政部、国内安全部和地方自由部。英国中央政府设有环境事务部、苏格兰事务部、北爱尔兰事务部。其中,环境事务部主管英格兰和威尔士地区的地方事务,苏格兰事务部主管苏格兰地区的地方事务,北爱尔兰事务部主管北爱尔兰地区的地方事务。

　　日本的自治省负责对地方政府进行管理和监督。总理府设有许多机构直接控制某一地方的事务。如总理府北海道开发厅,直接控制北海道的开发;冲绳开发厅控制冲绳的开发。总理府的行政管理厅设有地方行政监察局、冲绳行政监察事务所等对日本各地方的行政事务进行监督。除此之外,总理府还设有地方制度调查会,经常对地方制度进行调查,并提出意见。②自治省负责对地方自治进行管理和监督。这主要包括对地方的行政监督、人事监督、财政监督,以及对地方行政管理制度提出意见、罢免地方官员、制定地方选举制度、监督地方税务收入和财政开支、调解地方政府之间的纠纷等。此外,还负责地方的消防工作。内阁的各省、局也都设有监督和控制各地方事务的机构。自治省的全部事务都是监督和处理地方事务。内阁人事局也设有地方事务局和冲绳事务局。另外,法务省、大藏省也都设有类似的机构。

(四)实行不同程度的地方自治

　　一些典型的单一制国家实行地方自治制度。地方自治对于中央和地方关系的影响主要体现在以下五个方面。

　　1.各个层级的政府没有明确的"级别"概念和行政隶属关系

　　在实行地方自治的国家,下一层级政府不是上一层级政府的下属行政

---

　　①　[以色列]卡西姆：《民主制中的以色列地方权力》,余斌等译,北京大学出版社,2005年,第45页。

　　②　《日本政府机构》,上海人民出版社,1977年,第107~109页。

单位,而是相对独立的地方自治体。

2.地方自治政府的权力来自本地居民的授权

地方自治体首长和议员由选民选举产生,对当地居民负责。地方居民有权罢免自治首长和解散议会。在法律赋予的自治权限内,地方政府拥有相对独立的处置权力,一般情况下不必"请示"上级政府,也不受上一层级政府的直接干预。在具体施政中出了问题,更不必担心来自上一层级政府负责人的惩罚与指责,而主要看能否通过当地居民的"民意关"。

3.地方政府组织模式的多样化

除了法律规定必设的机构外,各个地方政府的组织机构和原则大相径庭。地方政府的组织形式、政府过程、机构设置没有一个统一的模式。不仅纵向上不同层级政府的组织模式不一样,横向上同一层级政府的组织模式也有很大差别。

4.中央控制的隐形化

地方自治不等于自治体不受中央政府的监督和控制。中央对地方自治事务的控制主要通过立法、财政、司法等手段进行。在英国,虽然地方议会控制警察、教育、卫生及福利事务,但是,"国会任何时候都可以介入地方事务并不理会地方官员"[①]。

5.地方政府的职责由法律予以明确的规定

地方政府的职责范围一般分为必须承担、可以选择承担、不得承担三类。对地方自治事务通过个别列举和概括的方式加以确定。

(1)必须承担的职责包括固有事务、委托事务和中央规定必须执行的事务

第一,固有事务,即依照法律规定,地方政府应当承担的事务。对于这类事务地方政府可自主行使职权,中央政府一般不直接干涉。

---

① 〔美〕罗斯金等:《政治学》,林震等译,华夏出版社,2002年,第197页。

第二,委托事务,即中央政府把本来属于自己的职责委托给地方政府执行。日本府县政府的事务中有很多就是来自国家的机关委任事务。在波兰,委派给自治地方的事务主要包括:计划编制,建筑业监察(包括对建筑许可证的发放),马路和桥梁的建筑和维护,交通管理,供水,污水、固体垃圾的收集和处理,街道清理,地方公共交通,社会服务,地方住房的建筑和管理,文化、公园、市场、公墓和公共建筑的管理,基本卫生服务,公共安全,消防队服务和土地登记。在委派给地方政府的任务中,最重要的几点是:居民登记,身份证问题,出生、死亡、结婚和收养登记。委派的任务是根据合法性、效率和效益的持续性原则进行管理,这些同样也适用于管理通过自愿协议而转交和接受的委托任务。委派任务必须根据中央政府制定的标准进行操作。[①]

第三,中央立法规定地方政府必须执行的事务。地方政府必须忠实地执行中央政府制定的法律,组织和管理地方行政事务。例如,英国1944年《教育法》规定,所有的地方政府都有为本地区的居民提供公共教育机会的职责,所有的适龄青少年都必须入学。1972年《病人和残疾人法》规定,地方政府必须为每一个病人和残疾人(本地区的)提供照顾和帮助,具体内容和照顾等级由法律规定。1977年的《无家可归者法》规定,地方政府有责任安置无家可归者,提供给他们适当的居住条件。

(2)可以选择的职责

中央政府通过法律为地方政府规定一些可选择的职责,但执行与否取决于地方政府。英国1969年《儿童与少年法》规定,地方政府可根据自身条件给不幸的少年儿童提供照顾和帮助。[②]

(3)不得承担的职责

①　[瑞典]阿姆纳等主编:《趋向地区自治的新理念?——比较视角下的新近地方政府立法》,北京大学出版社,2005年,第63页。

②　田为民等:《比较政治制度》,新华出版社,2004年,第103~104页。

　　一些国家还规定了地方政府无权处理的一些事项。大多数国家的地方政府都不能涉及军事、外交、司法等事项。日本《地方自治法》规定，地方政府不能处理下列国家事务：关于司法与国家惩处事务；邮政和国家的通信、运输事务；国家的气象、航空、水运设施；国立的教育、研究、医疗、疗养设施和国立的图书馆、博物馆。①以上事务均由中央政府统一管理，必要时可以以委托管理的形式由地方政府给予协助管理。

（五）中央部委与地方政府之间不平等的"伙伴关系"

　　在一些单一制国家，尽管一个代表中央政府、一个代表地方政府，在执行各自任务的时候，是依靠相互之间的友好合作来进行工作的。中央部委与地方政府在一定程度上进行合作、交换信息和相互影响。建立在互相补充和互相依赖基础上的这些关系对整个政府间关系的协调起到了必不可少的作用，并构成了以磋商、谈判、相互依赖与合作为特征的"伙伴关系"。即使产生了一定的矛盾，各自也不寻求自己的上级进行协调，而是按照既有的法律进行。韩国《地方自治法》第157条第2款规定②，地方自治团体首长对主管部门作出的有关自治事务的命令、处分、撤销等有异议时可以向最高法院提起诉讼；地方自治团体向地方议会提出再议要求后，再议事项不符合法令时，经内务部长官承认后向大法院提起诉讼；对征用、征税、分担金等方面有异议时，地方自治团体不作出决定或不服决定时，可向管辖区高等法院提出诉讼。

　　中央各部与地方政府之间是一种"不平等"的"伙伴关系"，中央部委居于优势地位。在单一制国家，中央政府不可能放弃对地方政府的监督、控制和渗透。作为中央政府组成部分的部委自然地承担起了这种功能。"两方并不平等。政府部比较强大，而且做出的重要决定要多得多。它们设法通过

---

① 谭健：《日本政府体制与官员制度》，人民出版社，1982年，第54页。
② 许崇德主编：《各国地方政府》，中国检察出版社，1993年，第220页。

新的法律,包括那些授予地方当局新的权力的法律……中央部与地方当局之间的关系的协商没有哪一次是真正的。"① 中央部委对地方政府的监督主要通过立法、行政、司法、财政、人事和技术等手段进行。地方政府在法定的框架内,享有行动的自由,但中央拥有最后的控制。地方政府除了对当地选民负责外,还必须对中央政府负责。

1.立法控制

地方自治以全国法制统一为前提。地方政府必须根据中央制定的法律实行自治。地方通过的条例,必须在全国法令允许的范围以内,否则无效。日本地方条例的制定、修改、废除,必须报告自治大臣。英国地方政府的设立及其权力配置都由议会通过法案确定。内阁或主管大臣有权在本部门的范围内制定条例、规章或实施细则,这些条例、规章或实施细则都是地方政府必须严格遵守的行为规范。地方政府为办理某些重要事务所草拟的计划、在本地区具有普遍约束力的命令和某些关系重大的具体措施,都必须呈报主管大臣批准才能生效。环境事务部大臣、内政大臣及主管大臣都有权决定是否批准地方政府通过的单行法规。②

2.行政控制

中央各部对地方政府的控制方式主要有以下四种。

(1)视察或调查

英国中央政府负有监督地方事务使命的各部都可以派员对其监督范围内的地方事务进行常规视察或必要的专门调查,以检查地方政府的工作是否符合中央政府的各项规定和指标。视察人员有权代表主管部门向地方政府提出建议。对这类建议,地方政府通常都认真考虑。地方政府只有通过了中央政府有关部门的视察,才能得到相应的补助。例如,内政部对地方治

---

①　[英]梅尼等主编:《西欧国家中央与地方的关系》,朱建军等译,春秋出版社,1989年,第57页。

②　夏海:《发达国家政府管理制度》,时事出版社,2001年,第131页。

安部门的视察,先要详细了解居民对治安部门及其官员的意见,以及治安部门采取的相应的措施,然后对其工作进行评估。只有通过了内政部官员的年度视察,地方政府才能得到治安补贴。①

(2)发布指示或命令

法国中央有关部的大臣有权颁布命令、训令或发布指示,责令地方政府执行。除法定权力之外,有关大臣还常常发出建议性的通报和备忘录,就个别问题给地方政府以某种"劝告",但在实际执行中,命令、指示里的规定与通报、备忘录中的意见或"劝告"难以区分,地方政府只好唯命是从,照章办理。属地方政府职权范围内的计划或建议,也必须得到中央有关部的批准。如果地方政府的行为损害了私人的利益,私人可以上诉到中央的有关部。②

(3)授权立法

在很多情况下,英国的大臣可以授权地方政府颁布法律细则或命令,来充实议会立法的条款,或制定新的条款,以此确保地方政府提高服务标准。

(4)代执行权

英国有关法律规定,如果地方政府不同意或不愿意执行议会规定的责任,大臣可任命一个委员会接过地方政府的这一责任,或由大臣亲自承担。但是,一切费用由该地方政府负担。③例如,1980年颁布的住房法中包含着这样的条款,即对于不服从该法的或者是拖延销售公房的地方政府,环境部大臣可以任命一位住房专员来直接负责执行这一计划。

3.司法控制

在英国,除法律的规定外,地方政府的重大活动必须获得大臣的批准,发展计划就是其中之一。另一项主要活动就是强制性购买土地或固定财产,这两项活动最容易引起地方政府与当事人之间的冲突,大臣要在冲突中

---

① 夏海:《发达国家政府管理制度》,时事出版社,2001年,第131页。
② 薄贵利:《近现代地方政府比较》,光明日报出版社,1988年,第141~142页。
③ 胡康大:《英国的政治制度》,社会科学文献出版社,1993年,第213页。

担当仲裁者的角色。如果某一地方政府为了发展的目的，如开矿或建筑住房和学校、道路的加宽等，发出明确命令，强制性地要求购买某一片土地。当事者如有反对意见，或不愿出让、或嫌价格低，可以向环境部提出申诉，然后环境部派出监察员进行调查，听取反对意见或任何赔偿要求。最后，向大臣提出一份调查报告及他个人的处理意见，据此，大臣做出最终的裁决。

大臣同样还可以裁决地方政府之间的争执。通常的情况下，有关的地方政府直接向大臣提出书面意见或论点，交由中央部门去批准，如果问题涉及教育，就提交教育部去解决，如果涉及照顾老人或儿童的问题，就提交给社会服务部的大臣。[①]

4.财政控制

在多数国家，地方政府收入的很大一部分都是来自中央政府的拨款。中央政府可以运用财政手段去鼓励或阻止地方政府的活动。第一，监督和指导地方政府的预算。第二，通过审查借款计划和财政收支账目等途径监督和控制地方政府。英国中央环境部委派的地区审计员，负责审计地方政府的大多数账目。地区审计员的权力很大，如果他们发现地方政府的预算开支是违法的，有权责令这些地方禁止使用，并对有关责任人员处以罚款。第三，通过财政转移支付控制地方政府。在日本，地方发行债券要经过自治大臣的同意，在地方遇有财政困难，向中央申请补助金时，中央可以在发放补助金时，提出财政上的指导意见。

5.人事控制

地方政府的议员或行政首长由当地居民选举产生，并不意味着中央政府对地方的人事不能实施控制。中央政府不能直接决定在地方究竟谁可以当选、当选什么职务，但享有罢免地方政府官员的权力。

---

① 胡康大：《欧盟主要国家中央与地方的关系》，中国社会科学出版社，2000年，第33~34页。

(1)撤销地方官员或暂停其职权

法国中央政府在认为省、市镇议会管理不善、难以为继的情况下,可将其解散并重新选举。地方政府的组成人员虽然是由地方议会任命的,但中央政府有权宣布某个地方机构或官员没有履行委托给他们的责任。在这种情况下,部长可以接管某个地方机构的权力或把权力移交给其他机构或官员。这就是说,中央政府实际上享有罢免地方政府官员的权力。

日本内阁总理大臣有权罢免都、道、府、县知事。如果总理大臣认为知事不能依法处理事务,有权要求知事改正,如果知事不改正,总理大臣有权撤销知事。在撤销地方知事的职务时,总理大臣一般会按政令规定出示公告,将罢免理由周告该都、道、府、县的居民。

日本地方政府受中央政府各部门的监督和管辖。地方政府从事交通、教育、建筑、医疗等项事业,都要同中央政府相关的部门联系。各大臣在主管工作方面,对属于地方政府首长管辖的行政工作,有权指挥、监督地方政府首长。当都、道、府、县的知事在权限内管理、执行国事违反法令规定和主管大臣的处理时,或管理、执行国事失职时,大臣可以向知事发布命令。如果知事不执行命令,大臣可以向高等法院起诉,通过司法程序加以处理。知事被传讯期间,大臣可以代行其职务。各大臣在主管工作方面,有权要求内阁总理大臣采取必要的措施,纠正地方政府或其首长处理工作、管理工作和执行指示的错误,改进他们的工作。①

(2)影响普通的官员任命

法国某些地方行政官员的任命必须经中央有关部的批准。②日本中央向地方政府大批输送干部,以期控制地方人事行政。中央省、厅下放到地方

---

① 谢林等编:《外国政府机构设置和职能》,中国经济出版社,1986年,第213页。
② 薄贵利:《近现代地方政府比较》,光明日报出版社,1988年,第141~142页。

的官员,称为"下凡"的干部,实际是由自治省安排的。①这些干部到地方任职后,往往要听取原来所在政府机关的指示,对地方的行政有一定程度的牵制和影响。

6.技术控制

在地方政府提供的许多服务中,有些具有全国性的重要意义。例如,教育、卫生、住房等事项是国家福利的一部分,为公平起见,中央政府往往规定最低标准,令地方遵照执行。

(六)以法律为保障

在西方典型国家,各个层级政府的职责、组织结构,相互作用的方式和手段,大都由法律予以明确、具体、规范和翔实的规定。对政府职责的有关法律规定,主要有以下三种形式。一是在宪法中设立有关政府职责划分的原则和条款。二是制定专门的法律进行规范。例如,日本国会制定了《地方自治法》《地方公务员法》《地方财政法》和《地方税法》;法国1982年颁布了《市镇、省和大区的权利和自由法》,1992年颁布了《关于行使地方议员权责条件法》《关于共和国地方行政指导法》;等等。三是其他法律的相关部分对政府间职责分配和权力行使的具体要求。以色列《规划与建设法》规定②:内务部、卫生部和住宅部的部长代表应该被定期地邀请参加地方规划与建设委员会的审议。他们有权把地方委员会的决议诉诸地区委员会。通过这种方法,这些中央政府的代表们能够凭他们的经验作出应有的贡献,而且监管的方式是直接的。政府间职责划分的法制化,为各级政府共同遵守游戏规则提供了强有力的保障,也使各方在处理政府间事务时有所依据,有所遵循。

通过总结梳理单一制国家相关做法可以看出,一些单一制国家各层级

---

① 孔昭林主编:《机构革命——地方政府机构改革的对策性研究》,中国文史出版社,2001年,第366页。

② [以色列]卡西姆:《民主制中的以色列地方权力》,余斌等译,北京大学出版社,2005年,第54页。

政府之间的职责和权限划分得相对比较清晰，并且在各自事务范围内，享有相对自主权。西方典型单一制国家多数实行地方自治。然而，地方自治不等于地方可以摆脱中央的控制和监督。中央政府对地方政府的控制和干预以法律规则为基础，遵循必要性和透明的原则，政府间关系的纷争通过司法途径解决。

第四节　联邦制国家的条块关系模式

作为处理国家整体与部分关系的一种重要方式，联邦制国家的相关做法有自己的特点。就联邦政府的决策与执行二者之间的关系而言，联邦制国家的政府间纵向关系可以分为分工型和合作型两种模式。

一、分工型模式

分工型模式以美国为代表。其特征是，联邦和州分别通过自己的机构执行法律赋予的职权。二者在各自的职责和权力范围内平行存在，基本上互不干涉，即自己决策、自己执行。为了做到这一点，联邦各部不得不在各地设立大量的分支机构来承担具体业务。联邦和州政府在履行职责时，也会有很多的相互合作与依靠。总体上二者权力的行使是分开的。在同一地区，并存着联邦与地区性政府两套行政机构。

（一）权力划分

联邦制是一种在同一体制内对政府权力进行双向分割的制度。在美国，各层级政府之间的权限被划分得较为清楚。宪法在规定权力分配上采取列举联邦权力，对州权力作保留权力的概括规定。即原则上联邦政府拥有宪法列举或默示的权力，宪法未授予联邦，也未禁止各州行使的权力，由各州各自保留。

1.专有权力

专有权力是指某一领域只能由联邦或州行使的权力。美国政府间关系的基本格局由法律来确定。联邦和州两个层级政府同时管辖同一区域和人民，但二者的权力和职责通过联邦宪法进行了明确的划分，并受宪法的保护。凡是应由联邦行使的权力，州政府不得插手；凡是应由州政府行使的权力，联邦政府也不得干预。当联邦与州发生权力上的纠纷时，由联邦法院依照宪法和有关法律裁决。

（1）联邦政府的权力

第一，明确授予联邦的权力。联邦政府主要负责与各州共同利益休戚相关的具有整体意义的事务，包括外交、国防、邮政、州际经济、全国性的财政金融事务等。美国宪法第一条第八款列举了联邦拥有的18项权力。它们是：规定和征收直接税、进口税、捐税和其他税，以偿付国债、提供合众国共同防务和公共福利，但一切进口税、捐税和其他税应全国统一；以合众国的信用借款；等等。

第二，默示和固有权力。默示权力是从宪法明确授予联邦的权力中引申出来的权力。在实际政治权力运作过程中，通过联邦最高法院的宪法解释和有关判决，联邦政府逐渐拥有了一些为执行"列举权力"而必须附带的默示权力。默示权力给了联邦政府相当灵活的活动余地。联邦的默示权力主要包括："建立银行和公司，为道路、学校、保健和保险提供经费，设立军事学院，发电、出售剩余物资，帮助和监制农业，等等。"除默示权力外，联邦最高法院在有关判决中还宣称联邦政府拥有某些固有权力，"主要限于对外关系方面，如承认其他国家，驱逐外国人等"[1]。

---

① 童之伟：《国家机构形式论》，武汉大学出版社，1997年，第285页。

(2)州的权力

州的权力主要来源于保留权力,即宪法未授予联邦也未禁止各州行使的权力。保留给州的权力众多,宪法中并无具体列举,但传统上这些权力包括制定州宪法和州法律的权力、管理州内各项事务的权力、批准联邦宪法修正案的权力、举行选举的权力等。美国的各州一般有以下五类职能[①]:第一,制定刑事和民事法典,负责高等教育、监禁犯罪、州民的健康,以及地方政府的授权;第二,提供并管理州内的公路系统和社会福利;第三,应当由地方政府提供,但是它们没有能力提供的服务,例如民用水、下水道、空气和水源的污染控制;第四,税务管理及税收资源的再分配;第五,负责组织管理联邦一级和州一级的选举。

2.共有权力

共有权力是指联邦和州政府共同拥有某些权力。多数的共有权力在宪法中没有具体的说明,它们只是默示意义上的。共有权力的一个例子是征税权,各种税收分属于各级政府征收。州不可以征收关税;联邦政府不能对不动产征税;两者都不能对对方的设施征税。其他的共有权力包括借贷、设立法院,以及向银行和公司发放许可的权力。[②]即使在各级政府共同享有的某些权力上,也存在着较为明确的分工。例如,提供退休金、失业补助金等社会保障职能就以联邦政府为主,州政府为辅,地方政府参与。

3.禁止的权力

为了保证联邦和州所拥有的权力互不侵犯,宪法明确列举了联邦不得行使的权力、州不得行使的权力、联邦与州双方均不得行使的权力。

第一,禁止联邦行使的权力主要有:不经有关州同意改变其疆界、剥夺州在参议院的平等权;等等。

---

① [美]吴量福:《运作、决策、信息与应急管理:美国地方政府管理实例研究》,天津人民出版社,2004年,第4~5页。

② 参见张志红:《当代中国政府间纵向关系研究》,天津人民出版社,2005年,第242页。

第二，宪法禁止州政府行使的权力主要有：缔结任何条约，参加任何同盟或邦联；颁发捕获敌船许可状；铸造货币；发行纸币；使用金银币以外的任何物品作为偿还债务的货币；通过任何公民权利剥夺法案、追溯既往的法律或损害契约义务的法律；或授予任何贵族爵位；制定或实施限制合众国公民的特权或豁免权的任何法律；剥夺任何人的生命、自由或财产；在州管辖范围内，拒绝给予任何人以平等法律保护。

(二)机构设置

1.自主设置

地方行政单位和机构设置复杂多样，没有统一的模式，是美国政府管理模式的一个显著特点。由于每一层级政府都由本行政区域内的选民选举产生，并且职权明确。每一层级政府设置哪些机构由本级议会和行政领导决定，联邦不能规定和干涉州和地方政府的机构设置。每一层级政府的组织原则和模式都大相径庭。例如，美国的地方政府不存在"三权分立"的建制方式。在市政府组织形式上，"有的地方有市政府，有的地方没有；有的地方有市政经理，有的地方有市长，有的地方是市政管理委员会，市长就是市政经理，有的地方却不是这样"①。

2.联邦的垂直管理机构

联邦和各州都有自己独立政府系统来履行宪法赋予的职责。联邦政府的立法、行政和司法等职责不是通过州和地方政府的机构来实现的。"除了华盛顿设有联邦最高法院外，联邦在全国设立了13个联邦上诉法院，每一个法院管辖3个以上的州。再往下还设立有94个联邦地方法院。"②这些联邦法院负责处理涉及联邦事务的诉讼。虽然存在着立法权共有的领域，但在这一领域内也基本上是联邦的法律由联邦执行，地区性政府的法律由地区

---

① 吴清清：《政务公开在美国》，《中国改革》，2003年第4期。
② 王振民：《中央与特别行政区关系：一种法治结构的解析》，清华大学出版社，2002年，第17页。

性政府执行。

在同一行政区域同时并存着联邦与地区性政府两套行政机构,执行各自的法律与政策。联邦垂直机构设置的特点在于,第一,不是按照既定的行政区划来设置联邦各部的分支结构。如联邦环保总署除了在华盛顿设有总部外,还设有11个办公室分布于美国各地。第二,垂直机构数量多。几乎每一个联邦部都在地方设有自己垂直领导的分支机构。分支机构是联邦在地方的直接代表,其人、财、物由总部管辖,受总部节制。

(1)联邦各部的分支机构

联邦政府把全国50个州、关岛、波多黎各和维尔京群岛划分为10个标准联邦大区,第一到第十个大区的办事处依次设在波士顿、纽约、费城、亚特兰大、芝加哥、达拉斯、堪萨斯城、丹佛、旧金山和西雅图。各部及其司局和处多半在这个市设立大区办事处。有的部及其司局亦有根据其业务需要另行划分大区者。大区办事处之下为地区办事处,再下则为地方办事处。这些办事处的数目有时大得惊人。在联邦政府的280多万文职人员中,仅有12%~13%(约35万人)在华盛顿工作,其余的人则分散在全国各地。这些设在各地的办事处,既方便了人民,也减轻了联邦机构的工作。①

不仅各行政部门在全国各地设立办事处,不少独立机构也设有为数众多的办事处。各个独立机构可以根据自身工作业务的具体需要,灵活机动地划定行政管理区域。如为维护州际商业法,管制监督交通运输活动而组建的州际商业委员会在全国设有6个大区办事处,503个地方办事处,总编制2000余人;联邦存款保险公司,人员定额为3500余人,在全国设有14个地区办事处;平等和就业委员会,在全国各地设有49个办事处。②

---

① 李道揆:《美国政府和政治》,商务印书馆,1999年,第455页。
② 卓越主编:《比较政府与政治》,中国人民大学出版社,2004年,第156页。

（2）联邦部门内设机构的垂直管理系统

联邦政府部门的一些内设机构也可以建立起全国性的垂直管理系统。联邦政府部门的内设机构一般称为局或署。联邦政府运输部中负责管理联邦及联邦支持的公路建造与安全运输的公路署,在全国设有9个主要的地区办事处。农业部的农场主家园局(主要工作是向农场主提供用于生产和修建住宅的低息长期贷款)在全国设有2200个地方办事处;卫生和公共服务部的社会保障局在全国设有10个大区办事处,6个服务中心,1300多个地方办事处。①

（三）"条块关系"模式

所谓联邦制,主要是指联邦与州之间的关系。州与地方政府之间的关系大体类似于单一制国家中央和地方关系。州政府对地方政府拥有主导权,可以采取"强制以及有限制"②手段监督地方政府。"强制的"意味着由于州一级的要求,地方政府必须要做的;"有限制的"意味着地方政府在执行的时候必须遵从一些特殊的规定。这一类的监督手段十分常见。例如,一些州对地方政府雇员的工作环境和基本待遇有详细的规定。许多州明文规定,不许警察和消防队员这一类有关公共安全的人员罢工。

1."上下"层级政府"条条"之间的关系

上下层级政府"条条"之间的关系主要表现在以下三个方面:第一,联邦政府、州政府、地方政府几乎没有"对口"的机构设置。即使有名称相似或相同的机构,其职能分得也很清楚,各管各的事情。第二,上一层级政府的行政机构与下一层级政府的行政机构之间没有什么直接的联系,不存在相互命令、指示和"请示工作"等行为。地方政府可以自己选择管理方式,"自己选择设置的部门,不用听命于谁。因为它没有上下隶属关系,不用对上级或

---

① 李道揆:《美国政府和政治》,商务印书馆,1999年,第455页。

② [美]吴量福:《运作、决策、信息与应急管理:美国地方政府管理实例研究》,天津人民出版社,2004年,第6页。

对上面的某个部门负责"①。第三,州政府的职能部门可以对地方政府的职能部门进行指导和某些方面的控制。"一些州政府的职能部门从行政上对相应的地方政府的职能部门具有职业上的控制。在一些案例中,时常可见州政府因不同的原因'越俎代庖'地对地方政府的职能部门进行直接的管制。在一些州,州议会还立法将这种关系确定下来。"②

　　2.上一层级政府与下一层级政府中职能部门的关系

　　这主要包括,联邦政府与州职能部门的关系、联邦政府与地方政府职能部门的关系、州政府与地方政府职能部门的关系三个层次。第一,美国各级政府职能部门在领导关系上的一个重要特点是单一性,只对任命他的本级政府和议会负责。无论是上一层级政府还是上一层级政府中的职能部门,一般没有法定领导、指挥和命令下一层级的权力。第二,上一层级政府对下一层级政府中职能部门不能"发号施令",并不意味着二者没有联系,也不意味着职能部门在施政行为上不受上级政府的约束。美国各级政府之间虽然没有行政关系,但下一级的法规不能与上一级的法规相违背。上一层级政府的立法是下一层级政府职能部门施政的基本依据之一。

　　3.上一层级的政府职能部门与下一层级政府的关系

　　这一关系主要包括联邦各部与州的关系、联邦各部与地方政府的关系,及州的职能部门与地方政府的关系三个方面。

　　从总体上看,上一层级的政府职能部门与下一层级政府之间在大多数情况下是相互分离和分工负责的关系。联邦和州政府在各自的权力范围内平行存在,保持相对的独立。联邦各部对州和地方政府的行政控制较少。联邦和州通过各自的机构负责自己承担的事项。联邦各部不能干涉属于州政府的事项,同样,州和地方政府也不能干预联邦各部的工作。

---

　　①　吴清清:《政务公开在美国》,《中国改革》,2003年第4期。

　　②　[美]吴量福:《运作、决策、信息与应急管理:美国地方政府管理实例研究》,天津人民出版社,2004年,第7页。

　　绝对的分权在现实中不存在。现在一些研究者在介绍和分析联邦制国家的做法时，往往只注重了制度化分权的一面，而忽视了联邦各部与州和地方政府的合作与控制关系。虽然州与地方政府原有的权力依然存在，但其权力的内容和实施愈来愈多地受到联邦政府政策的影响和左右。联邦各部与州和地方政府，以及州的职能部门与地方政府之间也存在着越来越多的相互依赖、合作、渗透、协调和控制。

　　联邦与州政府合作的具体形式有三种：①涉及地方利益的联邦权力，由国会立法规定一定范围，联邦政府只有当州未设置有关委员会办理此项工作时，才就水电费与服务项目予以规定，而一旦州设立委员会办理，联邦则立即停办。②纯属联邦本身事务而授权由州执行。如联邦宪法规定，联邦官吏及民意代表的选举工作，大部分由州主办；而联邦总统选举的选民资格亦由各州立法予以规定，不由联邦规定。③由国会立法，以联邦与州合作的方式，或联邦以资金或技术协助各州的方式，办理共同权限内的工作。这种合作涉及一般福利、州的警察权、区域发展、公共健康、公共福利、环境卫生等。具体合作方式大致有：设置联邦与州及州际合作机构；举行联席会议；联合与合作使用设备与人员；合作视察或调查；有关规定与标准的合作条款；分工合作执行联邦和州的法律；相互性的立法与规章；一致的立法；州向联邦提供意见和建议；联邦参与州的偶发事件的处理；合作起草法案和订立规划。①

　　联邦政府对州政府没有行政上的监督权，但可以依法通过司法途径，授予联邦各部对各州实施法律监督的权力。例如，1952年7月17日颁布的法律，规定财政部长可以在调整职员薪金问题上同各州订立协议；1954年8月4日颁布的法律，授权农业部长在组织土壤保护事务中同各州建立联系。各州政府机构的许多活动都要受联邦机关的监督，如各州的道路修建计划要

---

　　① 参见徐守有：《美国合作联邦主义论》，商务印书馆（中国台湾），1972年，第60~62页。

受联邦公路修建局的监督;农业部也监督各州的统计工作。①

技术控制也是一种重要的监督和控制手段。在很多情况下,州里相关部门会制定很详细的技术指标。地方政府在执行其功能的时候必须严格地照章办事。在制定指标的同时,州里的相关部门也还会提供很多的建议帮助地方政府达到标准。在很多情况下,州里还会提供技术上的帮助。例如,在会计管理方面,州财政部会提出十分详细的做账要求,规定审计的书面形式和财政报告的形式。这种做法有利于州政府了解地方政府的情况。正因为这种监督的手段,1975年当纽约市政府几乎要宣告破产时,纽约州得以比较顺利地将纽约市议会编制的权力接管过来。②

二、合作型模式

以德国为代表的合作型政府间纵向关系模式的特点是,联邦政府的决策和事项除了少部分由联邦机构负责实施外,绝大多数要通过州政府执行。在德国,各州不仅执行州的法律,也执行联邦法。除少数联邦机构外,联邦法律的执行权大都掌握在州政府的各个部门,联邦政府起监督作用。③

(一)权限划分

在联邦德国,联邦与州的分权主要不是行政事务的分权,而是管理环节的分权。一般来说,法律、政策的制定在联邦一级,而法律的执行则属于各州的事务。"职权不是由政策领域,而是由决策程序的职能来划分的。每一级政府主要负责立法或者政策程序的行政和财政职能,并且几乎在所有的

① 参见李昌道:《美国宪法史稿》,法律出版社,1986年,第324页。
② [美]吴量福:《运作、决策、信息与应急管理:美国地方政府管理实例研究》,天津人民出版社,2004年,第7页。
③ 本节部分内容参见[德]沃尔曼:《德国地方政府》,陈伟等译,北京大学出版社,2005年。

政策领域履行这些职能。"①由于共同立法权的范围极其广泛。各级政府之间的职责交叉点多，很多事项往往需要不同层级政府的参与才能完成。

《基本法》详细定义了联邦与各州的立法权范围。

1.联邦的专有立法权

专有立法权由联邦行使，在此范围内各州无权立法。对于联邦专属立法事项，各州不得插手和侵犯。然而，经联邦法律明确授权并在其授权范围内，州也可以拥有立法权。联邦的专有立法权主要包括：外交与国防、联邦国籍、迁徙自由、货币的发行与控制、度量衡的制定、关税统一和物资运输自由、商业与航运条约、联邦铁路与航空运输、邮政和电话通信、工业产权、版权与出版法，有包括民法、刑法及判决执行、法院组织、司法程序、律师、公证及法律咨询；人口状况事项；集会、结社；外侨居留、居住权；难民及被逐人之事项；公共福利；等等。

在共同立法权范围内，联邦拥有优先立法权。这主要表现为：第一，如果联邦在共同立法权的范围内没有立法，各州有权立法。但是，如果某一州的立法可能侵害到其他州或者侵害国家利益，联邦政府可以干预州的立法；如果州的立法没有效率，则联邦政府可以对该州进行立法。第二，如果联邦对某一事项颁布了法律，则州就不能在该领域再立法。如果州政府原先已存在类似的法律，联邦法律颁布后，州的相关立法就必须暂时搁置或废止。

2.州的立法权

剩余权力归属州。《基本法》对州的立法范围没有作具体说明，仅规定："在基本法未授予联邦以立法权的范围内，各州拥有立法的权力。"由于联邦不仅拥有"专有立法权"，而且广泛行使"共有立法权"，因此州的立法范围日益缩小。目前，州的立法权主要包括：②学校和文教法、新闻和广播法、地方

---

① ［英］梅尼等主编：《西欧国家中央和地方关系》，朱建军等译，春秋出版社，1989年，第110页。

② 杨宏山：《府际关系论》，中国社会科学出版社，2005年，第193页。

法、州计划法、市镇规划法、警察法、建筑法、街道法、水利法、自然与风景保护法等。在经济（主要是税收）、财政和司法方面，州有部分立法权。

（二）机构设置

德国共有四级政府：联邦、州、县和市镇。在政府组织形式和机构设置上的特点是：第一，联邦和州大体相同，地方政府与州和联邦的机构设置差别较大。联邦的很多机构在州和地方政府有相对应的设置。

第二，联邦机构设在各地的分支机构比较少。联邦立法与政策的执行，几乎完全依靠州政府。这一点明显不同于以美国为代表的很多联邦制国家。美国联邦政府设有它自己的地区或地方办公室，以便执行联邦政策及方案，或监督、检查州的办事机构的执行情况。由此，其权力可以直接到达低于联邦层次的行政区域。在德国，联邦宪法限制了联邦政府设立行政办公室或办事机构的权力，使其局限于狭窄的任务范围之内。联邦政府仅有其为数不多的行政机构：只有外交政策、联邦财政和关税、联邦铁路系统、联邦邮政服务机构、联邦航路、联邦武装力量及部分社会安全系统直接隶属于联邦行政机关。在所有其他政策领域，联邦政府不设驻州和地方的机构，全部行政职能都由使用其自己的财政资源的各州和地方政府履行。"包括联邦各部及联邦政府的办事机构在内，低于联邦层次的联邦办公室必须限制在很少的领域，例如海关服务、部队转业办公室、国境线公安局等。"[1]

第三，州政府设有比较多的垂直管理机构。州政府在地方的分支机构要远远多于联邦政府分支机构。在莱茵兰-法耳茨州，州政府在地方设有数量相当多的州职能办公室，如"36个财政办公室、26个保健办公室、106个林业办公室和9个道路建设办公室"[2]。

---

[1]　[德]沃尔曼：《德国地方政府》，陈伟等译，北京大学出版社，2005年，第16页。
[2]　董礼胜：《欧盟成员国中央和地方关系比较研究》，中国政法大学出版社，2000年，第376页。

(三)"条块关系"模式

1.不同层级政府之间的关系

第一,合作。立法权掌握在联邦手里,但执行法律主要是州的职责。联邦和州存在着一定的权力复合,联邦的法律一部分由联邦的机构执行,大部分由州的机构执行。"双重性"是州和地方政府所承担职能上的一个主要特征。州和地方政府一方面要履行自己的专有职责和地方自治的职能,同时还要执行由联邦和州政府所分派委托的任务。联邦和州政府往往将其大部分行政或执行的功能,授权给下一层级的政府。这便导致出现了一种特定的地方自治与国家委托职能在制度上的"融和"。除了联邦和州专属事项外,大多数事项都需要各个层级的"通力配合"才能完成。

县和市镇等地方政府除了管理地方自治事务外,也要负责执行一些由州授权执行的若干职责。由州授权的任务,一般是由地方政府行政首长负责,与议会没有直接关系。地方行政长官由选举产生,在法律上同时也是州的代理人,有义务执行州所授权办理的事项。一方面,市长或县长在其职权范围内执行地方自治的例行事务。关于地方自治的主要事务,决策权力属于作为自治政府的最高政治体(类似于国会)的民选地方议会。此种地方政府事务,主要是市长(或县长)的任务和职责,作为地方当局的行政首长,他要保证议会的决定得到正确实施,并通过地方行政系统予以执行。

另一方面,"州授权委托"的任务,则完全由市长(或县长)负责,此时他主要作为州政府的一种代理人行事。关于"委托的"事务,市长(或县长)受州政府的监督,而民选议会,至少就正式制度而言,无法对市长(或县长)在此类事务上的失职施加影响或控制。据统计,联邦和州70%~85%的法律(还包括逐渐扩大的欧盟法律)是由地方政府来执行的。[①]例如,乡和镇的职

---

① 参见[德]沃尔曼:《德国地方政府》,陈伟等译,北京大学出版社,2005年,第19、81、98页的相关论述。

能主要分为两大类:一类是处理本地一切公众事务,如自己经营管理戏院、博物馆、幼儿园和小学、保健站及街道管理等。在公益事务方面,有街区清理、水道修理、社会救济和青少年福利事业等。另一类是执行县和市的委托事务,如负责居民登记、公共秩序、警察和交通管理、建筑监督、卫生监督等。①

第二,监督。研究和认识联邦制国家的政府间关系,需要注意以下三个基本常识:首先,州是联邦的组成部分。州不能称为地方政府。地方政府是指州政府之下的县和市镇政府。联邦与州的关系,不能称作中央和地方关系。其次,层次性。联邦和州的关系,与州和地方政府的关系存在较大的差别。从某种意义上说,联邦和州在宪法上的地位是相同的,而地方政府是州的创造物。最后,实行联邦制并不意味着州和地方政府可以自行其是。制度化分权不等于上一层级的政府不能对下一层级的政府进行监督和控制。《基本法》规定,如果某州不按基本法或联邦法律的规定履行具有联邦性质的义务,联邦可在参议院的同意下,采取必要措施以强制该州履行。

在德国,乡镇和县是地方政府的两个层级,从正式和法律的角度来看,他们有着各自的权力、责任和职能,相互之间泾渭分明。乡镇并不从属于县。原则上说,乡镇对其边界之内的所有的事务负全责。但是,地方政府的自治行为要服从于州政府的监督,州政府要核实地方活动是否合乎法律。"如果一些地方事务的治理超出了一个乡镇的能力之外,作为稍高一个层级的县级地方政府就会被要求和有义务介入,并承担起这部分职责和职能。"②

州政府对地方政府的监督主要有以下三种形式:一是法律控制。各州分别制定有《市镇、州辖市自治法》和《县自治法》。二是设置专门的监督机构。州内政部是监督地方自治的最高法律机关。市镇自治的监督机关为县

---

① 刘君德等:《中外行政区划比较研究》,华东师范大学出版社,2002年,第105页。
② 参见[德]沃尔曼:《德国地方政府》,陈伟等译,北京大学出版社,2005年,第22页。

政府；县、州辖市及较大的市镇的自治监督则由州政府的派出机关——行政区负责行使。行政区掌管各地间的合作，以实施部门政策和项目、监督和规谏地方当局；行政区的长官由州政府任命，代表内务部监督县和市镇的活动。行政专区不设立法和司法机构，其行政机构主要负责治安管理、道路建设和职业教育等事务。三是解散地方议会。州政府在紧急和迫不得已的情况下，还可以解散地方议会，宣布不称职的地方行政首长提前解职。

2.上一层级政府机构与下一层级政府之间的关系

这一关系主要包括联邦各部与州和地方政府的关系，以及州的职能部门与地方政府的关系。接下来，我们以联邦各部与州政府的关系为例进行说明和概括。

州对联邦法律的执行分不同的情况受到不同的控制。州政府在执行自己的专有职权时，较少受到联邦政府机构的直接控制和干预。在执行共同立法事项和"委托事项"时，要受到联邦各部不同程度的控制。

在州为自身职权执行联邦法律的情况下，联邦具有对执行的指导权和合法性监督权。联邦内阁可在参议院同意下颁布普遍行政规章。《基本法》规定，联邦内阁应实行监督，以保证各州按照适用法律而执行联邦立法。为此，联邦内阁可以向各州最高权力机关派遣专员，并在各州政府同意下，或在其拒绝同意、但在参议院同意下，向下级权力机关派遣专员。如果在各州执行联邦法律的过程中，联邦内阁发现各州未能克服现存的缺陷，那么在联邦内阁或有关州的请求下，参议院应决定该州是否违反了法律。在获得参议院同意时，法律可授权联邦内阁对特定案情发布个别指示。除非联邦内阁认为事态紧急，这类指示应被发布到州的最高权力机关。

3.上一层级政府机构与下一层级政府相对应机构之间的关系

德国联邦各部对州和地方政府的相应机构拥有一定程度的控制权。这主要表现为：第一，在州作为联邦代理人执行联邦法律的情况下，联邦对州政府机构具有全面的控制权。第二，联邦经参议院同意后可以发布一般性行政法规,可以规定公务员的统一培训。第三,州主管机关的首长需经联邦同意后任命,联邦的主管机关可向各州的主管机关下达指令,并由州政府保证指令的执行。"联邦最高行政机构(即联邦各部)可以向各州的行政机构发布指示。"①联邦不仅监督州执行的合法性,还监督执行的合目的性,并可为此要求各州主管机关提出报告和文件并向州主管机关派遣代表等。

---

① 谢林等编:《外国政府机构设置和职能》,中国经济出版社,1986年,第112页。

第六章

条块关系变革应遵循的原则
和需避免的误区

条块关系的调整是一个历史过程。尽善尽美、无须再发展的政府间关系模式不存在。问题的关键在于,如何为条块关系改革提供一条具有现实性的思路。

第一节　条块关系变革中应遵循的原则

在化解条块矛盾、协调条块关系方面,也即在政府纵向间关系改革的进程中,应当切实注意遵循下面几条原则。

一、有利于巩固国家统一和维护中央权威

这是规范条块关系的前提,也是目的。不改革不行,乱改革也不行。长期动乱的历史和复杂的现实使得中国必须非常谨慎地处理中央和地方关系。就条块关系变革而言,不能仅仅从技术、管理和效率的层面考虑问题,

而应该从政治的层面综合地予以权衡。其中,有利于维护和巩固国家的统一是首要原则。"维护安全,包括防范外部的敌人和平定内部的各种乱子,必须成为国家的目的、成为它一切措施的基点。"①为了中华民族的整体利益和国家统一,中央政府一定要保持强大的权威和能力。

条块关系变革牵一发而动全身。在中国这样一个大国,一旦搞乱了,将会是一场大灾难,一切发展也就无从谈起。中国只要保持内部团结和统一,拥有强大和有力的中央政府,任何外部敌对势力都无法得逞。通过条块关系变革,不仅要解决面临的问题,还应该能够满足其他一些经济、社会要求。变革必须能加强中央政府的整合能力。变革是必要的,应该主动而为之。应当看到,某些"不怀好意"的势力建议中国分权,不是关心中国的政治发展,而是希望通过"分权"搞乱中国,至少是制造分裂的可能性。"西方学者热衷于谈论中国国家的'易碎性'(fragmentation)。一些组织和学者甚至研究如何利用分权产生的地方主义来分解中国的方法。李登辉的'七块论'也是这种心态的反映。可以说,这种观点,欧洲、美国、日本都有相当的市场。"②

解决条块矛盾,不能仅仅从条块自身出发,还必须充分考虑政治发展的大局;不仅要考虑现代政府运作的基本规律,而且要尊重经验与传统,考虑现代国家建设的内在要求。条块关系变革不能孤立进行,也不能邯郸学步,必须与中国发展的大局和大战略有机结合。中央集权是中国保持繁荣和稳定的制度保障。中央如果不能有效控制地方政府,那才是中华民族真正的灾难和不幸。这样的历史悲剧曾多次上演。

---

① [德]赫尔佐克:《古代的国家——起源和统治形式》,赵蓉恒译,北京大学出版社,2003年,第91页。
② 郑永年:《政治改革与中国国家建设》,《战略与管理》,2001年第2期。

二、立足国情与参考借鉴国外经验相结合

变革是在一定基础上的选择。在社会发展的一定历史水平和特定政治生态下,人们很难超越历史阶段设计新的制度。条块关系不是人们随心所欲可以加以处置的东西。对于条块关系的未来发展而言,做出怎样的选择,不能仅仅从主观愿望出发,而是要把发展的基础奠基于客观实际之上,以国情为基点,去设计条块关系变革的切入点和侧重点。条块关系模式的构建必须建立在对国情充分了解和理解的基础上,而不能建立在对理想模式的赞叹之上。政府间关系模式是历史的、具体的、相对的,必然要受一定的社会经济、政治、文化、思维传统和文明程度等条件的制约。条块关系变革不能脱离现实和超越阶段,离开具体条件谈变革,不但达不到变革的目的,而且还会对国家统一和社会稳定带来不良影响。中国的条块关系模式要有中国特色,要符合国情并考虑到中华民族的文化传统、道德观念、思维方式等因素,积极稳妥地向前推进。

盲目模仿外国的做法,反映了思想的贫困。政府间关系模式多种多样,用外国的模子往中国身上套,怎么套也不合适。不能把西方的做法当作现代政府的运作规律。西方的做法只是人类社会政治发展中的一个组成部分和发展阶段,不是政治文明的全部,更不是唯一。每个国家的政治制度都是适应本国特点的政治、经济、历史、社会和文化而建立的。世界上很难找到两个政治制度完全相同的国家。条块关系变革的可行路径,是去发现原有体制中可资发展的潜力,而不是把西方和历史模式往固有的体制上生搬硬套。

靠外国的做法解决不了中国的问题。由于国情和政治生态的不同,各国政府间关系模式也迥然有别,不能照抄照搬,但也不能从一个极端走向另一个极端,过分强调特殊性而忽视共性。正如毛泽东所指出的那样,在处理

中央和地方关系的问题上,要好好研究讨论,经常总结经验,发扬成绩,克服缺点。对这个问题,有些资本主义国家也是很注意的。它们的制度和我们的制度根本不同,但是它们的发展经验,还是值得我们研究。制度就是一套规则,规则只是工具。制度要体现民族特色,也要有世界眼光。

三、推进各级政府事权规范化和法律化

现代政治的基本逻辑之一是职权法定,规范条块关系也须遵循这一逻辑。这主要是指中央与地方的职权由法律规定,中央政府对地方政府的监督遵循法定渠道。这就需要明确各级政府及条条与块块之间的职责范围,确定相互的权力关系,并使之法治化,避免随意性。在没有对各级政府的职责做出法律规定的情况下,各级政府难免会竭尽全力去管所有的事。

针对条块关系中存在的问题,不是没有相应的制度或原则性的规定,而是这些制度规定有的过于原则、笼统和宽泛,缺乏可操作性;有些还是属于惯例的范畴,法律化程度不高;缺乏规范、透明的法定程序。新中国成立以来,中央和地方关系的几次大调整,多数是通过政策来实现的。各级政府的权力划分是一种行政行为,地方政府的权力来自中央政府或者上级政府的行政性授权。在政府间的权力划分关系缺少法律规范的情况下,地方政府对自己能行使其权力的时限到底有多长"心里拿不准",很容易产生"有权不用、过期作废"的心理预期,这在客观上推动了地方政府的短期行为。

在全面依法治国的背景下,有必要完善政府事权划分的法律制度。中央与地方之间纵向权力划分的原则、内容、监督机制及程序,通过法律的形式加以规定,使之规范化、法律化,以实现有法可依。"具有临时宪法性质的1949年《中国人民政治协商会议共同纲领》规定,'中央人民政府与地方人民政府间职权的划分,应按照各项事务的性质,由中央人民政府委员会以法令加以规定,使之既利于国家统一,又利于因地制宜'。新的历史时期,应当继

承和发展这一科学规定。一是在宪法中明确事权划分原则,对中央和地方各自专有事权、共有事权、委托事权等形态作出原则规定。其中,中央事权可以规定得大一些,除适当例举国防、外交、国家安全、货币等事务为中央专有事权外,宪法对其他中央事权可只做原则性保留的规定。同时,明确地方事权行使应以不损害政治稳定、市场统一和其他地区利益为原则。"①对于中央政府专有的事权,中央政府通过自己的机构去行使,即条条垂直管理。条条垂直管理的事务,地方政府不得干预。

四、循序渐进与重点突破相结合

条块关系变革是一个错综复杂的系统工程。既要坚持美好的政治理想,又要从中国的现实出发;既要不断推进,又要寻求重点突破;既需要勇气,也需要智慧,逐步、有序推动。否则,效果会适得其反。

条块关系变革要坚持应然与实然的统一,在稳定基础上求发展,只凭个人的主观愿望,不顾客观条件的制约,一味地推进并不难,但要想取得实质性进展却很难。冒进和急于求成并不可取。一定要防止变革幼稚病。这就需要把改革的力度、速度、幅度、节奏和各方面的可承受程度有机统一起来,分步骤、有领导、有秩序地进行。这是因为,第一,政府间关系模式的选择不仅仅是主观意愿的产物,而主要是客观形势发展的结果。现行条块关系模式是长期发展和探索的结果,有巨大的价值和作用。在没有更合适和比较成熟的替代模式背景下,过多过快地打破已有的秩序和格局,是不负责任的做法。"一旦中央与地方权力配置不当,无论是中央权力过于集中还是地方权力尾大不掉,都有可能带来一些灾难性的甚至完全断送国内和平的后

---

① 楼继伟:《推进各级政府事权规范化法律化》,《人民日报》,2014 年 12 月 1 日。

果。"①第二,政府间关系模式的安排有自身发展趋势和规律。违背这种趋势和规律,强行做出不恰当的变革,容易带来比较大的副作用。第三,条块关系改革会涉及许多机构、人员的利益和权力的再分配,由此会产生比较大的阻力。改革的实施会涉及诸多复杂的事情,任何不恰当的改革方案都可能带来不确定的后果,需要谨慎从事。第四,任何改革都不是一蹴而就的,操之过急只能是"欲速则不达"。最高层地方政府的设置与国家的治乱兴衰有很大的关系。中央政府能直接监督和管理的高层地方政府在数量上存在一个限度。超过了这个限度,就难以进行有效的控制。在中国改革进入"深水区"的背景下,对政府间关系的调整更应该综合平衡。"综观发达国家的情况,人们很少发现,国家仅仅基于经济或管理的原因而变动其行政区划,特别对高层建制单位。20世纪70—80年代,一些国家出现的地方改革浪潮,是基于地方基层单位太小,随着社会发展和科技进步,不能满足居民对政府承担更多职责的要求,从而采用合并某些基层单位的办法来实现这种要求,但这一浪潮并未涉及高层级单位。"②

　　强调循序渐进并不等于无所作为。"毕其功于一役"不现实,要不断地往前走。合理条块关系模式的形成需要时间,需要特定的客观条件和合适的改革时机。这并不意味着,只有等到条件完全具备后再去变革,正确的做法应该是根据现有的条件和基础,寻求与之相适应的改革目标和路径。在一些关键领域内抓住时机并寻求重点突破是可能的。例如,在一些具备条件的领域内,对各层级政府的职责在行政层面上进行合理的划分。比方说,各级政府之间究竟如何划分教育和环保方面的职责和权限,可以在行政层面上划分得较为清晰。

<hr>

① 苏力:《当代中国的中央与地方分权——重读毛泽东〈论十大关系〉第五节》,《中国社会科学》,2004年第2期。

② 田穗生等:《中国行政区划概论》,北京大学出版社,2005年,第54页。

第二节　条块关系变革中需要避免的误区

新中国成立之初,毛泽东指出:"在解决中央和地方、地方和地方的关系问题上,我们的经验还不多,还不成熟。"①在中央和地方关系的改革实践和相关讨论中,存在着以下几个需要特别注意避免的误区。

一、误区一:把条块关系变革等同于简政放权

简政放权是在特定历史时期针对特定问题形成的改革思路。在改革开放初期,传统体制的弊端被诊断为中央政府权力高度集中。因此,以放权让利为起点拉开了改革的帷幕。"改革的内容……第二个内容是权力要下放,解决中央和地方的关系,同时地方各级也都有一个权力下放问题。第三个内容是精简机构,这和权力下放有关。"②简政放权式的改革调动了地方政府的积极性,推动了现代化建设的顺利进行,也增加了进一步改革的动力。这些改革对于改变某些中央部门集权过多的局面,调动地方政府的积极性起到了重要作用。

在各个层级政府缺乏整体职权划分的情况下,条条和块块之间具有零和博弈的特点,一方权力的"得"意味着另一方的"失"。看不到简政放权所起的积极作用和历史合理性,不是实事求是的态度。不根据政治实践的变化适时调整,同样会犯"教条主义"的错误。对条块关系变革这个复杂的问题不能简单化。在政治实践和学术研究中,需要改变要么条条集权,要么地

---

① 《毛泽东文集》(第七卷),人民出版社,1999年,第33页。
② 《邓小平年谱(一九七五——一九九七)》(下),中央文献出版社,2004年,第1137页。

方分权的"非此即彼"的简单思维方式。在现代政治科学不算发达、不够普及的情况下，尤其应当注意这一点。如果一个指导改革的思路，过分强调放权，而忽视收权和必要的集权，往往容易产生误导。实践证明，中央和地方关系中的问题出在治理体系上。体系不改，无论以哪一方为主都只能安抚一方，而引起另一方的不满，最终导致关系失衡。如果变革仅仅局限于在条条与块块之间进行权力的收放循环，而不是在此基础上建立新型的条块关系模式，其结果容易出现政府间关系的混乱。

简政放权不可能无限地继续下去。从现实来看，是权力集中与权力分散的纠结，该中央通过部委集中的却分散，该分散的却集中。简政放权观念的流行对未来的改革造成了一种错觉。从理论界、政府官员尤其是基层官员到普通民众，对条块关系改革普遍有一种幻觉和误解，即认为改革就是放权让利，就是减少中央政府通过条条对地方政府的干预，把大量权力下放给块块。比较典型的说法是"改革就是简政放权"。[①]上述观念的流行，增加了地方政府不适当的对增加自身权力的预期，制约了改革向纵深发展。

扩大地方自主权并非单纯扩大地方政府的权力，也应该包括扩大人民群众的民主权利和地方各级人民代表大会的权力。在此基础上，扩大地方政府的行政管理权限，以便使其在法律的范围内自主地管理地方的行政事务。[②]

对权力下放，应该客观和辩证地看待，不能笼统地讲权力下放有利还是有害。向地方政府的授权必须是规范性、制度化的授权，在分清每个政府层级各自职责的基础上，权力该给哪一级政府就给哪一级政府，并且以立法的形式将权力、利益、义务和责任固定下来，不能是"头痛医头、脚痛医脚"式的放权。尤其在改革开放深入到一定阶段之后，更应该寻求实现全面的制度

---

① 梁若皓：《改革就是简政放权 就是放开搞活》，《中国改革》，2003 年第 9 期。

② 谢庆奎：《服务型政府建设的基本途径：政府创新》，《北京大学学报》（哲学社会科学版），2005 年第 1 期。

创新。因此,不要简单地把政府间纵向关系的变革,仅仅理解为简政放权或中央集权,重要的是设计一个中央和地方分享权力和利益的制度。首先,应该分清哪些权力应该下放,哪些权力不应也不能下放。该下放的权力坚决放下去,不能下放的权力,一定要牢牢掌握在中央政府手中。在改革过程中不可避免地要向地方政府放权,但可以肯定的是,下放的只是一些小的权力。也就是说,重要的权力收到中央政府及其职能部门中来,次要的权力分给下级政府,并有制度机制予以保障,非经法定程序不得随意改变。其次,在放权的同时,新的调控机制要及时跟上。对于应该下放的权力,在整体协调的情况下稳妥地进行。权力不是一放就万事大吉,对下放的权力还要有相应的监督制约,不能一放了之。

二、误区二:单纯靠增加地方政府权力调动其积极性

在中国这样一个大国,有中央和地方两个积极性,比只有一个积极性好得多。从某种意义上说,持续四十多年的改革之所以成功,其中一个重要原因就是地方有了积极性。这说明注意发挥地方的积极性是对的。然而,在当前和未来的条块关系改革中,也要超越靠增加地方政府的权力调动其积极性的思路。"全天中央召开会议,讨论十年规划思路。大家都赞成基本思路,在继续发挥两个积极性的同时,中央要多集中一点。"[1]

第一,地方政府的积极性和权力大小没有因果关系。权力下放在一定程度上可以调动地方政府的积极性。调动地方政府的积极性,并不是权力下放的越多越好。积极性过度反而会成为政治发展的阻力。第二,下放权力的目的,不能仅满足于调动地方积极性,提高行政效率,更重要的是要考

---

[1]　李鹏:《市场与调控——李鹏经济日记》(中),新华出版社、中国电力出版社,2007年,第757页。

虑政治上的意义和后果。集权与分权只是实现国家统一的手段。"权力必须下放，但这是在集中统一领导下的权力下放。"①在放权让利、调动地方积极性的同时，必须强化中央政府的权威，充分发挥中央政府作为社会发展组织者和调节者的作用，在放权和强化权威的双向运动中找到最佳结合点。

三、误区三：把垂直管理看成"灵丹妙药"

新中国成立以来，垂直管理体制就一直存在，只是在不同时期有不同的内容和特点。从20世纪90年代以来，垂直管理的改革步伐呈加快趋势。

（一）一定范围和程度上的垂直管理是必要的

在某些领域实行垂直管理是必要的。垂直管理不是中国特色，而是一个普遍现象。与西方典型国家相比，中国中央政府的垂直机构相对比较少。不能简单地反对垂直管理，垂直管理有自身的优势所在。

第一，垂直管理有利于保持政令的统一、畅通，有利于营造公正、公平竞争的发展环境，有利于保持政令的统一、畅通和政府过程的高效快捷，有利于摆脱地方政府的干预，对治理地方保护主义有一定的效果。

第二，在个别领域实行垂直管理的做法，是一个不得已的办法。确实存在一些领域，如果不实行垂直管理，下级条条就不听上级条条的，只听地方政府的，这方面的事中央就很难管住、管好。2006年5月，国家环保总局局长周生贤指出，许多地方环保局长的"乌纱帽"攥在地方领导手中，一些领导用"挪位置""摘帽子"等手段，直接干扰环境执法，环保局长"顶得住的站不住，站得住的顶不住"。《瞭望》新闻周刊调查发现，在一些市、县，有的地方领导甚至直接告诉环保局长，我不管这个项目有没有污染，要么你就批准，要么

---

① 《邓小平年谱(一九七五——一九九七)》(下)，中央文献出版社，2004年，第821页。

第六章　条块关系变革应遵循的原则和需避免的误区　**277**

就下台，我换个人来批。①

第三，加强垂直管理是纠正某些领域放权过度，平衡中央和地方关系的一种战略手段。强化垂直管理反映了中央维护政令统一的努力和决心。

（二）不能过分强调垂直管理

垂直管理对改善中央和地方关系有一定的作用。然而，不能从一个极端走向另一个极端，过分强调垂直管理。垂直管理所带来的中央和地方关系改善有立竿见影之效，使之似乎发展成为一种思维模式。一提到地方保护和条块矛盾，就会有一些上级部门或部分学者主张垂直管理。这种思路显然也不合适。

第一，容易强化部门利益。不能认为地方政府容易出问题，上级部门必然公正。地方政府会追求地方利益最大化，上级部门同样会追求本系统利益最大化。如果现行的制度不能保证地方负责人正确行使权力，同样也很难保证实行垂直管理的部门正确行使权力。解决问题的关键在于制约权力本身，而不在于垂直管理还是地方政府管理。为什么非要在条条垂直管理与地方政府管理二者之间打转呢？如果改革的重点放在束缚权力本身上，效果可能会更好。

第二，垂直管理能收到一定的效果，但不能运用于所有政府部门。那样的话，地方政府就失去了存在的必要性。不能因为地方政府不能很好地履行某一方面的职责，就把权力上收。上收后暂时有效，长期效果未必好。垂直管理不等于万事大吉。过度地垂直管理，容易将地方内部的矛盾转化为政府间的矛盾。在很多情况下，地方政府不能履行自己的职责，源于地方政治生态的失衡。从短期看，在某些领域垂直是必要的。从长期看，更为重要的是推动地方政府治理体系和治理能力现代化，促使地方政府更多地对当

---

① 陈泽伟：《冷观政府垂直管理：应合理划分中央地方间职责权限》，《瞭望》，2006 年 11 月 14 日。

地居民负责。"试想,如果有一天,一个地方政府控制污染不力,这个地方的群众监督和舆论监督足以形成强大的压力,这个地方的人大机关也敢于对政府提起质询或罢免程序,那么,环保部门到底有无必要实行垂直管理,大约就不成其为一个问题了。"[1]

第三,垂直管理可以在一定程度上缓解条块矛盾,但不是治本之策。垂直管理能解决一些比较突出的问题,但不能一有问题就搞垂直管理。

第三节　条块关系变革中几个值得注意的问题

在具体探讨条块关系变革的目标模式和配套措施之前,还需要注意以下几个问题。

一、将重点相对放在操作层面

条块关系变革既需要科学的指导原则,也需要有长期的发展规划、可操作性的具体措施。美好的原则和目标只有转化为适当的制度规则和可操作性的规定才能发挥作用。在处理包括条块关系在内的政府间关系上,中国历代领导集体都提出了科学的指导思想和原则。在原则的指导下,政府间关系调整也取得了很大的进展。

原则和操作不是可以替代的关系,二者同等重要。从原则到操作不是不重视原则的重要性,而是在科学原则的指导下,要将努力的重点相对放在操作层面。例如,为减少一刀切,条条的政策尽可能多些试点和征求意见,

---

① 潘洪其:《政府职能调整:重要的是建立良好的地方政治生态》,《北京青年报》,2006年11月15日。

在取得成熟经验后再推广，特别是在重大问题上条块之间要反复协商。这一点，正是条块关系变革所亟需的。我们的原则完全符合单一制国家协调政府间纵向关系的基本规律。这些原则在指导具体的制度设计中，有时候没有彻底转化为科学的制度规范和法律规范，还停留在非操作化的层面上。像中央和地方关系这样重大的问题，除了宪法中"两个积极性"的表述之外，没有具体法律的规定，也没有专门的机构负责协调二者的关系。因此，"它对制度建设只具有形而上的政治意义，缺乏形而下的法律的意义"[①]。

二、问题导向与主动调整相结合

中国条块关系的变革基本上是"问题推动型"的，只有条块关系面临突出的矛盾时才会进行改革。当条条集权过多引起地方政府的极大不满时，中央部委就下放权力；当地方政府不能很好地履行某一方面的职责时，就把权力收到中央部委手中。这些在问题面前采取的措施，往往可以解除"燃眉之急"。不足之处是，由于缺乏系统化、综合性的分析论证，从长远来看，难免顾此失彼，挂一漏万。

预防与解决问题同等重要。正确处理条块关系是大国必须面对的一个普遍性问题。条块矛盾虽然不可避免，但是矛盾的范围、强度和副作用可以控制，解决矛盾的方式可以有不同的思路和选择。主动调整与问题推动下的被迫改革是两种不同的思路。

既然条块矛盾是一种客观存在，与其等到矛盾突出时消极被动地应付，不如主动调整，防患于未然。相应地，理论研究也要跟上。超前探讨在未来一段时间内，条块关系究竟会发生什么样的变化，有可能遇到的突出的问题有哪些，如何化解等。

---

① 林尚立：《国内政府间关系》，浙江人民出版社，1998年，第336页。

三、综合考虑"应该如何""可能如何"和"如何可能"

制度重要的不是多么完美,而是是否适合。只有在适合的情况下才能逐步向完美转变。就条块关系变革而言,重要的不是去追寻至善和最好的模式,而是去寻找最符合现实条件、最有可能实现的模式。

第一,探讨理想模式固然重要,但不能仅仅满足于设计一种理想的制度。在坚持对理想模式的追求下,主要的精力应该放在可能建立什么样的制度及如何建立上。在变革中,重要的不是从理想出发,而是要从实际情况和条件出发,对现行制度进行渐进性重构。根据"实然"和"应然"的统一来考虑"将然",即现有模式会向何处发展、如何选择合适的突破口和具体的操作程序等问题。条块关系之所以复杂的原因是双重领导,双重领导的根源是职责同构。协调条块关系的主要突破口应该是完善职责同构的政府管理模式。这从理论上说并不复杂。一般来说,适合和需要国家在整体上掌握的职权,由中央政府通过自己的机构掌握,适合和需要由地方政府负责的事项,由地方政府和基层政府负责。从理论上看起来简单的事情,长期无法实现,本身就说明了问题的复杂性。

第二,未来条块关系模式只能是在现有基础上生长出来的有机体。变革只有在尊重历史和现实的基础上才能成功。变革不是把现有的模式推翻重来,而是从现实中发现新制度的因子,发现能够促进这些因子成长的现实力量。中国条块关系模式的转型,只能是现有制度的演进。所谓制度创新,并不是要人为地去创造一种新制度,而是要刻意培养制度运作中已有的新因素。

四、既要重视"权力归属"又要关注"权力运行"

长期以来,我们在价值理念和制度设计上,过于注重权力的归属,而忽视权力的运行,这对改善和处理条块关系不利。在条块矛盾激化时,通常的做法就是"换人"、改体制,体制改革受阻,就去追寻观念和头脑方面的问题。其实许多问题不一定是体制和观念的问题,反而很可能是政府过程、工作程序方面的问题,即权力是否合理运行的问题。在政治实践中,许多政府官员,甚至一些地方政府机构单纯追求权限的增加和管辖范围的扩大,却忽视对于其职责范围内的权力的合理运用。表现在政府过程中,就是政府工作流程安排不合理、不精致,部门之间相互扯皮,层级之间相互推诿。[①]

制度建设重于人事安排和人格化因素。人事手段是必要和有效的,但仅仅依靠对地方政府官员的任免来控制地方,对现代国家来说还不够。无论谁处在上级条条和同级块块的双重领导下,都有可能会不知所措。面对这种情况仅从道德上进行指责,或靠人事手段去威胁不是万全之策。可取的是,合理设置权力的运作程序,分清哪些权力应该是中央专有,中央专有的权力由中央通过自己的条条去执行,条条管理的事项,块块无权插手和干涉;分清哪些属于中央立法,中央与地方共同执行的事项;分清哪些属于中央立法,地方执行的事项;等等。

---

① 参见朱光磊:《跳出"条块"调整"条块"——评张志红〈当代中国政府间纵向关系研究〉》,《政治学研究》,2006年第1期。

第七章

条块关系变革的对策性思路

制度创新往往是在应对实践挑战的基础上产生的。条块关系的变迁与完善是国家治理体系和治理能力现代化进程中的关键一环。中国能够建立一套适合国情的条块关系模式。这至少包含三个层次的内容。第一，直接从条条和块块本身入手，解决二者之间的矛盾。第二，跳出条块，解决条块矛盾。就问题解决问题固然重要，但更重要的是找到矛盾背后的深层次结构，并加以改进。第三，改善制度环境，为条块关系的顺利变革奠定基础，提供动力和保障。

第一节　充分发挥中央和地方两个积极性

党的十九届四中全会审议通过的《中共中央关于坚持和完善中国特色社会主义制度、推进国家治理体系和治理能力现代化若干重大问题的决定》把健全充分发挥中央和地方两个积极性体制机制作为坚持和完善中国特色社会主义行政体制的重要内容加以强调，并提出一系列明确要求。这对于充分发挥中央和地方两个积极性指明了方向、提供了遵循，丰富和发展了马克思主义国家学说,标志着中国共产党对处理中央和地方关系规律的认识达到了新的高度。[①]

一、实现"中国之治"的"重要密码"

"治大国若烹小鲜。"新中国成立以来,在党的领导下,中国的国家治理绩效世所罕见,中华民族迎来了从站起来、富起来到强起来的伟大飞跃。"看似寻常最奇崛,成如容易却艰辛。"伟大成就来源于制度保证。中国特色社会主义制度和国家治理体系具有强大生命力和巨大优越性的重要原因之一,在于构建了一整套充分发挥中央和地方两个积极性的体制机制。"中央考虑全局、长远的问题多一些,地方的同志更接近和了解实际。把从不同角度反映的好意见集中起来,集思广益,很有好处。"[②]中央和地方关系历来是国家治理的一个十分重要的问题。在处理中央和地方关系时要把握的根本原则是,"有中央和地方两个积极性,比只有一个积极性好得多"。《中华人民共和国宪法》第三条规定:中央和地方的国家机构职权的划分,遵循在中央的统一领导下,充分发挥地方的主动性、积极性的原则。在这一原则指导下构建起来的体制机制,既能确保党中央集中统一领导、做到全国一盘棋,又能尊重地方首创精神、鼓励地方因地制宜积极探索;既有力彰显了社会主义制度的显著优势、有效解决了中国自身的问题,也为人类政治文明进步提供了充满中国智慧的方案。

---

① 本节部分内容以《要充分发挥好中央和地方两个积极性》为题发表于《重庆日报》2019年11月28日。

② 李鹏:《市场与调控——李鹏经济日记》(中),新华出版社、中国电力出版社,2007年,第761页。

二、准确把握充分发挥中央和地方两个积极性的内涵要求

理顺中央和地方权责关系。权责相符是现代政府运作的一般规律。针对一些领域中央和地方机构职能上下一般粗,权责划分不尽合理的状况,需要理顺中央和地方权责关系,解决事关长远的体制机制问题。中央和地方权责一致、清晰、法定,能够保证在党中央政令畅通的前提下,发挥中央和地方各自比较优势,实现维护国家统一和中央权威、增强地方治理能力和活力的有机统一。

推进各级政府事权规范化。发挥两个积极性,既包括中央和省市,也包括基层政府。不同层级的政府工作性质和任务有差别,行使事权的范围、内容和方法也不尽相同。"一方面,我们要加强中央的集中统一,另一方面,我们不是减少而是要更加发挥地方的积极性,要使这两个方面统一起来。"①特别是要赋予省级及以下政府更多自主权。党的十八届三中全会第一次区分了中央与地方政府的不同事权,基本举措是:适度加强中央事权和支出责任,国防、外交、国家安全、关系全国统一市场规则和管理等作为中央事权;部分社会保障、跨区域重大项目建设维护等作为中央和地方共同事权,逐步理顺事权关系;区域性公共服务作为地方事权。党的十八届四中全会提出,推进各级政府事权规范化、法律化,完善不同层级政府特别是中央和地方政府事权法律制度。在改革探索的基础上,党的十九届四中全会进一步深化和细化事权划分的思路,具体体现为三个方面:其一是加强。加强中央宏观事务管理,维护国家法制统一、政令统一、市场统一。适当加强中央在知识产权保护、养老保险、跨区域生态环境保护等方面事权。其二是减少。减少并规范中央和地方共同事权。其三是赋权。赋予地方更多自主权,支持地

---

① 《刘少奇选集》(下卷),人民出版社,1985年,第434页。

方创造性开展工作。这是健全充分发挥中央和地方两个积极性体制机制的一项重要制度安排,有其深刻的历史逻辑、现实逻辑和辩证逻辑。

规范垂直管理体制和地方分级管理体制。拥有权力就要承担相应的责任。同样,承担了一定的责任就应该赋予履行其责任的权力。有权无责容易产生官僚主义,有责无权会限制积极性和创造性的发挥。"中央与地方责、权必须明确划分。"①按照权责一致原则,属于中央事权、由中央负责的事项,中央设立垂直机构实行规范管理,健全垂直管理机构和地方协作配合机制。属于中央和地方协同管理、需要地方负责的事项,实行分级管理,中央加强指导、协调、监督。即通常所说的,坚持优化协同高效的原则,理顺条块关系、化解条块矛盾,切实解决权责失衡现象。为此需要构建科学合理、权责一致、有统有分、有主有次的权责清单,明确条条、块块各自的权力和责任,完善条块之间的协商和沟通机制。

形成稳定的各级政府事权、支出责任和财力相适应的制度。事权需要相应的财权相匹配,需要和支出责任相适应。按照分税制原则,把适合作为地方收入的税种下划给地方。财税体制改革是更好发挥中央和地方两个积极性的重要方式。党的十八大和十八届三中、四中、五中全会提出了建立事权和支出责任相适应的制度、适度加强中央事权和支出责任、推进各级政府事权规范化法律化的要求,党的十九大提出了"建立权责清晰、财力协调、区域均衡的中央和地方财政关系"的改革方向。在此基础上,《中共中央关于坚持和完善中国特色社会主义制度、推进国家治理体系和治理能力现代化若干重大问题的决定》提出了进一步改革的目标:优化政府间事权和财权划分,建立权责清晰、财力协调、区域均衡的中央和地方财政关系,形成稳定的各级政府事权、支出责任和财力相适应的制度。

构建权责清晰、运行顺畅、充满活力的工作体系。坚持中央和地方一盘

---

① 《朱镕基讲话实录》(第三卷),人民出版社,2011年,第44页。

棋,需要地方先试点、创造经验的,中央及时给予授权。在统筹优化地方机构设置和职能配置,实现省市县主要机构设置和职能配置同中央保持基本对应,确保党中央集中统一领导和国家制度统一、政令统一,中央和国家机关做好对本行业本系统的指导和监督,地方在坚决贯彻党中央决策部署的同时,发挥主观能动性,结合地方实际创造性地开展工作。

三、完善不同层级政府特别是中央和地方政府事权法律制度

权责法定是实现国家治理体系和治理能力现代化的必然要求。通过法律确权把事权、职责、程序、机构、重要关系等稳定下来,能够为充分发挥中央和地方两个积极性提供法律权威和约束力,改变事权频繁上收下放、偶然性和随意性等现象,增加制度的可预期性、稳定性。当前和今后一个时期的重点工作是,强化中央政府宏观管理、制度设定职责和必要的执法权,强化省级政府统筹推进区域内基本公共服务均等化职责,强化市县政府执行职责。

发挥好中央和地方两个积极性是我们这样一个大国治理的基本经验。《中共中央关于坚持和完善中国特色社会主义制度、推进国家治理体系和治理能力现代化若干重大问题的决定》对充分发挥中央和地方两个积极性作出了重要新概括,明确了前进方向和实施方略。回顾过去,在维护中央权威和注重地方创新相结合的助推下,充分彰显集中力量办大事的优势,中国改革开放的历程波澜壮阔;展望未来,必须进一步完善坚定维护党中央权威和集中统一领导的各项制度,健全充分发挥中央和地方两个积极性体制机制,把制度优势更好转化为治理效能。

理顺政府的事权和职责关系,确保权责更加协同、运行更加高效,需要用法律来保障。推进各级政府事权规范化、法律化,把重要的关系以法律和行政法规的形式稳定下来。完善不同层级政府事权法律制度,明确地划分、

列举不同层级政府的事权,各司其职,非经法定程序不得随意改变。明确各层级职责的划分必须以法律为载体,具体规定不同领域的事权划分,用法律的形式合理设定职责层次、全面理顺权责关系,构建有效的协同与合作机制、协调机制、推进信息互联共享,形成上下联动、条块结合的工作推进机制。

第二节　完善职责同构的政府管理模式

要想理顺条块关系,就应当在一定程度上完善职责同构的政府管理模式。根据各级政府所应承担的职责和功能,对政府机构、职责和运行过程进行系统规划,在各级政府中合理配置权力,以达到政府职能重新配置和政府过程优化的目的。

一、逐步完善职责同构的政府管理模式

完善职责同构的政府管理模式的核心点是,在确保中央权威的前提下如何实现各级政府的制度性授权,即把一些职责真正交给某一层级的政府负责。变革职责同构的政府管理模式,不等于简单地主张"职责异构"。第一,逐步完善职责同构的政府管理模式,并不是重起炉灶,而是说改变是个趋势、方向和目标。在没有更合适的模式替代现有条块关系模式之前,盲目打破现有模式是不负责任的做法。

第二,政府间纵向关系模式是仿效不来的,并且也并不存在一个固定的模式。政府间纵向关系新模式的建构只能是在现有模式基础上发展和创新的结果。中国政府间纵向关系的变革不是为了"赶时髦",也绝不是仅仅为了和国际接轨,而是为了解决自己的问题。当代中国政府间关系模式转型

的路径主要是由如下三个逻辑主线所交织和综合作用决定的:一是传统的逻辑。中国政治生活和条块关系中许多基本的东西都是历史上延续下来的。当代政府间关系模式是对历代政府间关系模式的承袭与发展。这种模式的形成,有其深厚的文化和心理基础。这是未来变革时不容忽视的一点。传统的力量是强大的,职责同构的政府管理模式有其巨大和独特的功能。二是现实的逻辑。所谓现实的逻辑,主要指面临的主要社会和政治问题,领导层对这些问题的理解,以及解决问题的思路。在我们这样一个有九千多万党员的大党,这样一个有十四亿多人口和五十六个民族的大国,靠什么组织起来并具有强大的力量是一个至关重要的问题。"由于实行改革开放和发展社会主义市场经济,我国社会经济成分、组织形式、就业方式、利益关系和分配方式日益多样化。如果我们思想上不清醒,工作中不注意,是很容易搞散的。维护党和国家的集中统一,维护中央的权威,是极端重要的。"①这始终是我们思考条块关系变革的一个基本出发点。三是始终坚持中国共产党领导和长期执政的社会主义逻辑。

第三,"职责同构"与"职责异构",二者不是简单的非此即彼的替代关系。在看待问题的方式上,不能犯简单化的错误。要跳出"同构""异构"的二分法,摆脱历史循环给人们带来的相应的思维模式。任何国家都不可能实行绝对的职责同构或职责异构。二者是可以很好地"兼容"和"并存"于一个国家中。在中国五个层级中,很难把职责从纵向上分解得很清楚。分清职责的目的是既维护中央权威、保证中央政府能够有效行使权力,又能调动地方的积极性,从而推动中国政府间关系进一步实现平稳的制度转型。在条件不具备的情况下,把职责分解得支离破碎,只会带来比较大的副作用。任何政府管理模式都有一个适应性的问题。在各级政府之间合理划分各自的职责不是中国内生的游戏规则。我们既缺乏传统和经验,也缺乏相关的

---

① 江泽民:《在庆祝中国共产党成立八十周年大会上的讲话》,人民出版社,2001年,第35页。

社会心理和制度保障。合理划分各层级政府之间的职责虽然是改革的一个方向,但改革不可能一步到位。

二、把健全政府职责体系摆在更加突出的位置

理顺条块关系的方向是既要有利于中央部门集中精力抓大事、谋全局,又要赋予地方更多自主权、因地制宜做好工作。把这二者有机结合起来,需要把健全政府职责体系摆在更加突出的位置。

(一)厘清各层级政府间职责①

不同层级的政府工作性质和任务是有差别的,行使政府职责的范围、内容和方法也不尽相同。早在1956年,刘少奇《在中国共产党第八次全国代表大会上的政治报告》中就指出:"目前国家工作中另一个重要问题,是必须适当地调整中央和地方的行政管理职权。"②在总结经验、吸取教训的基础上,有必要明确各级政府的职责权限。各级政府职责权限的划分过于笼统,特别是中央与地方政府权限划分不明确,是中央政府决策有时难以完全落实到位的一个重要原因。理顺政府间关系,需要找到一种机制,把维护中央的集中统一领导与充分发挥地方的积极性和首创精神有机结合起来。例如,每一层级的政府都有自己特定的职责范围,只管特定的事,对于重要的事项,相邻的政府可以有交叉,但权力和责任要分得很清楚。

制度优势是一个国家的最大优势。在完善和发展中国特色社会主义制度和国家治理体系的进程中,应该扬优势、补短板,构建能够充分发挥中央和地方两个积极性的条块关系模式。这套模式既包含人类共同的政治发展规律,又适合中国国情并具备有效推行的现实条件,还能够解决所面临的

---

① 本部分的主要观点发表于《理论探讨》2018年第4期,《学术界》2020年第5期。
② 《刘少奇选集》(下卷),人民出版社,1985年,第249页。

问题。

1.理顺中央和地方职责关系

科学设置中央和地方事权,合理配置各层级间职责,理顺各层级政府职责关系。现在我国央地关系的调整,已经既不是简单地"放",也不是笼统地"集",而是逐步走向"健全政府职责体系"。①

明晰各级政府事权配置的着力点。在转变和优化职责上下功夫,根据事权的性质在不同层级政府之间进行职责划分,实现权、责、利相统一,进而构建中国特色的政府职责体系。基本思路是,在坚持既有管理优势的前提下,突出不同层级职责特点,每一层级的地方政府尽量只管特定的一部分事情,各司其职、各负其责。"可否用河水不犯井水的办法,给了地方的东西就是给了,你的、我的分清楚,互不侵犯。给了地方的东西中央不再打主意,中央的东西地方也不要打主意。这样集中、分散就都有了。"②

跳出已有的集权分权思路,通过确权把重要的关系稳定下来。一个方向性的趋势是,将现有中央事权、中央行使,中央和地方协同管理、地方分级负责的事权划分思路拓展为三大类:中央事权、中央负责;中央事权、中央和地方协同管理;把部分经济社会管理事项下放给地方、并通过法律的形式加以制度化和规范化。首先,加强中央事权和支出责任。强化中央在以下层面的事权:国防,外交,国家安全,关系全国统一市场规则和管理,宏观事务管理,维护国家法制统一、政令统一、市场统一,知识产权保护,养老保险,跨区域生态环境保护,"边防公路、国际界河维护、跨流域大江大河治理、跨地区污染防治、海域和海洋使用管理、食品药品安全及跨区域司法管理等事关国家利益和要素自由流动的事务"③。其次,减少并规范中央和地方的共同事权。部分社会保障、跨区域重大项目建设维护等作为中央和地方共同事

---

① 朱光磊:《全面深化改革进程中的中国新治理观》,《中国社会科学》,2017年第4期。

② 《陈云文集》(第三卷),中央文献出版社,2005年,第379页。

③ 楼继伟:《推进各级政府事权规范化法律化》,《人民日报》,2014年12月1日。

权,逐步理顺各层级政府的事权关系,进而增加制度的可预期性、稳定性。最后,赋予地方更多自主权,支持地方创造性开展工作。把直接面向基层、量大面广、由地方实施更为便捷有效的经济社会管理事项下放给地方。对于这些事项,中央提出方针政策和大体规划,具体工作则交给地方因地制宜去部署办理。在区域性公共服务事项方面,自下而上进行梳理,基层和地方做不了的交给上级,凡是能做的就赋权给下级去做。中央部委只有从大量的微观事务中脱身,才能更好地集中精力抓大事、谋全局,只有为基层和地方放权赋能,才能充分调动其积极性,使其因地制宜做好工作。

　　进一步推动政府纵向间职责划分具体落实到四个层级的地方政府,解决不同层级政府干什么、谁来干、怎么干、如何干的问题,尽快形成四个层级地方政府的职责配置表。在此基础上建立健全政府职责体系。在事权划分大体清晰的制度环境下,认真研究各层级政府具体的工作任务,做到有统有分、有主有次,避免"几个和尚抬水"。列出不同层级政府主要的职责,并将这些职责制度化、系统化。制定各层级政府详细的赋权清单和职责清单,完善责任清单。减少职责交叉、合理划分权责关系,各级政府依法履行职责。(参见表7-1)

　　在配置表中,不同层级的政府之间尽可能减少职责交叉。针对特定事项,不同层级的政府可以有交叉,但权力和责任应该分清。明晰各层级政府的职责,各做各的事,是破解层层开会、检查评比多,减少"二传手"干部和官僚主义行为,为地方和基层政府减负的有效之道。通过健全政府职责体系,统筹优化各层级的机构设置,能够破解条块关系集分循环中的深层次体制难题,进而实现条条属事责任与块块属地责任的有机结合。

表7-1　事权设置、职责配置和条块关系变革的方向

事权设置		职责配置	机构设置	条块关系类型	运作
中央事权、由中央负责的事项	中央事权中央负责	清晰	垂直管理的条条	垂直管理的条条与地方政府的关系	协作配合
	中央事权委托地方负责	清晰	上下对口,地方机构通过加挂牌子的方式,体现中央事权属性	双重领导,业务以中央部门为主	中央出经费,地方负责,中央部委负责指导和监督
中央和地方协同管理事项	适合地方管理的,交给地方行使,中央监督。	减少共同管理事项,有统有分、有主有次。	地方因地制宜设置机构和配置职能	中央或上级条条监督,地方政府具体负责	分工合理、权责一致
	需要中央较多指导的,分级管理,中央指导、协调和监督	职责同构	上下对口	上级条条与下级块块的关系;上下级"条条"的关系	权力行使的交叉点多,条块关系复杂
通过确权的方式,把部分经济社会管理事项下放给地方		清晰的职责配置表	因地制宜,"一对多"和"多对一"并存	权责一致、清晰、协同	中央部委摆脱微观事务,地方因地制宜发挥积极性

　　合理分工、职责明确后,各层级政府之间的关系实现了三个一致。第一,决策和执行一致。谁决策、谁执行,尽量减少中间环节。减少中央部委对微观事务的直接管理,把由地方实施更为便捷有效的经济社会管理事项下放给地方。除中央有明确规定外,允许地方因地制宜设置机构和配置职能。管了,就要管好,并且自己负责到底。上级政府及其职能部门,不能动辄以属地管理的名义,将属于自己的工作任务压给下级政府及其职能部门。这样的话,能减少很多会议、检查、评估及填写表格、报材料等工作。道理在于,每一层级地方政府清楚自己应该做什么,并且通过自己的机构去做,不

用层层转手。第二,权力和责任一致,切实解决有权无责、有责无权和权责不匹配问题。权责相符是现代政府运作的基本规则。谁的事,谁负责,能够减少大量的检查和监督。每一层级政府权责一致后,问责机制由责任共担向责任定点转变。出了问题,分清不同层级政府、政府部门和领导个人职责,由事权主体独立承担相应的责任。第三,财政事权和支出责任一致。政府履行事权必须有相应的财力为保障。科学合理划分各层级政府财政事权和支出责任,中央的财政事权由中央承担支出责任、地方的财政事权由地方承担支出责任、中央与地方共同财政事权区分情况划分支出责任。

2.适当区分统治、管理和服务方面的权力

政府职能主要包括统治、管理和服务三个方面。三者是辩证统一的整体,不能分裂和对立起来,任何强调一方而忽视另一方的做法都是不可取的。只有统治民主化、管理科学化和服务优质化相结合所产生的秩序,才是良好的秩序。

中国各层级政府是全能型的职能设计,相互间的职能区分不明确。各级政府集统治、管理和服务各项职能于一身。由于客观上承担着过多的理论上不属于自身的统治职能,基层政府及其党政负责人习惯于以统治的思维看待问题、以统治的方式处理问题,而在履行政府管理和服务职能方面则相对薄弱。某些基层政府负责人不能正确对待民众对政府的意见、建议和批评,甚至随意上纲上线,这是非常危险的,也是必须坚决纠正的。

不同层级政府的统治、管理和服务职能理应有所不同。阶级职能与社会职能两个方面尽管不可分地体现在一切国家行为中,但在不同层级、由不同国家机关进行的国家行为中,两者的侧重点并不相同。相对而言,中央政府涉及的是国家的重大战略问题,更多地涉及的是政治的统治层面。如外交、国防、国家安全、宏观调控等重大事项,哪一项都是关乎国家生死存亡;而中层和基层政府更多地应该体现在管理和服务上。"在不同层级、由不同国家机关进行的国家行为中,政治统治与社会公共管理两者的侧重点并不相同。由于地方政府是国家出于地域面积、人口数量考虑而设置,是为完成对社会公共管理而设置,因而地方政府的主要职责是实现国家的社会职能,特别是那些必须分地域实施管理和服务,但又不致影响整个国家或危及国家统一的社会事务,是地方政府的职责重点。"①因此,有必要明确各层级政府的统治、管理和服务职能,使基层政府把主要精力集中到服务和管理上来,中央和高层政府全面掌控统治方面的权力。

(二)选择性再集权

改变职责同构的政府管理模式,不单单指把中央和上级的权力下放给地方政府。下放权力只是一个方面,与此同时,通过选择性集权的方式上收某些方面的权力也非常必要。选择性集权也不是要把方方面面的权力都集中在中央政府的手中,这不现实也不可能。不管中央政府如何精明强干,也不能大包大揽;不能依靠自己去了解一个国家政治生活的一切细节。正如毛泽东与美国记者斯诺谈话时所说的那样:"统统抓在我手里不行啊,我管不了那么多啊! 要学你们美国的办法,分到五十个州去。"②选择性集权是指有选择地把那些对国家整体利益至关重要的权力集中起来。这样做的目的是强化中央政府在全局性事务方面的权威。

我国从20世纪90年代初期开始强化垂直管理,不但垂直管理的条条数量迅速增加,而且一些双重管理的条条在上级条条授意或部门利益的驱动下,也加大了条条内部自上而下"统"的力度。这次选择性集权的主要表现是分税制的确立和中央银行制度的改革。1994年开始实行的分税制,为中央和地方的事权划分创造了前提条件,从而为理顺条块关系奠定了基础。1998年变革银行管理制度,撤销省级分行,设立跨省区9家分行,摆脱了地方政府对金融领域的干预,增强了中央宏观调控的有效性。

---

① 徐勇等主编:《地方政府学》,高等教育出版社,2005年,第11页。

② [美]埃德加·斯诺:《漫长的革命——紫禁城上话中国》,胡为雄译,新疆大学出版社,1994年,第271页。

中央政府决不能只是一个"遥远的权威"。要想做到这一点,除了通过地方政府外,更重要的还在于要建立自己的垂直管理机构,而不必事事依靠地方政府来施行自己的决策。当前和未来一段时间内,在经济领域内选择性集权的基础上,中央政府有必要进行选择性再集权,并通过垂直管理的条条行使这些权力。也就是说中央政府要在地方政府之外,建立一套属于自己的制度体系。在任何一个现代国家,有些权力必须是属于中央政府的。这些权力必须集中起来,否则就不能维持一个统一的国家政权,或者造成国家的分裂,或者造成政权的地方化。①

在中央应该具体负责哪些事情上,各国的情况差别很大。不过,也有一些中央必须要承担职责的相通之处。这从各国联邦或中央政府的机构设置中可以反映出来。很多国家内阁机构的设置相同或基本相同。考察北美、欧洲和亚洲主要国家的内阁机构,"可以看出它们中有三分之一名称和职能相同,三分之一名称和职能基本相同。这一现象说明,无论是在哪一个国家,无论是大国或小国,也无论是联邦制或是单一制,其政府面临的管理的主要内容基本相同。国防、外交、财政、农业、教育、卫生、内政、司法、运输、环境保护、商务、文化、退伍军人安置等,是每一个国家都必须面对、必须承担的管理职能"②。

在基本模式稳定的前提下,未来一段时间内,条块关系有两个方面的变革可能会比较明显。一是条条垂直管理会相应加强。垂直管理条条的数量会增加,在力度上会继续加强。二是不实行垂直领导的一些部委,可能会尝试着把以前下放给地方政府的某些权力重新收上来,或者加强对已下放权力的监督。

---

① 郑永年:《要求中央与地方关系的变革》,《联合早报》(新加坡),2006年8月22日。
② 左然:《国外中央政府机构设置研究》,《中国行政管理》,2006年第4期。

(三)可能的突破口:在省级政府以下逐步打破职责同构的现象

完善职责同构的政府管理模式是个系统工程,需要缜密设计,有重点、有秩序、分层次逐步推进。同时厘清五级政府各自的职责,事实上是很难做到的。一个可能的抓手是,在保持省政府与中央政府职责同构的基础上,以省级以下政府为重点,逐步划清地级市、县和乡镇三级政府的职责权限。这种战略风险相对较小,而成效可能会更大。合理配置各层级政府间的职责,只在道理上清楚不行,只有原则不够。为了使改革能向纵深推进,应该有可操作性的方案,要形成各层级政府的"职责配置表",进而健全政府职责体系。

三、合理设置政府机构

(一)调整机构设置

职责决定机构,机构是职责的载体。在各级政府之间明确了职责划分,也就确定了权力的划分与机构的归属。"机构改革的关键问题,就是两个,一个是宏观调控要控制得好;一个是微观要真正放得开。"[①]处于不同层级的政府职责不同,在机构设置上应该因地制宜,按照各级政府实际职责的需要设立机构。"具体的机构设置可以从实际出发……其他机构职能可以不一一对应。"[②]在上下对应设置的机构之外,各地可以在一些领域因地制宜设置机构,适应社会管理和公共服务需要,充分发挥地方积极性。[③]

第一,对于中央专有的事项应该由中央垂直管理。该中央政府负责的事项,在机构设置上必须一插到底,世界上大多数国家都是如此。在职责同构的政府组织原则下,中央是领导一切的,什么都要管,想管什么就可以管

①　中共中央文献研究室编:《邓小平年谱》(第五卷),中央文献出版社,2020年,第644页。

②　《习近平谈治国理政》(第三卷),外文出版社,2020年,第168页。

③　参见《习近平谈治国理政》(第三卷),外文出版社,2020年,第175页。

到什么,然而中央政府缺少独立于地方政府之外的属于自己的执行系统,大多数事情的办理都离不开地方政府,要靠地方政府去执行。中央权力为了体现中央性,就要自己决策、自己执行,应该有自己的执行系统,在某些领域和范围内通过自己的机构对每个公民直接行使合法权力,即通过垂直管理的条条来施行决策。

在一个现代国家里,有些事项是非要实行条条垂直不可的。对于中央专有的事项应该由中央垂直管理,这样的机构均属中央在地方的派驻机构,由中央政府进行垂直管理,在人事、财政和编制上与地方政府脱钩,地方政府没有必要设立类似的主管部门。这样既能更好地发挥中央政府的作用,促进经济一体化和政治一体化的形成,又可以使地方政府集中精力做好自己职责范围内的事项、精简地方政府的机构,降低政府成本。

第二,对于中央和地方相交叉的事项,可以考虑坚持目前上下对口的机构设置,但要完善"双重领导、条块结合"的传统思路,明确以哪一方的领导为主,以避免职责不清,互相推诿的现象发生。机构设置中的适当对口是必要的,但是没有必要"上下一般粗"。

第三,对于地方专属事项,允许地方政府根据需要因地制宜设置机构,也不用在上级政府设立类似的主管机构。

第四,对某些机构设到什么层次不必强求一律和一致,不必"一根针穿到底",一直设到乡镇政府和街道办事处。机构设置主要是根据业务性质不同考虑各类条条具体设到哪一个层级的政府为宜。"是否一切机构应该垂直到底?各部门都热心做事是好的,但是各部门都要垂直下去,到村里也来个三十六部,行不行呢?中苏友好协会、红十字会等机构都往下垂直,是否合适?"①

在机构设置上,应该消除顾虑和打破忌讳,不要主观地认为管不到底权

---

① 转引自任晓:《中国行政改革》,浙江人民出版社,1998年,第121页。

力就会失控,因为对某些事务来说未必非要由条条的垂直领导或业务指导才能处理好。"机构上层要分得细,下面是否也要分得细？在经济发达的地区应该如何办,在经济落后的地区又应该如何办？这些问题都需要研究。"①

(二)实行大部门体制

条条数量多是中国政府机构设置的一个特点。条条数量越多与地方政府的关系也就越复杂。部门设置过多、分工过细,还容易造成职能交叉、"九龙治水",往往使决策陷入部门的争执甚至矛盾之中,导致同级领导不得不花大量的时间和精力协调政府部门之间的关系。

大部制是在新的政府观念基础上的一种"重新建构"。条条的数量少了,即使转换的力度小一点,速度慢一点,块块的压力也会小得多了。中央各部委要从分钱、分物、分项目,用指标管理项目的烦琐事务中解脱出来,主要通过制定宏观政策和发展战略实现宏观调控。从以切割财物为手段的直接微观调控向以市场和法律政策调节为基础的间接调控转变。上级条条要减少发文、检查等事务,必须处理的重要事务尽可能由上一级政府向下一级政府统一发布指令。

(三)增加中央公务员的数量

为了使政策和政令能够切实得到落实,中央一再强调要解决"执行力"问题。把事情做好的基础是人员要饱和。从公务员的比例来看,"欧洲国家中央公务员占全国公务员的比例在30%以上,最为分权的美国占16%到17%,而中国中央政府只有3万多人,加上执行机构大概是50万人,中央公务员比例不足7%,比美国的中央公务员比例还低10%,是全世界最小的中央政府"②。

中央政府的工作人员如此精简,想要管理好属于自己的事项是很难的。

---

① 《陈云文集》(第三卷),中央文献出版社,2005年,第115页。
② 楼继伟:《中国政府分权程度全球最高 有些需"补课"》,《21世纪经济报道》,2006年8月6日。

在职责同构和中央部委缺少自己执行机构的背景下,中央部委只能把许多应该属于自己的事务交给地方政府和对口的下级条条去做,而把大部分的精力都放在了决策和监督上。几乎任何事情都是各级政府合作办理。中央部委有决策的权力却不负执行之责,下级条条有行政管理之责却无决策之权。把属于自己的职责委托给下级条条,地方政府没有兴趣是正常的,在运行上出现偏离上级意图的现象也是正常的。

强化条条的管理权威是必然趋势。问题的关键是如何强化。管了就要管好,而管好需要有一定数量的公务员为保障。在未来变革中,有必要适当增加中央公务员的数量。在中央部委人员充足的情况下,才有可能去做一些"大事情"和自己应该履行的职责,而不是像现在这样忙于制定本领域内的各种政策和进行监督,却把这些政策的执行权交给地方政府。

在增加中央公务员数量的基础上,一些部委可以设立专门的执行机构。部长和其他司局级高级官员专心致力于本部门内的决策事务,由专门的机构负责执行。这样能够保证决策的质量,减轻部委主要领导责任过重的问题,同时也能够解决政策执行力不足的问题。

第三节　发展和完善以轴心辐射模式为特征的 国家整合方式

完善职责同构的政府管理模式,从正面推进固然重要。与此同时,发展和完善以轴心辐射模式为特征的国家整合方式,以便为在各级政府之间实行制度性授权创造条件,对于协调条块关系而言同样重要。

一、实现中央、地方与民众三者关系的良性互动

（一）权责清单与政府间关系

选择性集权是必要的,但仅有这一方面还不够。中央和省政府不可能把所有的权力都集中起来,通过自己的机构去执行,而只能集中选择一些关系国计民生和国家安全等方面的"大事情"。选择性集权同时还要选择性向下授权。只有这样,中央政府才能更超脱,有足够的精力处理好自己应该做的事情。正像毛泽东所说的那样,"大权独揽,小权分散。如果什么事情都要中央政治局去管,那就要变成包办代替,就会形成小权多揽,大权不揽,把大的事情丢掉了"①。例如,维修街道、处理垃圾、开办体育场馆、娱乐性文化活动、图书馆、影剧院等一些"小事情"真正下放给地方政府去执行,中央只保留监督权就可以了。事实上目前这样的"小事情"也都是地方政府在做。然而,毕竟没有明确的法律规定哪些应该属于地方政府的职责范围。

制度性授权是突破口。通过选择性集权,中央政府把应该属于自己履行的职责切实履行好,把一些主要的权力掌握在自己手中,才能增强中央政府的权威。在中央政府保持巨大权威和合法性的前提下,才能谈得上制度化授权。

以往条块关系难以走出循环怪圈的一个症结在于,不管是中央政府和条条集中权力,还是向地方政府放权,职责与权力的划分都是在政府内部打转。无论是中央本身的垂直管理系统,还是地方政府,如果没有民众的制约,权力就会无限扩张。在中央对地方的调控机制及民众对地方政府的制约机制没有健全完善之前,过多地授权给地方政府是不可行的。

从理论上说,民众有权力参与当地政府过程。我国宪法规定,中华人民

---

① 《周恩来选集》(下卷),人民出版社,1984年,第277页。

共和国的一切权力属于人民。人民行使国家权力的机关是全国人民代表大会和地方各级人民代表大会……全国人民代表大会和地方各级人民代表大会都由民主选举产生,对人民负责,受人民监督。国家行政机关、审判机关、检察机关都由人民代表大会产生,对它负责,受它监督。这种制度使地方政府具有了相对独立的来自当地的权力来源,与历史上地方政府完全对中央和上级政府负责的制度设计有着很大的区别。根据制度规定,当地民众主要通过人民代表大会对政府进行制约。毋庸讳言,民众参与政治的制度性机制还不健全是一个事实。地方政府对民众责任机制缺失的后果是:第一,地方政府履行职责的绩效,主要靠中央和上级政府监督。少数监督多数是很难监督过来的。缺乏监督的权力,在行使过程中难免会"偏离"。第二,中央下放给人民的权力容易被地方政府截留,变成地方主要官员手中的特权。第三,地方政府一方面可以在地方利益的名义下与中央讨价还价,另一方面又在经济发展和代表中央政府的旗帜下侵犯当地民众的利益。由于对于地方政府侵犯自己利益的行为,当地民众缺少制度化的制约机制,就只能期待上级政府进行干预。因此,地方政府制造出的政治压力最终要中央政府来承担。

在理论和现实中,中央政府通过条条集中一切权力是不可能的。授权是必要的,关键是选择什么样的模式。"不可能设想:在我们这样大的国家中,中央能够把国家的各种事务都包揽起来,而且样样办好。把一部分行政管理职权分给地方,是完全必要的……省、市、县、乡都应当有一定范围的行政管理职权。"①

虽然地方政府普遍有中央和上级分权的要求和动力,然而却没有运用好权力的能力。这一点,已经为多次放权后带来的混乱状况所证明。要想使制度性授权从设想变为现实,必须紧紧依靠普通群众,落实群众监督地方

---

① 《刘少奇选集》(下卷),人民出版社,1985年,第250页。

和基层干部的各项民主权利。比较有效的举措是,强化中央政府监督的同时,加强中央、地方和民众的三重互动。这种制度的关键是增加整个制度的弹性。地方政府在施政中出现问题,要由地方政府及其负责人对民众负责。当地方政府负责人滥用权力、贪污腐化或不能很好地为民众服务时,基层民众可以通过制度化的途径和方式来表达自己的意见。

(二)职责划分

明确各级政府的职责权限后,并不是与上级政府就没有关系了,也不是上级政府部门不能制约下级政府的行为了。上级政府仍然可以通过立法、行政和制定各种法规法令的形式对下级政府的运作施加影响。有些规定还是强制性的,这又分为两种情况:一是要求下级政府必须做到的;二是要求下级政府不能做的。

二、寻求政府层级和管理幅度的最佳结合点

(一)行政区划与条块关系

行政区划是政府间纵向关系模式在地理上的空间投影。新中国成立以来,经过不断的调整、变化和改革,形成了目前五级政府的行政区划体制。这一格局适应了中国经济社会发展和政权建设的需要。同时,也存在一些不适应的地方,成为条块关系复杂、政府间纵向关系运行不顺的制约性因素。

第一,增加了条块关系的复杂性。政府层级过多,增加了这种矛盾的复杂性。"等级划分太多。现在从中央到地方有七八级之多。级数既多,又是垂直,事情就更办不好。"①第二,增加了在各级政府之间职责划分的难度。

---

① 参见中国社科院、中央档案馆编:《中国人民共和国经济档案资料选编(1949—1952)》(综合卷),中国城市社会经济出版社,1990年,第619页。

在五级政府之间划清各自的职责权限是很难的。第三,在现代信息传输渠道不健全的情况下,层级过多,基层的民情往往难以上达,中央政令也难以避免中间的梗阻。"一项政策在执行和实施的过程中,常会出现变形、失真甚至扭曲。从政策的制定到执行的行政距离越长,出现这一问题的可能性就越大。"[1] 第四,容易滋生官僚主义。除了中央和省有一些垂直管理的条条直接施行自己的决策外,绝大多数事项的完成都是靠一级抓一级,层层抓落实来实现的。工作的落实主要靠基层政府来完成。中间层级政府的作用主要体现在"上传下达"上,通过指挥下级政府来完成属于自己和上级政府的职责。这一现象在地级市政府体现得较为明显。第五,从纵向的历史比较和横向的国别比较看,当代中国政府的层级设置是比较多的。在纵向上,中国传统的政府层级一般为三到四层。从秦至1949年前的2100多年中,有290多年为两级制(如郡、县),占13.0%;有610年为虚三级制(实设两级政府、派出的虚设政府一级),占28.7%;有600年为三级制,占28.2%;有276年为三、四级并存制,占13.0%;有350多年为多级制,占16.5%。我国行政区划实行二级制时期,一级行政区数36个以上,几何平均幅度在30个以上;三级制时期,一级行政区数一般在30个以下,几何平均幅度在10至13个之间;多级制时期,一级行政区数20个以下,几何平均幅度在5至7个之间。可见,管理层次少、一级行政区数多的'少—多'模式是中国行政区划建设的传统做法。[2]在横向上,与其他国家层级设置相比,中国政府的层级设置也明显过多。在统计的155个国家中,中国、印度、孟加拉国、巴基斯坦、韩国等七个国家,即4.52%的国家实行五级政府的管理层次。

---

[1]　任晓:《中国行政改革》,浙江人民出版社,1998年,第300页。
[2]　孙学玉:《体制创新:地方行政机构改革的现实选择》,《中国行政管理》,2003年第4期。

表7-2　各国国内纵向行政层级表

层级数	国家数	比重(%)	备注
二	48	30.97	多为人口小国
三	67	43.22	
四	33	21.29	
五	7	4.52	
合计	155	100	

资料来源：转引自袁政《各国政府管理层次与幅度及对我国的启示》，《公共行政与人力资源管理》，2003年第1期。

把一个拥有960万平方公里的国土面积、14亿多人口的大国，简单地同人口只有几千万，甚至不到一千万的国家相比，得出中国应减少政府层级的结论是不科学和欠妥当的。当然，中国的政府层级并不是完美无缺的，也不意味着无须进行任何变革。从改善政府间关系，进而推动中国政府发展的角度看，行政区划有必要在现有基础上进行某些调整。

（二）策略选择

地级市职责不明成为诱发条块矛盾的重要根源，其职责既不像省级政府那样宏观，也不像县级和乡镇政府那样微观。除了能对县政府实施领导外，在职责上地级市与县之间几乎没有区别。在绝大多数事情上，都是靠直接指挥县政府来完成。中央和省的各种政令下到市，通过市再到县，县再到乡镇。

条件成熟的地方可以实现县市和所在的地级市"脱钩"，直接由省直管县。有必要在继续保留地级市行政级别不变的基础上，将地级市逐渐减少，人员逐步分流，最终实现市区一体化，地级市行政机构与原所辖城区合并，逐步减少地级市这一行政层级。在"省直管县"改革中，理顺条块关系可以从下面三个方面考虑：第一，以纵向政府间职能分工为基础调整垂直管理机构。第二，明确垂直管理机构在"省直管县"体制改革中的定位。第三，构建条块职能有机衔接的运行机制。①

三、建立健全政府间关系的协调机制

位置决定立场。条条与块块,各有不同的职责和功能,各自利益和考虑问题的出发点也不尽相同,二者难免产生矛盾。"各省站在各省方面来看,各部从各部的角度来看⋯⋯全局与局部的矛盾是经常有的。"②一个富有活力的政治架构不是没有矛盾,而是具备较强解决矛盾的机制和能力。鉴于此,有必要建立健全协调政府间关系的机制和机构,使条条与块块相互配合而不是冲突。

(一)成立协调中央部委和地方政府关系的机构

组织政治结构、政治活动,是一门科学,有一定的规律性可循。一般而言,一个大型的组织是决策、执行、监督、"弹性因素""外脑"五个部分的有机结合。政治系统要想有效运转,需要在各个子系统之间建立协调机制。因为大型的政治系统内部很难进行明确的边界划分,建立政府间关系的协调机制是必要的。

中央政府高度重视中央和地方关系的协调与平衡。中央决策前往往会征询地方领导人尤其是省级领导人的意见和建议。中央领导通过省长会议、中央领导人视察和专题调研、省部级干部专题研讨班、请示报告制度等多种形式,与省级政府负责人面对面交流意见。通过对话,可以起到交流信息、统一思想、形成共识的目的。"为了使广东省领导同志对分税制有一个全面、准确的了解,并进一步消除他们的疑虑,我们先后召开了三次有省委、省人大、省政府、省政协负责同志及省有关部门和广州、深圳、珠海、汕头、佛山

---

① 参见王雪丽:《中国"省直管县"体制改革研究》,天津人民出版社,2013年,第228~231页。

② 《陈云文集》(第三卷),中央文献出版社,2005年,第492页。

市的负责同志参加的会议,介绍情况、交流意见。会下,我和叶选平同志做了长时间的交谈,并和谢非、朱森林同志两次单独交换意见;李铁映同志也和林若等省市领导做了个别交谈;国务院有关部门还和广东有关厅、局对口交换意见。"①

条块关系需要经常性的协调。中国长期以来都不曾设置专门的机构来负责相关的事务。在这种情况下,第一,中央办公厅在一定程度上承担着协调条块关系的职能。杨尚昆在回忆担任中央办公厅主任期间的工作时,认为占用他很大精力的有这么三件事:"一是同各省、市、自治区党委联系,就是所谓'通气'。国际、国内发生了什么重大情况,对某一问题中央有些什么考虑,地方同志有些什么想法,都要由我同各省、市、自治区的同志一一通话……地方同志也常常打电话来,向我摸中央的'气候'。二是协调同条条、块块之间的关系。例如一个部门送来请求中央批复的报告,报告中提出的意见成熟不成熟,如果需要提交中央会议讨论,还要作哪些进一步的准备;涉及几个部门或地区的问题,还要再听听有关部门和地区的意见。三是做人的思想工作。"②第二,当中央部委与地方政府产生矛盾时,一般的途径是需要中央领导人出面协调。处理中央与地方争议是一项高度专业化和技术性很强的工作,需要相应的专门知识。中央领导人都有自己分管的大量具体工作,如果再拿出相当一部分精力来协调中央部委与地方政府的关系,工作量太大,甚至力不从心。这种状况,容易使不少问题被搁置得不到及时解决而成为累积性问题。

对中央和地方关系上存在的问题要有长期跟踪、研究、评估、监督、协调的部门,不能出现问题时再临时指定一个部门或寻求领导人出面来处理问题。为了协调条块关系,减少条块矛盾,有必要设立专门的协调或工作机构。

---

① 《朱镕基讲话实录》(第一卷),人民出版社,2011年,第369页。
② 苏维民:《杨尚昆谈在中央办公厅二十年》,2008年8月13日,新华网。

(二)完善协调部际关系的形式

协调好部委之间的关系对于改善条块关系具有直接的意义。早在1981年,在电力部和水利部就葛洲坝水电厂的管理体制讨论时,时任电力部部长的李鹏就建议"成立一个部际协调小组,解决水利和电力两部有关矛盾问题"[1]。第一,可以使各部委以一个整体的形式出现,在对地方政府的调控和监督上打出组合拳、形成合力,减少各部门单兵作战带来的问题。第二,不至于引发全国性职能部门间的冲突,使地方政府和下级条条无所适从。

鉴于协调部委间关系牵涉中央领导人过多精力的现实,朱镕基任总理时在办文方式上做了一些改进,即实行部门负责制。国务院每一件事情,都有一个部门牵头。主管部门报到国务院的文件,请求批准、批转或转发,必须在报来之前征求各有关部门的意见,把所有的意见协商一致。如果意见不能达成一致,在哪一点上某某部门还不同意,理由是什么,你要写出来。过去,有些部门报来的文件,根本没有跟有关部门商量过,让我们一件一件地去协调,当时国务院十位秘书长(一正九副)还忙不过来。现在只有五个秘书长(一正四副),我们不直接协调,只有在主管部门协调不下来的情况下,把他们协调的结果报国务院后,再由有关秘书长协调,最后由国务院仲裁。[2]

协调中央部委之间关系的途径主要有:通过中央办公厅、国务院办公厅进行协调;各部委负责人之间的个别接触和私下沟通;分管各部委的领导人之间的协调;中央政府主要领导人的协调;等等。其中,健全部门会议制度,组织多个部门协同工作,是值得提倡的一种形式。这样既有利于多个部门协调、统一行动,又可避免出现一个新的管理对象就增加一个领导小组或临时机构的现象。部门会议制度的主要职能是,交换看法,共同检查各部门的

① 李鹏:《市场与调控——李鹏经济日记》(上),新华出版社、中国电力出版社,2007年,第11页。
② 《朱镕基讲话实录》(第四卷),人民出版社,2011年,第48页。

问题和所要采取的对策和解决办法。

(三)建立健全中央部委与地方政府的协商机制

协调条块关系、化解条块矛盾,不能就事论事,更不能"各打五十大板"。无论在中国还是西方典型国家,条块矛盾都很难避免,只是各国条块矛盾的方式、机制、程度及其副作用有所差别。作为中央(联邦)政府职能部门的部委,必然以这样或那样的方式调控和影响地方政府的运作。面对来自中央部委的影响,地方政府存在意见是正常的。例如[①],在日本,行政机关干预是中央政府对地方公共团体实施干预的最一般、最常见的形式。中央机关的干预包括准立法性干预、准司法干预,最主要的还是行政性的干预。行政性的干预包括非权力性的干预(建议、劝告、申报等)和权力性的干预(审批、指示等)。中央财政是由财务省也就是财政部管理,地方财政是另外一个中央部委来管理,现在是总务省管理。

历代中央领导人都意识到了建立协商机制的意义,提倡中央部委和地方商量做事。毛泽东在《论十大关系》中对建立健全中央部委与地方政府的协商机制就有过具体的设想。中央要巩固,就要注意地方的利益。"我们要提倡同地方商量办事的作风。党中央办事,总是同地方商量,不同地方商量从来不冒下命令。在这方面,希望中央各部好好注意,凡是同地方有关的事情,都要先同地方商量,商量好了再下命令。"[②]江泽民在党的十三届五中全会上的讲话中也指出:"中央各部门一定要继续听取和尊重地方的意见。"但是,在诸多方面我们做得还不够,例如中央部委与地方政府具体协商哪些事项? 在多大程度和范围上协商? 通过何种途径和机制进行协商?

原则和指导思想只有体现在具体的制度设计和运作上,才能真正发挥其作用。建立中央部委与地方政府的协商机制,须注意以下五个方面的

---

① 魏加宁:《我看日本的中央和地方关系》,《经济观察报》,2006年11月30日。

② 《毛泽东文集》(第七卷),人民出版社,1999年,第31~32页。

要点:

第一,在强化条条的管理权威的同时,还要尊重地方政府的意见和地方利益。条块之间存在的大量矛盾实质上是利益。"财政部与天津市主要争论在于外汇留成,经过我协调,除外轮加油外汇留成只给天津20%外,其余外汇全部留给天津。"①条条管理权威和地方利益不是此消彼长的反比例关系。条条代表政府处理某方面的事务,在管理上应该有权威性,管了就应该管好,管不好就要独自承担责任。为了增强中央政府的宏观调控能力,建立强大的中央部委是必须和必要的。为此,需要转变条条的管理手段、切实充实条条的力量,改变一些条条的力量有限,该管的事管不到底和管不到边,不得不求助于地方政府来完成的状况。

第二,丰富、完善地方政府的意见表达机制和途径。中央部委的决策毕竟要在全国范围内施行。在决策前要广泛调研和征求意见,尤其是要注意听取和吸收地方政府的意见和建议,应当同地方商量的事情要同地方商量。在形式上可采用多方会谈的方式,邀请所有相关地方政府的负责人坐在一起,平等地探讨问题。"水电部应主动找3省协助,寻求大家都同意的解决方案。"②只有畅所欲言、集思广益的中央部委决策,才能在执行中得到地方政府的真正配合,进而减少双方的相互埋怨和指责。

第三,在决策执行过程中,加强联系和沟通,经常性地交流信息。通过沟通,对于不完善的决策及时进行修正和补充。在某些地方政府不执行部委正确决策时,中央部委可以通过约谈其负责人的方式进行监督和批评。

第四,对中央部委制定的方案,在地方政府理解还不到位、吃不透精神的情况下,中央部委在要求地方执行前需要组织学习和培训干部。

第五,地方政府在改革发展中遇到困难时,经常向中央部委寻求支持。

---

① 李鹏:《市场与调控——李鹏经济日记》(上),新华出版社、中国电力出版社,2007年,第118页。

② 同上,第122页。

第八章

基层治理中的条块关系

基层治理是国家治理的基石。妥善协调处理条块关系是推进基层治理体系和治理能力现代化需要解决的基础性问题。理顺条块关系、化解条块矛盾的有效途径既非对条、块二者关系的简单割裂,也非条、块的机械融合。一味割裂将致使治理资源分散,简单融合则易导致条块间职责不清。为构建简约高效的基层管理体制,需要探求一条如何将条条的专业和技术优势与块块的统筹和属地优势有机结合起来的新路径。

第一节　构建简约高效的基层管理体制①

一段时间以来,会议多、文件多、留痕多、口号多、督查考核多、责任状泛滥、问责过度等形式主义问题困扰着基层政府。深入考察中国基层管理体制的运作可以发现,条块关系失衡导致的条块矛盾是形成基层治理之困的

---

① 本节内容以《构建简约高效的基层管理体制:条块关系的视角》为题发表于《江苏社会科学》2019年第3期。

重要原因。构建简约高效的基层管理体制,夯实国家治理体系和治理能力基础的一个思路是,理顺条块关系,加快形成分工合理、权责一致、运转高效、法律保障的政府职责配置体系与运行机制,着力解决督查检查考核过多过滥、过度留痕的问题,完善问责机制等。

一、条块矛盾困扰着基层治理

基层政府是党和政府联系群众的桥梁与纽带。"依据宪法规定,我国基层政权在农村指的是乡、民族乡、镇,在城市主要指的是区及其派出机构街道。"①对中国这样一个超大规模的国家而言,如何实现良好的基层治理,既是历史难题,又是现实挑战。如何通过基层政府管理体制创新实现政府权限的恰当定位、政府职能的不断优化、政府机构的有效运作,进而密切党群和干群关系、打通抓落实"最后一公里",是长期以来困扰中国政府管理的一个重大问题。

党中央高度重视基层治理在国家治理体系和治理能力现代化中的基础作用。党的十九届三中全会通过的《中共中央关于深化党和国家机构改革的决定》提出:"构建简约高效的基层管理体制。加强基层政权建设,夯实国家治理体系和治理能力的基础……上级机关要优化对基层的领导方式,既允许'一对多',由一个基层机构承接多个上级机构的任务;也允许'多对一',由基层不同机构向同一个上级机构请示汇报。"

受形式主义和官僚主义,工作作风和领导方式,简单化理解属地管理和问责等因素的影响,以乡镇和街道为代表的基层政府在运作中面临诸多困难。其中,较为突出的现象是条块关系复杂、条块矛盾突出,基层政府负担重、压力大。"过去常说'上面千条线、下面一根针',现在基层干部说'上面千

---

① 林尚立:《构建简约高效的基层管理体制》,《经济日报》,2018年4月18日。

把锤、下面一根钉'，'上面千把刀、下面一颗头'。这种状况必须改变！"①

面对新时代新任务提出的新要求，构建简约高效的基层管理体制的基本方向是什么、改革的内容有哪些、改革的路径怎样选择？是摆在政府、理论界面前无法回避的问题。回答基层治理中为什么出现一系列的问题，不能简单地归因于某些官员、政府部门的工作作风或方法，而应该探寻背后更深层的机制渊源。基于此，需要从条块关系的角度求解基层治理困境及出路，以期拓宽研究视野，进而提出构建简约高效的基层管理体制的对策建议，及时回应中央关心的重点问题、社会各界关注的焦点话题，以及学术界研究的热点课题。

二、当前基层治理中亟待解决的条块矛盾

条块矛盾是中国基层管理体制中长期存在却一直未得到解决的深层次问题。近年来，这一矛盾又出现了许多值得关注的新现象、新特点和新趋势。

（一）权责失衡

目前的基层管理体制中，权责配置不尽合理，上级政府和条条"权大责小"，基层政府"权小责大"。一个普遍的现象是，乡镇和街道有责无权，权力集中在市、区、县政府和"条条"手中，而多数责任却要由基层政府承担。

基层政府事多人少，要负责本行政区域内几乎所有的工作。相对于承担的职责而言，基层政府人手总体上数量不足，人员的专业性不够，真正能做事的干部数量有限。有时候，上级职能部门为方便自己工作，经常从乡镇和街道借调一些工作能力强的干部，导致基层政府工作人员更加捉襟见肘，做事情时有心无力。

---

① 习近平：《努力造就一支忠诚干净担当的高素质干部队伍》，《求是》，2019年第2期。

上级职能部门和基层政府权责不清。上级职能部门经常把本该自己完成的任务推给基层政府。上级职能部门对基层政府的业务指导关系演变成了业务指导少、工作安排多。至于基层政府如何开展工作,来自上级职能部门的帮助少。基层政府的相应工作做好了,上级"条条"报成果;工作不到位,出了问题,往往首先问责基层政府。基层政府面对行政区域内的一些治理难题,缺乏执法权,也不能真正调动多个部门有效参与。基层政府面对条块分割的僵局、各自为战的困局无能为力。例如,在"中部某乡镇的一起环保事件中,分管环保的副镇长已第一时间向当地环保部门报告,但环保部门一直未进行处置。事件曝光后,这名副镇长还是被诫勉谈话,影响期半年。'反正一有事,第一时间就是追基层干部的责'"①。再比如,某个地方发生了安全事故,往往想到的就是追究当地基层政府的责任,这就是一种典型的不能分清条块责任的做法。条块职责不清给基层政府造成很大压力。基层政府多数时间忙于处理上级条条职责范围内的事项,无法充分履行自己应该履行的职责。

在条条上下联成一线的情况下,几乎每个上级职能部门在基层政府中都有自己的"腿儿"。基层政府的日常工作,相当一部分是在完成上级条条交办的任务。基层政府的行动,在一定程度上变成了上级政府各部门的行动。正如基层干部所抱怨的那样,各条条把乡镇行政权分割得七零八落。例如,一些市、区、县的国土、安监部门把本属于自己的事情交给基层政府去做,自己则保留督查的权力。然而,乡镇和街道缺乏足够的人手、技术、业务能力、执法权和处罚权。现实中,不得不在没有执法权的背景下替上级职能部门做事。正如某镇党委书记所说,所在乡镇条线上的环保、国土、住建、水务现在都上收一级,原来乡镇七站八所实行双重管理,现在都收回条条上去了。"没有执法权怎么管理?想管也管不了,结果就是'管而不理,想管

---

① 徐海波等:《基层干部有"五怕",样样头疼》,《半月谈》,2018年第16期。

没理'。"①

（二）基层政府的工作任务跟着上面转："上面千条线、下面一根针"

中国政府机构设置的重要特点是，政府层级越高，职能部门越专业化、职能部门公务员数量越多；政府层级越低，职能部门内部的分工越粗、职能部门公务员数量越少、专业化程度相应递减。在强调各层级政府机构"上下对口"、多数工作一竿子插到底的背景下，上级职能部门在下级政府几乎都有自己的"腿儿"。就基层政府而言，一个办公室甚至一个工作人员需要对口上面多个部门，一人多岗、身兼数职、一人多责的情况非常普遍。例如，镇街的经济发展办公室，对口市、区、县的发改委、商务委、农委、统计局、财政局等多个"条条"。乡镇党政办的几个工作人员，一个人对口县委办和政府办，一个人对口组织部的工作，一个人对口宣传部的工作。某市文明办有六个工作人员指挥乡镇党政办的负责宣传的一个工作人员，文明办的六个工作人员经常都往下布置宣传任务。很多时候上级职能部门缺乏统筹，不同的部门或者同一部门的不同工作人员的要求不一致。导致乡镇同样工作要做多遍，同样的书面内容要填写来自多个职能部门的不同表格，同一主题的稿子要投很多网站。某县级部局共约150个，而乡镇机关职数50人，副科和正科满编11人，除了书记、乡镇长和纪检专职书记这3个人，县里150个部局的对接任务要分解到8个副职头上，平均每个副职要对接18.8个县级部门。还要经常参加秸秆禁烧、信访维稳、拆迁安置、安全生产巡查等各种临时任务，疲于奔命应付。②

（三）对基层的检查考核名目繁多、频率过高："上面千把刀、下面一颗头"

在"条强块弱"的格局下，来自于市、区、县政府及其职能部门名目繁多的督查检查考核和问责使基层政府应接不暇。督查检查考核工作是推动党

---

① 郑生竹等：《基层："属地管理"之惑：要管没权，不管"背锅"》，《半月谈》，2018年第18期。
② 赵阳：《逃离乡镇！基层年轻干部断层之忧》，《半月谈》，2019年第2期。

中央决策部署贯彻落实的重要手段。但是,某些地方政府和职能部门频率过高的检查使基层政府疲于应对。对基层政府督查检查工作存在的乱象主要体现在以下六个方面:第一,督查检查主体多,各个上级职能部门多头检查,重重检查。第二,督查检查项目多,经常检查,层层加码。第三,检查样板多,样本检查,层层示范。第四,督查检查方式方法单一,大多用召开座谈会、文件资料检查、现场观看场地等形式进行检查;被检查单位时常通过文件资料展示成绩。第五,督查检查频次过多,时间上过于急切。存在工作布置没有几天,就从上到下开始督查检查的现象。基层还没有来得及实实在在落实工作,上级职能部门的检查就到了。第六,对基层的检查多,帮助少。虽能发现问题,但不能提供有效的解决途径和具体的改进措施。由于很多督察组都带着"尚方宝剑来"、带着问责来。为了迎接上级一次检查,下面会预演多次。督查检查的目的是解决问题、推动工作,但目前却在一定程度上变成了惩戒措施。

层层问责、防不胜防。一定程度上的问责是必要的,但值得引起高度关注的是,一些地方出现了问责泛化、以问责代替管理的简单、粗暴的治理方式。在属地管理的名义下基层政府承担着"无限的责任",经常面对被问责的压力。从某种意义上讲,基层工作的头绪越来越多、被问责的概率越来越大,不被问责成了支配基层政府日常运作的主要逻辑和指挥棒。

(四)形式主义、官僚主义现象突出

部分上级职能部门在工作上当"传声筒"和"甩手掌柜",不考虑实际情况,把上级的政策不加分析地下达,把应该自己做的事情、容易被问责的事情、工作难度大的事情通过签订责任状的形式交给乡镇和街道去做,自己忙于发文件和督查,出了问题盲目问责基层。为了增加分量,经常采用多个职能部门联合起草文件,把相应事情下放给镇街或者通过区县党委、政府给镇街发文。导致了责任书泛滥、一票否决项目过多、干活的人少、问责的人多等现象。

　　上级职能部门加给基层的责任状泛滥，致使基层政府多数时间围着责任状和填写各种表格转。有些事情，基层没有相应的执法权限和资源支撑，上级职能部门通过签订任务书的形式把本属于自己的任务交给下级政府去做，对基层政府所做的主要工作是布置任务，设定时限要求和基本标准，安排完工作后就是督导。至于基层政府能否完成、如何完成则不加考虑。一旦基层政府完不成任务，就会上纲上线认为执行力不行，就要追责。在上级的严厉考核下，基层政府为了完成任务不惜一切代价，不得不弄虚作假，被迫注重短期效应、急功近利。基层干部把相当一部分时间和精力花在了名目繁多的材料和报表上。这不仅浪费了大量的财力，也使得基层党政干部原本应深入基层一线现在却变成了主要在办公室内俯首在案、"埋头苦干"。

　　一些职能部门急于出成绩、忽视常识和事物发展的规律，不熟悉、不考虑基层的实际情况，出台的政策"一刀切"，提一些不切实际的目标，政策制定不科学。由于市、区、县的各个职能部门都有对乡镇和街道的业务指导权，上级职能部门制定的政策不适合基层实际，职能部门间在制定政策时缺乏沟通和协调，各唱各的调，有时候甚至相互冲突，让基层无所适从。例如，某地林业局要求各乡镇的植树年年增加，国土部门出于保护耕地的需要不同意乡镇政府多植树。在林业局的要求下，各乡镇努力植树，水利部门认为在河堤上植树影响清淤要求已经植树的乡镇限期恢复原貌。对乡镇政府而言，不听谁的都要被问责。

三、在基层治理中理顺条块关系的有效路径

　　"基层工作很重要，基础不牢，地动山摇。"党的十八届四中全会提出："推进各级政府事权规范化、法律化……强化市县政府执行职责。"党的十九届三中全会强调："构建简约高效的基层管理体制。"中央的战略安排为新时代从条块关系的角度入手，破解基层治理难题，进而提升治理效能指明了

方向。

（一）健全政府职责体系

科学设置区县和乡镇街道的事权,明确各自的职责清单,理顺职责关系。中国政府间纵向关系长期以来没有得到理顺,"条块矛盾"之所以突出,从根源上看,是与"职责同构"这一中国政府职责在纵向上配置的总特点联系在一起的。①条块关系复杂、条块矛盾突出的问题之一出在没有通过明晰职责进而确权上。在构建简约高效的基层管理体制变革中,为避免权力运行的混乱,需要明确上级职能部门、基层政府各自的权力清单和责任清单,通过确权把重要关系稳定下来。在多数事情上分清二者的责任,即以哪一方领导为主。属于条条的责任,条条去承担,而不能把责任加给块块。2018年11月14日,中央全面深化改革委员会第五次会议审议通过了《"街乡吹哨、部门报到"——北京市推进党建引领基层治理体制机制创新的探索》。"街乡吹哨、部门报到"的基本做法之一是,全面取消街道招商引资、协税护税等职能。制定街道职责清单,明确党群工作、平安建设、城市管理、社区建设、民生保障、综合保障6大板块111项职责,其中,街道作为主体承担的占24%,其他均为协助、参与,使街道集中精力抓党建、抓治理、抓服务。目前,正在拟定乡镇职责清单。通过理顺和明确职责,使街乡把该吹的"哨"吹到位。②

构建科学合理、权责一致、有统有分、有主有次的职责清单,一个基本的出发点是落实党的十九届三中全会提出的:"尽可能把资源、服务、管理放到基层,使基层有人有权有物,保证基层事情基层办、基层权力给基层、基层事情有人办。"在借鉴北京市做法的基础上,进一步明确区县政府和镇街的职

---

① 参见朱光磊、张志红:《"职责同构"批判》,《北京大学学报》(哲学社会科学版),2005年第1期。

② 中央组织部组织二局:《在为民办事中提升城市基层党建整体效应——北京市党建引领"街乡吹哨、部门报到"改革情况的调研报告》,《人民日报》,2019年1月10日。

责体系及相互间的职责关系,尽可能细化地列出职责配置表。职责配置表的目的是解决职责交叉重叠、机构重叠、职能部门履行职责时"各行其道"甚至"依法打架"等弊端。即在分清市、区、县和乡镇街道各自职责的基础上,职责该给哪一级政府就给哪一级政府,并且以立法形式将权力、利益、义务和责任固定下来。

完善主体责任清单和配合责任清单,科学设计对基层政府的考核指标。上级政府出台的政策性文件,应该明确职能部门的责任。尤其是有执法权的部门一定要承担责任。未经同级党委政府同意和批准,上级职能部门不得以"属地管理"名义将本属于自身的职责压给基层政府。在年终考核时,增加乡镇和街道对职能部门及其派出机构的考核结果占被考核部门绩效的权重。

(二)完善条块的协调和协同机制

在职责同构的政府管理模式下,表面上看条条和块块都有权力管一个方面,但实际上哪个都没有完全的资源和手段把事情真正做好。一项工作往往需要条条和块块的通力合作才能完成。在这种情况下,条块之间的协调至关重要。如果没有高效的分工协调机制,就容易使大量的决策无法执行。因此,需要加大条块之间协调配合的力度,构建伙伴型的条块关系,实现职责相互衔接和高效运行。

第一,建立市、区、县职能部门与基层政府的协商和沟通机制。只有畅所欲言、集思广益的决策,才能在执行中得到基层政府的真正配合,进而减少双方的相互埋怨和指责。市、区、县职能部门在决策前要广泛和真正征求基层政府的意见,尊重基层政府的利益。在决策执行过程中,加强联系和沟通,经常性地交流信息。通过沟通,对于不完善的决策及时进行修正和补充。

第二,市、区、县职能部门之间的协调。由于利益及观察和思考问题视角的不同,上级条条对同一问题经常出现不同的看法。为了不影响基层工作,建立健全部门联席会议制度,组织多个部门协同工作,是值得提倡的一种协调形式。这样既有利于多个部门协调、统一行动,又可避免出现一个新的管理对象就增加一个领导小组或临时机构的现象。部门联席会议制度的主要职能是,交换看法,共同检查各部门的问题和所要采取的对策和解决办法。在部门联席会议制度的运作上,可以采取以下三种方式:党委政府主要负责人定期主持召开协调部门间关系的会议;健全部门间协调配合机制,上级职能部门就共同关心和职责上相交叉的问题进行协调和沟通,避免"自说自话"和互不相让的局面出现;建立部门间的信息交流机制。

第三,理清政府部门职责,坚持一类事项原则上由一个部门统筹、一件事情原则上由一个部门负责,加强相关机构配合联动,避免政出多门。现代国家治理的基本要求是科学界定政府部门的权力边界、明确相应的职责范围。针对多部门共同治理所暴露出来的问题,需要理顺各个部门的职责体系及其相互之间的职责关系,科学界定政府部门职责范围、合理设定职责层次、全面理顺权责关系,构建有效的协同与合作机制、协调机制、推进信息互联共享,形成上下联动、条块结合的工作推进机制。

第四,加大政府公务员轮岗的力度。任职经历会影响政府官员的视野、看待问题的思维方式和处理问题的方法。为了增进条块对相互工作的理解,适当增加公务员在市、区、县职能部门和基层政府之间的岗位轮换力度是必要的。

(三)规范上级职能部门的检查考核

解决对基层政府督查考核过多这一现象,必须坚持问题导向,聚焦基层所盼,通过完善体制机制的方式加以解决。当前,亟需制定贯彻落实《关于统筹规范督查检查考核工作的通知》的具体措施,不能走以文件落实文件、以会议贯彻会议的老路。

减少督查考核频次,在督查指标设置上要因地制宜,把查实情、找差距、促整改摆在考核的首位。一次检查若涉及多个部门,则由党委协调、某部门牵头、多部门参与,组成联合检查组开展督查检查工作,改变多个部门单独、直接对口基层的情况。梳理各类考核事项,将名目繁多的考核合并成一次综合考核,按照工作轻重缓急的特征,将"阶段考核"与"年终考核"相结合,专项督查和综合督查相结合,尽量采取一次性督查和考核,以减少基层迎检频率和负担。完善督查检查形式,在会议、总结、简报、报表等方面进行精简,缩小会议规模,能套开就套开,能精简就精简,能用电子版的就不要纸质版;更多倾听基层干部和群众的声音。

四、理顺区县部门与乡镇(街道)权责关系

(一)厘清区县部门与乡镇(街道)之间权责

一是构建简约高效的管理体制。区县党委政府要有力统筹各部门的工作任务,推进大类业务"一网统管"。相关部门在向镇街下放涉及基层治理权限的同时,要将设施设备和人员一并配套,并且在政策规定、实施方法、资源配置等方面给镇街一定的自由裁量空间。注重资金下沉,探索建立乡镇综合经费保障制度,面对突发的道路损毁、小规模滑坡或急切民生诉求,可以迅速自主解决,而不需向部门层层汇报、等待漫长审批。要建立重大工作项目化推进、重点领域分类示范、重要环节专项攻坚的责任落实体系。根据实际情况,将部分派驻机构编制完全下放镇街。(此项工作一些地区已经实施,目前仅自然资源所和市场监管所仍然为派驻机构,其余农技站、文广站等已完全属于乡镇编制。)对确需保留编制在区县部门的派驻机构,强化乡镇的评先评优、提拔重用话语权。探索执法力量下沉街道工作机制,统筹城管、交警、市政等执法力量,建立基层综合执法队伍,一支队伍管一片区,避免分头执法、交叉执法。

二是明确权责清单。要进一步健全政府职责体系,科学规范"属地管理",明确乡镇(街道)及社区权责清单,一体推进权责利和人财物对称向基

层下沉。乡镇要围绕巩固拓展脱贫攻坚成果同乡村振兴有效衔接等任务，重点做好农业产业发展、人居环境整治及"三留守"关爱服务等工作；街道要做好市政市容管理、物业管理、流动人口服务管理、社会组织培育引导等工作。规范乡镇(街道)接受上级职能部门委托的事项，未经上级党委政府统一部署或无法律依据，相关部门不得将自身职责事项派交乡镇(街道)承担；对需要委托承担的事项，要明确条块之间的权责关系。合理规范基层政府的许可事项，逐步推进基层治理韧性建设。

(二)进一步向基层放权赋能

一是建立"基层吹哨、部门报到"的工作评议机制。基层政府主动"破局"能力缺乏，亟待赋能。落实区县部门到基层报到机制，包片协助推行相关治理工作。建立部门报到台账，年底由乡镇(街道)组织辖区人大代表、政协委员、群众代表和乡镇(街道)相关人员对"部门报到"工作情况开展评议，评议结果报上级党委、政府办公室和纪委、组织部等部门备案，作为评优评先和提拔任用的参考依据。

二是让基层有权。明确乡镇(街道)相应的调度权，涉及辖区内重大项目、规划及群众切身利益的事项，乡镇(街道)享有建议权和决策权，对基层提出的建议，相关部门必须给予回复。

三是给基层减负。优化对基层政府的综合督查考核，严格控制总量和频次，提升考核质量，避免"无效督查""烦琐督查""走过场督查"。各职能部门将需要督查考核的事项和时间，报区县督查办备案，由区县督查办统一组织，统筹规范督查检查，避免过度考核、公式化评价，并且也应加强对部门履行行业主管责任的督查。同时，注重日常考核、电子化考核，清理规范工作台账、报表，以及"一票否决"、签订责任状、出具证明事项、创建示范等项目。

(三)完善共建共治共享的基层治理共同体

一是供需对接。区县党委政府要制定出台相关制度文件，支持和引导驻乡镇(街道)机关企事业单位以所在地党组织为核心、积极主动参与基层治理。由乡镇（街道）政府统筹协调，根据问题性质向驻地单位提出需求，利用联动单位的资源互助、信息共享、平台互通共用等途径解决问题。加强对成员单位开展联动攻坚活动情况的督促力度和跟踪问效，及时总结推广经验做法。

二是定期会商。建立由区县党委政府领导兼任下级联席会召集人制度，吸纳下级党组织和辖区单位参加，最大限度扩大联动主体覆盖面。定期组织联席会议，研究推进解决各类难题。推动乡镇（街道）政府和区县部门双向交流挂职锻炼，推动干部相互了解。

三是督促落实。区县党委政府领导授权成立联席会办公室，负责对联席单位解决实际问题的考核督促，对基层面对的困难问题逐层上报并协调化解。建立"基层政府评价责任部门"制度，由乡镇（街道）对责任部门推进治理事项进行打分，形成党委领导、纵向贯通、横向协同格局，实现大事共商。

第二节　街道办事处的转型及其路径

从某种意义上说，街道办事处是城市政府中的"块块"。街道办事处的功能定位、职责划分、运行过程应该与中国城市化发展进程和国家治理的目标相适应。当前，同夯实国家治理体系和治理能力基础的要求相比，街道办的运行还存在许多不适应、不符合的问题。①

---

① 本节系周振超、宋胜利合作完成，主要内容以《治理重心下移视野中街道办事处的转型及其路径》为题发表于《理论探讨》2019年第2期。

一、街道办事处是城市治理体系的基础

城市政府管理社会、服务群众主要通过街道办事处来实现。街道办事处从成立伊始就承载着国家和民众的期盼。在治理重心下移的背景下,同构建简约高效的基层管理体制相比,同夯实国家治理体系和治理能力基础的要求相比,街道办的运行还存在许多不适应、不符合的问题,主要表现为:

第一,职责定位不清晰。从法律上看,街道办事处是城市政府的派出机构,社区是自治组织。事实上,街道办在一定程度上承担着一级政府的职责,社区则成了街道办事处的派出机构。街道办要抓民生,维护社会安全稳定,负责辖区内综合执法工作,抓好社区文化建设,做好拥军优属、优抚安置、社会救济、殡葬改革、残疾人就业等工作,负责街道的人民调解、治安保卫工作,保护老人、妇女、儿童的合法权益,等等。由于城市政府和街道办之间没有明确的职责划分。城市政府及其职能部门把自己需要履行的多数职责以属地管理为名交给了街道办。下派管理职责更多时候成为一种"政治任务",街道办事处敢怒不敢言,于是出现实践中的街道办事处"派而不派"的尴尬局面。街道办事处又把任务"发包"给社区。从某种意义上说,党和政府的很多工作是社区落实的。

第二,机构设置上呈"倒三角形",条块关系复杂、条块矛盾突出。在"上下对口,左右对齐,横向到边,纵向到底"的机构设置模式下,街道办一个科室、一个工作人员对应着上级政府的多个职能部门,接受其领导、完成交办的工作任务。从行政级别上看,城市政府职能部门和街道办事处属于同级,谁都不能向对方下命令。在现实运作中,职能部门经常把不想做、容易被问责的事情以责任书的形式交给街道办去做,自己则保留监督、考核的权力。由于上级职能部门的考核与街道办事处的年终排名、奖金待遇甚至一票否决紧密相关,因此街道办只能无奈接受。有些明确属于上级职能部门的事

项,当群众去反映问题时,部门也经常把群众推给街道办事处。对这样的事情,街道办事处解决起来有心无力。

第三,街道办事处工作负担重、效能不高、治理能力有待提升。街道办事处的多数工作人员处于一人多岗、一人多责的状态,工作任务重,随时可能被问责的现象愈发突出。有些上级政府及其职能部门热衷于开会、发文件、检查考核。街道办在做好工作同时,有时候必须留下工作痕迹以备上级政府职能部门检查,把大量的精力用在了填写和美化材料而不是实际工作上。街道办事处要迎接的督查检查主体多,多头检查,重重检查。上级职能部门的督查检查频次过于频繁,时间上过于急切。存在工作布置没有几天(甚至刚布置1~2天),就从上到下开始督查检查的现象。街道办事处还没有来得及实实在在落实工作,督查检查就到了。有些上级职能部门的检查虽能发现问题,但不能提供有效的解决途径和具体的改进措施。

随着城市居民对医疗卫生、休闲娱乐、教育文化、社会养老和社会保障等公共服务的需求日趋强烈。人民群众的民主意识、参与意识得以加强。但是,街道办事处并未大幅度改变政府提供公共服务"虚弱"的格局。如何深化街道办事处改革、完善街道办事处运行的体制机制,如何把资源、服务、管理放到街道办事处,使街道办事处有人有权有物,这些现实问题亟待在梳理街道办事处的历史沿革、提炼街道办事处运行的基本逻辑、概括当前存在问题的基础上作出理论回应。

二、街道办事处的既有改革主张及评析

(一)实践探索和既有改革主张

近年来,为应对快速城市化对城市管理提出的挑战,部分地区开始探索街道办事处改革。部分功能齐全、经济规模大、交通便捷、信息技术发达、群众素质高的城市开始探索逐步取消街道办事处,让"二级政府,三级管理"的

城市政府管理体制向"二级政府,二级管理"回归。例如,安徽省铜陵市实行城市政府直辖社区的管理体制,将原属于街道办事处的公共服务和社会管理的职责以及财政资源下沉到社区,让社区直接服务于城市居民;北京市石景山区探索"大社区"制,在原鲁谷街道办事处的基础上成立街道级鲁谷社区行政事务管理中心,作为石景山区政府的派出机构,构建党的领导、行政管理和社区自治相结合的组织体系,实行大部门体制,将街道17个科室精简合并为"三部二室一厅";重庆市沙坪坝区探索街(道)镇合一模式,"一套人马,两块牌子",以镇管理体制为主。

学术界高度关注街道办事处的运作,由此引发了街道办事处的存废之争。一种观点主张,撤销街道办事处,减少管理层次。其理由主要有两个:第一,行政层级结构优化的需要。"以撤销街道办为基础的改革主要解决的是管理层次过多导致的行政成本高而服务效率低这一问题。"[①]目前地方政府行政层级设置多,管理幅度小,不符合政府层级扁平化改革的趋势,管理成本高。"两级政府,三级管理"的模式在实践中很难及时适应经济社会的发展,呈现出许多弊端。例如,街道办事处处理公共事务需要"层层指示,层层汇报,不仅旷时,而且低效。权力层层截留,信息失真失落"[②]。街道办事处内设机构设置上下一致,左右看齐,与城市政府"职责同构",由此导致机构臃肿,职责交叉重叠。政府职能部门与街道办事处之间时有推诿扯皮现象产生,增加了行政成本,浪费了行政资源。为拉近城市政府与基层社区的行政距离,需要让社区发挥自我服务、自我管理、自我教育的功能。第二,信息技术的发展为撤销街道办事处提供了条件。"信息技术的落后又使得政府职能部门的社会交往需要组织化的承接载体,以完成与分散的居民的联系和

---

① 高乐:《当前我国街居体制改革实践中的两种路径及评析》,《中国行政管理》,2016年第7期。

② 孙学玉、凌宁:《城市基层行政管理体制的重理与重塑——对南京市白下区街道办事处改革的分析》,《中共南京市委党校南京市行政学院学报》,2003年第4期。

互动。"①科技进步让信息传递速度明显加快,交通更加迅捷,大大提高了行政组织间的沟通协调效率。扁平化的政府治理结构有了技术支撑,城市政府可以和基层群众直接对话,将部分社会公共事务直接交予社区承担,裁撤街道办事处这一中间环节,可以增加信息传递的准确性和政策执行的有效性。

另一种观点认为,需要坚持和强化街道办事处的设置,甚至发展成一级政府。原因在于:一是街道办事处的设置顺应了城市化的需求。城市扩容,人口增多,城市政府承担的公共事务越来越多,急需把一部分社会治理和社会服务的职能下放给派出机关——街道办事处,以缓冲行政压力,提高运行效率。二是街道办事处的设置回应了社会需求。城市群众对脱离"单位人"变身"社会人"尚不习惯。社会组织承接公共服务的能力有待提高。面对社会公众对公共服务个性化、多样化的需求,需要街道办事处更多承担提供公共服务的职责。三是街道办事处的设置弥补了管理真空。取消街道办事处将职能下放到社区一级,会导致社区事务骤增,而社区工作人员未做好准备,处理问题容易顾此失彼,为居民群众提供的服务质量未必就会提高。

（二）既有改革主张评析

街道办事处的去留存废应该符合城市社会发展的主要需求和国家治理的基本规律。中国地域辽阔,地区发展差距较大,各地城市化进程不尽一致。撤销街道办事处从表面上看契合了行政层次扁平化的需求,但不具有普遍实行的条件。现实中,各地的改革趋势是撤乡并镇改街道。据统计,从2005年至2018年（截至一季度）14年间（参见图8-1）,乡建制数逐步减少（减少421个/年）,而街道办事处的数量上升趋势明显（增加163个/年）。

---

① 孔繁斌、吴非:《大城市的政府层级关系:基于任务型组织的街道办事处改革分析》,《上海行政学院学报》,2013年第6期。

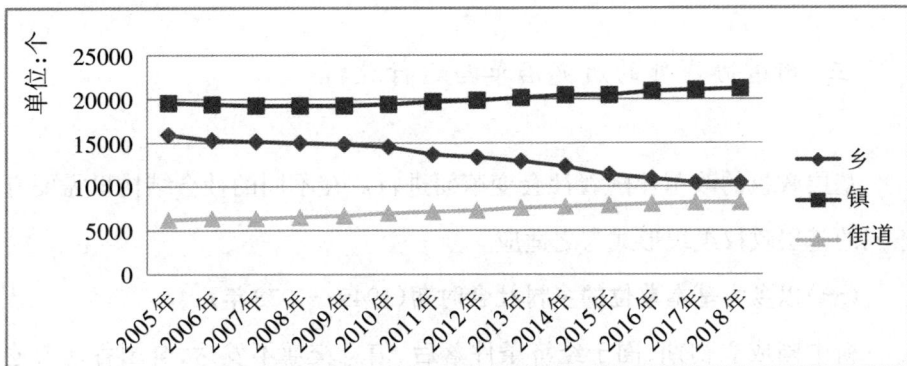

图8-1　乡镇、街道数量变化情况图

　　将街道办事处改制成一级政府也很难行得通。相当一部分街道办事处是乡镇改制而来,如果仅仅因为其肩负一级政府的职能而将其"名副其实"改为街道政府,无疑是头痛医头,且于法无据。如果街道办事处改制为政府,则会相应地增加机构、编制、人员,违背了精兵简政的目标。增加行政层级势必会增加管理和协调成本。在公共事务的管理上,街道政府与上级政府职能部门关系将更趋复杂,地方利益的优先保护会使"条块"沟通协调成本进一步加大。街道办事处改为一级政府后,"块块分割"会导致新的城市治理难题。中心城区街道办事处普遍面积不大,一般在1~4平方千米,有的甚至不足1平方千米,不适合作为一级行政区划,改为街道政府会阻碍城市的整体规划和发展。

　　实践中街道办事处改革的多样化探索和理论研究上的争鸣是正常的。在学术界,或从历史沿革的角度出发探讨街道办事处的历史变迁,或从街道办事处改革的个案研究中总结经验试图推广,或从行政管理体制改革入手把握街道办事处的改革趋向,不一而足,但都对街道办事处运行的多种问题予以批判。当我们将视野放诸新中国成立以来街道办事处发展变迁的整体历史中,就会发现解决现实问题的前提和基础是要厘清支配街道办事处运作的主要逻辑,进而才能探寻今后改革的路径和方向。

三、街道办事处的历史沿革与运行逻辑

基层政权的改革伴随着社会变革而进行。在不同的社会结构里需要有不同的基层政权组织形式与之适应。

（一）以乡为基本单位的乡村社会时期（1949—1978 年）

新中国成立初期，囿于经济条件落后，信息交通不发达，全国各地普遍设置乡政府来管理大农村，管理内容也较为单纯，即组织农民进行生产，解决乡村邻里矛盾纠纷。乡政府成为广大农民接触最直接、最频繁的一级政府组织。据统计，1954 年，真正意义上的乡政府为 21.8739 万个，后由于农业合作化，合并调整，到 1957 年底，为 95843 个。①1953 年，全国共有建制镇5402 个，1954 年底为 5400 个，②与建制乡相比，差距悬殊。

街道办事处来源于对保甲制度的改革。1949—1957 年，百废待兴，生产力水平低下，城市规模小，城镇少。政府为填补废除保甲制度后城市基层社会的管理真空，通过合并重组大城市区级建制，设立街道组织来管理城市基层社会。当时，全国没有统一的法律法规规定，街道的性质、名称各不相同。一种是设街政府，为城市基层政权；一种是设街公所或街道办事处，为市或市辖区的派出机构；一种是"警政合一"，在公安派出所内设行政干事或民政工作组。③街道组织的主要职能是户籍和民政管理。1954 年，一届全国人大常委会第四次会议通过《城市街道办事处组织条例》，第一次以法律的形式确定了街道办事处作为派出机关的法律地位。

1958 年至 1978 年，城市基层管理体制紊乱，街道组织设置出现随意性和

---

① 浦善新等：《中国行政区划概论》，知识出版社，1995 年，第 461~462 页。

② 韩明谟：《农村社会学》，北京大学出版社，2001 年 第 74 页。

③ 华伟：《单位制向社区制的回归——中国城市管理体制 50 年变迁》，《战略与管理》，2000 年第 1 期。

反复性。这一时期,先后设置街道办事处—城市人民公社(1958—1961年)—街道办事处(1962—1967年)—街道革命委员会(1968—1977年)—街道办事处(1978年)。《城市街道办事处组织条例》第四条规定,街道办事处的任务如下:办理市、市辖区的人民委员会有关居民工作的交办事项;指导居民委员会的工作;反映居民的意见和要求。实际上街道办事处的任务脱离《城市街道办事处组织条例》规定,不局限于居民工作,扩展到经济领域(大跃进时期的城市人民公社);工作秩序被打乱("文化大革命"时期的街道革命委员会)。①

(二)以镇为发展趋势的时期(1979—2001年)

改革开放后,经济体制的改革释放了改革红利,市场在资源配置中的基础性作用得以加强,商品经济的繁荣催生了大批小市镇、小集镇。随着城市规模扩张,大量的乡被改为镇,很多镇又变成街道办事处。街道办事处重新确立为不设区的市或市辖区政府(以下简称城市政府)的派出机关。区县政府管理的对象发生了巨大变化,管理的内容也日益丰富,社会服务职能日益凸显,产生了不同于传统农村的管理需要。比如,市场监管、社会治安、公共卫生等服务由传统的乡政府来提供已不适宜,需要建立专门管理城镇的基层政权——镇政府。从1992年的撤区(区公所)、并乡、建镇到1998开始的撤乡建镇,镇的数量逐步攀升,乡的数量开始下降,街道办事处数量基本保持稳定,呈微小波动状态。2001年,我国镇的数量(20374个)首次超过乡的数量(19341个),是1978年镇数量的9倍之多。(如图8-2)

---

① 饶常林、常健:《我国城市街道办事处管理体制变迁与制度完善》,《中国行政管理》,2011年第2期。

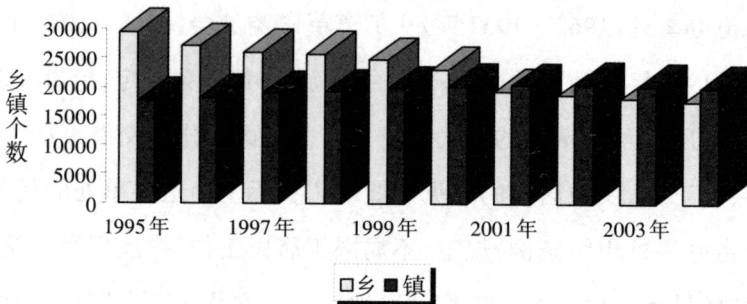

图 8-2　1995年—2004年我国乡镇数量变化统计图

(三)以街道办事处为发展主流的时期(21世纪初以来)

进入21世纪以来,中国经济迎来长时间高速发展,产业结构得到优化,大批农村劳动力向城市流动,流动人口群体壮大,并大量落户城市,住房成为刚性需求,房地产市场得到快速发展。一些工厂、企业、高校纷纷从都市核心区域搬迁至城市郊区,带动了周边区域经济的发展。随着城市化建设步伐明显加快,城市规模大幅扩张,涌现出一批城市群、城市带,如长三角、珠三角、环渤海、京津冀、成渝圈等。

随着城市人口的增多,产生了诸如住宅紧张、交通拥挤、环境污染等城市问题。城市居民对医疗卫生、休闲娱乐、教育文化、社会养老和社会保障等公共服务的需求日趋强烈。城市管理的难度进一步加大,出现许多新的管理难题,例如流动人口问题、失业问题、社会治安问题等。城市政府为统筹推进城市化进程,解决治理难题,提供公共服务,纷纷申请撤镇改街道。这一时期,乡镇建制数进一步减少,镇的数量变化不大,而街道办事处的数量上升趋势非常明显(如表8-1)。

表8-1 乡镇、街道数量变化情况统计表

年份\个数	2005年	2006年	2007年	2008年	2009年	2010年	2011年
乡(个)	15951	15306	15120	15067	14848	14571	13587
镇(个)	19522	19369	19249	19234	19322	19410	19683
街道(个)	6152	6355	6434	6524	6686	6923	7194
年份\个数	2012年	2013年	2014年	2015年	2016年	2017年	2018年
乡(个)	13281	12812	12282	11315	10872	10529	10478
镇(个)	19881	20117	20401	20515	20883	21116	21161
街道(个)	7282	7566	7696	7957	8105	8243	8266

(四)运行逻辑

1.城市化发展的进程深刻影响着街道办事处的发展和转型

街道办事处发轫于城市。新中国成立初期,街道办事处只存在于中心城区。在"大跃进运动"中,由于脱离实际生产目标,大量农村人口进入城市,造成城市人口一度猛增,而城市管理未跟上步伐,为了维护城市的稳定,街道办事处便被赋予了更多的发展生产、维护稳定的职能。新中国成立以来,中国城市社会所经历的剧烈变革在中国历史上前所未有。城市化进程快速推进、城市经济社会快速转型发展,不断推动城市治理体系优化和治理能力提升。街道办事处成为城市的一种象征。

2.街道办事处是社会调控体系的主要载体

从街道办事处的历史沿革分析,街道办事处是中国社会调控体系的基础环节。"加强行政集权始终体现在基层政权组织结构的设计过程始终。"①撤销国民政府时期的保甲制度创设街道政府或街道办事处,从某种意义上说是国家权力通过街道这一基层机构达到管理城市居民、维护社会治安的

---

① 董娟:《存与废:我国街道办事处改革之争——行政派出模式的一种审视》,《西北工业大学学报》(社会科学版),2012年第3期。

目的。改革开放后,受市制政治化的影响,街道办事处的新设有赖于市制改革。城市规模的扩大,城市政府在公共事务管理上更多地体现为跨区域性,如城市整体规划、市政管理维护、公共交通规划、大气水污染治理等。上级政府为集中权力,维护城市生态的整体性和统一性,大量的县改市,市改区,县改区。与之相伴随的是,在基层政府层面,大量的乡改镇,镇改街道。除个别乡镇政府负责人因为政治因素或经济因素(如失去财政一把手签字权,人事任命权,工资福利在改街道后会降低)考虑不想改设街道外,大多数乡镇政府负责人会为拥有城市这张靓丽的名片和城市管理者的身份,往往也有强烈的改街道的内在冲动。相比于乡镇政府,城市政府掌握着对街道办事处更多的管理权和财政资源。城市政府对基层派出机构的控制得以巩固加强。

3.街道办事处是行政权威的基石和社会矛盾的缓冲地带

行政权威和政府层级结构紧密相连。政府层级越高,其掌控的资源越多,行政权威的张力越大,覆盖范围也越广。这种行政权威建立的对象是下级政府及其组成部门或派出机关。行政权力具有指挥、服从的特性,服从的部门或派出机关越多,汇集起来的行政权威越大。城市政府层面需要行政权威的集聚。然而,在社会维稳压力面前又需要政府行政权力与社会矛盾保持一定距离,因此街道办事处成为合适的权威基石和矛盾的缓冲地带。

发挥政府、社会、群众等多元主体共同治理的作用正逐步成为现代政府决策的重要目标导向。政府作为公共服务和公共产品的提供者,用传统的行政手段来治理日益复杂的社会愈加困难。若取消街道办事处这一层级,城市政府的行政权威性将大打折扣。这也是部分城市政府官员内心深处拒绝撤销街道办事处的原因之一。

当前,群众的诉求日益增多,矛盾化解的难度日渐增大。在政府职能中,化解社会矛盾、调处社会纠纷、维护社会和谐稳定始终是其重要组成部分。部分街道办事处虽已经取消了经济发展职能,但是其维稳职能却必不可少,并成为政府目标考核的核心内容。维稳终究是件"苦差事",面对上级政府考核和群众诉求的双重压力,城市政府急需将下一级政府或派出机构作为社会矛盾化解处理的缓冲地带,也就有了"属地负责""矛盾不上交""矛盾化解在基层"的施政理念。从街道办事处作为城市政府派出机关属性来看,其应与城市政府的委、办、局等组成部门并行不悖,分属两套系统。然而,由于城市政府对各街道的目标考核打分权和财政资金实际上掌握在条条手中。因此,部分城市政府职能部门习惯于绕过城市政府将本属于自身的职责通过双方主要负责人"签约"的方式委托给街道办事处,如市容环境、食品药品监管等行政执法职责悉数委托给街道办事处进行综合执法。实际上,只下任务和责任,没有下放权力。城市政府组成部门俨然成了街道办事处的上级机关。街道办成了上级职能部门的"腿",几乎要对辖区内的所有事项承担"无限连带责任",疲于应付层出不穷的事情和形式多样的考核。

四、街道办事处改革的路径选择

优化和完善街道办事处的运行机制不仅必要而且紧迫,以适应新时代城市治理体系和治理能力现代化的建设。

(一)破除两类障碍

第一,体制内的思想阻碍。城市政府在推动街道办事处改革过程中要有锐意进取、改革创新的勇气,弱化行政权威,践行以人民为中心的发展思想,直面基层社会矛盾。条件成熟的地方,适时推进"两撤两建",即"撤镇建街""撤街建社"。允许经济、人口规模达到国家规定标准的镇及时改制为街道办事处,减少政府层级,统筹规划城市建设。具备条件时,大胆实践撤销街道办事处,建设"大社区"。改革中妥善安排人员的分流,向上可回调政府相关职能部门,向下可安置进社区,但待遇不变。以便消解改革的人为阻力,并在试点的基础上总结经验,逐步推广。

第二,体制外的思想障碍。城市政府在推动街道办事处改革的进程中,要摸清社会各阶层的心态,有意识地引导群众参与到政府决策上来,提高决策的民主化水平,比如定期召开座谈会、听证会、新闻发布会,吸纳社情民意。对属于社区自治范畴的公共事务,多指导少干涉,让居民树立主人翁意识。同时,有目的、有计划地培养一批社会组织,探索在社区层面建设类似政务服务中心的社会组织,加大政府购买公共服务的宽度和力度,为街道社区化打下基础。

（二）加强制度供给

街道办事处存在的功能超载、机构膨胀,权责不对等、责大权小,条块矛盾、多头管理等问题,从内在看是政府自身改革动力不够,从外在看是制度供给不足造成的。1954年颁布的《城市街道办事处组织条例》是新中国成立初期全国人大常委会专门针对街道办事处制定的法律,意义重大,但由于历史局限性和当时街道办事处的状况,仅仅规定了九条。随着社会变迁,城市化的快速发展,街道办事处已经远远突破《城市街道办事处组织条例》关于机构设置、人员配备、职能职责等方面的规定。直至2009年全国人大常委会才将该条例废止。时任全国人大常委会法制工作委员会主任李适时在第十一届全国人民代表大会常务委员会第九次会议上作关于《全国人民代表大会常务委员会关于废止部分法律的决定(草案)》和《全国人民代表大会常务委员会关于修改部分法律的决定(草案)》的说明时指出,现实生活中该条例早已不适用,废止该条例后,街道办事处的设置和工作可以适用地方组织法的规定。作为基层政府的派出机构,其设置、组织和工作职责可以通过行政法规、地方性法规作出规定。这样,也有利于进一步加强基层政权建设。

目前,关于街道办事处的法律规定主要在《中华人民共和国地方各级人民代表大会和地方各级人民政府组织法》(以下简称《地方组织法》)中。该法(2022年修订)规定:市辖区、不设区的市的人民政府,经上一级人民政府批准,可以设立若干街道办事处,作为它的派出机关。街道办事处在本辖区内办理派出它的人民政府交办的公共服务、公共管理、公共安全等工作,依法履行综合管理、统筹协调、应急处置和行政执法等职责,反映居民的意见和要求。

各地专门针对街道办事处进行地方性立法的并不多见,且立法层次较低。省级地方性法规有《上海市街道办事处条例》,副省级地方性法规有《武汉市街道办事处条例》;省级地方政府规章有《北京市街道办事处工作规定》《天津市街道综合执法暂行办法》,副省级地方政府规章有《广州市街道办事处工作规定》《厦门市街道办事处工作暂行规定》《沈阳市街道办事处工作暂行规定》《南京市街道办事处工作暂行规定》等。大多数省级、副省级人大常委会及政府在《城市街道办事处组织条例》废止后,并未出台与现行《地方组织法》配套的法规规章。中央政府有必要加强顶层设计和制度供给,结合地方立法经验和实践做法,制定行政法规,统一全国做法,同时授权地方制定具体的配套实施规范,从而倒逼各地着手实施街道办事处改革。

(三)理顺两对关系

作为城市管理的基本单元,街道办事处上连城市政府、下接社区居委会。针对纵向、横向职责关系不清,职能越位、缺位和错位的问题,要着重理顺街道办事处与城市政府职能部门和社区居委会之间的关系。

1.理顺与城市政府职能部门间的关系

一是理顺职责关系。理顺职责关系是街道办事处改革的关键点和重要抓手。基本做法是将机构、编制、运作过程进行有机整合,明确权力清单、责任清单和服务清单。我国城市政府职能分工越往上越细,部门多、人员多,越往下分工越粗糙,部门少、人员少。城市政府职能部门把大量的工作都"打包"分派给各个街道办事处,导致街道办事处事务工作繁重、职责超载,工作人员往往身兼数职。街道办事处是派出机构,不具有完全一级政府的职权,设置街道办事处的初衷是更好地为辖区居民群众服务,一些街道仍身兼招商引资和发展经济的任务,在服务居民群众上反而没下功夫没花心思。

治理重心下移,并不意味着上级政府和职能部门随意把本属于自己的事情交给街道办。街道办总体能力有限,由于权力、资源、人手、技术等方面的限制,大量的事情无法在基层得到圆满解决。一个可行的思路是,在明晰各层级政府应该承担职责的基础上,该上收的上收,该下放的真正下放。应列出政府职能部门和街道办事处各自的职责清单,把该政府部门承担的职责如招商引资、市政执法、食品药品监管等切实承担起来,把属于街道办事处承担的如直接服务群众、社区服务等职责下放给街道,淡化街道办事处的经济职能,强化其社会服务功能,回归职能本位。城市政府职能部门未经党委常委会或政府办公会讨论,不得擅自将自己职责范围内的公共事务通过行政委托或自发文件的方式转嫁给街道办事处。积极落实党的十九届三中全会的部署,上级机关要优化对基层的领导方式,既允许"一对多",由一个基层机构承接多个上级机构的任务;也允许"多对一",由基层不同机构向同一个上级机构请示汇报。

二是理顺财政关系。街道办事处没有独立的财政预算体系。一旦"条条"管控的财政资金拨付不及时、不到位,街道就面临"无米下锅"的窘境,对一些市容整顿、市政设施修缮、环境卫生整治等与居民生活密切相关的公共事务显得无能为力。城市政府在下放职责的同时,按照费随事转的原则,财政拨款一步到位,改变当前财政资金部门—街道的流向,扭转街道无钱办实事,凭关系办事的局面。

2.理顺与社区居委会间的关系

街道办事处与社区居委会是指导与被指导的关系,而非领导关系。在实践中,这种关系已经事实上领导化了:如在公共事务处理上社区习惯于听街道的指令,街道办事处把某些不该社区承担的工作任务大量摊派给社区,导致社区工作负担沉重;在人员配备上,部分社区选举流于形式,走了街道任命的老路;在财政资金上,社区工作人员的薪酬待遇由政府决定,有年终考核机制,奖金激励由街道控制。为此,城市政府要尽可能明确街道和社区的职责,将本来属于社区的工作和财政下沉社区,把不属于社区的工作收回街道,切实为社区减负。有条件的城市可以借鉴取消街道直辖社区的新型社会管理模式,建立社区一体化公共服务中心,实行一站式服务。建立和完善社区居委会经费、公共服务设施保障机制,吸引更多的社区居民参与社区公共服务,多方协同治理。要着力加强社区治理体系建设,指导社区制定自治章程并开展自治活动,提升自治能力,避免社区建成新的行政机构。为实现资金运行透明,合理运用财政资源,遏制社区腐败,上级部门要加强资金审计。

(四)聚集高素质人才

街道办事处的高效运行需要高素质人才队伍的支撑。新形势下群众对公共服务的需求高涨,对国家公职人员的科学文化水平、服务群众的本领、自身的道德修养等方面提出了更高的要求。目前,部分街道工作人员文化水平还比较低,素质良莠不齐,年龄结构老化,思想观念和工作方式需要转变;一些年轻干部缺乏实践经验,群众工作能力不强,不善于与群众打交道;未建立起相应的人才培养制度,晋升渠道窄、空间小,人才流失较为严重。在统筹推进街道办事处改革中,人才的引进和培养必不可少。一要从专业院校中引进专门的人才从事社会服务和社会管理工作,解决干部队伍断层问题。二要建立长效的人才培养制度。充分利用市民学校场地资源,与高校、政府部门加强合作,强化人才队伍业务技能培训,建立"老带青"的人才帮扶机制。三要严格执行机构、人员编制限定,探索大部门体制改革,不搞职责同构。做到因事设岗,建立一支政治合格,作风扎实,业务过硬的基层人才队伍,为构建简约高效的基层管理体制奠定人才基础。

第三节　以条块协作互嵌为基层政府减负

推进国家治理体系和治理能力现代化,将制度优势转化为治理效能的重要节点是夯实基层,为基层减负提质增效。针对基层治理中出现的新情况、新现象,有必要通过对传统条块合作共治的治理结构进行创造性转化和创新性发展,进而构建条块在基层协作互嵌的治理模式,以便向基层放权赋能,减轻基层负担。从条块合作共治到条块协作互嵌的实施路径是,将"上面千条线"有机嵌入基层政府"一根针",不简单照搬上级机关设置模式;健全政府职责体系,理顺和明确条块权责关系;党建引领条块协作互嵌,规范垂直管理体制和地方分级管理体制。①

一、条块关系是影响基层政府负担的结构性因素

党中央历来高度重视基层治理体系和治理能力现代化,关心基层政府和工作人员面临的压力负担,关注形式主义、官僚主义的弊端危害。近几年,为持续推动基层减负,中央政府多次发文。2018年,中共中央办公厅印发《关于统筹规范督查检查考核工作的通知》指出,对基层的督查检查考核存在"名目繁多、频率过高、多头重复、重留痕轻实绩等问题,致使地方基层应接不暇、不堪重负",因而,强调要"坚决撤销形式主义、劳民伤财、虚头巴脑的督查检查考核事项,大幅度压缩数量,对县乡村和厂矿企业学校的督查检查考核事项要减少50%以上"。②2019年,中共中央办公厅印发《关于解决

---

① 本节内容由周振超、黄洪凯合作完成,主要内容以《条块关系从合作共治到协作互嵌:基层政府负担的生成及破解》为题发表于《公共管理与政策评论》2022年第1期。

② 《中办印发〈关于统筹规范督查检查考核工作的通知〉》,《人民日报》,2018年10月10日。

形式主义突出问题为基层减负的通知》,将2019年作为"基层减负年"①。2020年,中共中央办公厅印发《关于持续解决困扰基层的形式主义问题为决胜全面建成小康社会提供坚强作风保证的通知》强调,要"坚决杜绝形形色色的形式主义官僚主义,持续为基层松绑减负……进一步向基层放权赋能"②。2021年,中共中央、国务院出台《关于加强基层治理体系和治理能力现代化建设的意见》,强调向基层放权、赋能、减负,持续纠治困扰基层的形式主义问题,以充分展现中国特色基层治理制度优势。

在中央政府的统一部署下,各级政府着力解决长期困扰基层的形式主义、官僚主义问题,为基层赋权增能减负,让基层干部轻装上阵。在看到基层政府减负工作取得明显成效的同时也要注意到,部分地区和部门仍然存在签订责任状,出具证明事项,创建示范项目过多,上级考核评估体系无差异"一刀切",问责泛化、简单化,过度留痕,"本位政策""空中政策"层出不穷等现象,致使基层政府不堪重负。针对上述问题,学术界从多个视角展开了研究。例如,将基层政府间行为视作一种"共谋"行为③,提出基层政府负担繁重的原因在于上级任务下达过程中的"层层加码"④、纵横条块关系的分割失衡,以及各级政府职能、职责和机构设置的高度统一、高度相似下的职责同构。⑤一般而言,上级条块部门基于政治权威和治理资源的优势,在对专业议题的认知和动员上存在差异,致使基层政府难以完全独立行使决策

---

① 中共中央办公厅:《关于解决形式主义突出问题为基层减负的通知》,《人民日报》,2019年3月12日。
② 中共中央办公厅:《持续解决困扰基层的形式主义问题 为决胜全面建成小康社会提供坚强作风保证》,《人民日报》,2020年4月15日。
③ 周雪光:《基层政府间的"共谋现象"——一个政府行为的制度逻辑》,《社会学研究》,2006年第6期。
④ 荣敬本:《从压力型体制向民主合作体制的转变:县乡两级政治体制改革》,中央编译出版社,1998年,第25页。
⑤ 朱光磊、张志红:《"职责同构"批判》,《北京大学学报》(哲学社会科学版),2005年第1期。

权，①可见上级政府条条部门对基层政府议程设置有着重要影响。②

条块关系失衡导致基层政府长期负荷运作成为推进基层治理体系和治理能力现代化、夯实国家治理根基的重要堵点。学界普遍认为，部门之间和条块之间衔接不畅导致的割裂状态，是导致基层政府治理效能低下的重要原因。较为典型的因素是，条块分割及行政决策中基层政府存在避责不作为行为所呈现的隐蔽决策议程、偷换决策主体、空转决策程序、转变决策形态等样态，③上级政府将常规性政绩考核分解化、动态化、短期化，④频繁式问责等。基层政府的治理活动被各种小组运作、会议和专项活动充斥，使得治理活动产生扭曲异化。⑤基层干部负担过重，反映了我们距离治理体系和治理能力现代化的总目标还存在差距。⑥从条块关系角度入手，减轻基层政府负担的主要思路是，打破条块分割所带来的目标偏离、行政低效等问题。⑦然而，条块简单合作而忽略其间差异不利于探究基层条块部门在纵向创新中的各自意义，⑧难以消弭权责不清的难题。有学者主张通过基层治理工具威权主义向有效良治的转变，实现制度化治理，将问题化解在萌芽，⑨并对基

　　① 周雪光、练宏：《政府内部上下级部门间谈判的一个分析模型——以环境政策实施为例》，《中国社会科学》，2011年第5期。

　　② 曹正汉：《统治风险与地方分权：关于中国国家治理的三种理论及其比较》，《社会》，2014年第6期。

　　③ 许玉镇：《避责与剩余控制权：决策避责类型及治理研究》，《政治学研究》，2020年第4期。

　　④ 杨磊：《地方政府治理技术的实践过程及其制度逻辑——基于E县城镇建设推进过程的分析》，《中国行政管理》，2018年第11期。

　　⑤ 赵聚军、王智睿：《职责同构视角下运动式环境治理常规化的形成与转型——以S市大气污染防治为案例》，《经济社会体制比较》，2020年第1期。

　　⑥ 程同顺、马小宝：《从体制机制上有效解放基层干部》，《中国党政干部论坛》，2019年第1期。

　　⑦ 史普原、李晨行：《从碎片到统合：项目制治理中的条块关系》，《社会科学》，2021年第7期。

　　⑧ 陈思丞：《政府条块差异与纵向创新扩散》，《社会学研究》，2020年第2期。

　　⑨ 贺璐、王冰：《"运动式"治污：中国的环境威权主义及其效果检视》，《人文杂志》，2016年第10期。

层政府条块关系互嵌、①基层政府选择性行政行为、②基层干部的邀功避责行为③等方面进行了深入分析。

妥善协调处理条块关系是推进基层治理体系和治理能力现代化需要解决的基础性问题。一般而言,基层政府指的是乡(民族乡和镇)、区及其派出机构街道。《关于加强基层治理体系和治理能力现代化建设的意见》中对基层治理的界定是乡镇(街道)和城乡社区治理。本节所论述的基层治理中的条块关系,条条主要是区县的职能部门或者上级政府的垂直管理部门,块块是指乡镇(街道)。条块关系既包括条块间目标一致、彼此合作的状态,也存在彼此矛盾冲突的一面。作为条块关系的实际运行状态,条块矛盾给基层政府带来压力,给基层政府工作人员带来不必要的负担。

为解决基层政府运行中存在的条块矛盾,寻求条块间的平衡点便显得尤为重要。针对条块矛盾,人们通常将条块关系赋以排斥性、冲突性特质,进而忽略条块间相互依存、彼此联系的协作关系。基层治理实践证明,条块彼此分割难以有效化解治理难题。脱离条条指导和帮助的块块难以凭借自身的力量有效运行;脱离块块支持的条条拘囿于地方性知识的不足,属地性亲缘的缺失,也难以充分发挥制度力量,无法实现有限资源的最大利用④。理顺条块关系、化解条块矛盾的有效途径既非对条、块二者关系的简单割裂,也非条、块的机械融合。一味割裂将致使治理资源分散,简单融合则易导致条块间职责不清。因而,需要走出要么关注条条,要么重视块块的二元思维方式,探求如何将条条的专业和技术优势与块块的统筹和属地优势有机结合起来,通过对传统条块合作共治的治理结构进行创造性转化和创新

---

① 夏柱智:《"条块互嵌"和基层治理法治化——县域治理创新的角度》,《天津行政学院学报》,2019年第5期。

② 张丙宣:《地方政府的选择性治理:制度基础与优化机制》,《公共管理与政策评论》,2014年第4期。

③ 倪星、王锐:《从邀功到避责:基层政府官员行为变化研究》,《政治学研究》,2017年第2期。

④ 李元珍:《对抗、协作与共谋:条块关系的复杂互动》,《广东社会科学》,2017年第6期。

性发展,进而构建条块协作互嵌的治理模式,以便优化基层政府过程,向基层放权赋能,减轻基层负担。

二、条块关系视域下基层政府的多维秩序样态

条块关系是中国政府间关系中基本的结构性关系。纷繁复杂的条块关系投影到基层政府形成了一个多维秩序样态。

(一)条块"合作共治"

条块合作共治是中国政府治理模式的重要特征。自新中国成立以来,条块关系变动不居,因时而变、因地制宜,逐渐形成了以一个部门牵头、若干相关部门参与的多部门共同治理和条块合作治理为特征的运行模式。条条履行属事责任、块块承担属地责任,多数事情都是靠条块协商、合力完成的。条块各负其责、层层尽责,一起推动工作落地见效。上级职能部门的政策设计与下级政府的探索经验相结合,是中国政府治理能力强大的一个重要经验。

在基层治理中,条条与块块难以彼此分立。条块合作共治是共同责任和利益驱使下的常态选择。条块各自目标的激励兼容与避责心态,也推动了二者的合作联系。"条条"主要是出台指导性意见和进行政策设计,但多数事项的真正落实则要依靠地方政府。基层政府的自主性并不大,基本角色定位是对标对表完成上级交办的各项任务并有效解决属地范围内的各种事项。其既要保证属地事务的有效解决,维护社会稳定,做好党建、乡村振兴、安全生产、信访、民生保障和环境保护等工作,又要努力争取上级政府的关注和支持,尽可能出色地完成上级政府及其部门交办的各项任务。身处行政序列末端的基层政府受制于资源、力量、信息和专业知识的有限,通常难以凭借一己之力有效履职。因此,多数时候要求助于上级职能部门的支持。一般而言,出于趋利避责心态,上级交办的任务难度越大,跨度越宽,涉及利益越多,问题越复杂,条块间的合作性取向则越强。

条块合作共治关系的形成以各自掌握资源优势的区别为前提,且彼此资源具有互补性,存在条块间资源互换的需求依赖。上级政府的注意力、资源和职位是稀缺的。为竞争稀缺的资源,条条之间有竞争,块块之间有竞争,条块之间也存在竞争。上级职能部门掌握的专业信息多,在协调相关资源上处于有利位置。基层政府为提升政绩,会选择同资源丰富的上级职能部门经常进行业务交流、建立紧密合作关系。同样道理,上级条条为了更好推动工作,也会选择条件好、容易沟通和出成绩的基层政府合作。例如,上级职能部门鼓励基层政府进行创新、创建示范点、发现具有可操作性的办法,成功后总结经验在本地区推广。在长期实践中,基层治理场域出现了一种上级"条条"部门与下级"块块""结对竞赛"的新机制,有助于条块之间的紧密合作,实现基层治理创新[①]。

横向上,职能部门隶属一级政府,须接受同级政府的领导。纵向上,职能部门又从属于职能序列的主管上级,要接受上级条条的领导或指导,保证业务的上下贯通。除派驻单位外,上级职能部门和基层政府的对口部门从法律上属于业务指导关系而非领导关系。一方面,目前在乡镇一级,派出所等部门属于县级部门派出机构,和上级条条是领导与被领导的关系。基层政府要处理好与上级派出机构的关系,配合和支持他们的工作。另一方面,以县级为例,县发改委与乡镇经济发展办公室是对应的业务指导关系。县发改委无法决定乡镇经济发展办主任的任免、工资待遇,主要是在项目给予、资金划拨、业务指导和考核指标上来影响经济发展办公室,进而影响乡镇政府。面对一些无项目、无资金、不强势的部门,基层政府可以"不买账"。有的上级职能部门为完成任务,会反过来请求地方政府帮助落实、推进。

(二)条块合作共治的运作过程

条块合作共治之"合"多着眼于选择承接任务直至完成后的考核评估的

---

① 黄晓春、周黎安:《"结对竞赛":城市基层治理创新的一种新机制》,《社会》,2019年第5期。

全过程，而非仅仅针对某一特定事务的阶段性合作。在突发事件下，行政权力会跨越层级，出现跨层级管理现象，并通过行政手段强化压力的传导与下沉。结果是推进了条条与块块的合作联结。为避免"一荣俱荣，一损俱损"，条块会有较强的内在驱动力加强合作。

1.任务承接下的共同选择

在一级抓一级、层层抓落实、任务自上而下逐级传递的管理模式下，近年来，中央政府又在推动治理重心下移。这样做的目的在于把资源、服务、管理放到基层，保证基层事情基层办、基层权力给基层、基层事情有人办。

在必须完成的重点和应急任务上，基层政府与上级职能部门除了密切合作外别无选择。基层政府希望得到信息、资源、具体业务指导意见，遇到困难时希望得到答案和帮助。上级职能部门希望借助于基层政府把自己业务范围内的事项做好，至少不出纰漏、不被问责。

在试点和示范项目上，一些基层政府希望成为试点单位，倾向选择政绩和安全最大化、风险最小化的任务。为了顺利承接自己倾向的任务，"块块"要与同级地方政府展开竞争，并且经常求助于上级相关职能部门。上级条条也希望找到能够顺利合作的基层政府。一旦找到值得合作的基层政府，上级"条条"会积极向上级政府推荐并协调其他职能部门以提高任务承接成功率。

2.任务执行中的共同化解

区县和乡镇（街道）都存在被不同考核督察主体问责的风险。在避责和邀功的双重逻辑下，条块之间通过协商合作方式完成目标责任制下承接的各种任务。区县职能部门与基层政府通常会相互沟通形成"合作互惠"关系，以期实现资源的整合，通过合作互通之策，在规定的时间节点前高质量完成上级交办的任务。

针对所承接的各种任务，块块往往要承担更大的责任。区县政府根据归口管理和属地包干的原则，将所承接的上级任务分解后发给乡镇（街道）。

为了保证能高效完成任务,区县政府在发包任务时通常作"加码"处理。乡镇(街道)拘囿于资源和职权的有限性,有时候难以凭借自身力量完成任务。因此,往往采取与同级政府、上级职能部门合作互惠的方式以共同应付和承担所承接的各种任务。承接上级任务后,在信息不完全、不对称的上下级委托—代理格局下,基层政府要通过多种途径向上级表明取得了成绩,以得到上级政府或部门的认可嘉奖,同时规避惩戒问责风险。

3.任务考核中的共同应对

考核评估阶段是完成上级交办任务的重要环节,其结果自然便成为地方政府被问责惩戒或嘉奖的重要依据。考核评估多是以结果为导向。为了向上级呈现完成效果,以及表明在执行任务过程中所使用手段工具的合法性、合理性、科学性,条块之间会选择彼此"通气"。例如,在区县级以上政府及其部门对区县的考核评估前夕进行协商,彼此"各司其职"按照考核的量化标准密切沟通合作,提前做好充分准备以共同接受来自上级的考核评估。

(三)条块"共同避责"和"职责错位"

面对基层治理事项的复杂多变,条块"合作共治"在某些阶段、领域和环节有可能演化成条块"合作共谋"和"共同避责"。基层治理具有复杂性、琐碎性、不确定性、偶发性和跨界、跨部门性。大多时候条块任何一方都难以采用单兵突击的方式有效解决问题。在承接并执行上级交办的各种政策指令和任务的过程中,基层政府有时也采用条块合作避责、上级任务常态处理等策略方式,试图规避问责[1]。"共同避责"多发生于基层政府与上级职能部门之间,这主要指条块双方通过成本-收益的理性思考,偶尔采取"上有政策,下有对策"的敷衍应付手段,消极履行上级的政策任务,虚假回应或合伙

---

[1] 田先红:《属地管理与基层避责:一种理论解释——基于理性选择制度主义的分析》,《广西大学学报(哲学社会科学版)》,2021年第2期。

对抗上级的考核评估。①

条块职责不清和错位。基层政府是大多数政府政策的执行主体，但基层政府不是"全能政府"，不能把几乎所有的事情都压给他们。在某些地方，多数问题是由区县职能部门直接下发给乡镇（街道），让他们自己解决。例如，司法局下文件要求各街镇建立法律服务中心，要求有司法的徽章背景墙，柜台等。可是街镇没有经费，向司法局请求拨款时，司法局说财政局没钱，让街镇自己解决。在实际工作中，上级职能部门主动配合基层政府不够。一些需要上级职能部门帮助的事情，大多是乡镇（街道）催了再催，部分上级职能部门仍然参与性不够。再比如，信访问题有时候要涉及上级多个部门。一般情况下，上级领导"承包"的案子，召集各部门及乡镇政府一起接访，现场指定相关部门职责后大都能够顺利推进。如果单纯让基层政府请求上级职能部门配合，很多时候得不到足够的支持和回应。条块职责错位是导致行政效率低下，基层负担重的重要诱因。由于所处层级与接触层面不同，基层政府和职能部门的职责划分应呈现明显的分工导向，应有明确分工，而不应当是简单的"上下对口"②。条块有效尽职履责的前提是，需要明晰不同政府层级、政府部门和条块间的职责边界，明确各自应该做什么、不能做什么、可以选择性做什么，从而避免基层条块运行中出现"看得见，管不着；管得了，看不见"的困境。

基层政府所掌握权力、资源的有限性同其承担的众多任务、肩负的无限责任之间不匹配。基层政府的职责被不断非制度性"扩大化"，管了许多不该管也难以管好的事项。部分上级政府部门无视实际状况将责任、任务下放到基层。有的地方为了完成农村扶贫贷款的指标，给乡镇下任务，一旦还不上的话，反过头来就追责乡镇。然而，基层政府凭借自身资源和权力难以

---

① 周雪光：《基层政府间的"共谋现象"——一个政府行为的制度逻辑》，《社会学研究》，2008年第6期。

② 朱光磊：《全面深化改革进程中的中国新治理观》，《中国社会科学》，2017年第4期。

有效承接来自上级部门下放的各种任务。例如,东南地区S区按照上级政府要求,推进环保基础设施建设和排污无害化处理工作。但是,由于目标要求规划不足、调研不够、论证不实,在未取得基层政府及社会各方面共识和认同基础上,将任务直接下达基层政府。致使S区垃圾处理设施三年变更三次,环境问题愈加突出,不仅没能解决问题,甚至引发社会不满,公众将矛头直指基层政府,称其"不作为"①。基层干部碰见难题束手无策,小问题拖成了大问题。

(四)条块"主副倒置"

条块关系从"合作"转变为"领导"。基层干部"轮轴式工作"的原因在于谋求更大的发展和缺乏安全感。基层多是青年干部,大都具有向上晋升的愿望。谁都不想在自己职责范围内出任何差错,尤其是上级政府交办的临时性任务和基层突发的低概率重大事件,一次失误就可能否定之前的所有工作。重点工作一般都是难点工作。上级政府在任务交办时要求相关职能部门要配合基层政府的工作,即条条要发挥自身优势支持块块的工作,然而在实际工作中,纵向职能部门的专业优势有时候不仅没有发挥预期功能以帮助基层政府解决问题,反而以考核监督者的身份面对基层政府。职能部门的主责主业被逐渐冲淡,一味向基层要各种材料、文件,给基层政府带来了更大压力。

条块合作共治目标偏离下基层政府职责出现"主副倒置"情景。需要指出的是,"主副倒置"是一个形象化的表述,主副之间也是相对的。"主"即指基层政府职责要求的工作,是日常性事务、经常性的职责。"副"则指处于基层政府职责边界之外的,上级职能部门临时交办的或基层突发的低概率重大事件。一般而言,此类事件上级政府都会严格要求、严厉督察,一旦出现问题,上级政府就会严肃问责。基层政府直接面对公众解决社会现实问题,

---

① 邓少君:《基层矛盾治理》,中国法制出版社,2019年,第124页。

是各种任务矛盾的汇聚点,必须及时发觉并化解矛盾,完成各项治理任务。由于基层政府本身治理资源和自主性权力的有限性,面对繁杂多变的艰巨任务,导致基层工作不仅要高质量完成日常性工作即主责主业,而且要有能力及时解决各种临时性、突发性低概率事件。基层政府为了及时完成各种临时任务,防范可能发生的低概率事件,通常会拉网式排查、更严厉的督察,因此会占用基层大量治理资源,增加了基层干部的负担。

基层政府工作的一个重要特点是计划没有变化快,工作重心和工作人员的精力随着上级政府和部门临时下达的任务随时改变,会依照上级的偏好及关注点进行自我调适与塑造。基层政府每年的工作计划、考核任务都是年初提出审定了的,一般都会按照审定方案执行。上级政府通常也会按照年初下发的任务考核下级。即使临时性任务下达,基层政府会根据轻重缓急排兵布阵,既要保证既定任务坚决完成,又要完成临时下达的任务。当然,不排除中间会增加突发任务。现在基层治理中存在的一个突出现象是,突发任务、临时工作、多条线的事项增加较多。在这一过程中,少数基层政府通常会积极回应上级部门的治理需求和专项任务,相对忽视或暂时性放弃本部门日常工作的治理绩效①。基层工作的推动,在很大程度上取决于上级职能部门特别是实权部门的支持。基层政府要及时请示汇报,以便取得肯定和支持,否则的话,连日常工作都很难正常开展。有的基层干部坦言,"乡镇工作到处求人,但没有人求乡镇"。基层政府在面对上级部门众多任务下放时,有时会出现为迎合上级部门临时工作而弱化常规任务和主要职责的"主副倒置"现象。上级政府关注的重大事件,交办的任务具有内在的激励和压力。有的基层政府会忽视自身实际能力大小和现实情况,与同级政府争夺能为其带来政治、经济利益的任务职责,被动消极甚至放弃执行常

---

① 倪星、原超:《地方政府的运动式治理是如何走向"常规化"的?——基于S市市监局"清无"专项行动的分析》,《公共行政评论》,2014年第2期。

规性事务及难以为自身带来政绩效益的职责任务①,最终影响基层工作开展的质量和效率。

在晋升锦标赛体制②中,基层政府工作人员晋升渠道有待拓展,多是以任务完成为政绩导向。这诱使基层政府压力愈加繁重,一些基层一线工作人员身兼数职,疲于应付各种任务、考核评估而难以分清主次事务③。事无巨细、面面俱到的结果是容易造成政策执行中的走马观花、蜻蜓点水。

区县政府的决策相当一部分来自职能部门的意见。即使政策议程是由党政主要领导发动的,政策制定执行所需要的信息、文件起草等工作也多数由上级相关职能部门单独或者合作完成。上级政府在决策过程中,如果不了解下级的想法和工作中遇到的真正矛盾,缺乏他们的积极参与,制定出来的政策难免质量不高。上级政府和部门在任务层层传递的同时,压力和责任也随之层层加码。

三、条块权责不一是基层政府负担的发生机制

条块"合作共治"的初衷在于高质量完成上级政府交办的任务和属地事项。然而,应然图景与现实境况存在一定偏差。在某些领域、环节和方面,条条和块块偏离合作初衷,进而导致基层政府负担重、压力大。

(一)责任属地管理下基层条块现实合作的目标偏离

条块合作、条条合作能够提高工作效率,打破地域和部门对资源的束缚,顺利推进工作。"合作"多表现为主体间为实现利益最大化的一种正式或

---

① 谢秋山:《地方政府职能堕距与社会公共领域治理困境——基于广场舞冲突案例的分析》,《公共管理学报》,2015年第3期。

② 周黎安:《中国地方官员的晋升锦标赛模式研究》,《经济研究》,2007年第7期。

③ 郑俊田、郜媛莹、顾清:《地方政府权力清单制度体系建设的实践与完善》,《中国行政管理》,2016年第2期。

非正式的互惠互利行为①。比如,四川某县柠檬产业局与各乡镇合作、共同进步,把该县打造成了柠檬之乡。同时,也要注意条块合作共治在运作中还存在一些值得改进的方面。

首先,条块纵横权力运行的交叉点多,难以分清权责边界,上级政策落实经常面临"中梗阻"。基层事务烦琐且具有较高不确定性,需要条块齐抓共管、合作参与同一事项的治理。条块形成合力的基础性工作是权责清晰和一致。现实经常存在的情况是,条条和块块职责模糊而难以明确分清各自具体应该承担什么样的职责。在职责模糊不清的情况下,条块双方为了减轻自己的责任,希望把大量的事情交给对方或下级部门去做,一旦出现问题就追究下级的责任。即有利的任务条块抢着干,争着管,无利又难啃的任务,条块彼此相互推诿。上级政府的一个重要工作就在于统筹和拆解部署任务。市级将任务拆解到区县级。区县一级再根据任务属性拆解到乡镇,不排除中间有的部门会转嫁任务,借"属地管理"之名把本应由自身承担的工作转嫁给基层政府②。部分区县职能部门将有效益的事项上收,把信访、安全稳定、环保等容易被问责的事项以属地管理为名派给乡镇(街道),下发任务时往往都会加上"此项工作纳入年终考核"类似的表述。

其次,一项政策从决策到执行、考核的运行环节多、时间长、二传手多、反馈时间长、协商成本高、反馈信息容易失真。尤其是在避责心态下,条块双方通常将大量精力花在上传下达、起草文件、参加各种会议和工作留痕上,具体落实跟不上形式化的活动。上级政府作出决策后,执行环节的主导权基本在下级地方政府和不同的政府部门。上级政府表面上掌握了决策主导权,但经常在执行中面临地方分散和部门分散的困扰。

---

① J. Tirole:"Hierarchies and Bureaucracies:On No.2, 1986. the Role of Collusion in Organizations", *Journal of Law, Economics and Organizations*。

② 颜昌武、许丹敏:《基层治理中的属地管理:守土有责还是甩锅推责?》,《公共管理与政策评论》,2021年第2期。

再次,分段治理造成权力碎片化现象突出。所谓分段治理,是指多个部门共同管理同一事项,按照工作流程,每个部门各管其中的一段。基层事务治理的职责分布在若干个条块部门,表面看多个部门都有权力管一个方面,但实际上哪个部门都没有完全的资源和手段把事情真正做好,一项工作往往需要多个部门通力合作才能顺利完成。在这种情况下,条块和条条之间的协调至关重要,如果没有高效的统筹协调机制,容易导致一些政策难以有效落地。

最后,督查检查考核工作不规范,地方和基层应接不暇,助长了形式主义和官僚主义。上级政府和部门喜欢强调压实属地责任,强调"看好自己的门、管好自己的人"和"守土有责、守土负责、守土尽责",并通过层层监督考核以确保下级政府按时高质量完成任务。有些上级部门喜欢制定"标准答案"对下级进行标准化考核。在某些领域、工作的某些环节进行标准化管理是必要的,但不能把标准化推向方方面面。有些任务确实难以准确量化。过于追求标准化管理,容易致使基层政府出现选择性行政、象征性行政、投机性行政、形式化行政等非预期现象,重"迹"不留"绩",重"痕"不重"效"的形式主义、官僚主义作风屡见不鲜。基层政府中存在的相当一部分形式主义是被上级政府和职能部门的官僚主义逼出来的。面对来自上级政府的检查考核,条块之间"彼此合作",以无效的痕迹、甚至虚假的数字、低质的成绩应付上级,投大量时间和精力于琐碎事务以至于陷入事务主义的陷阱。

(二)邀功、晋升与避责逻辑下基层政府的"减负悖论"

近年来,条块关系发生了大幅度变动,条块矛盾在基层表现得较为突出。在"上面千条线、下面一根针"的基础上,又增加了"上面千把锤、下面一根钉","上面千把刀、下面一颗头"的现象。这些现象反映出来深层次问题是:第一,基层负担重、压力大、治理资源缺乏。第二,条块关系复杂。条块之间有合作意识和驱动力,但在面对治理难题尤其是突发事件时,出于自身考虑,条块间相互协同不够,甚至打着合作旗帜开各种会议、发各种文件,不仅没解决实际问题,反而给基层干部带来负担压力。可见,条块关系和推进基层政府减负提质增效密切相关。

"千条线"运作起来,"一根针"的压力本来就很大。若是上面"千条线"之间的政策缺乏协调,"一根针"更是不知如何作为;再加上多条线多头重复向基层派任务、要表格,基层的负担就会更重。经常出现的情况是,某一任务纵向传递被加码的速度超过条块合作的任务完成率,致使基层政府偏向选择性行政。强化督察考核后,基层政府把主要精力用在了这些方面,相对忽视了其他需要解决的工作。基层政府工作人员少,现有人员中,一人多岗、一人多职的现象非常普遍。除了完成常规工作,基层政府工作人员还要参与包村、临时性工作、中心工作和其他一些重大工作。这些工作完成的时间都比较紧,大量不能给基层政府带来明显收益回报的事务被"无限期"推后。

条块之间权责不匹配是造成承接任务难以完成的重要原因。权责相符是基层政府有效治理的基础,但实际运行中基层政府权小责大,上级职能部门权大责小的"条强块弱"现象明显。条条具有代表上级政府意志的身份优势和资源优势。近年来,多数上级条条不断加强对块块"统"的力度,管得越来越细。少数条条下任务而不共享资源,不调拨财物于基层政府。当高度复杂性和不确定性的基层治理需要部门联合、地方联动、条块联手行动时,属地政府囿于资源有限而难以发挥整合(统筹)调度作用。上级条条通常将难啃的硬骨头分给块块,致使基层政府演变为权力小、责任大、任务多、负担重的非均衡状态。在一些地方,来自上级部门的文件多,政策多变;会议多,随时安排工作;"甩锅"多,群众反映的多数问题都推给乡镇(街道)解决;来自上级职能部门的示范点和在基层的挂牌多,动辄就提工作创新;常规工作政治化,把简单的问题复杂化;问责多,过于依靠督查检查考核推动工作。

有的上级职能部门片面强调"属地责任"。上级条条经常把属于自身的职责任务下达给基层政府,难以形成条块合作共治的良性互动关系。上级条条拥有对下级块块相应业务的指标考核权,直接影响下级块块的目标绩效。一般情况下,基层政府会照单全收来自上级条条的任务。到了乡镇和街道,没有完整的条条,只有块块统合起来才能顺利完成。上级条条的任务下达后,随后会产生大量的检查监督。第一,上级条条向对口部门发文和各种指令,经常要求以下级党委、政府名义上报材料,或者要求主要领导签字、加盖党委、政府公章。有时候通过上级党委政府的办公室,将部门工作变成中心工作。第二,上级条条将下级政府发文、报送材料情况作为督察考核的依据。基层政府发的少数文件是为了应付上级条条的考核,证明自己开展了工作,也为了一旦出现问题后进行避责。第三,上级条条的文件在紧急程度、密级、发布层次上具有随意性。一些条条下发的文件内容重复,照抄照搬上级文件。若基层政府通过正常渠道反映困难,容易被上级视作能力不强,从而影响个人和组织发展。因此,基层政府多是选择性上报或不上报困难。少数上级条条习惯于把决策事项往上推、把问题责任往下移,结果出现"上面千把锤、下面一根钉"的现象。

基层政府对大量的事项看得见却管不着,纵向职能部门管得着却看不见也管不好。乡镇和街道要守土有责,但很多事项没有执法权,如果去做明显是违法,不做的话容易被问责。垂直管理部门和有执法权的上级职能部门却受制于人手、经费设备等因素,难以完全履行职责。如某县一个基层市场监管所仅有两名干部,下辖5个乡镇,监管市场主体3000多户。面对点多面广的情况,有执法权和垂直管理的条条"心有余而力不足"。

四、从条块协作互嵌中减轻基层政府负担

"条条"强而将资源和权力向上集中,容易使"块块"软弱无力,从而降低下级地方政府的治理能力。反之,"条条"弱,则缺乏管理权威,容易产生地方政府各自为政的分散主义现象。

(一)条块协作互嵌:对条块合作共治关系的超越

从来没有一种完美的政府间关系模式。中国的条块关系模式既存在问题,又有独特优势。优势需要继续继承,但也需要坚持问题导向,把解决实际问题作为开启条块关系新局面的突破口。基层政府与上级职能部门合作共治的关系模式能够在一定程度上弥合条块鸿沟,也经常出现条块彼此间主动性配合的缺失。对于基层治理中出现的条块矛盾,重要的不是去责怪"条条"和"块块",而是要理解二者为什么如此,如何对已有的条块关系模式革故鼎新,进而夯实党长期执政和国家长治久安的基层基础。

针对条块关系在基层治理实践中暴露出来的问题,在总结各地创新实践的基础上,有必要超越合作共治的条块关系,实行条块协作互嵌的基层管理体制。"嵌入"是将共同完成上级政府任务和履职尽责视为双方利益汇聚点,从而使彼此能够相互联系和协作。通过"嵌入"连结起来的条条与块块构成一个有机的治理共同体,充分发挥各自优势和主动性,使基层政府和上级职能部门在协作与独立间寻求平衡点,形成合力作用于基层治理实践中。条块协作互嵌的基本原则是优化协同高效,目标是权责一致、有统有分、有主有次、履职到位、流程通畅。这一模式着眼于基层治理的效益与效能,鼓励纵横条块各方积极参与到基层治理的各阶段和全过程。

在词源学中,"互嵌"或"嵌入"一词寓意某一事物内生于或根植于其他事物之中的一种现象,是两种及以上事物之间相互联系的程度。作为学术性话语的"互嵌"发轫于社会经济学,由波兰尼提出并用以阐释市场与社会的关系,认为"市场嵌入社会是人类历史发展的普遍规律,市场应牢牢依附属于整体社会建制"[①]。格兰诺维特将"嵌入"细化,旨在分析经济活动是如何嵌入社会关系网络中的,以重新阐释为"经济活动情境下所造成的一连串

---

① 符平:《"嵌入性":两种取向及其分歧》,《社会学研究》,2009年第5期。

社会关系模式"①。

　　条块合作共治遵循政治(行政)成本-收益分析机制,侧重治理结果的利益化呈现,基层条块双方依据各自"净收益"值来衡量合作下的治理活动。条块双方关注政治(行政)投入-产出比,以政治和行政净收益值的大小来评估某一治理行为的可行性,从而设置或改变议程。上级的关注度愈高,基层条块的"支付意愿"则愈强。条块合作共治模式下的成本-收益分析,会根据政治和行政净收益值高低而不自觉出现选择性行政,容易不重实绩只重痕迹,忽视公众的实际需求。

　　条块协作互嵌模式则趋向一种政治(行政)成本-效能的分析机制,着眼于基层治理的效益、效能和能力。这一模式以基层治理体系和治理能力现代化为导向,侧重治理活动对党、国家和社会公众的贡献,包括政治效益、经济效益、社会效益、综合效益等多方面。条块协作互嵌是一种双向多维、互嵌协作的网络型关系,具体表现为:条块之间双向互通,产生协作效应;基层政府能够获得更多的治理资源和治理手段;条块着眼于基层治理效益、效能而互嵌协作,能够共享成果、减少冲突、规避风险。

　　(二)条块协作互嵌:对职责模糊和权责不一的应对方案

　　条块协作互嵌是相对于传统条块间的矛盾和碎片化而言的。属地负责的体制要求事无巨细地将事务宽泛地交由基层政府完成,实质是简单的任务摊派②。基层政府通常选择优先完成上级交办的任务,特别是考核所占权重大、问责严的任务,同时"以一万防万一"、确保本行政区域内"不出事"。上级政府作为委托人和发包方,凭借自身的资源权力优势层层属地发包。作为承包方和代理人的基层政府,压力被层层加码。越到行政体制的末端一

---

　　①　Mark Granovetter: "Economic Action and Social Structure: the Problem of Embeddedness", *American Journal of Sociology*, No.3, 1985.

　　②　吴件、雷晓康:《基层部门职责越位及其制度逻辑——对市场监管领域的观察》,《公共管理学报》,2021年第2期。

线,"压力型体制"和"政治承包制"就表现得越明显①。基层治理多遵循"谁离问题越近谁解决问题""问题最影响谁,谁解决问题"的逻辑。基层政府最靠近人民群众,承担了无限的责任,但资源、事权、权责不匹配的现象突出。

权责模糊性导致基层政府与上级条条权责不分,出现问题后相互推诿。"条条"是针对特定公共事务的主要调控主体,通过专业技术和信息优势对本领域事务进行管理。在条强块弱和"一竿子插到底"的关系模式下,虽然在短期内达到了治理目标,却容易造成"块块"的自我调适能力和自主性缺失。在没有明确职责边界的情况下,基层政府职责宽泛却能力不强,容易将难啃的硬骨头进行让责、弃责、卸责,也习惯了跟着上级政府或职能部门的节奏走。上级部门对所传递的任务制定详细的考核体系,并将任务考核评估指标具体化、公式化,制定"标准答案"和程序复杂的考核方式。少数上级政府和部门在未进行深入调研情况下便向基层政府下达任务。"来者不拒""照单全收"的"重大任务"让基层政府陷入时间紧、任务重、压力大的环境中。面对上级部门监督审查的高标准和严要求,基层工作人员所要承担的事项愈来愈多。

基层政府在处理不确定性和复杂性程度较高的事务时,上级部门或属地政府很容易从中挑出问题②。基层政府一方面尽力履行上级交办的任务,另一方面为规避潜在的问责风险和惩罚,经常会采取条块合作策略以最大限度降低被问责的可能。走出基层治理中条块矛盾的困境不能片面地纠治条和块本身。这种治标不治本的治理方法难以解决基层治理中的深层次矛盾,而且容易滋生新的治理问题。

条块协作互嵌能够有机整合治理资源形成治理合力。解决基层政府面

---

① 周黎安:《行政发包制》,《社会》,2014年第6期。

② 李贺楼:《基层官员的背锅风险由何而来——聚焦于基层特种设备安全监管的研究》,《公共管理学报》,2021年第1期。

临的治理难题,可以采取高位推动、层级治理和多属性的治理手段①调动条块力量以共同应对化解,还可以构建条块协作互嵌的权力网络以提升基层政府的治理能力。条块协作互嵌,有利于实现信息共享、资源互助、条块联席协商,使得"条"上的身份优势、资源优势得以充分运用于"块"上,很大程度上解决条块权责模糊不明,条条管得了、看不见,块块看得见、管不了的问题。

(三)条块关系从合作共治到协作互嵌的实施路径

新时代、新形势、新任务、新思路。从某种意义上说,新时代基层治理就是社会与纵横条块层面进行的嵌入式整合②。作为对已有条块矛盾的替代性解决方案,条块协作互嵌的治理模式可以作为改善基层政府治理的重要情景选择。基层政府同上级职能部门等治理主体,彼此相互沟通,相互交流,各自持平等自主的基本理念,采取合作协同交流的双向度多维方式,把基层党组织的政治优势、组织优势转化为治理效能。

1.不简单照搬上级机关设置模式,将上面"千条线"有机嵌入基层政府"一根针"

在基层政府的机构设置上,既允许"一对多",也允许"多对一",设置在乡镇(街道)的机构原则上由党委领导、党政统筹。"除党中央明确要求实行派驻体制的机构外,县直部门设在乡镇(街道)的机构原则上实行属地管理。继续实行派驻体制的,要纳入乡镇(街道)统一指挥协调。"③第一,优化上级条条与基层政府对口部门的关系,条条出台的文件和政策不宜太细太具体,以便给基层政府留下发挥积极性、主动性和创造性的空间。第二,区县党委政府要有力统筹各职能部门的工作任务,推进大类业务的"一网统管",使之

---

① 贺东航、孔繁斌:《公共政策执行的中国经验》,《中国社会科学》,2011年第5期。

② 赵聚军、王智睿:《社会整合与"条块"整合:新时代城市社区党建的双重逻辑》,《政治学研究》,2020年第4期。

③ 《中共中央国务院关于加强基层治理体系和治理能力现代化建设的意见》,《人民日报》,2021年7月12日。

不相互冲突、不随意和重复给基层下任务。第三,推动每个部门把精力放在业务范围内工作上来。虽然说很多工作的解决需要多部门联动、跨部门治理。但是,也要看到现在区县政府运作中的另外一种倾向,即某个部门在起草文件和工作方案时,喜欢拉上多个部门一起参与,为其他部门分配工作任务。这致使每个部门都承担了大量其他部门的工作任务。

健全垂直管理条条和基层政府协作配合机制。既然是互嵌,帮助与制约也应该是相互的。一方面,垂直管理部门主动加强与基层政府的沟通,党群工作实行属地化管理,定期向基层政府通报工作情况,主要领导的人事任免等事项征求基层党委政府意见。另一方面,基层政府在人员、经费、用房等方面对派出机构给予帮助和支持,但是也不能让垂直管理的条条过多从事与其业务关联度不大的工作。派出机构履行的是上级事权,这一点不能混淆。协调条块关系、化解条块矛盾,我们不能从一个极端走向另一个极端。如果说过去一段时间是条强块弱的话,不能通过改革变成条(特别是垂直管理的条条)服从于块。二者各有其职责,应该各自做好自己的主责主业。

2.健全政府职责体系,理顺和明确条块权责关系

区县政府不容易,乡镇(街道)也难。条强块弱更多是针对条块关系的总体状况而言的。区县政府的多数职能部门和乡镇(街道)一样辛苦、压力很大。之所以忙于给基层政府发文件、召开会议、催要各种报表,主观上也是想做好工作并避免被上级问责。但是,条块职责不清总不是个办法。防止层层向基层转嫁责任,有必要科学规范"属地管理"、避免"九龙治水",特别是要把理顺区县政府和乡镇(街道)的权责关系作为重要着力点。

权责清晰才能运行顺畅。条块在合作中,有配合顺畅的方面,也存在一定的分歧甚至矛盾。党的十九届四中全会明确指出,要"坚持和完善中国特

色社会主义行政体制,构建职责明确、依法行政的政府治理体系"①。权责匹配是政府有效运作的基本原则。充分领会中央的文件精神,以现行赋权清单为依托,基层政府聚焦基层党建、公共服务、公共治理、社会维稳等职能,明晰职责归口,理清政府部门、社会、公众的职责边界,建立职责清单,把该清单作为基层政府行政履职和治理活动的依据,同时制定相对应的考核办法。打破基层政府条块职责不清的模糊状态,真正做到不该管的不管,该管的管好,明确条块部门不得随意向对方安排职责清单以外的工作。基层政府与上级职能部门权责一致、清晰、法定,能够确保党中央政令畅通,发挥"条条"和"块块"各自比较优势。基层政府的工作既要对标对表,也要因地制宜。上级政府及职能部门尊重基层政府的创造性和地方经验的多样性,基层政府与上级职能部门之间分工协作、有序运转,有助于实现增强基层治理能力和活力的有机统一。

明确各自的职责清单,改变职责和权责同构格局,形成差异化事权划分体系。在中央政府统一领导下,充分发挥中央和地方两个积极性是实现中国之治的"重要密码"。推进各级政府事权规范化、法律化是实现两个积极性的重要机制。不同层级政府的职责应该有适当的边界,而不是事权层层下压,最终以属地管理为名压给基层政府。这样做看似落实了属地责任,实际上基层根本无法承接。随着改革的逐步深入,理顺事权关系的制度导向越来越清晰。从党的十八届三中全会明确区分中央与地方政府的不同事权,到党的十八届四中全会提出"完善不同层级政府特别是中央和地方政府事权法律制度",党的十九届四中全会进一步深化和细化事权划分的思路,再到《关于加强基层治理体系和治理能力现代化建设的意见》的出台,一个重要原则是通过建章立制,赋予基层政府更多自主权,支持基层政府创造性

---

① 《中共中央关于坚持和完善中国特色社会主义制度 推进国家治理体系和治理能力现代化若干重大问题的决定》,《人民日报》,2019年11月6日。

开展工作,建立有利于各级政府积极主动履行职责和激励相容的治理体系。

第一,基层政府必须做的事项。根据《关于加强基层治理体系和治理能力现代化建设的意见》相关规定,乡镇(街道)需要增强行政执行、为民服务、议事协商、应急管理、平安建设能力。在推进权责利和人财物对称向基层下沉中,乡镇要围绕全面推进乡村振兴、巩固拓展脱贫攻坚成果等任务,做好农业产业发展、人居环境建设及留守儿童、留守妇女、留守老人关爱服务等工作。街道要做好市政市容管理、物业管理、流动人口服务管理、社会组织培育引导等工作。从文件可以看出,中央不仅规定了基层政府必须要做的事项,而且还细化了乡镇和街道各自的侧重点。承担职责就要拥有相应的权力。因此,要依法赋予乡镇(街道)综合管理权、统筹协调权和应急处置权,强化其对涉及本区域重大决策、重大规划、重大项目的参与权和建议权。依法赋予乡镇(街道)行政执法权,整合现有执法力量和资源。强化乡镇(街道)属地责任和相应职权,建立统一指挥的应急管理队伍,强化应急状态下对乡镇(街道)人、财、物支持。

第二,基层政府接受上级职能部门委托的事项。未经上级党委政府统一部署,上级条条不得将自身职责事项派交基层政府承担。经过上级政府同意的委托事项,上级职能部门要为基层政府提供相应支持,并且要明确条块之间的各自任务、联系机制和权责关系,防止相互推诿、扯皮,甚至"甩锅"。

第三,基层政府可以选做的事项。在规定基层政府有所必为的基础上,允许乡镇(街道)并非所有事情"面面俱到",暂时不具备条件的事项,可以选择性地做。上级政府出台文件时尽量明确该项工作由谁做,不能任何事情都搞"一刀切",也不能把不属于基层政府职责范围内事项列入对乡镇(街道)的考核。

第四,对于一些难以厘清归属的事权,建立上级政府的统筹协调机制是保障条块形成合力的重要举措。条块的功能定位不同,在工作中对于同一问题形成不同看法是正常的,这时候就需要上级政府对条块间的不同意见进行裁决。

3.党建引领条块协作互嵌,规范垂直管理体制和地方分级管理体制

党建引领、部门协同、条块联动。基层政府党委书记牵头,强化党组织对属地的统筹协调作用,在条块之间及隶属不同上级的驻地单位间建立紧密的协作互嵌关系,实现跨组织、跨体系协同。建立机制,通过党建联席会、临时党委(党支部)的形式,把垂直管理的条条、驻地企事业单位组织起来,充分整合乡镇(街道)辖区内的人力、物力和各种资源,把基层政权建设得坚强有力。例如北京"街乡吹哨、部门报到"的治理模式就是通过赋权基层政府,打破条块对立分割的样态,整合彼此资源。重庆市合川区建立党建联抓、事务联议、治理联动、服务联推、文化联建"五联共建"机制,形成"党、政、企、社、民"为一体的"五元共治格局"。重庆市渝北区宝圣湖街道党工委联动辖区各类型党组织,实现条块、院校、企业互联互动、共建共享、协调运行。在基层治理活动中,通常由乡镇(街道)等属地政府党组织牵头,将区域内"条条"部门负责人、大型单位和重要组织负责人及社会组织负责人吸纳进党建网络,并通过定期开展活动来推动各方协同参与区域社会的治理①。

基层政府工作涉及面广,内容庞杂且利益关系错综复杂。提升基层治理效能的关键之一是要靠条块间的协作互嵌予以解决。即由基层政府统筹协调,根据问题性质向职能部门提出需要,利用资源互助、信息共享、平台互通共用等途径解决问题,有的地方实行的镇街点题、部门办理的效果也不错。主要的方式是,乡镇(街道)把遇到的困难及意见建议报给上级组织部门,组织部门根据权责范围分给相应部门解决,然后由基层政府给解决部门打分,并且纳入上级政府督办范围。一些地方实行的区县主要领导联系乡镇(街道),也有利于推进条块互嵌。条条的专业治理与块块的属地管理之

---

① 黄晓春:《党建引领下的当代中国社会治理创新》,《中国社会科学》,2021年第6期。

间彼此互通、互融、互嵌,形成条块联动互嵌机制,构建"各自吹哨,相互报到,协作互嵌"的基层治理架构,一定程度上改变条强块弱或块强条弱的非均衡状态。

4.优化政府过程,向基层放权赋能

完善考核评价体系和激励办法。上级政府在制定需要下级政府完成的指标时,避免"一刀切",减少、慎用"一票否决"考核方式和教条主义的检查方式,不能因某项任务没有完成而"一丑遮百俊"。加强对基层政府的综合考核,严格控制考核总量和频次,统筹规范面向基层的督查检查,避免过度考核、公式化评价,清理规范工作台账、报表,以及"一票否决"、签订责任状、出具证明事项、创建示范等项目,切实减轻基层负担。从制度上赋予基层政府敢作为和能作为的空间,做好容错纠错工作,保护基层干部干事创业的积极性[①]。不能简单以留痕和上报材料多少来评判工作好坏,树立以提高工作效率和实绩为目标的考核导向。

推进条块信息共享和对称。基层条块协作互嵌行动的前提是信息开放和共享,推进政务公开和信息公开是核心内容。[②]信息技术作为一种治理工具在为基层减负方面发挥着重要作用。要加快信息资源的整合共享,推动实施"互联网+基层治理"行动,进而"完善乡镇(街道)、村(社区)地理信息等基础数据,共建全国基层治理数据库,推动基层治理数据资源共享,根据需要向基层开放使用"[③]。同时,加强基层政府与职能部门政务信息系统数据资源共享交换机制。

基层治理体系和治理能力现代化建设是实现国家治理体系和治理能力现代化的基础。基层负担过重是推进基层治理体系和治理能力现代化的拦

①③ 《中共中央国务院关于加强基层治理体系和治理能力现代化建设的意见》,《人民日报》,2021年7月12日。

② 李文钊:《政府治理:根本性问题、分析框架与中国探索》,《西北师大学报(社会科学版)》,2020年第4期。

路虎和绊脚石。实践证明,基层政府要想实现治理效能的提升,必须破除条块间的合作不规范现象,理顺彼此关系。构建条块协作互嵌的运行模式,能够在一定程度上化解条块矛盾,通过理顺职能部门与基层政府、同级块块间、同级条条间的关系,进而加强基层政权治理能力建设。

需要特别说明的是,本节只是从原则上提出了一个解决基层条块矛盾的情景选择。接下来,还有大量的工作需要详细说明和论证。例如,条块协作互嵌治理架构的内涵到底是什么;如何厘清这一架构与提升基层治理体系和治理能力现代化的内在关联;协作互嵌与合作共治的实质性区别和联系体现在哪些方面;这一思路若能行得通的话,如何科学、准确概括各地的创新实践,把实践经验进一步转化为可操作性的实施路径;等等。

结　论

中国具有世界上最细密的政府间关系网络，以条块关系为基础的中国的政府间关系模式丰富多彩。在以上各章阐述与分析的基础上，为了便于更清楚地把握本书的主要脉络，本部分将对全书的主要内容再作进一步的概括和提炼。

一、基本结论

中国是转型中的大国，条块关系是个大题目。本书没有试图涉及条块关系的方方面面，而是把注意力集中在这样一条基本理论线索上：条块关系模式形成、发展、运作和转型的内在逻辑是什么？所有的论述和展开都是对上述问题直接或间接的解释和求证。在关注条块关系的类型、特征与运作等"是什么"的同时，本书的主要着力点在于探寻条块关系模式背后的基本逻辑。对于上述问题，各章节从不同角度给出了初步回答。

为了使各级政府执好政、用好权，中央政府除了要履行单一制国家中央政府应该履行的职责外，还要在一定程度上代行社会对地方政府监督的责任，依靠自上而下强有力的政治控制强化对地方政府的控制和监督。最终，中国选择了以轴心辐射模式为特征的国家整合方式。这种国家整合方式是职责同构长期存在的制度性根源。职责决定机构的设置，在职责同构的政府架构下,各级政府必然也会设立大体相同的职能部门,形成上下贯通的条条系统。

在政府间纵向关系上,强有力的政治控制是主导原则,在管理方面还需要加强。虽然在法律和理论上中央部委对于本领域内的全国各项事务,都有领导和指导的权力。但是,对于中央部委该如何管理这些事务,如果与地方政府发生纠纷时该如何通过制度化的途径予以协调,中央部委应该负具体哪些方面的责任等方面还缺乏明确和具体的规定。

在地方政府不能很好地履行管理职责的情况下,民众与地方政府关系的紧张和矛盾容易向上传递。中央政府出于整体利益的考虑,在保持对全国各项事务统一领导的前提下,还需要通过中央部委监督或代行本来应该属于地方政府的管理职责。以中央部委现有的规模,仅仅保持对地方政府的监督权是不够的,一个相对少数的部委,无法面对和监督千千万万个地方政府;中央部委要想全部代行地方的管理职责,在逻辑和现实中是行不通的。因此,中央部委具体领导本领域内的几乎一切事务,各级地方政府分级管理,就成了一种"次优"的选择。

当代中国条块关系复杂、条块矛盾的尖锐,是在现代社会强化管理的过程中出现的。现代化的启动对传统的统治与管理模式提出了新的要求。现代社会的一个重要特征是,政府的管理职能不断强化和丰富,中央政府的穿透性强。为了应对日益复杂的社会事务,不得不相应增设许多政府机构。例如,古代社会就没有生态环境部等机构。中央政府不仅要承担起维护国家统一和政治稳定的主要任务,还要处理若干重要的事项。因此,海关等大量垂直管理的机构应运而生。中央政府的机构多了,与地方政府的关系自然就复杂得多。需要指出的是,管理职能的强化、中央结构的增多,未必一定导致"条块矛盾"。中国条块矛盾尖锐的主要原因是各层级政府间没有明确的职责划分。各级政府及不同层级的条条管理着大量相同的事情,容易出现职责不清的现象。

政府与社会之间关系的不平衡,在客观上需要强化中央政府对地方政府的监督、控制和管理,以成功地实现国家整合。为了实现这一目标,建立合适的政府间关系模式至关重要。条块关系模式是把政府与社会的关系与政府间内部关系联系起来的中间环节。就政府间内部关系而言,借助条块关系模式既能使中央较为有效地控制地方,又能在管理上调动中央与地方两个方面的积极性。上下对口的机构设置,不仅能对地方政府的日常运作产生影响,而且还有一个重要功能:当中央想集权时,就通过条条把权力收上来;当条条集权引起块块的不满时,就把条条的权力部分下放给块块,以调动地方政府的积极性。

二、若干推论与启示

从基本结论中,还可以得出以下推论和启示:

首先,条块关系模式是一种中国特色的权力配置和制约方式。任何国家和地区,政府间关系模式的状况、优劣,都要以实践为标准。实践的标准是多向度的。作为政府间关系的基础,条块关系模式在内部组成一个复杂而严密的体系;在外部与周围的社会生态系统形成密切的联系。相应,可以从两个方面对条块关系模式进行评价。第一,从条块关系模式造就的内部条条与块块的关系看,这一模式在管理上是不理想的,缺乏效率。在具体政治运作中,条块之间权力的"交叉点"多,条块之间的关系复杂、矛盾突出。第二,就条块关系模式在整个政治体系中履行的功能而言,这一模式又是必要的,借助它较好地实现了维护国家统一与激发地方活力的有机结合。

其次,协调条块关系不能仅仅从条条和块块自身出发,甚至也不能局限于现有政府间关系的框架下进行,而是需要把条块关系置于更广阔的范围,从政府与社会关系的角度寻求突破。新中国成立以来,针对条块关系进行过多次大的调整和变革。迄今为止,条块关系模式依然没有实质性的变动,基层治理中的条块矛盾依然尖锐和突出。中央领导人很早就意识到了协调条块关系的必要性，并为此进行了积极的探索。例如，1956年毛泽东在中共中央政治局扩大会议上的总结讲话中就提到了合理划分中央与地方权限的解决思路。"关于中央同地方分权的问题，中央要设多少部门，它们有多大的权力，地方有哪些部门，管哪些事，有多大权力，恐怕在几个月之内就可以搞出一个草案来。"①这说明，这一问题相当复杂。合理划分事权是必要的，但仅围绕着事权划分做文章还不够。

关于条块矛盾，既然很难从政府间关系的视野内取得突破，那么，就不妨暂时跳出政府间关系，从政府与社会的角度去尝试。思路的转换，可能对问题的解决有所裨益，也许能发现更深层次的东西，进而为改革条块关系带来突破性的进展。

再次，在中央对地方的监督上，要把"以控制代替管理"与"以管理促进控制"有机结合起来。在长期的政治实践中，中央政府探索出了一整套对地方进行监督的制度安排和运行机制。这些制度设计是宝贵的经验和财富，在未来还需要坚持并不断完善。今后，要更多地从管理的角度去考虑问题和寻求思路，以严格有效的政府间管理去实现控制目标的实现。例如，中央部委"以设置统一的技术标准，提供附有条件的财政补助等方式间接地插手地方事务，以此增加地方政府对中央政府的依赖，增强中央权威"②。

最后，新型条块关系模式的构建，需要在以下三个层面上努力。第一，立足现行职责同构的政府管理模式，尽可能寻求协调条块关系、化解条块矛盾的思路和对策。例如，建立条块之间的信息沟通机制、工作协调机制；在地方政府设立中央政府的办事处，把垂直管理机构集中在一个"大楼"内办公等措施都可以起到协调条块关系的作用。第二，逐步完善职责同构的政

---

① 《毛泽东文集》(第七卷)，人民出版社，1999年，第53页。

② 张志红：《当代中国政府间纵向关系研究》，天津人民出版社，2006年，第77页。

府管理模式。各级政府之间的职责厘清了,条块关系自然就容易理顺。第三,积极探索可能的途径改革以轴心辐射模式为特征的国家整合方式,建立起中央政府、地方政府、民众三者之间的良性互动机制。

主要参考文献

一、中文文献

1.《马克思恩格斯选集》(第一~四卷),人民出版社,2012年。

2.《毛泽东选集》(第一~四卷),人民出版社,1991年。

3.《周恩来年谱》(1949—1976 上、中、下),中央文献出版社,2020年。

4.《刘少奇选集》(下卷),人民出版社,1985年。

5.《邓小平文选》(第一卷),人民出版社,1994年。

6.《邓小平文选》(第二卷),人民出版社,1994年。

7.《邓小平文选》(第三卷),人民出版社,1993年。

8.《邓小平年谱》(全四卷),中央文献出版社,2019年。

9.《陈云文集》(第二卷),中央文献出版社,2005年。

10.《陈云文选》(第三卷),人民出版社,1990年。

11.《江泽民文选》(第一~三卷),人民出版社,2006年。

12.《胡锦涛文选》(第一~三卷),人民出版社,2016年。

13.《习近平谈治国理政》(第一卷),外文出版社,2018年。

14.《习近平谈治国理政》(第二卷),外文出版社,2017年。

15.《习近平谈治国理政》(第三卷),外文出版社,2020年。

16.《习近平谈治国理政》(第四卷),外文出版社,2022年。

17.《立法与监督——李鹏人大日记》(上),新华出版社,2006年。

18.《市场与调控——李鹏经济日记》(上、中、下),新华出版社,2007年。

19.《朱镕基讲话实录》(第一~四卷),人民出版社,2011年。

20.吴官正:《闲来笔潭》,人民出版社,2013年。

21.《十四大以来重要文件选编》(上、中、下),人民出版社,1997年。

22.《三中全会以来重要文献选编》(上、下),人民出版社,1991年。

23.《十八大以来重要文献选编》(上),中央文献出版社,2014年。

24.《十八大以来重要文献选编》(中),中央文献出版社,2016年。

25.《十八大以来重要文献选编》(下),中央文献出版社,2018年。

26.《十九大以来重要文献选编》(上),中央文献出版社,2019年。

27.薄一波:《若干重大决策与事件的回顾》,中共中央党校出版社,
1991年。

28.白钢主编:《中国政治制度史》,天津人民出版社,1991年。

29.柏桦:《明代州县政治体制研究》,中国社会科学出版社,2003年。

30.柏桦:《明清州县官群体》,天津人民出版社,2003年。

31.薄贵利:《集权分权与国家兴衰》,经济科学出版社,2001年。

32.薄贵利:《中央和地方关系研究》,吉林大学出版社,1991年。

33.暴景升:《当代中国县政改革研究》,天津人民出版社,2007年。

34.曹锦清:《黄河边的中国》(上、下),上海文艺出版社,2013年。

35.曹沛霖等主编:《比较政治制度》,高等教育出版社,2005年。

36.曹沛霖:《制度的逻辑》,上海人民出版社,2019年。

37.曾伟等主编:《地方政府管理学》,北京大学出版社,2018年。

38.陈明明主编:《革命后社会的政治与现代化》,上海辞书出版社,
2002年。

39.陈振明主编:《公共管理学—— 一种不同于传统行政学的研究途

径》,中国人民大学出版社,2003年。

40.翟同祖:《清代地方政府》,法律出版社,2003年。

41.刁田丁等:《中国机构改革的理论与实践——机构改革调控机制研究》,法律出版社,1995年。

42.董礼胜:《欧盟成员国中央和地方关系比较研究》,中国政法大学出版社,2000年。

43.冯晓平:《国家基层治理实践研究——以征地中的治理为例》,华中科技大学出版社,2019年。

44.葛剑雄:《统一与分裂:中国历史的启示》,生活·读书·新知三联书店,1994年。

45.关山等主编:《块块经济学——中国地方政府经济行为分析》,海洋出版社,1990年。

46.郭道久:《"以社会制约权力"——民主理论的一种解析视角》,天津人民出版社,2005年。

47.韩旭等主编:《中央、地方事权关系研究报告》,中国社会科学出版社,2015年。

48.贺雪峰:《监督下乡:中国乡村治理现代化研究》,江西教育出版社,2021年。

49.胡康大:《欧盟主要国家中央与地方的关系》,中国社会科学出版社,2000年。

50.胡康大:《英国的政治制度》,社会科学文献出版社,1993年。

51.景跃进等主编:《当代中国政府与政治》,中国人民大学出版社,2016年。

52.孔昭林主编:《机构革命——地方政府机构改革的对策性研究》,中国文史出版社,2001年。

53.李道揆:《美国政府和政治》,商务印书馆,1999年。

54.李和中等编：《西方国家行政机构与人事制度改革》，社会科学文献出版社，2005年。

55.李侃如：《治理中国：从革命到改革》，中国社会科学出版社，2010年。

56.李瑞昌：《政府间网络治理：垂直管理部门与地方政府间关系研究》，复旦大学出版社，2012年。

57.李文星等编：《地方政府战略管理》，四川人民出版社，2003年。

58.李尧远等主编：《当代中国地方政府研究》，中国社会科学出版社，2018年。

59.李治安：《元代政治制度研究》，人民出版社，2003年。

60.林尚立：《当代中国政治：基础与发展》，中国大百科全书出版社，2017年。

61.林尚立：《当代中国政治形态研究》，天津人民出版社，2000年。

62.林尚立：《国内政府间关系》，浙江人民出版社，1998年。

63.刘炳香：《西方国家政府管理新变革》，中共中央党校出版社，2003年。

64.刘君德等：《制度与创新——中国城市制度的发展与改革新论》，东南大学出版社，2000年。

65.刘君德等：《中外行政区划比较研究》，华东师范大学出版社，2002年。

66.刘向文等：《俄罗斯联邦宪政制度》，法律出版社，1999年。

67.刘智锋主编：《第七次革命——1998年中国政府机构改革备忘录》，经济日报出版社，1998年。

68.吕德文：《基层中国：国家治理的基石》，东方出版社，2021年。

69.马力宏主编：《中国行政管理中的条块关系》，杭州大学出版社，1993年。

70.毛寿龙等：《省政府管理》，中国广播电视出版社，1998年。

71. 任晓:《中国行政改革》,浙江人民出版社,1998年。

72. 荣敬本等:《从压力型体制向民主合作体制的转变——县乡两级政治体制改革》,中央编译出版社,1998年。

73. 宋德福主编:《中国政府管理与改革》,中国法制出版社,2001年。

74. 谭健:《日本政府体制与官员制度》,人民出版社,1982年。

75. 唐娟、徐家良、马德普:《中国中央政府管理》,经济日报出版社,2002年。

76. 唐亚林:《当代中国政治发展的逻辑》,上海人民出版社,2019年。

77. 田穗生等:《中国行政区划概论》,北京大学出版社,2005年。

78. 田为民等:《比较政治制度》,新华出版社,2004年。

79. 王邦佐等:《中国政党制度的社会生态分析》,上海人民出版社,2000年。

80. 王沪宁:《当代中国村落家族文化——对中国现代化的一项探索》,上海人民出版社,1999年。

81. 王敬松:《中华人民共和国政府与政治》,中共中央党校出版社,1995年。

82. 王丽萍:《联邦制与世界秩序》,北京大学出版社,2000年。

83. 王绍光等:《中国国家能力报告》,辽宁人民出版社,1993年。

84. 王振民:《中央与特别行政区关系:一种法治结构的解析》,清华大学出版社,2002年。

85. 韦庆远主编:《中国政治制度史》,中国人民大学出版社,1989年。

86. 魏礼群:《市场经济中的中央与地方经济关系》,中国经济出版社,1994年。

87. 吴大英、杨海蛟主编:《现行政治制度论》,山西教育出版社,2001年

88. 吴大英、杨海蛟主编:《政治关系论》,山西教育出版社,2001年。

89. 吴大英主编:《政治关系论》,山西教育出版社,2001年。

90. 吴敬琏:《论竞争性市场体制》,广东经济出版社,1998年。

91. 吴佩纶:《当代中国政府概论》,改革出版社,1993年。

92. 吴宗国主编:《中国古代官僚政治制度研究》,北京大学出版社,2005年。

93. 夏海:《发达国家政府管理制度》,时事出版社,2001年。

94. 谢林等编:《外国政府机构设置和职能》,中国经济出版社,1986年。

95. 谢庆奎等:《中国地方政府体制概论》,中国广播电视出版社,1998年。

96. 谢庆奎等:《中国政府体制分析》,中国广播电视出版社,1995年。

97. 谢庆奎:《政府学概论》,中国社会科学出版社,2005年。

98. 谢庆奎:《政治改革与政府创新》,中信出版社,2003年。

99. 谢岳:《当代中国政治沟通》,上海人民出版社,2006年。

100. 辛向阳:《百年博弈——中国中央和地方关系100年》,山东人民出版社,2000年。

101. 辛向阳:《大国诸侯:中国中央与地方关系之结》,中国社会出版社,2008年。

102. 徐湘林主编:《渐进政治改革中的政党、政府与社会》,中信出版社,2004年。

103. 徐勇等主编:《地方政府学》,高等教育出版社,2005年。

104. 许崇德主编:《各国地方制度》,中国检察出版社,1993年。

105. 杨凤春:《中国政府概要》(第三版),北京大学出版社,2018年。

106. 杨光斌:《中国政府与政治导论》,中国人民大学出版社,2003年。

107. 杨宏山:《府际关系论》,中国社会科学出版社,2005年。

108. 杨华:《县乡中国:县域治理现代化》,中国人民大学出版社,2022年。

109. 杨小云:《新中国国家结构形式研究》,中国社会科学出版社,

2004年。

110.袁刚:《中国古代政府机构设置沿革》,黑龙江人民出版社,2003年。

111.张紧跟:《当代中国地方政府间横向关系协调研究》,中国社会科学出版社,2005年。

112.张紧跟:《地方政府参与式治理创新研究》,中央编译出版社,2020年。

113.张可云:《区域大战与区域关系》,民主建设出版社,2001年。

114.张立荣:《中外行政制度比较》,商务印书馆,2002年。

115.张鸣:《中国古代制度史导论》,中国人民大学出版社,2004年。

116.张晓冰:《农村乡镇发展的体制性困境与出路》,华中师范大学出版社,2006年。

117.张志红:《当代中国政府间纵向关系研究》,天津人民出版社,2005年。

118.赵聚军:《中国行政区划改革研究:政府发展模式转型与研究范式转换》,2012年。

119.赵树凯:《乡镇治理与政府制度化》,商务印书馆,2010年。

120.赵永茂等:《府际关系》,元照出版公司,2001年。

121.郑贤君:《地方制度论》,首都师范大学出版社,2000年。

122.郑永年:《中国的'行为联邦制':中央——地方关系的变革与动力》,东方出版社,2013年。

123.周飞舟等:《当代中国的中央与地方关系》,中国社会科学出版社,2014年。

124.周黎安:《转型中的地方政府:官员激励与治理》,上海人民出版社,2008年。

125.周庆智:《中国基层社会自治》,中国社会科学出版社,2017年。

126.周庆智:《中国县级行政结构及其运行——对W县的社会学考察》,

贵州人民出版社,2004年。

127.周长山:《汉代地方政治史论——对郡县制度若干问题的考察》,中国社会科学出版社,2006年。

128.周振鹤:《中国地方行政制度史》,上海人民出版社,2014年。

129.朱光磊编:《政治学概要》,天津人民出版社,2001年。

130.朱光磊:《当代中国政府过程》(第三版),天津人民出版社,2008年。

131.朱光磊:《中国的贫富差距与政府控制》,上海人民出版社,2002年。

132.朱光磊:《中国政府与政治》,台湾扬智文化事业公司出版,2003年。

133.卓越主编:《比较政府》,福建人民出版社,1998年。

二、中文译著

1.《布莱克维尔政治学百科全书》,中国问题研究所译,中国政法大学出版社,2011年。

2.[丹麦]阿尔贝克等:《北欧地方政府:战后发展趋势与改革》,常志霄等译,北京大学出版社,2005年。

3.[美]阿尔蒙德等:《比较政治学:体系、过程和政策》,曹沛霖等译,上海译文出版社,1988年。

4.[瑞典]阿姆纳等主编:《趋向地方自治的新理念——比较视角下的新近地方政府立法》,杨立华等译,北京大学出版社,2005年。

5.[美]安德森:《公共决策》,唐亮译,华夏出版社,1990年。

6.[美]奥斯特罗姆等:《美国地方政府》,井敏等译,北京大学出版社,2004年。

7.[法]德巴什:《行政科学》,葛智强等译,上海译文出版社,2000年。

8.[美]德鲁克:《管理、任务、责任、实践》,孙耀君译,中国社会科学出版社,1987年。

9.[美]费正清:《剑桥中华人民共和国史(1966～1982)》,王建朗等译,上海人民出版社,1990年。

10.[美]汉密尔顿等:《联邦党人文集》,程逢如等译,商务印书馆,2019年。

11.[德]赫尔佐克:《古代的国家——起源和统治形式》,赵蓉恒译,北京大学出版社,2003年。

12.[美]亨廷顿:《变化社会中的政治秩序》,王冠华等译,上海译文出版社,2008年。

13.[以色列]卡西姆:《民主制中的以色列地方权力》,余斌等译,北京大学出版社,2005年。

14.[美]罗兹曼主编:《中国的现代化》,国家社会科学基金"比较现代化"课题组译,江苏人民出版社,2010年。

15.[英]梅尼等:《西欧国家中央与地方的关系》,朱建军等译,春秋出版社,1989年。

16.[法]孟德斯鸠:《论法的精神》(上),张雁深译,商务印书馆,1998年。

17.[美]斯蒂尔曼:《公共行政学》,竺乾威等译,中国社会科学出版社,2004年。

18.[日]松村歧夫:《地方自治》,孙新译,经济日报出版社,1989年。

19.[美]汤森:《中国政治》,顾速等译,江苏人民出版社,1994年。

20.[加拿大]廷德尔等:《加拿大地方政府》,于秀明等译,北京大学出版社,2005年。

21.[美]托夫勒:《第三次浪潮》,陈峰译,生活·读书·新知三联书店,1996年。

22.[德]沃尔曼:《德国地方政府》,陈伟等译,北京大学出版社,2005年。

三、中文论文

1.［澳］奥帕斯金：《联邦制下的政府间关系机制》，《国际社会科学杂志》（中文版），2002年第1期。

2.［加］卡梅伦：《政府间关系的几种结构》，《国际社会科学杂志》（中文版），2002年第1期。

3.［美］李侃如等：《中国的政府管理体制及其对环境政策执行的影响》，《经济社会体制比较》，2011年第2期。

4.包国宪等：《从转变政府职能到优化政府职责体系：中国行政体制改革的视角转换与分析框架》，《理论探讨》，2022年第2期。

5.曹正汉等：《一统体制的内在矛盾与条块关系》，《社会》，2020年第4期。

6.曾明：《压力型体制下贫困治理的基层条块协同逻辑》，《安徽师范大学学报（人文社会科学版）》，2020年第5期。

7.陈瑞莲等：《试论区域经济发展中政府间关系的协调》，《中国行政管理》，2002年第12期。

8.陈剩勇等：《区域间政府合作：区域经济一体化的路径选择》，《政治学研究》，2004年第1期。

9.陈天祥：《对中国地方政府制度创新作用的一种阐释》，《中山大学学报（社会科学版）》，2004年第4期。

10.崔之元：《混合宪法与对中国政治的三层分析》，《战略与管理》，1998年第3期。

11.戴长征：《中国政府的治理理论与实践》，《中国行政管理》，2002年第2期。

12.郭宝平：《"垂直管理"析》，《中国行政管理》，2000年第9期。

13.郭道久、朱光磊:《杜绝"新人"患"老病",构建政府与第三部门间的健康关系》,《战略与管理》,2004年第3期。

14.郭为桂:《当代中国中央地方政治关系稳定性因素分析》,《中共福建省委党校学报》,2001年第11期。

15.郭为桂:《新中国成立头七年中央和地方关系历史考察》,《党史研究与教学》,1998年第1期。

16.郭小聪:《中国地方政府制度创新的理论:作用与地位》,《政治学研究》,2000年第1期。

17.过勇等:《我国基层政府体制的条块关系:从失调走向协同》,《经济社会体制比较》,2021年第2期。

18.贺雪峰等:《监督下乡与基层治理的难题》,《华中师范大学学报(人文社会科学版)》,2021年第2期。

19.胡盛仪:《论地方政府与中央政府关系中的控制与合作》,《党政干部论坛》,2004年第3期。

20.黄晓春等:《"结对竞赛":城市基层治理创新的一种新机制》,《社会》,2019年第5期。

21.黄晓春等:《当代中国政府治理模式转型的深层挑战——一个组织学视角的分析》,《社会科学》,2018年第11期。

22.黄钟:《市场统一中国》,《战略与管理》,2002年第2期。

23.惠冰:《我国特大城市市辖区政府分析:能力增强与权力扩张过程》,《中国行政管理》,1998年第12期。

24.金安平:《新中国成立初期中央和地方关系若干原则的形成》,《北京党史研究》,1998年第2期。

25.凯思:《论简政放权与加强中央权威》,《政治学研究》,1996年第2期。

26.康晓光:《经济增长、社会公正、民主法治与合法性基础——1978年以来的变化与今后的选择》,《战略与管理》,1999年第4期。

27.李辉:《"运动式治理"缘何长期存在？——一个本源性分析》,《行政论坛》,2017年第5期。

28.李强:《后全能体制下现代国家的构建》,《战略与管理》,2001年第6期。

29.李文钊等:《从条块到界面:"基层政府放管服"改革的内在逻辑——基于江苏省徐霞客镇的案例研究》,《甘肃行政学院学报》,2021年第1期。

30.李芝兰等:《"倒逼"还是"反倒逼"——农村税费改革前后中央与地方之间的互动》,《社会学研究》,2005年第4期。

31.林志远:《中央集权和地方分权——联邦主义的经验和教训》,《战略与管理》,2003年第1期。

32.刘骥等:《解释政策变通:运动式治理中的条块关系》,《公共行政评论》,2015年第6期。

33.刘智峰:《中国政府机构存在的主要问题》,《战略与管理》,1999年第5期。

34.罗湖平等:《从分割到协同:领导小组重塑条块关系的实践机制》,《中国行政管理》,2021年第12期。

35.吕德文:《监督下乡与基层超负:基层治理合规化及其意外后果》,《公共管理与政策评论》,2022年第1期。

36.吕芳:《条块差异与公共服务政策的扩散》,《政治学研究》,2021年第5期。

37.马力宏:《论政府管理中的条块关系》,《政治学研究》,1998年第4期。

38.马述林:《论省级行政区划体制改革》,《战略与管理》,1996年第5期。

39.毛寿龙:《中国政府体制改革的过去与未来》,《江苏行政学院学报》,2004年第2期。

40.孟天广等:《重塑科层"条块"关系会提升政府回应性么？——一项基于北京市"吹哨报到"改革的政策实验》,《中国行政管理》,2021年第4期。

41.邱实:《新时代纵向政府职责体系建设的路径探索》,《人民论坛》, 2019年第2期。

42.任晓:《中国行政改革:目标与趋势》,《社会科学》,1994年第1期。

43.沈延生:《中国乡治的回顾与展望》,《战略与管理》,2003年第1期。

44.史普原等:《从碎片到统合:项目制治理中的条块关系》,《社会科学》, 2021年第7期。

45.苏力:《当代中国的中央与地方分权——重读毛泽东〈论十大关系〉第 五节》,《中国社会科学》,2004年第2期。

46.孙发锋:《当代中国政府垂直管理存在问题及对策研究》,《理论导 刊》,2011年第5期。

47.孙学玉:《体制创新:地方行政机构改革的现实选择》,《中国行政管 理》,2003年第4期。

48.唐皇凤:《"中国式"维稳:困境与超越》,《武汉大学学报(哲学社会科 学版)》,2012年第5期。

49.陶振:《基层治理中的条块冲突及其优化路径》,《理论月刊》,2015年 第1期。

50.田先红:《中国基层治理:体制与机制——条块关系的分析视角》,《公 共管理与政策评论》,2022年第1期。

51.王佃利:《市管县实践的反思:"复合行政"的视角》,《北京行政学院学 报》,2004年第4期。

52.王汉生等:《目标管理责任制:农村基层政权的实践逻辑》,《社会学研 究》,2009年第2期。

53.王立新:《以综合协调型治理消解条块壁垒》,《探索与争鸣》,2020年 第11期。

54.王丽萍:《当代国外联邦制研究概述》,《政治学研究》,1996年第4期。

55.王赛德等:《中国式分权与政府机构垂直化管理——一个基于任务冲

突的多任务委托–代理框架》，《世界经济文汇》，2010年第1期。

56.王旭:《论司法权的中央化》，《战略与管理》，2001年第5期。

57.文宏等:《基层负担难题从何得解——基于条线下沉视域下的解释》，《治理现代化研究》，2022年第2期。

58.吴春来:《条块关系与基层形式主义演化逻辑》，《华南农业大学学报（社会科学版）》，2021年第2期。

59.吴理财:《政府间的分权与治理》，《马克思主义与现实》，2003年第3期。

60.黄晓春:《党建引领下的当代中国社会治理创新》，《中国社会科学》，2021年第6期。

61.谢庆奎:《服务型政府建设的基本途径:政府创新》，《北京大学学报（哲学社会科学版）》，2005年第1期。

62.谢庆奎:《论政府创新》，《吉林大学社会科学学报》，2005年第1期。

63.谢庆奎:《论政府发展的目标与途径》，《新视野》，2002年第4期。

64.谢庆奎:《中国政府的府际关系研究》，《北京大学学报（哲学社会科学版）》，2000年第1期。

65.徐文等:《行政发包和晋升锦标赛双重约束下基层减负的突破路径研究》，《安徽行政学院学报》，2020年第3期。

66.徐湘林:《从政治发展理论到政策过程理论——中国政治改革研究的中层理论建构探讨》，《中国社会科学》，2004年第3期。

67.徐湘林:《党管干部体制下的基层民主试改革》，《浙江学刊》，2004年第1期。

68.徐勇:《城市基层治理能力提升路径:"条块"关系优化》，《福建行政学院学报》，2018年第3期。

69.徐勇:《乡村治理机构改革的走向——强村、精乡、简县》，《战略与管理》，2004年第3期。

70. 颜昌武等:《基层治理中的属地管理:守土有责还是甩锅推责?》,《公共管理与政策评论》,2021第2期。

71. 燕继荣:《条块分割及其治理》,《西华师范大学学报(哲学社会科学版)》,2022年第1期。

72. 杨华:《"不变体制变机制"基层治理中的机制创新与体制活力——以新邵县酿溪镇"片线结合"为例》,《公共管理与政策评论》,2022年第1期。

73. 杨龙:《我国的区域发展与区域政治研究》,《学习与探索》,2003年第4期。

74. 杨龙:《我国政治中心与经济中心的非对称》,《云南行政学院学报》,2003年第1期。

75. 杨小云:《论我国中央和地方关系的改革》,《政治学研究》,1997年第3期。

76. 杨雪冬:《条块关系问题的产生及其协调》,《探索与争鸣》,2020年第11期。

77. 杨志云等:《政府部门职责分工及交叉的公众感知:基于环境管理领域的分析》,《中国行政管理》,2015年第6期。

78. 洋龙:《试论中国政治体制改革的几个问题》,《政治与法律》,1995年第1期。

79. 叶贵仁等:《约束型自主:基层政府事权承接的逻辑》,《中国行政管理》,2021年第1期。

80. 叶克林等:《综论中国地方政府职能转变与机构改革》,《学海》,2011年第1期。

81. 尹振东:《垂直管理与属地管理:行政管理体制的选择》,《经济研究》,2011年第4期。

82. 于鸣超:《中国省制问题研究》,《战略与管理》,1998年第4期。

83. 喻希来:《中国地方自治论》,《战略与管理》,2002年第4期。

84.原超等:《地方领导小组的运作逻辑及对政府治理的影响——基于组织激励视角的分析》,《公共管理学报》,2017年第1期。

85.张光:《美国地方政府的设置》,《政治学研究》,2004年第1期。

86.张明军:《政法权力条块关系的互动逻辑与特征》,《行政论坛》,2020年第6期。

87.张志坚:《中国机构改革的历史、现状与未来》,《政治学研究》,1998年第3期。

88.张智新:《美国地方政府的结构及其政治哲学基础》,《理论探讨》,2005年第1期。

89.赵成根:《转型期的中央和地方》,《战略与管理》,2000年第3期。

90.赵吉:《条线下沉与权责失衡:社区治理内卷化的一种解释》,《城市问题》,2020年第5期。

91.赵聚军等:《社会整合与"条块"整合:新时代城市社区党建的双重逻辑》,《政治学研究》,2020年第4期。

92.赵聚军等:《职责同构视角下运动式环境治理常规化的形成与转型——以S市大气污染防治为案例》,《经济社会体制比较》,2020年第1期。

93.郑言:《中国近20年的政治发展——为纪念十一届三中全会召开20年而作》,《政治学研究》,1998年第4期。

94.郑永年:《论中央—地方关系:中国制度转型中的一个轴心问题》,《当代中国研究》,1994年第6期。

95.郑永年:《政治改革与中国国家建设》,《战略与管理》,2001年第2期。

96.郑永年等:《论中央地方关系中的集权和民主问题》,《战略与管理》,2001年第3期。

97.周黎安:《行政发包制》,《社会》,2014年第6期。

98.周望:《办事机构如何办事?——对领导小组办公室的一项整体分析》,《北京行政学院学报》,2020年第1期。

99.周雪光:《运动型治理机制:中国国家治理的制度逻辑再思考》,《开放时代》,2012年第9期。

100.周振鹤:《地方行政制度改革的现状及问题》,《战略与管理》,1996年第5期。

101.朱光磊:《中国政府官员规模问题研究》,《政治学研究》,2003年第3期。

102.朱光磊等:《"放管服"改革背景下的审管关系演进逻辑》,《南开学报(哲学社会科学版)》,2021年第6期。

103.朱光磊等:《"规制-服务型"地方政府:定位、内涵与建设》,《中国人民大学学报》,2005年第1期。

104.朱光磊等:《"职责同构"批判》,《北京大学学报(哲学社会科学版)》,2005年第1期。

105.朱光磊等:《党政关系规范化研究》,《政治学研究》,2004年第3期。

106.朱光磊等:《对理顺中央地方职责关系和构建简约高效的基层管理体制的几点认识》,《中国机构改革与管理》,2018年第6期。

107.朱光磊等:《回顾与建议:政府机构改革三十年》,《北京行政学院学报》,2009年第1期。

108.朱光磊等:《职责序构:中国政府职责体系的一种演进形态》,《学术界》,2020年第5期。

109.左然:《国外中央政府机构设置研究》,《中国行政管理》,2006年第4期。

后　记

　　本书是在《当代中国政府"条块关系"研究》(2008年版)的基础上修订完成的。

　　我是从2001年开始进入条块关系研究领域,一直坚持至今。选择条块关系作为研究对象,源于导师朱光磊教授的教诲和引领。我永远不会忘记,在硕博六年的求学历程中,我交的每一篇稿子朱老师都详细修改,从文章立意到结构安排,从研究方法到字斟句酌,有时改动之大近乎替我重写。正是一次次的指导、肯定和鼓励,坚定了我"板凳要坐十年冷"的信心。我的研究领域、研究兴趣、思维方式、学术态度等基本都是在硕博六年期间形成和奠定的。老师把握问题的高屋建瓴,思维的缜密辩证,工作的热忱投入,对人的真诚宽容,影响我至深至远。能够师从朱老师是我一生的财富!师恩如山!

　　《当代中国政府"条块关系"研究》出版后不久,我就想出版一本修订版。但是这一想法直到上个月才算完成,终于把书稿交给了出版社。主要的困难是现实的变化很大,想短时间内讲清楚说明白很难。近年来,中国政治实践发生巨大变化,"条块关系"也随之而变。描述"条块关系"的现状,解释影响"条块关系"的深层次结构,提出变革"条块关系"的对策性思路等问题并不是件容易的事情。在此基础上,形成能够把"条块关系"讲透彻、讲具体、讲生动的理论体系更是一个挑战。修订书稿的难度超出了我的预想,从

2017年启动到现在用了六年的时间。我主要从以下三个方面做起:一是阅读中央领导人的著作、日记、回忆录等权威文献,使本研究置于经典论述和历史维度之中;二是学习宪法法律和党章党规等,弄清楚国家法律和党内法规对"条块关系"的内在规定性;三是调研基层治理中的"条块关系",把握准"条块关系"在现实世界是如何运作的,等等。

全书有修改有重写,亦有新增。其中,我围绕"条块关系的历史变迁及影响机制""中国条块体制的内涵意蕴与独特功能""条块关系的特色和功能""从条块关系的角度构建简约高效的基层管理体制""条块关系对基层政府负担的影响机制""中国古代政府中的条块关系"等进行了进一步研究,阶段性成果有幸公开发表于《学术界》《探索与争鸣》《江苏社会科学》《公共管理与政策评论》等学术期刊。

历史的进程波澜壮阔,政治实践和政治理论不断融合发展,中国政治学需要在回应时代中守正创新。本书只是我从"条块关系"的视角对中国政府与政治的管窥之见,交稿之日也是"修订模式"的开启之日。祈望学界前辈、同行和诸位朋友,一起探讨条块关系,共同推动中国政府与政治的研究,砥砺深耕! 真诚欢迎所有的批评和建议!

在本书再版之际,向所有关怀、支持和帮助我的师长和朋友表示诚挚的谢意! 特别感谢天津人民出版社!

周振超

2023 年 4 月 10 日于重庆

中国政府与政治研究系列书目